中國學術思想 研究輯刊

二八編

林慶彰 主編

第 5 冊

兩漢祀權思想研究——
以《春秋》與《禮記》中郊廟二祭之經典詮釋爲例（下）

陳惠玲 著

花木蘭文化事業有限公司

國家圖書館出版品預行編目資料

兩漢祀權思想研究——以《春秋》與《禮記》中郊廟二祭之經典
詮釋為例（下）／陳惠玲 著 — 初版 — 新北市：花木蘭文化
事業有限公司，2018〔民107〕
目 8+284 面；19×26 公分
（中國學術思想研究輯刊 二八編；第 5 冊）
ISBN 978-986-485-475-2（精裝）
1. 春秋（經書）2. 禮記 3. 研究考訂
030.8   107011405

ISBN-978-986-485-475-2

9 789864 854752

中國學術思想研究輯刊
二八編　第　五　冊
ISBN：978-986-485-475-2

兩漢祀權思想研究——
以《春秋》與《禮記》中郊廟二祭之經典詮釋為例（下）

作　　者　陳惠玲
主　　編　林慶彰
總 編 輯　杜潔祥
副總編輯　楊嘉樂
編　　輯　許郁翎、王　筑　美術編輯　陳逸婷
出　　版　花木蘭文化事業有限公司
發 行 人　高小娟
聯絡地址　235 新北市中和區中安街七二號十三樓
　　　　　電話：02-2923-1455／傳真：02-2923-1452
網　　址　http://www.huamulan.tw 信箱 hml 810518@gmail.com
印　　刷　普羅文化出版廣告事業
封面設計　劉開工作室
初　　版　2018 年 9 月
全書字數　542086 字
定　　價　二八編 12 冊（精裝）新台幣 22,000 元

兩漢祀權思想研究——
以《春秋》與《禮記》中郊廟二祭之經典詮釋爲例（下）

陳惠玲　著

目

次

第五章　祀權更張──兩漢郊廟改制運動與影響

　　史鑒是國家之磐石，《春秋》乃聖人為漢制法，而托王於魯，祀權下流，乃周成王首開其先例，為穩定國家基業與民心所向「以祀為酬」之作法，顯然是至尊至大之勛酬，從魯公受天子郊禘之內外二大祀權來看，確實是如此的。但至漢初同樣是為穩定國家基業，祀權下流之目的則在於「建威銷萌，一民之至權」，〔註1〕因而詔令郡國皆設公廟，入藩效忠，以示一家之天下；顯然地，這是以宗教祀權作為政權統治的約束力與向心力。姑且不論其所能發揮的最大效用如何，從歷史結果來看，其產生的弊端在董仲舒犀利的眼中，卻是一個尾大不掉的王權禍端，事實證明也是如此的。

　　元帝任儒，始採翼奉、貢禹之請，蠲除擅議宗廟者棄市之禁令，始「罷郡國廟」、「定迭毀禮」。然而這一革命啟新的思維並非二儒之真知灼見，而是早在武帝之世，董仲舒因遼東高廟火、高園便殿火，接二而災，藉此之故，諫請武帝罷郡國廟，以集權宗主，回歸宗主收族之宗法大義。所以說：董子已經明白而公然地挑戰這由呂后詔令天下的祖宗舊法，誠乃漢史上第一人，發噤聲之默，起禮議之門也。

　　元、成郊廟改制運動之目的在於「祀權」（神）回歸「政權」（君）之統一和集權，而為此運動揭開序幕的正是「董仲舒」（郊祀理論、廢郡國廟），而後在齊魯學士，翼奉（建郊改時、廢郡國廟、定迭毀禮）、貢禹（廢郡國廟、定迭毀禮）的促請下，諸公卿大儒，韋玄成、匡衡、張譚、孔光、劉歆、王

〔註 1〕《漢書》，卷七十三〈韋玄成傳〉，頁 3116。

莽等人則相繼推動與改革，前後周折了三十餘年，締造了王者至高無上的二重權力——「郊天權」與「禘祖權」。〔註 2〕此乃武王特祀周公之兩大天子祀權，故爲《春秋》之所重也，《禮記》之所本也。漢室之郊廟改制，事實上是一種復古從周的王權制度，是儒教以禮建紀之理想的國家型態。當然，這一王權制度更揭示了周朝天子的二次即位大典，經董仲舒（郊天權，踰年郊天，今文家）與劉歆（禘祖權，三年吉禘，古文家）之主張，正式成爲天子之絕對祀權，非諸侯可僭擬，亦非天子可特賜也。

　　因此，本章擬由五大節目來進行論述：一，宗主權之主張——董仲舒起罷郡國廟議。二，元帝郡國廟與迭毀禮之改制。三，成帝郊祀制度與地方神祠之改制。四，改制之大成者——王莽之郊廟定制。五，東漢上陵、飲酎之宗廟變禮與「二祖廟」之形成。

第一節　宗主權之主張——董仲舒起罷郡國廟議

　　依前章的討論歸納，從《春秋》這部傳世文獻來看，「郊天大典」的排他性質已顯示它至高無上的價值，這一價值呈現了宗教禮典上「事天唯大」的天人序列，而執行這一最高禮典的也必然是最高權位者，始得名實相副，通天人之變。因此，這表明了宗教的最高執行者就是政治上最高的權位者——「王巫」，「郊天」就此成了「帝王權力」的一大象徵；或可說「政權」（王權）是透過「祀權」（神權）的認證——奉天承運——《禮記・王制》則透露如此訊息，而董仲舒便是將此正名體制高唱於天人學說的第一人。

〔註 2〕按：「中國王權的二重性——天子與皇帝」這一理論是由日本漢學家西嶋定生先生首先提出，而後尾形勇、金子修一、小島毅等先生繼之補正擴充，在日本學界已成一大共識。渡邊信一郎：《中國古代的王權與天下秩序——從日中比較史的視角出發》（北京：中華書局，2008）則言簡意賅的說：「皇帝權力是由天子與皇帝兩種機能所構成的，換言之即中國古代王權的二重性，卻可以說已經成爲了共識〔小島毅 1991〕。……天子＝皇帝需要不斷對其支配的正統性做出説明。其説明原理則包括如下兩個方面：第一是權力來源與正統性的説明，即所謂來自於天之受命，這是與作爲天子的王權相關的；第二是關於權力繼承的説明，憑藉的是來自於王朝的創始者、受命者之血統，這是與作爲皇帝的王權相關的。」（頁 128）渡邊氏所説的第一項則與「郊天」（天下，天子）的祀權有關；第二項則與「宗廟」（中國，皇帝）的祀權有關，擁有這二大最高祀權實乃一個集權國家王者權力的展現，而這一觀念的產生則是於匡衡集團於元、成二世的改革推動，成就於王莽的定案。

　　當然，兩漢再也沒有像董仲舒一樣的儒士將「天」和「天子」高妙地將一政治性的英雄神話（國家受命始祖之神話化）轉化爲一血緣性的父子之親屬關係，並藉由一郊天的大典儀式完成聖俗的轉化，使之眞正成爲天之嫡子，承天受命一統天下。董子意識到這種國家神話的迫切性與必需性，如何創造一個國家的偉大和永續，以建尊王之禮紀秩序，則成了畢生大業。此一「祀權學說」則深刻地影響了元、成時期的宗教改革運動，除了「郊天禮」的改制可說是依準於董子學說外；「郡國廟」的毀廟運動更是首開先聲，主張收歸公廟設於私家之宗主大權，以斷諸侯王因祀專伐之狼子野心。因此，可以說：元、成之郊廟改制運動是在董子的思想綱領下逐次完成的，其目的在於一統天下宗教祀權，並集權於天子這一唯一的祭主。

　　收歸宗主大權，事實上是一種匡正補弊的作法，漢初廣設郡國廟目的在於「建威銷萌，一民之至權」，但隨著時空環境的改變，昔日高祖冀以祀權維繫政權，故賜以宗主祀權——天子之宗廟祭主大權下賜郡國諸侯王——的作法已然失去大宗收族與帝權宣威之意義。〔註3〕因此，高祖以來，迄至元帝改制，惠帝、景帝、宣帝俱下詔令設祠公廟（文帝、武帝未令郡國設祠公廟，昭帝在位日短未可言也），〔註4〕所謂「祭如在，祭神如神在」，〔註5〕宗主祀權之下流，非諸侯僭擬而是奉命行事。正因如此，反而給了諸侯王一個絕佳

〔註3〕《儀禮》，卷三十〈喪服〉：「都邑之士，則知尊禰矣。大夫及學士，則知尊祖矣。諸侯及其大祖，天子及其始祖之所自出。尊者尊統上，卑者尊統下。大宗者，尊之統也。大宗者，收族者也，不可以絕。」頁668。林師聰舜：〈西漢郡國廟之興廢——禮制興革與統治秩序維護之關係之一例〉《先秦·秦漢史》雙月刊，第五期（北京：中國人民大學，2007），師曰：「當時中央的政治力一時尚無法進入全國各地，這時以立郡國廟的方式，透過宗教的儀式，將劉家神聖化的權威植入政治力一時尚無法完全進入的地區，也是伸張劉家統治權力的一種有效方式。至於後來同姓諸侯王雖陸續取代異姓諸侯王，這些諸侯王強大依舊，『內地北距山以東，盡諸侯地，大者或五、六郡，連城數十，置百官，宮觀僭於天子。』這些諸侯國自然與中央直接管轄的十五郡不同，但中央在這些諸侯國立廟，仍然可視爲朝廷主權的宣示，仍是伸張朝廷權力的一種方式。司馬遷論及中央廣立同姓諸侯王的用心時，謂：『何者？天下初定，骨肉同姓少，故廣強庶孽，以鎮撫四海，用承衛天子也。』繼續在同姓諸侯國立廟，正是宣示朝廷的宗主權，並強化『庶孽』依附朝廷的血緣，保證『用承衛天子』的目標得以實現。」頁5。

〔註4〕《漢書》，卷七十三〈韋玄成傳〉：「初高祖時，令諸侯王都皆立太上皇廟。至惠帝尊高帝廟爲太祖廟。景帝尊孝文廟爲太宗廟，行所嘗幸郡國各立太祖、太宗廟。至宣帝本始二年，復尊孝武廟爲世宗廟，行所巡狩亦立焉。」頁3115。

〔註5〕《論語》，卷三〈八佾〉，頁35。

的理由與繼統的夢想，諸侯王世尊之勢，文、景、武三朝甚可見也。〔註6〕這就是董仲舒何以因遼東高廟大火，藉題發揮其宗廟集權，一祀於王的學說。

　　因此，本節擬由二大方向進行討論：一，宗主權之主張——董仲舒之宗廟起議。宗主權是維繫國家體制於一家之天下的一大權法，由董仲舒以來已見諸侯國挾廟自玩的不敬之舉，從遼東高廟火災一事，諸侯王不忠之心業已露白，所謂一葉知秋，如何補弊以大王威，宗主權之回歸與集權，誠乃勢在必行，因而以諫武帝。二，公廟設於私家——《春秋》史鑒舉隅。董子是一個深具歷史意識的大儒，其君權論述與國家理論無不以《春秋》作爲聖典，所以在本次的策問當中引述了定、哀公時發生了「兩觀」、「桓宮」、「釐宮」、「亳社」火災事件，董子如何解讀這一天啓暗示的微言大義，誠乃其君權思想之所在。

一、董仲舒以《春秋》大義諫遼東高廟災

　　《漢書・五行志上》記載：「武帝建元六年六月丁酉，遼東高廟災。四月壬子，高園便殿火。」〔註7〕董仲舒對曰：

> ① 春秋之道舉往以明來，是故天下有物，視春秋所舉與同比者，精微眇存其意，通倫類以貫其理，天地之變，國家之事，粲然皆見，亡所疑矣。按春秋魯定公、哀公時，季氏之惡已孰，而孔子之聖方盛。夫以盛聖而易孰惡，季孫雖重，魯君雖輕，其勢可成也。故定公二年五月兩觀災。兩觀，僭禮之物，天災之者，若曰，僭禮之臣可以去。已見畢徵，而後告可去，此天意也。定公不知省。至哀公三月桓宮、釐宮災。二者同事，所爲一也，若曰僭貴而去不義云爾。哀公未能見，故四年六月亳社災。兩觀、桓、釐廟、亳社，四者皆不當立，天皆燔其不當立者以示魯，欲其去亂臣而用聖人也。季氏亡道久矣，前是天不見災者，魯未有賢聖臣，雖欲去季孫，其力不能，昭公是也。至定、哀乃見之，其時可也。不時不見，天之道也。

〔註 6〕林師聰舜：〈西漢郡國廟之興廢——禮制興革與統治秩序維護之關係之一例〉，頁 75～95。

〔註 7〕案：《漢書》，卷六〈武帝本紀〉曰：「六年春二月乙未，遼東高廟災。夏四月壬子，高園便殿火。上素服五日。」此與〈五行志上〉記載「六年六月丁酉，遼東高廟災」的說詞不同。我以〈本紀〉說爲是。

② 今高廟不當居遼東，高園殿不當居陵旁，於禮不當立，與魯災所
　同。其不當立久矣，至於陛下時天乃災之者，殆亦其時可也。

③ 昔秦受亡周之敝，而亡以化之；漢受亡秦之敝，又亡以化之。夫
　繼二敝之後，承其下流，兼受其猥，難治甚矣。又多兄弟親戚骨
　肉之連，驕揚奢侈，恣睢者眾，所謂重難之時者也。陛下正當大
　敝之後，又遭重難之時，甚可憂也。故天災若語陛下：「當今之
　世，雖敝而重難，非以太平至公，不能治也。視親戚貴屬在諸侯
　遠正最甚者，忍而誅之，如吾燔遼東高廟乃可；視近臣在國中處
　旁仄及貴而不正者，忍而誅之，如吾燔高園殿乃可」云爾。在外
　而不正者，雖貴如高廟，猶災燔之，況諸侯乎！在內不正者，雖
　貴如高園殿，猶燔災之，況大臣乎！此天意也。辠在外者天災外，
　辠在內者天災內，燔甚辠當重，燔簡辠當輕，承天意之道也。〔註8〕

武帝踐祚的第六年：建元六年（B.C.135 年），春二月乙未遼東高廟火、夏四
月壬子高園便殿又火，接連二次大火，武帝因災「素服五日」，示哀如喪，
〔註9〕制詔策問董仲舒，董子因事而說以伸天子祀權。全文要之於三：一，以
春秋大義與史例為證，以見魯公室卑，祀權下流，天示災鑒之。二，史有明
鑒，魯公廟災與遼東高廟災雖時異而事同，天俱以災火垂示公廟設於私家之
非禮，漢室郡國廟之僭祀久矣，當罷廢勿修以應天道。三，罷廢之「時」—
—削奪諸侯權力——之時機已然成熟，祀權下流業將諸侯王之權勢坐大，象
徵國家最高宗教權威之高廟都可燔之，顯見諸侯不忠之心，雖血脈枝葉相連，
但不可忍而不誅，帝王當以天心為鑒，一捨婦人之仁。

　　董子「以祀寓政」，高廟火災僅是藉題發揮的媒介，藉此暗示武帝，春秋
政在家門，以致祿去公室，威勢下流的情形，與漢室是一樣的，前車可鑒，
必須及時忍痛削奪之，否則將和春秋魯公一樣，無力回天。魯昭公時期，季
氏家門侈大，卻無力阻止，下逮定公災異已見，時機成熟（暗示武帝剷除諸
侯勢力之時機已經成熟，如定公已見天災示意，故須及時行動，否則坐失良
機，將和魯國命運一樣，威勢下流終致而亡），定公卻不能及時予奪，至哀公
依然無視天誠，季氏最終一手主導了魯國之軍政大權，悼公之時，魯如小侯，
卑於三桓之家，終魯而亡（詳第三章第一節）。

〔註8〕《漢書》，卷二十七上〈五行志上〉，頁 1331～1332。
〔註9〕《漢書》，卷六〈武帝本紀〉，頁 160。

董子這席話是說得隱晦含蓄，武帝是個聰明人，當然知道漢室帝權從建鼎以來所遭受的威脅及其自身所亟需樹立的集權體制，宗主權威勢下流已非一朝一夕之事，如何和平的回收祀權確實是一大棘手的問題。前有文帝以「酎金律」〔註10〕──「以祀制律」的方式藉以酎金助祭的美名巧奪諸侯之勢力，這是一大高妙的政治手段，以祭祀策略強制諸侯來朝入貢，伸天子之宗主大權，藉此箝制諸侯國之勢力發展。因此對於朝貢之黃金兩數與成色在「酎金律」中都有極其嚴格之要求與檢驗，不符規定者，「王削縣，侯免國」；但這道制令真正發揮其最大威宣與實際之作用則在武帝元鼎五年，《漢書・武帝本紀》記載：

> 元鼎五年九月，列侯坐獻黃金酎祭宗廟不如法，奪爵者百六人，丞相趙周下獄死。樂通侯樂大坐巫罔要斬。〔註11〕

顏師古注曰：

> 如淳曰：「《漢儀注》諸侯王歲以戶口酎黃金於漢廟，皇帝臨受獻金，金少不如斤兩，色惡，王削縣，侯免國。」臣瓚曰：「《食貨志》南越反時卜式上書願死之。天子下詔褒揚，布告天下，天下莫應。列侯以百數，莫求從軍。至酎飲酒，少府省金，而列侯坐酎金失侯者百餘人。而表云趙周坐爲丞相知列侯酎金輕下獄自殺。然則知其輕而不糾譴之也。」〔註12〕

元鼎五年（B.C.112 年）是武帝執政的第二十九年，距離董子的建議已經有二十三年之久，武帝也已坐穩王座，王權業已生根，因此大刀闊斧的展開了對諸侯國勢力的誅伐動作，一口氣削奪了一百零六個侯爵，樂通侯欒大則以欺君罔上之罪腰斬於市（乃殺雞儆猴之效），丞相趙周亦因知情不報以欺君罔上之罪下獄自殺。顯然，這是在武帝十拿九穩的狀況下，亦即董子所謂的「其時可也」──時機成熟的狀況下所進行的「忍而誅之」之動作。我們必須要問，在此之前諸國列侯所獻之酎金難道都沒有問題嗎？我的想法是：從文帝

〔註10〕《後漢書》，〈志第四・禮儀上〉，李賢注引丁孚《漢儀》曰：「酎金律，文帝所加，以正月旦作酒，八月成，名酎酒。因〔令〕（合）諸侯助祭貢金。」《漢律・金布律》曰：「皇帝齋宿，親帥群臣承祠宗廟，群臣宜分奉請。諸侯、列侯各以民口數，率千口奉金四兩，奇不滿千口至五百口亦四兩，皆會酎，少府受。又大鴻臚食邑九真、交趾、日南者，用犀角長久寸以上若瑇瑁甲一，鬱林用象牙長三尺以上若翡翠各二十，準以當金。」頁 3104。

〔註11〕《漢書》，卷六〈武帝本紀〉，頁 187。

〔註12〕同上注。

制律以來，每年八月酎飲宗廟之獻金，不符規定者，偷斤減兩，成色不佳，雜混其他金屬以充當純金者之列國者不在少數，此一積習的養成，說穿了又是一大政治手段，以放長線釣大魚的方式，歷經文景武三世，欲擒故縱長達半世紀之久（文帝制律未知何年？在位二十三年，景帝十五年，武帝第二十九年執行酎金律），下逮武帝元鼎五年，始大張旗鼓進行了這一次的政治清算。這就是政治手段，運籌帷幄於「忍以待時」的高度智慧與沉著冷靜。至此，可以說：「酎金律」就此牽動著郡國之興亡，武帝透過祀權之伸張──宗主權之伸張，以展現其王權之「不可欺罔」的至尊地位。這一政治目的，林師聰舜業已說得精闢：

> 在此一儀式中（八月飲酎），皇帝是主祭者，諸侯是助祭者，且必須獻金給中央，這就已經宣示京師才是宗廟祭祀的正統所在，天子才是承續祖宗的劉氏代表，具有壓縮諸侯王由郡國廟制而來的祭祀上的宗法特權，剝奪他們覬覦大統的正當性作用了。何況朝廷上可假借〈酎金律〉，隨時對諸侯下重手……這是以助祭的名義冠冕堂皇的理由，對諸侯所下的緊箍咒。不管是助祭的黃金數量不足或成色不佳，均是削縣、免國的藉口，那麼諸侯助祭的禮儀背後，展現的正是天子無限的權威了。由此可知，郡國廟制雖一時尚未罷去，但朝廷已在其他禮制上對諸侯王覬覦大位的正當性予以壓縮了。〔註13〕

顯然，文帝酎金律的效用，雖遲至半個世紀後才真正發揮其最大的效用，而這一效用是文帝為劉漢政權所鋪設好的一條大道。景帝踐祚三年便因鼂錯之諫而急於削奪郡國勢力，反而導致七國之亂，帝位岌岌可危，最終是以斬殺鼂錯以謝七國。〔註14〕景帝威勢下流從「斬御史大夫鼂錯以謝七國」的字眼中是看得極其清楚的。有鑒於此，武帝威勢同樣遭受諸侯王之脅迫，但一改先父故行，沉著而冷靜地等待最佳時機，讓諸侯國俱無藉口起兵造反。這次對諸王列侯權力的削奪，確實是為大漢天子之威權打了一劑強心針，「強幹弱枝」的天下局勢與尊卑秩序已然底定。或可說：賈誼以禮建紀的理想，〔註15〕文帝確實將其闡發於「酎金律」的權謀之中，這與董仲舒以春秋為漢法的理

〔註13〕林師聰舜：〈西漢郡國廟之興廢──禮制興革與統治秩序維護之關係之一例〉，頁10。

〔註14〕《漢書》，卷五〈景帝本紀〉，頁142。

〔註15〕詳林師聰舜：〈「禮」世界的建立──賈誼對禮法秩序的追求〉《清華學報》，新二十三卷第二期（1993.06），頁149～174）。

想是如出一轍的，武帝亦將其建言化爲最實際的行動，雖罷廢郡國廟，蠲除擅議宗廟之禁令，非武而元，但主張宗主祀權，一之於王之先聲，誠非董仲舒莫屬。因此，引領了齊魯學士在任儒的元帝之世展開一系列的宗教革新運動，目的在於建立以天子爲最高之宗教中心，一祀於王，建構以尊統親之帝權主義與國家型態。

二、公廟設於私家——《春秋》史鑒舉隅

承上文，董子提到兩觀、桓廟、釐（僖）廟、亳社之不當立，故災以示魯，悄將不當立的僭制行爲與亂臣賊子之野心比義相附（元成之世，《穀梁》大家劉向言此災異與董子同），[註16] 擬透過禮紀秩序以建政治體制。簡而言之，在孔子「器以藏禮」的祀權觀念中，名物器樂乃象徵著社會中的禮法秩序，魯公上僭天子雉門兩觀、季氏僭祠公廟於私家，桓、僖公廟該毀而不毀，越禮犯僭，故天災之，示以不法之罪，以正天下秩序也。

（一）兩觀災

先從兩觀災，三傳及注疏家之言看起。《春秋》，定公二年，經曰：「夏，五月，壬辰，雉門及兩觀災。」，《左氏》無傳，《公羊》曰：

> 其言雉門及兩觀災何？兩觀微也。然則曷爲不言雉門災及兩觀？主災者兩觀，則曷爲後言之？不以微及大也。何以書？記災也。[註17]

兩觀乃雉門上之建築裝飾，火災起於兩觀，《公羊》以災異說解春秋大義，因此，相對於雉門而言，兩觀乃卑微之物，雉門主正故尊，《穀梁》則曰：

> 其不曰雉門災及兩觀，何也？災自兩觀始也，不以尊者親災也。先言雉門，尊尊也。[註18]

這個說法和《公羊》是一致的，因災火自兩觀始，而後波及雉門，故經書以「先尊後卑」爲序，因此，《春秋》大義在於透過建物之體以示尊尊之統，故下不凌上，卑不越尊，這是《公》、《穀》二傳共同的看法。再看注疏家的演

〔註16〕《漢書》，卷二十七上〈五行志〉，頁 1335～1345。卷七十五〈眭兩夏侯京翼李傳〉贊曰：「漢興推陰陽言災異者，孝武時有董仲舒、夏侯始昌，昭、宣則眭孟、夏侯勝，元、成則京房、翼奉、劉向、谷永，哀、平則李尋、田終術。此其納說時君著明者也。察其所言，仿佛一端。假經設誼，依託象類，或不免乎『億則屢中』」。頁 3194～3195。

〔註17〕《公羊》，卷二十五，定公二年，頁 552～553。

〔註18〕《穀梁》，卷十九，定公二年，頁 319。

繹。先看晉儒鄭嗣之說，范甯注引鄭嗣曰：

> 欲以兩觀親災，則經宜言兩觀災及雉門，雉門尊，兩觀卑，卑不可
> 以及尊，故不得不先言雉門，而後言兩觀。欲令兩觀始災，故災在
> 兩觀下矣。〔註19〕

鄭嗣的說解僅止是爬梳了傳意而已，但仍顯示注疏家不認爲兩觀災只是單純
的火災意外，而是如傳論，以建物物象之存毀象徵政治權力之消長，因而兩
觀災及雉門，就有以卑凌上的政治寓意，象徵君權旁落，以臣凌君之態勢，
經以爲尊者諱，故以災論之。此外，何休的看法是：

> 此本子家駒諫昭公所當先去以自正者，昭公不從其言，卒爲季氏所
> 逐。定公繼其後，宜去其所以失之者，故災亦云爾。立雉門兩觀不
> 書者，僭天子不可言，雖在《春秋》中猶不書。〔註20〕

子家駒的話說於昭公二十五年：「諸侯僭於天子，大夫僭於諸侯久矣。設兩觀，
乘大路，朱干玉戚，以舞大夏，八佾以舞大武，此皆天子之禮也。」（詳第三
章第一節）。〔註21〕依禮諸侯內闕僅有一觀，〔註22〕昭公築兩觀，當然是越禮
犯僭的行爲，以禮說政，進行一政治性的解讀這也不奇怪，但何休則以災異
「神論之說」演繹了春秋大義。昭公知設兩觀、乘大路等乃上僭犯禮之罪，卻
無意改正回歸尊卑體制，上行下效的結果，終爲季氏所逐，橫死乾侯。〔註23〕
定公繼位兩觀災以示之，亦不悟魯罪之淵藪，反而在兩觀災後，重建雉門兩
觀，並且修築得比先前燒毀的更爲侈大而壯觀，故《公羊》曰：「其言新作之
何？修大也。修舊不書，此何以書？譏。何譏爾？不務乎公室也。」對此，
何休注曰：「天災之，當減損如諸侯制，而復修大，僭天子之禮，故言新作以
見修大也。不務公室，亦可施於久不修，亦可施於不務如公室之禮，微辭也。
月者，久矣。當即修之，如諸侯禮。」〔註24〕顯然，天災以見僭禮之罪，神

〔註19〕同上注。
〔註20〕《公羊》，卷二十五，定公二年，頁553。徐彥疏曰：「知如此者，正以隱五年
　　　　秋『初獻六羽』，傳曰『何以書？譏。何譏爾？譏始僭諸公也』，『始僭諸公，
　　　　昉於此乎？前此矣。前此，則曷爲始乎此？僭諸公，猶可言也；僭天子，不
　　　　可言也』是也。若然，須更修大還僭天子，而得書之者，但作微辭以譏之，
　　　　仍自不正言。」頁553。
〔註21〕同上注，卷二十四，昭公二十五年，頁523～524。
〔註22〕同上注，頁524。
〔註23〕同上注，經曰：「三十二年，十有二月，己未，公薨於乾侯。」頁543。
〔註24〕同上注，卷二十五，定公二年，經曰：「冬，十月，新作雉門及兩觀。」頁553

論以正尊卑秩序，定公未悟，威勢下流如江河日下，至悼公之世，已如小侯。要之，今文家以兩觀災暗示政權之下流，器物之僭於禮並非小事一樁，而是見微知著，如遼東高廟火災已見諸侯不敬之心，以下陵上之態勢之形成，帝王不可不鑒。

（二）桓宮與僖宮之不當立

再看桓公與僖公廟。魯之世卿家門乃以三桓爲大，三桓乃桓公之後，故私設桓公廟於自家都城，〔註25〕《儀禮·喪服》曰：

> 大夫及學士，則知尊祖矣。諸侯及其大祖，天子及其始祖之所自出。〔註26〕

顯然，三桓追及其大祖，已上僭諸侯之宗廟禮制，《禮記·郊特牲》曰：

> 諸侯不敢祖天子，大夫不敢祖諸侯。而公廟之設於私家，非禮也，由三桓始也。〔註27〕

鄭玄注曰：「（三桓）言仲孫、叔孫、季孫氏皆立桓公廟，魯以周公之故，立文王廟，三家見而僭焉。」〔註28〕鄭氏認爲三桓之所以皆立桓公廟於私家，是因爲受了魯國之影響，魯以諸侯之國，因周公之「大德」而特賜建祠文王廟，這一「追遠」之祭禮誠乃至上之榮耀——追及所出之祖，禮以大德故追遠——周公乃文王所生，故追及大祖周公之所出，故立文王廟，乃稱周廟也；〔註29〕三桓亦仿效此大德之業，追及自家大祖——桓公，故《禮記·郊特牲》則言：「公廟之設於私家，非禮也，由三桓始也」，因此魯公之宗主祀權下流於家門，乃始自三桓，亦自三桓開始，家門上僭公廟之祭祀大權。

～554。《穀梁》，卷十九，定公二年曰：「言新，有舊也。作，爲也，有加其度也。此不正，其以尊者親之，何也？雖不正也，於美猶可也。」頁319。《左氏》，卷五十四，定公二年，無傳，頁1537。

〔註25〕《左傳》，卷十，莊公二十八年：「凡邑，有宗廟先君之主曰都。」頁291。
〔註26〕《儀禮》，卷三十〈喪服〉，頁668。
〔註27〕《禮記》，卷二十五〈郊特牲〉，頁782。
〔註28〕同上注。
〔註29〕《左傳》，卷三十一，襄公十二年：「秋，吳子壽夢卒。臨於周廟，禮也。」杜預注曰：「周廟，文王廟也。周公出文王，故魯立其廟。」孔穎達正義曰：「以鄭祖屬王，立所出王廟，知爲周公出文王，故魯立其廟也。哀二年，蒯瞶禱云：『敢昭告皇祖文王。』衛亦立文王廟也。〈郊特牲〉曰：『諸侯不敢祖天子，大夫不敢祖諸侯，而公廟之設於私家，非禮也。』而諸侯得立王廟者，彼謂無功德者，非王命而輒自立之，則爲非禮。魯、衛有大功德，王命立之，是其正也。鄭祖屬王，亦然。」頁905。

當然，桓公廟之於其他諸公廟來說，顯然是相當強盛而富麗的，莊公二十三經曰：「秋，丹桓宮楹。」、二十四年經又曰：「春，王正月，刻桓宮桷。」莊公於桓宮「丹楹刻桷」，以此盛飾越禮犯僭，意在迎娶強齊之女（桓公為齊君所殺）以三月廟見而攝盛榮之。這事三傳都以「非禮」刺之，《左傳》說：「二十四年，春，刻其桷，皆非禮也。御孫諫曰：『臣聞之，儉，德之共也；侈，惡之大也。先君有共德，而君納諸大惡，無乃不可乎？』」〔註30〕、《公羊》於莊公二十三、四年所書皆曰：「何以書？譏。何譏爾？刻桓宮桷（丹桓宮楹），非禮也。」〔註31〕、《穀梁》對於僭禮犯分說之最詳，二十三年傳曰：「禮，天子諸侯黝堊，大夫倉，士黈。丹楹，非禮也。」；二十四年傳曰：「禮，天子之桷，斲之礱之，加密石焉。諸侯之桷，斲之礱之。大夫斲之，士斲本。刻桷，非正也。夫人，所以重宗廟也，取非禮與非正，而加之於宗廟，以飾夫人，非正也。刻桓公桷，丹桓公楹，斥言桓宮，以惡莊也。」〔註32〕簡而言之，莊公為自己的先父桓公立廟，並不依禮制建廟，而是像座華麗的宮殿，依禮宗廟「楹不丹，桷不刻」，〔註33〕也就是說，天子諸侯宗廟建築都有楹桷，由於是宗廟，先祖死後藏主受祠之處，因此，楹柱以黑，表示莊嚴肅穆之聖地，桷椽天子諸侯亦各有其制，諸侯僅斲之礱之，不加碎石飾之；但莊公丹楹刻桷，將楹柱漆成大紅色，桷椽雕鏤花蟲鳥獸以展現超時代的華麗與侈泰之建築工法，著實不像座宗廟而是一座宮殿。因此三傳俱以非禮非正譏之。這一侈泰而華麗的建築工法是否亦為三桓所仿效，藉此誇大之飾以尊大自家大祖，我想這情況是有的，春秋已譏桓公廟於莊公例，一事不二譏乃經書之筆法，因而當三桓建祠桓公廟時，業已遵循莊公丹楹刻桷之華飾。

相對而言，魯公廟傾頹毀壞卻久不修葺，可見文公之時，對宗廟祭祀與維護顯得力不從心，這原因當然與其祭主權有關，能否維繫其祭主之權力，則看其君權能否伸張。文公十三年，秋七月，《左》、《穀》俱載：「大室屋壞」、

〔註30〕《左傳》，卷十，莊公二十四年，頁278～279。
〔註31〕《公羊》，卷八，莊公二十三年：「丹之者，為將娶齊女，欲以誇大飾之。傳言『丹桓宮』者，欲道天子諸侯各有制也。禮，天子斲之礱之，加密石焉；諸侯斲而礱之，不加密石；大夫斲之；士首本。失禮宗廟例時。」頁165、二十四年，頁166～167。
〔註32〕《穀梁》，卷六，莊公二十三，頁88、二十四，范甯注曰：「非禮謂娶仇女，非正謂刻桷丹楹也。本非宗廟之宜，故曰加，言將親迎，欲為夫人飾，又非正也。」頁89。
〔註33〕《左傳》卷十，莊公二十四年，孔穎達正義，頁279。

《公》則書：「世室屋壞」。杜預以「大室」為「大廟」即「周公廟」；《穀》以「大室」為「世室」乃「魯公廟」也。〔註34〕《公羊》曰：「世室者何？魯公之廟也。周公稱太廟，魯公稱世室，群公稱宮。此魯公之廟也，曷為謂之世室？世室猶世室也，世世不毀也。……世室屋壞何以書？譏。何譏爾？久不修也。」〔註35〕當然最能寄言出意者，乃何休也，何氏曰：

> 簡忽，久不以時修治，至令敗壞，故譏之。言屋者重宗廟，詳錄之。
> 以不務公室不月者，知久不修，當蒙上月。〔註36〕

何休的意思是：「宗廟」乃「公室」之象徵，「世室屋壞」則象徵「君權下流」也。所謂「不務公室」，乃指文公無法踐履諸侯之權，也就是說：真正的主政大權並不在文公手上，而是在三桓與其同父弟兄東門襄仲（仲遂，公子遂）（詳第四章第二節），他們才是真正主政的人。〔註37〕因此，象徵魯國最高之政教中心的「魯公廟」久壞不修，相對於「桓宮」之「丹楹刻桷」的奢華富麗，誠可證明「祿去公室」，威勢下流的魯公已然保護不了自家宗廟，任憑傾頹，而新政權的形成亦表現在其宗廟的修築與祭祀上，這樣的例子，尚可見諸昭公二十五年，《左傳》曰：「將禘於襄公，萬者二人，其眾萬於季氏。」〔註38〕（詳第三章第一節，季康子僭旅及天子器樂例）。

（三）桓宮、僖宮災與亳社災（附論武宮與煬宮）

最後，來看哀公三年的桓宮、僖宮災與四年的亳社災。《春秋》，哀公三

〔註34〕《左傳》，卷十九下，文公十三年：「秋，七月，大室屋壞。書，不共也。」杜預注曰：「大廟之室。」孔穎達正義曰：「《釋例》曰：『大室屋壞，國之所尊，朽而不繕，久旱遇雨，乃遂傾頹，不共之甚，故特書之。』」頁543、546。《穀梁》，卷十一，文公十三年：「大室屋壞者，有壞道也，譏不修也。大室猶世室也。周公曰大廟，伯禽曰大室，群公曰宮。禮，宗廟之事，君親割，夫人親舂，敬之至也。為社稷之主，而先君之廟壞，極稱之，志不敬也。」頁177。《公羊》，卷十四，頁302。

〔註35〕《公羊》，卷十四，文公十三年，頁302～304。

〔註36〕同上注，徐彥疏曰：「當蒙上月者，謂蒙上秋七月也。不務公室月者，即定二年『冬，十月，新作雉門及兩觀』。傳云『其言新作之何？修大也。修舊不書，此何以書？譏。何譏爾？不務公室也。』何氏云『務，勉也。不務公室，亦可施於久不修，亦可施於不務如公室之禮，微辭也。月者，久也，當即修之如諸侯之禮』是也。然則彼久不修，是以書月。此亦久不修，故知當蒙上月爾。」頁304。

〔註37〕詳李宗侗：《中國古代社會史》，第十二章〈春秋後期各國階級的升降〉，頁233～235。

〔註38〕《左傳》，卷五十一，昭公二十五年，頁1458。

年:「五月,辛卯,桓宮、僖宮災。」桓、僖二宮的火災,透過兩漢傳注的詮釋(不以純粹的火災意外觀之),凸顯了漢世的一個政治議題,這也就是呂后所下達的這道牽動著政治敏感的神經——「擅議宗廟者棄市」的禁令(詳本章第二節)。董仲舒藉由高廟火暗示郡國廟的不當立與武帝之世所必須思考的宗廟迭毀體制,這都是極其嚴肅的國家宗廟議題,也牽動了敏感的政治神經。因此,《左傳》以「孔子在陳,聞火,曰:『其桓、僖乎!』」隱藏了聖人不以言說(其桓、僖乎)的天啓暗示,這一天啓暗示,《公羊》解其微言大義曰:

> 此皆毀廟也,其言災何?復立也。曷爲不言復立?《春秋》見者不
> 復見也。何以不言及?敵也,何以書?記災也。〔註39〕

《公羊》以桓僖二宮都是毀廟主,災火的發生乃譴責哀公復立而不廢也,又《春秋》何以不譏其復立之過,是因爲成公六年二月復立武宮時已見譏也,一事不二譏,故曰《春秋》見者不復見也」。顯然,孔子「其桓、僖乎」的大義在於哀公之世桓僖二公廟俱存不毀,故天災示以「該毀藏主」之天理常道。〔註40〕然而,哀公何以不毀桓僖二宮,其原因是什麼?孔穎達正義如是說:

> 禮,諸侯親廟四焉,高祖之父,即當毀其廟。計桓之於哀,八世祖
> 也,僖,六世祖也,親盡而廟不毀,言其宜爲天所災也。所以不毀
> 者,服虔云:「季氏出桓公,又爲僖公所立,故不毀其廟。」其意或
> 然。〔註41〕

服虔這句:「季氏出桓公,又爲僖公所立,故不毀其廟」的話一語中的,說準了魯國祿去公室,政在三桓的歷史淵流(詳第三章第一節)。因此,非哀公不毀,而是三桓不毀,藉此以大其祖宗之德業,流光永紹三桓。這一情形顯示了桓僖二宮已非一般群公廟可擬,在現實的政治意義上有其權力的象徵性。魯之宗廟迭毀,依禮諸侯五廟,〔註42〕因此,魯國除了周公大祖廟永世不毀

〔註39〕《公羊》,卷二十七,哀公三年,頁595~596。
〔註40〕《公羊》,卷二十七,哀公三年,何休注曰:「據禮,親過高祖,則毀其廟。
　　　　內所改作也,哀自立之,善惡獨在哀。……災不宜立。」頁595~596。《左傳》,
　　　　卷五十七,杜預注曰:「言桓、僖親盡而廟不毀,宜爲天所災。」頁1626。《穀
　　　　梁》,卷二十,楊士勛疏曰:「案《左氏》『孔子在陳,聞火,曰:「其桓、僖
　　　　乎?」』言廟應毀而不毀,故天災也。」頁340。
〔註41〕《左傳》,卷五十七,哀公三年,頁1626。
〔註42〕案:何休認爲依禮,天子諸侯僅五廟,但有周則建七廟,以天子諸侯俱七廟
　　　　之制也,這與《禮記》,卷十二〈王制〉所言:「天子七廟,三昭三穆,與大

外，其於親廟該毀則毀，五世親盡，毀廟藏主；但事實則不然，《禮記‧明堂位》云：「魯公之廟，文世室也；武公之廟，武世室也。」所謂「世室」乃言其「世世不毀」之意。〔註43〕此見魯亦有「一祖二宗」不毀之世廟，顯然，上僭天子七廟之禮制，天子諸侯業已無別（周：后稷、文、武廟，四親廟。魯：周公、文、武廟，四親廟。武廟立於成公六年，詳後），尊卑秩序蕩然無存（這是文帝時期，賈誼特別提醒的事，引文在後）。〔註44〕又魯之毀廟而復立之宮廟，除了桓宮、僖宮外，另有武宮、煬宮，皆不當立，俱為經傳所譏也。

　　成公六年，經曰：「春，二月，辛巳，立武宮。」這件事三傳的看法是：《公》、《穀》俱以「立者，不宜立也。」譏之；〔註45〕《左傳》載曰：「季文子以鞌之功立武宮，非禮也。聽於人以救其難，不可以立武。立武由己，非由人也。」〔註46〕亦以不當立之非禮刺之。三家傳注則有詳細之說，如何休

祖之廟而七。諸侯五廟，二昭二穆，與大祖之廟而五。」（頁382）天子七廟、諸侯五廟的說法不同。《公羊》，卷十七，成公六年，何休注曰：「禮，天子諸侯立五廟，受命始封之君立一廟，至於子孫，過高祖，不得復立廟。周家祖有功，尊有德，立后稷、文、武廟，至於子孫，自高祖已下而七廟。」（頁382）。鄭玄〈王制〉注則以天子七廟之制乃周制，殷則六廟，契及湯與二昭二穆。夏則五廟，無大祖，禹與二昭二穆而已（頁382）。二儒說法迥異，引為參證。

〔註43〕　《左傳》，卷二十六，成公六年，孔穎達正義，頁721～722。《公羊》，卷十四，文公十三年曰：「世室者何？魯公之廟也。周公稱太廟，魯公稱世室，群公稱宮。此魯公之廟也，曷為謂之世室？世室猶世室也，世世不毀也。周公何以稱太廟於魯，封魯公以為周公也。周公拜乎前，魯公拜乎後。曰：生以養周公，死以為周公主。然則周公之魯乎？曰：不之魯也。封魯以為周公主。」頁302～303。案：《公羊》未提「武世室」，此乃成公六年所妄加，毀而復立，永世不毀，非禮亦非正也。《穀梁》，卷十三，成公六年，范甯注曰：「舊說曰：武公之宮廟毀已久矣。故傳曰『不宜立也』。《禮記‧明堂位》云：『魯公之廟，文世室也；武公之廟，武世室也。』言世室則不毀也，則義與此違也。」（頁220）顯見，三傳俱以「武世室」乃成公妄加，上僭天子七廟禮制，天下秩序彝倫攸斁矣。

〔註44〕　詳林師聰舜：〈「禮」世界的建立——賈誼對禮法秩序的追求〉，頁149～174。

〔註45〕　《公羊》，卷十七，成公六年曰：「武宮者何？武公之宮也。立者何？立者不宜立也。立武宮，非禮也。」頁382。《穀梁》，卷十三，成公六年：「立者，不宜立也。」頁220。

〔註46〕　《左傳》，卷二十六，成公六年，杜預注曰：「魯人自鞌之功，至今無患，故築武軍，又作先君武公宮，以告成事，欲以示後世。」注又曰：「宣十二年潘黨勸楚子立武軍。楚子答以武有七德，非己所勘。其為先君宮，告成事而已。今魯倚晉之功，又非霸主，而立武宮，故譏之。」頁722～723。

曰：「立武宮者，蓋時衰多廢人事，而好求福鬼神，故重而書之。臧孫許伐齊有功，故立武宮。」、〔註47〕服虔亦曰：「鞌之戰，禱武公以求勝，故立其宮。」〔註48〕鞌之戰乃發生於宣公十二年，藉晉之力伐齊建功，立武宮乃爲酬神謝主，《逸周書·諡法解》以：「克定禍亂曰武」〔註49〕這大抵是符合服虔與何休的說法，但何以禱於武公呢？《禮記·曾子問》曰：「古者師行，必以遷廟主行。」、《周禮·春官·小宗伯》云：「若大師，則帥有司而立軍社，奉主行。」、《周禮·春官·肆師》亦曰：「凡師甸用牲於社、宗，則爲位。」〔註50〕此謂：古俗出師必先祓社釁鼓於社，因有所禱請，故由肆師掌巫詛之儀式完成禱請之命，師行則載社主與毀廟主同行。這一種巫詛儀式與習俗，乃取其「大陰凶象」，周人亦奉行不墜，社主主殺，毀廟主主陰，故噬血用牲，以神明之，〔註51〕乃藉其鬼神之威烈，勝國毀社。故凡禱請，成事必祠賽之，酬神謝主乃其必要，故軍還必獻愷於祖社也。〔註52〕顯然，鬼神之事乃左右著季文子對戰爭得勝的看法，因而酬神謝主以建祠世室達成一樁黑色交易。當然，巫詛好鬼之事，於魯非止此一樁，定公元年季平子建祠煬宮亦是一例也。

定公元年，經曰：「秋，九月，立煬公。」《左傳》曰：「秋，七月，癸巳，葬昭公於墓道南。孔子之爲司寇也，溝而合諸墓。昭公出故，季平子禱於煬宮。九月，立煬宮。」杜預注曰：「煬公，伯禽子也。其廟已毀，季氏禱之而立其宮，書以譏之。」〔註53〕煬公的身分已然清楚，但何以禱之，所爲何事？

〔註47〕　《公羊》，卷十七，成公六年曰，頁382。

〔註48〕　《左傳》，卷二十六，成公六年，孔穎達正義引，頁722。

〔註49〕　《逸周書》，卷六〈諡法解〉：「剛彊直理曰武。威彊叡德曰武。克定禍亂曰武。刑民克服曰武。大志多窮曰武。」頁637～638。

〔註50〕　《禮記》，卷十八〈曾子問〉，頁587、《周禮》，卷十九〈春官·小宗伯〉，鄭玄注曰：「王出軍，必先有事於社及遷廟而以其主行。社主曰軍社，遷主曰祖。《春秋傳》曰：『軍行祓社釁鼓，祝奉以從。』《曾子問》曰：『天子巡守，以遷廟主行，載於齊車，言必有尊也。』《書》曰：『用命賞於祖，不用命戮於社。』」頁581、同卷〈春官·肆師〉，鄭玄注曰：「社，軍社也。宗，遷主也。」頁594。

〔註51〕　《周禮》，卷二十九〈夏官·大司馬〉：「若大師，則掌其戒令，蒞大卜，率執事蒞釁主及軍器。」鄭玄注曰：「凡師既受甲，迎主於廟及社主，祝奉以從，殺牲以血塗主及軍器，皆神之（校注曰：《通典》作「皆神明之」）。」頁918～919。

〔註52〕　《禮記》，卷十二〈王制〉，孔穎達正義曰：「按：《周禮·宗伯》：『師還，獻愷於祖』、《周禮·司馬職》：『愷樂獻於社。』」頁373。

〔註53〕　《左傳》，卷五十四，定公元年，頁1531。

杜預注曰：「季平子逐君，懼而請禱於煬公，昭公死於外，自以爲獲福，故立其宮。」〔註54〕孔穎達正義說之最詳：

> 諡法：「好內怠政曰煬」。煬公，伯禽子，《世本》、《世家》文。諸侯之禮，親廟有四，計煬公玄孫，既薨，其廟即已毀矣。季氏禱於煬公，以求昭公不入，公死於外，謂禱有益，而更立其宮賽之。於禮不合更立，惡其改變國典，故書以譏之。〔註55〕

這件事顯得十分有趣，昭公二十八年（B.C.514年）出奔乾侯，季平子爲了不讓昭公有機會重返魯國復仇，因而向煬公——一個被認爲「好內怠政」——魯公伯禽子、考公弟（周穆王時期（B.C.1001~947年）），〔註56〕至昭公已近五百年之遙遠的先君祈禱，這與我們在第八章擬將討論因佑民無功而變置稷主的作法，並且與韋伯・馬克斯「六十回橋」的概念是相反的，反而與「社主句龍」之威烈餘風，打破「因時而衰」的既定概念，脅迫湯武建社存祀的情形是雷同的。簡而言之，煬公神主之威烈本因「時盡而毀」，但季氏卻將他從石室中搬出來，進行了一場黑色交易。季氏好用巫術作禱顯然是事實（見前引何休、服虔語），此事乃透過巫詛之交感巫術，致使昭公怠政，終死晉之乾侯。昭公一死，季平子則於定公元年九月復立煬宮以爲酬謝。毀廟神主與世隔絕了數百年，終於重享祀火，不再於黑暗的石室中受盡子孫冷暖。這是人死後的悲哀，魯因事多所復立，雖不合乎禮制，但從另一角度來看，這或許也是毀廟主起死回生受祠享祀的唯一機會，因此，能否「神明之」以不顯其威烈餘風，則在於所禱者成事獲福與否。以此推之，漢世何以禁議宗廟迭毀，必然有其人道之考量，但至元帝任儒，今文家始行宗廟迭毀，逮古文家劉歆出，主張「祖有功，宗有德」，廣開世室不毀之路，藉此勸進帝王行善布德，而免於五世親盡毀廟藏主之擔憂（詳本章第二節）。

哀公四年，經曰：「六月，辛丑，蒲（亳）社災。」，《公》言「蒲」，《左》（無傳）、《穀》言「亳」也。《穀梁》曰：「亳社者，亳之社也。亳，亡國也。亡國之社以爲廟屛，戒也。其屋亡國之社，不得上達也。」范甯注曰：「殷都於亳，武王克紂，而班列其社於諸侯，以爲亡國之戒。劉向曰：『災亳社，戒人君縱恣，不能警戒之象。』」、〔註57〕《公羊》曰：「蒲社者何？亡國之社也。

〔註54〕同上注，頁1536。
〔註55〕同上注，頁1531。
〔註56〕《史記》，卷十三〈三代世表第一〉，頁224。
〔註57〕《穀梁》，卷二十，哀公四年，頁341。

社者，封也。其言災何？亡國之社蓋揜之，揜其上而柴其下。蒲社災，何以書？記災也。」〔註58〕

何休注曰：

> 戒社者，先王所以威示教戒諸侯，使事上也。災者，象諸侯背天子，是後宋事強吳，齊、晉前驅，滕、薛俠轂，魯、衛驂乘，故天去戒社，若曰王教滅絕云爾。〔註59〕

何休的解釋是很有巧思的，亳社乃亡國之社，周武班列諸侯建社以誡存亡之道，故《白虎通‧社稷》曰：「王者諸侯必有誡社者何？示有存亡也。明爲善者得之，爲惡者失之。」〔註60〕這是經典文獻與古今學者一致的看法，別無二論；但何休卻巧以「戒社者，先王所以威示教戒諸侯，使事上也」詮釋天子令諸侯建「亳社」之目的；易言之：「建亳社」其目的在於「使事上」（非誡其存亡），這如同漢初建郡國廟的目的在於「建威銷萌，一民之至權」的作法是一樣的。因此，何休解釋「亳社災」是「諸侯背天子」之象，王教滅絕之兆也；當然，這一說辭乃承繼董仲舒的思維而來。董子以遼東高廟與便殿火乃天啓曰：「視親戚貴屬在諸侯遠正最甚者，忍而誅之，如吾燔遼東高廟乃可；視近臣在國中處旁仄及貴而不正者，忍而誅之，如吾燔高園殿乃可」，所謂「遠正者」、「不正者」乃「離正道者」，〔註61〕意即「不忠者」，所以不論藩衛在外的諸侯或寵恃在內之貴屬國戚凡有不正不忠者，都必須忍而誅之，以清君側，樹立王權之威。此乃神諭，以火爲戒，永訓後人。

此外，董仲舒以「兩觀、桓、釐廟、亳社，四者皆不當立，天皆燔其不當立者以示魯」，「亳社災」董子何以認爲是不當立故天災之？事實上從經典文獻來看，亳社乃周武伐紂克殷而令諸國立亳社以戒亡國，並無不當立或上僭祀權的問題。所以問題的關鍵就在於——「武王不當賜」。以漢儒的立場來看，這與漢初令郡國設祠公廟的情形是一樣的，其意義雖然不同（立亳社以戒亡國←→建威銷萌，一民之至權），但祀權下流，以亂尊卑，俱爲事實。賈

〔註58〕《公羊》，卷二十七，哀公四年，頁600。《禮記》，卷二十五〈郊特牲〉：「天子大社，必受霜露風雨，以達天地之氣也。是故喪國之社，屋之，不受天陽也；薄社北牖，使陰明也。」頁788。
〔註59〕《公羊》，卷二十七，哀公四年，頁600。
〔註60〕《白虎通》，卷三〈社稷〉，頁86。
〔註61〕《漢書》，卷二十七上〈五行志上〉，顏師古注曰：「遠，離也，謂離正道者。」頁1333。

誼《新書・等齊》的這席話值得注意：

> 天子之相，號爲丞相，黃金之印；諸侯之相，號爲丞相，黃金之印，
> 而尊無異等。……天子親號云太后，諸侯親號云太后；天子妃號曰
> 后，諸侯妃號曰后。然則諸侯何損而天子何加焉？妻既已同，則夫
> 何以異？〔註62〕

我想這是漢儒在建立君權觀上一致的共識，也說明了漢初天子權勢的下流，賈誼則從「車服名號」點出這一事實，發揮了孔子「器以藏禮」的政教觀。「車服名號」乃帝憲主義上下尊卑之象徵，唯班列等秩，異化去同，以建禮紀，才能樹立君威與維護天下秩序。因此，亳社亦如桓僖諸宮皆爲不當立，更是不當賜的權力（天子諸侯同車服名號亦是），這一權力——勝國之社（亳社、亡國之社），賓國之神主當由天子全權監管，以收其鬼神之威，誠如顓頊大帝對九黎苗裔祀權的剝奪，一祀於王。故董子藉此遼東高廟火災，推及春秋桓僖二宮災與亳社災之史鑒，暗示武帝對這一國家至大權力的象徵——祀權，在天啓暗示中已見「集權之時」，故不可坐失良機，重蹈昭定哀三世之輒也。

第二節　元帝郡國廟與迭毀禮之改制

　　高祖建天下，鄙視儒生，陸賈便以「居馬上得之，寧可以馬上治之乎」〔註63〕回敬。叔孫通制朝儀，高祖始知朝儀的威權與王朝的秩序對一個國家的重要性。〔註64〕這項大漢朝儀訂定的動作，就此展開了兩漢宗教與政治的雙邊會談，宗教的制訂與改革最終是爲了實現帝國「大一統」的政綱與理想。

　　武帝時期，董仲舒藉遼東高廟火災一事，挑戰呂后擅議宗廟之舊章禁令，主張宗廟集權，伸張宗主大權的言論並未將之刑於東市。顯然，此一擅議宗廟的禁令是禁不住儒士之口，更難箝制他們實踐大一統的儒教理想。下逮元帝任儒，元帝甫一即位，災禍連年，民不聊生，國庫拮据，中郎令翼奉則藉此上諫撙節之法，其中論及宗教改革者有三：一，遷郊改畤。二，定迭毀禮。

〔註62〕賈誼：《新書》（北京：中華書局，2010），卷一〈等齊〉，頁46～47。

〔註63〕《史記》，卷九十七〈陸賈傳〉，頁1075。

〔註64〕《史記》，卷九十九〈叔孫通傳〉：「漢五年，已并天下，諸侯共尊漢王爲皇帝於定陶，叔孫通就其儀號。高帝悉去秦苛儀，法爲簡易。群臣飲酒爭功，醉或妄呼，拔劍擊柱，高帝患之，叔孫通知上益厭之也。說上曰：『夫儒者難與進取，可與守成。臣願徵魯諸生，與臣弟子共起朝儀。』……於是高帝曰：『吾迺今日知皇帝之貴也。』」頁1086～1087。

三，罷郡國廟。後由御史大夫貢禹伸張促請，元帝於永光四年（B.C.40 年）始興毀廟禮議，蠲除祖宗舊法，大開改革之門。

元帝永光四年連下二道詔令，無不牽動著敏感的政治神經：其一，詔令「罷郡國廟」，回歸宗主之禘祖大權（宗廟權最重者乃禘祖權，三年吉禘，五服俱至，助祭效忠，詳第四章第三節），以令四方；其二詔令「宗廟迭毀」，始議祖宗功德，五世親盡，毀廟藏主，行使宗主大權，審定昭穆。

因此，本節擬就元帝一世所進行的二項宗廟改革：「罷郡國廟」、「定迭毀禮」，作一論述。

一、罷廢郡國廟，宗主權之大一統

元帝一朝災禍不斷，人民流離乞活，對於建鼎以來廣設於天下郡國的公廟已然成為財政之最大包袱。在物力維艱之下，撙節之法，儼然成了一場長達三十餘年的宗教改革運動，其幕後推手則是齊魯學士，進而成為漢室之一大官僚集團。〔註65〕漢武任術，漢元任儒，齊魯學士有了更大的機會站上歷史舞台，並且將其所學與儒教理想付諸實踐，〔註66〕故而相繼推動了元、成、哀、平的宗教改革運動。透過祀權的集中，以實踐大一統之儒教理想。

「引經據典」是本次制禮與改制過程中最大的砥柱與依歸。《禮記》的古文寫本在武帝一朝已經出現，經蕭奮、孟卿、后倉的努力，禮學成就已有舉足輕重的影響力。又朝野諸多儒士各持家學而躍上了政治舞台，因此不論是今古文本的《春秋》學、《詩》學、《禮》學、《書》學、《易》學都顯示了儒家經學的學術勢力與集團勢力。這一勢力的形成，主要表現在兩漢禮制的推

〔註65〕林師聰舜：〈傳統士大夫與經學〉（《中華文化復興月刊》，第二十卷第十二期（1987.12））：「漢朝人往往把經學義理看成天經地義的東西，所以當時人有『以《春秋》決獄，以〈禹貢〉治河，以三百五篇當諫書』的說法，這就是漢人所謂的『通經致用』，在這種極端尊經的心態下，更出現孔子作《春秋》是為漢制法的說法。到了元、成之後，經學在政治上的權威地位更形高張，『上無異教，下無異學，皇帝詔書，群臣奏議，莫不援引經義，以為據法，國有大疑，輒引《春秋》為斷。一時循吏多能推明經意，移風易俗，號為以經術飾吏事。』」頁42。

〔註66〕王葆玹：《西漢經學源流》，第五章〈與國家宗教並行演進的西漢禮學〉：「過去人們常說這兩項（廢郡國廟、宗廟迭毀）改革的意義在於減少『煩費』，這是正確的，但這解釋尚不足使關心宗教史的人們感到滿意。元、成之之際宗廟制度的兩項改革的主要意義，在於實現先秦儒家所嚮往的理想社會圖式，使宗教與政治達成一種既分離又結合的關係。」頁293。

動與改革上，尤以《春秋》經傳與《禮記》文本對改制之影響最大，至此，《禮記》之影響力亦已「如經」的地位並駕於《儀禮》，抑或勝之。

　　元帝的太傅有后倉門生蕭望之及眭孟門生嚴彭祖，即位後便大舉重用齊魯學士翼奉、貢禹、韋玄成、匡衡等，就此「變禮改制」的運動便猛烈地一波波的展開，迄至成帝一朝已一掃前制舊章。當然，不論「罷郡國廟」，或是日後「宗廟迭毀」的制定，抑或徙天地於「長安南北郊」，一概出自翼奉（后倉門生）的想法，而先後由貢禹（眭孟門生，與嚴彭祖、顏安樂同門）、韋玄成、匡衡（后倉門生）等公卿大臣積極推動完成。〔註 67〕元帝之宗廟改制乃依準貢禹奏請：「古者天子七廟，今孝惠、景帝廟皆親盡，宜毀。及郡國廟不應古禮，宜正定。」〔註 68〕基於「祭不欲數」〔註 69〕與「宗法體制」的原則，並於「大一統」之儒教綱領下，於永光四年始議「廢郡國廟」與議定「宗廟迭毀」（詳本章第二節），事之本末，《漢書·韋玄成傳》說之甚明：

> 初，高祖時，令諸侯王都皆立太上皇廟。至惠帝尊高帝廟爲太祖廟，景帝尊孝文廟爲太宗廟，行所嘗幸郡國各立太祖、太宗廟。至宣帝本始二年，復尊孝武廟違世宗廟，行所巡狩亦立焉。凡祖宗廟在郡國六十八，合百六十七所。而京師自高祖下至宣帝，與太上皇、悼皇考各自居陵旁立廟，并爲百七十六。……永光四年，乃下詔先議罷郡國廟，曰：「朕聞明王之御世也，遭時爲法，因事制宜。往者天下初定，遠方未賓，因嘗所親以立宗廟，蓋建威銷萌，一民之至權也。今賴天地之靈，宗廟之福，四方同軌，蠻貊貢職，久尊而不定，令疏遠卑賤共承尊祀，殆非皇天祖宗之意，朕甚懼焉。傳不云乎：『吾

〔註 67〕《漢書》，卷七十五〈翼奉傳〉：「上（元帝）復延問得失。奉以爲祭天地於雲陽汾陰，及諸寢廟不以親疏迭毀，皆煩費，違古制。又宮室苑囿，奢泰難供，以故民困國虛，亡累年之畜。所繇來久，難以卒正。……臣願陛下徙都於成周，左據成皋，（右）阻黽池……，漢家郊兆寢廟祭祀之禮多不應古，臣奉誠難言居而改作，故願陛下遷都正本。眾制皆定，亡復繕治宮館不急之費，歲可餘一年之畜。……其後，貢禹亦言當定迭毀禮，上遂從之。及匡衡爲丞相，奏徙南北郊，其議皆自奉發之。」頁 3175～3178。

〔註 68〕《漢書》，卷七十三〈韋玄成傳〉，頁 3116。

〔註 69〕《漢書》，卷七十三〈韋玄成傳〉：「議者又以爲清廟之詩言交神之禮無不清淨，今衣冠出游，有車騎之眾，風雨之氣，非所謂清靜也。『祭不欲數，數則瀆，瀆則不敬。』宜復古禮，四時祭於廟，諸寢園日月間祀皆可勿復修。上亦不改也。」頁 3120。《禮記》，卷四十七〈祭義〉：「祭不欲數，數則煩，煩則不敬。祭不欲疏，疏則怠，怠則忘。」頁 1310。

　　不與祭，如不祭。』其與將軍、列侯、中二千石、二千石、諸大夫、

　　博士、議郎議。」。〔註70〕

可見，漢初公廟設於私家，形成郡國廟祠鼎盛，支庶之子自此獲得主祭大祖
之特權，此非僭祀，而是高祖下開特賜之權也，爾後惠、景、宣諸帝更廣設
公廟，其考量與目的在於「往者天下初定，遠方未賓，因嘗所親以立宗廟，
蓋建威銷萌，一民之至權也」。〔註71〕所謂「建威銷萌」，顏師古注曰：「銷遏
逆亂，使不得萌生」，〔註72〕對於甫定未安的政權與王室，這是權宜之計，藉
此以宣王朝之威並爲郡國監戒，因而高祖特賜公廟祀權以置入性的作法達其
政治目的，但這一作法純然是一種象徵性的手法，就其期望值──藩衛效忠
──來說並非絕對有效，事實證明也是如此的。祀權一開，歷經四朝帝令，
反而形成「祖宗廟在郡國六十八，合百六十七所」龐大的帝王廟；然而，一
旦下賜支庶之祀祖權，宗主收族之宗法體制便失去其「以尊統親」之意義。《春
秋》史鑒明鏡高懸，董仲舒一席遼東高廟火之愷切建言實開元成之宗教改制
運動，經翼奉、貢禹之催生，終於促使元帝於永光四年始興罷廢郡國廟之禮
議。元帝在此詔書中亦意識到，故特別強調：「傳不云乎？『吾不與祭，如不
祭』」這是《論語・八佾》中的一句話，〔註73〕藉此重申自己才是「宗廟祭主」
的身分，因此天子不主持公廟之祭，此祭就算祭也無算也，試圖奪回屬於宗

〔註70〕《漢書》，卷七十三〈韋玄成傳〉，頁3115～3116。

〔註71〕按：《漢書・韋玄成傳》所述，當初廣設郡國廟的目的是因爲「往者天下初定，
　　　　遠方未賓，因嘗所親，以立宗廟，蓋建威銷萌，一民之至權也」（頁3116）因
　　　　此爲了「建威銷萌，一民之至權」才將宗廟祀權下放給各郡國諸侯，但今日
　　　　「四方同軌，蠻貊貢職」爲了實現「大一統」的帝國主權，「祀權」、「政權」
　　　　都需「大一統」，集權帝王。當然這個問題，林師聰舜〈西漢郡國廟之興廢
　　　　──禮制興革與統治秩序維護之關係之一例〉已有精闢見解，無庸贅述。金
　　　　子修一先生：《中國古代皇帝祭祀の研究》（東京：岩波書店，2006），第四章
　　　　〈漢代における郊祀・宗廟制度の形成とその運用〉業已述及：「前漢は郡國
　　　　制を敷いたので、当初の郡國廟には父祖の廟を郡國に置くことで漢王朝の
　　　　支配安定させようとする、それこそ封建的な意図あったと思われる。しか
　　　　し、その後は皇帝による中央集權支配が確立し、劉氏の諸侯王国も無力化
　　　　する。……宣帝によって漢王朝の權威が恢復すれば、そのような郡國廟の
　　　　存在は意義を失うであろう。百六十箇所以上の郡國廟を維持する財政上の
　　　　負担も問題となってと思われ、郡国廟は元帝朝に一旦廢止されるとそのま
　　　　ま歷史から姿を消すこととなって。」頁166。

〔註72〕《漢書》，卷七十三〈韋玄成傳〉，注〔三〕，頁3117。

〔註73〕《論語》，卷三〈八佾〉：「祭如在，祭神如神在。子曰：『吾不與祭，如不祭。』」
　　　　頁35。

主獨尊的宗廟大權。這封詔令引起丞相韋玄成、御史大夫鄭弘、太子太傅嚴彭祖、少府歐陽地餘、諫大夫尹更始等七十人聯名上奏，皆曰：

> 臣聞祭，非自外至者也，緣中出，生於心也。故唯聖人爲能饗帝，孝子爲能饗親。立廟京師之居，躬親承事，四海之內各以其職來助祭，尊親之大義，五帝三王所共，不易之道也。《詩》云：「有來雍雍，至止肅肅，相維辟公，天子穆穆。」《春秋》之義，父不祭於支庶之宅，君不祭於臣僕之家，王不祭於下土諸侯。臣等愚以爲宗廟在郡國，宜無修，臣請勿復修。〔註74〕

韋玄成等奏議要點約之有三：一，主張宗廟禘祖——四方諸侯來朝助祭——之意義，對於樹立王權之威何其至大且重也，禘祖大權必在天子，不在郡國諸侯，故以《詩》：「有來雍雍，至止肅肅，相維辟公，天子穆穆」〔註75〕作喻，強調四方來朝助祭所象徵的政治意義——藩衛效忠——一祀於王，回歸以尊統親之宗主大權。二，主張宗教集權，故唯立廟京師，集權天子一人，唯天子得祭之，支庶無祭大祖權，故郡國廟不當立，應廢廟罷權，一統天下神權。三，援祀入政，重申正名體制，故引《春秋》之義：「父不祭於支庶之宅，君不祭於臣僕之家，王不祭於下土諸侯」爲典，以建國家尊卑體制與王朝班爵秩序。

　　韋玄成等以「春秋之義」激發了元帝廢除郡國廟的決心，在此君權主義的建構與伸張下，元帝明快地准奏了，將原立於六十八郡國，共計一百六十七所的宗廟祠堂，與京師各帝王陵旁所立之廟祠幷爲一百七十六所，皆一概廢祀。〔註76〕但事實上，所謂的「春秋之義」應該是魯恭王壞孔子宅壁中的

〔註74〕《漢書》，卷七十三〈韋玄成傳〉，頁3115～3117。王葆玹：《西漢經學源流》對此解釋得很好，王先生說：「意思是說，庶子無權祭奠亡父，因爲這是嫡子才有的特權；臣僕無權祭祀先君，因爲這是在位國君的特權；諸侯無權祭祀前代天子，因爲這是在位天子的特權。各郡、各諸侯國設廟祭祀先帝，意味著他們以『支庶』的身分祭奠亡父，以『下土』的地位祭祀先皇，以臣僕的身分祭祀先君，均屬『疏遠卑賤共承尊祀』之列，是不合乎禮的傳統的。」頁297。

〔註75〕《漢書》，卷七十三〈韋玄成傳〉，注〔一○〕顏師古曰：「此《周頌·雍》篇（祖）〔禘〕太祖之詩也。雍雍，和也。肅肅，敬也。相，助也。辟，百辟卿士也。公，諸侯也。有來而和者，至而敬者，助王禘祭，是百辟諸侯也。天子是時則穆穆然承事也。」頁3118。

〔註76〕《漢書》，卷七十三〈韋玄成傳〉：「凡祖宗廟在郡國六十八，合百六十七所。而京師自高祖下至宣帝，與太上皇、悼皇考各自居陵旁立廟，幷爲百七十

「古本禮記」，大小戴本約成書於元帝永光年間，韋氏引據實乃《禮記・郊特牲》一文：「諸侯不敢祖天子，大夫不祖諸侯，而公廟之設於私家，非禮也，由三桓始也。」、《禮記・喪服小記》亦有：「庶子不祭祖者，明其宗也」之語。〔註77〕因此，不論是「春秋之義」抑或「禮記之義」，這條引據確立了「宗法制度」對維持皇帝的權威性是起著莫大的作用。所以為了防止魯三桓的歷史覆轍，唯有徹底地剝奪私家庶子的祭祀權才得以保障王權的正宗地位，因而訴諸神權的獨佔性將宗廟祭祀大權從各親王手中集權皇帝一人之身，以立廟「一居京師」、「天子親奉」之主張——王者所居之聖都，宣告唯大宗繼統得祭祖靈。這種不可分享的祭祀權，正是落實皇權威嚴的一大作法，也是宗法制度的回復，名與實的嚴禮政策。

當然，翼奉、貢禹先後相繼建請除了從祭祀權來威化皇權之外；另一方面是，這也是促使宗教改制之契機所在，元帝一朝面對嚴峻的連年災變，穀物不登，物力維艱，縱使年年下詔罪己，仍無濟於事，因而翼奉在此「四海困窮」之際，建請「遷都正本」以期更始，重新定序，以保國祚；但這遷都的大計並未得到元帝的採納（詳後）。〔註78〕在如此緊迫的經濟下，在國庫民生盡罄之前，只好依議撤除每年龐大的宗廟祭祀支出，就《漢書・韋玄成傳》的記載來看，光是一年的祭祀祭數與耗資是：「日祭於寢，月祭於廟，時祭於便殿。寢，日四上食；廟，歲二十五祠；便殿，歲四祠。……一歲祠，上食二萬四千四百五十五，用衛士四萬五千一百二十九人，祝宰樂人萬二千一百

六。……奏可。因罷昭靈后、武哀王、昭哀后、衛思后、戾太子、戾后園，皆不奉祠，裁置吏卒守焉。」頁3115～3117。

〔註77〕《禮記》，卷二十五〈郊特牲〉，頁782、卷三十二〈喪服小記〉，頁963。詳王葆玹：《今古文經學新論》，頁309～310。又氏著：《西漢經學源流》據此推斷大小戴禮成書的年代，《大戴記》應成書於元帝永光四年以前，而《小戴記》應成書於永光四年至五年間。王氏認為戴聖在宣帝甘露年間擔任博士，參與石渠會議，而韋玄成、匡衡、王商等人援引的《禮記》文句多與《小戴記》本大同小異，因此推斷《小戴記》在永光四年（B.C.40年）十一月以後，永光五年（B.C.39年）十二月以前成書（頁230）。這意謂著不論是《大戴記》或《小戴記》，《禮記》這部出土文獻對元帝宗教改制起著「經典」的作用，指導著改制的方向，成為思想的依歸。

〔註78〕《漢書》，卷七十五〈翼奉傳〉：「今東方連年饑饉，加之以疾疫，百姓菜色，或至相食。地比震動，天氣湣濁，日光侵奪。繇此言之，執國政者豈可以不懷怵惕而戒萬分之一乎！故臣願陛下因天變而徙都，所謂與天下更始者也。天道終而復始，窮則反本，故能延長而亡窮也。今漢道未終，陛下本而始之，於以永世延祚，不易優乎！」頁3177。

四十七人，養犧牲卒不在數中。」〔註79〕依郭善兵先生對「郡國廟」廟祭的計算，光是一年的祭祀次數便高達四千四百場次；王葆玹先生則將各地官方所立的神祠七百餘所，粗估一年的祭祀高達三萬七千場次。〔註80〕當然，在丞相韋玄成的話鋒裡，「養犧牲卒不在數中」實在是不忍卒言與難以估算的一個詞眼，點出來就是要讓元帝好好想想這些郡國宗廟祠堂的存廢問題，虛耗國庫是事實更是負擔，其存其廢已到了定奪的關鍵時刻。

緣於此，元帝准奏盡廢地方宗廟祠堂，從此建立了「正本歸宗」、「推本崇適」〔註81〕的歷史大業，但諸國親王決不會噤聲漠視任憑祭祀權被剝奪，抬出違反祖宗意志的大旗，警示元帝不肖的作法。元帝硬是承擔了毀廟廢祠的不肖罪過，在龐大的心理壓力下病了，也作夢了，夢見祖宗群起暴怒譴責，楚孝王也述說著相同的夢境，當然這夢是諸侯王權力的伸張與對中央的脅迫，《漢書·韋玄成傳》如是記述：

> 後歲餘，玄成薨，匡衡爲丞相。上寢疾，夢祖宗譴罷郡國廟，上少弟楚孝王亦夢焉。上詔問衡，議欲復之，衡深言不可。上疾久不平，衡惶恐，禱高祖、孝文、孝武廟曰：「……廟宜一居京師，天子親奉，郡國廟可止毋修。……又祭祀之義以民爲本，間者歲數不登，百姓困乏，郡國廟無以修立。禮，凶年則歲事不舉，以祖禰之意爲不樂，是以不敢復。」。〔註82〕

〔註79〕《漢書》，卷七十三〈韋玄成傳〉，頁3116。又卷七十二〈貢禹傳〉曰：「方今齊三服官作工各數千人，一歲費數鉅萬。蜀廣漢主金銀器，歲各用五百萬。三工宮官費五千萬，東西織室亦然。廄馬食粟將萬匹。臣禹嘗從之東宮，見賜杯案，盡文畫金銀飾，非當所以賜食臣下也。東宮之費亦不可勝計。天下之民所爲大飢餓死者是也。今民大飢而死，死又不葬，爲犬豬（所）食。人至相食，而廄馬食粟，苦其大肥，氣盛怒至，乃日步作之。」頁3070。

〔註80〕郭善兵：《中國古代帝王宗廟禮制研究》，第二章〈西漢皇帝宗廟制度〉：「以郡、國廟數167所，京廟、陵廟9所計算，合計一年祭祀次數就應爲4400次（167×25＋9×25）。」頁119。王葆玹：《西漢經學源流》（台北：東大，1994）：「並『盡復前世所常興諸神祠、官』，共達七百餘所，一年要舉行三萬七千次祭祀典禮。」頁246。按：郡國廟、地方神祠、甘泉汾陰，自元成的改制以來幾經波折，後因成帝無子、哀帝寢疾之故，罷了又復，到哀帝寢疾索幸連地方神祠皆盡復之，這改革運動延續近三十年之久，到了平帝元始五年，王莽掌政時代終於塵埃落定，拍版定案，一概廢祀。

〔註81〕《禮記》，卷三十二〈喪服小記〉：「庶子不祭祖者，明其宗也。」孔穎達正義曰：「此猶尊宗之義也。庶子適子，俱是人子，幷宜供養，而適子烝嘗，庶子獨不祭者，正是推本崇適，明其有所宗，故云『明其宗』也。」頁963～964。

〔註82〕《漢書》，卷七十三〈韋玄成傳〉，頁3121。

韋玄成死後，匡衡繼任宰相（建昭三年，B.C.36 年），〔註83〕他的毀廟意志是
非常堅決的，諸侯王勢力的強橫與元帝龍體之安危都沒讓他退縮止步，反而
在此時，進行了一場人鬼的抗爭，他的第一篇禱辭（第二篇，迭毀廟議，詳
後）是寫給三大祖宗：高祖（開國太祖）、孝文（太宗，元帝永光五年制，B.C.37
年）、孝武（世宗，元帝建昭五年制，B.C.34 年）〔註84〕三帝，藉其武功仁德
之威，以抑制諸鬼爲崇。在這篇禱辭中他重申二大要點：一是宗廟祭祀大權
必集權京師與集權天子，因此有請祖宗申明大義，以正本歸宗。一是孔子人
道的終極關懷「無服之喪」，這是始自翼奉、貢禹、韋玄成以來的齊魯學士，
念茲在茲的儒教政治，以民爲本，國朝有難，恤民爲先，祭祀之禮應殺或廢
而不舉。〔註 85〕因此國有大災，毀廟廢祠乃爲蒼生，情非得已只好有請祖宗
見諒。或許「發文」給一祖二宗的作法是不夠的，元帝病情未曾起色，只好
再行文給祖宗與毀廟主們告解。〔註 86〕最終，先王們並未選擇原諒，反而令
元帝病情加劇，爲此好儒尊儒的他付出了死亡的代價，於竟寧元年（B.C.33
年）駕崩。〔註 87〕但這毀廟禮議並未因元帝的死就此告終，反而更激起一波

〔註83〕《漢書》，卷八十一〈匡衡傳〉：「衡爲少傅數年，數上疏陳便宜，及朝廷有政
　　　　議，傳經以對，言多法義。上以爲任公卿，由是爲光祿勳、御史大夫。建昭
　　　　三年，代韋玄成爲丞相，封樂安侯，食邑六百戶。」頁 3341。

〔註84〕《漢書》，卷七十三〈韋玄成傳〉：「成帝崩，哀帝即位。丞相孔光、大司空何
　　　　武奏言：『永光五年制書，高皇帝爲漢太祖，孝文皇帝爲太宗。建昭五年制書，
　　　　孝武皇帝爲世宗。』」頁 3125。按：卷七十三〈韋玄成傳〉（頁 3115）所述惠
　　　　帝時尊高帝廟爲太祖廟，景帝尊孝文廟爲太宗廟，宣帝本始二年復尊孝武廟
　　　　爲世宗廟，話雖如此，但始終未有定制，此事迄至元帝永光五年、建昭五年
　　　　才確立一祖二宗之不毀之義。

〔註85〕案：賈誼《新書》，卷六〈禮〉業已言及：「故禮，國有饑人，人主不飧：國
　　　　有凍人，人主不裘；報囚之日，人主不舉樂。歲凶穀不登，臺扉不塗，榭徹
　　　　干侯，馬不食穀，馳道不除，食減膳，饗祭有闕。故禮者，自行之義，養民
　　　　之道也。」頁 216。

〔註86〕《漢書》，卷七十三〈韋玄成傳〉，頁 3122～3123。

〔註87〕《漢書》，卷十〈元帝紀〉：「八歲，立爲太子。壯大，柔仁好儒。見宣帝所用
　　　　多文法吏，以刑名繩下，……嘗侍燕從容言：『陛下持刑太深，宜用儒生。』
　　　　宣帝作色曰：『漢家自有制度本以霸王道雜之，奈何純（任）德教，用周政乎！
　　　　且俗儒不達時宜，好是古非今，使人眩於名實，不知所守，何足委任！』乃
　　　　歎曰：『亂我家者，太子也。』」、「竟寧元年，五月壬辰，帝崩於未央宮。」
　　　　頁 277、298。按：元帝好儒，有別於父祖以刑名法術治天下的嚴峻，宣帝一
　　　　語「亂我家者，太子也」正也道出大膽任儒改制，一掃「率由舊章」的體制，
　　　　實是爲大漢王朝建立一清簡敦樸的風教，儒學至此成爲主導政體的綱領，這
　　　　從元帝每逢災異則下詔罪己的舉動中亦得見其尊儒責躬的大胸懷，唯天時不

更重大啓新——成帝廢甘泉汾陰，建長安南北二郊之改制高潮（詳本章第二節）。

要之，元帝永光四年詔罷郡國廟，確實是付諸實行，但諸立廟京師之親盡宜毀之非帝王神主，旋罷即復，周折十餘年，如太上皇、昭靈后、武哀王、昭哀后等，最終於成帝河平元年（B.C.28 年）之決議文是：太上皇世世奉祠不毀，昭靈后等神主幷食於太上寢廟，奉祠不毀。〔註88〕一簡一主一廟之祀，唯存祀神主，統一集中於太上皇廟，合食共祭。

二、元帝詔議迭毀禮

《漢書·韋玄成傳》曰：「高后時患臣下妄非議先帝宗廟寢園官，故定著令，敢有擅議者棄市。至元帝改制，蠲除此令。」〔註 89〕這道禁議宗廟寢園官的詔令起自呂后，凡有擅議者以棄市論處，因而無人敢越雷池一步，挑戰當朝威權。至董仲舒出，武帝建元六年（B.C.135 年）當遼東郡接連發生高廟、便殿火時，董仲舒冒死挑戰此一峻令，武帝深諳其中愷切尊君之言，嫻知祀權下流所產生的君權危機——「僭祀圖篡」，揚雄《法言·重黎》曰：「僭莫重於祭，祭莫重於地，地莫重於天」〔註 90〕——此乃漢室不得伸張而久受諸侯王脅迫之事實。所以自董仲舒策問以來，已顯示：「擅議宗廟」並非絕不可爲，武帝業已開其先例。因此，翼奉則繼董子而說，亦巧藉陰陽災異諫君正本啓新，最終促使元帝蠲除擅議宗廟的禁令，開啓了漢室「廢郡國廟」、「定迭毀禮」、「徙南北郊」之重大宗教改制與君主集權之扉頁。〔註91〕

（一）翼奉、貢禹對元帝蠲除擅議禁令之影響

翼奉師承后倉，與蕭望之、匡衡同門，治《齊詩》，爲東海人，惇學不仕。元帝即位，以奉爲中郎，時有召問。〔註 92〕初元三年（B.C.46 年）夏四月乙未孝武園白鶴館災，翼奉上疏曰：

利於他，否則當有更甚其父祖的偉業；今天我們只能說：整個漢葉宗教禮制的改革運動是源自元帝尊儒開始，《禮記》付諸應用與實踐也是從這個時候得到落實的，祭禮的改制便是一證。

〔註88〕 《漢書》，卷七十三〈韋玄成傳〉，頁 3125。
〔註89〕 同上注。
〔註90〕 《法言》，卷十四〈重黎〉，李軌注曰：「既盜土地，又盜祭天。」頁 346。
〔註91〕 《漢書》，卷七十五〈翼奉傳〉：「其後，貢禹亦言當定迭毀禮，上遂從之。及匡衡爲丞相，奏徙南北郊，其議皆自奉發之。」頁 3178。
〔註92〕 同上注，頁 3167。

臣前上五際地震之效，曰極陰生陽，恐有火災。不合明德，未見省
答。臣竊內不自信。今白鶴館以四月乙未，時加於卯，月宿亢災，
與前地震同法。臣奉乃深知道之可信也。不勝拳拳，願復賜間，卒
其終始。〔註93〕

翼奉藉由孝武園白鶴館災，重申自己初元二年所上的封事內容。初元元年
（B.C.48 年）關東大水，郡國十一飢，疫尤甚。二年二月戊午地震。其夏，
齊地人相食。七月己酉，地復震。〔註94〕這是多麼可怕的天災，饑饉薦臻，
百姓不得食，食人求生。翼奉乃齊人，見齊地如此慘絕，則奏封事，認為天
災之發生乃人禍所致，無論大水或地震以災異觀點來看則是陰氣之盛，比附
於政，則是君弱臣強，此強臣集團乃外戚集團，故天示災以戒。封事中翼奉
說道：「今左右亡同姓，獨以舅后之家為親，異姓又疏。二后之黨滿朝，非特
處位，勢尤奢僭過度，呂、霍、上官足以卜之，甚非愛人之道，又非後嗣之
長策也。陰氣之盛，不亦宜乎！」翼氏認為這封密奏並沒有得到元帝的重視，
初元三年孝武園白鶴館災，果然呼應了他的看法，因而再次上奏希望元帝能
夠重視此事並下召問之。元帝延問，翼奉抓住時機，提出一「遷都正本」的
更始計畫，氏曰：

奉以為祭天地於雲陽汾陰，及諸寢廟不以親疏迭毀，皆煩費，違古
制。又宮室苑囿，奢泰難供，以故民困國虛，亡累年之畜。所繇來
久，不改其本，難以末正。〔註95〕

又奏曰：

臣聞昔者盤庚改邑以興殷道。……天道有常，王道亡常，亡常者所
以應有常也。必有非常之主，然後能立非常之功。臣願陛下徙都成
周。……東厭諸侯之權，西遠羌胡之難，陛下共己亡為，按成周之
居，兼盤庚之德，萬歲之後，長為高宗。漢家郊兆寢廟祭祀之禮多
不應古，臣奉誠難宣居而改作，故願陛下遷都正本。眾制皆定，亡
復繕治宮館不急之費，歲可餘一年之畜。〔註96〕

翼奉的這兩段話，要點約之有四：一，郊祀天地於雲陽汾陰，違古非禮，又

〔註93〕同上注，頁3175。
〔註94〕同上注，頁3171。
〔註95〕同上注。
〔註96〕同上注，頁3176。

道遠大駕，煩費舖張，應遷兆改作。二，宗廟神主未依五世親盡之禮則，進行迭毀，廟祠煩費，應罷宗廟擅議令，毀廟藏主，以體時艱。三，「寢廟祭祀多不應古」，此指郡國公廟違古非禮，應廢祠撙節。四，四海困窮，唯更始啓新，遷都以正本，重建天人秩序。

翼奉「遷都正本」的更始計畫雖然未見採納，但其「郊廟改制」的建言在六年後，永光四年（B.C.40 年）正式啓動。當然，繼翼奉之後，尚有一大關鍵人物──琅邪人，時任御史大夫，位在三公的貢禹〔註 97〕──催生了這場浩大的宗教改制運動。《漢書・韋玄成傳》曰：

> 至元帝時，貢禹奏曰：「古者天子七廟，今孝惠、孝景廟皆親盡，宜毀。及郡國廟不應古禮，宜正定。」天子是其議，未及施行而禹卒。
> 〔註 98〕

這與翼奉的長篇大論不同，貢禹的奏議文言簡意賅的提出兩點重大的改制項目，一是「迭毀禮」，二是「郡國廟」；但未提及「郊祀禮」。而轉動這漢史上最重大的宗教改革之鑰者，班固則將此功業歸屬於貢禹。貢禹位在三公，比起翼奉中二千石的中郎令來說，其言論影響力確實是更甚之，故《漢書・貢禹傳》曰：

> 禹又奏欲罷郡國廟，定漢宗廟迭毀之禮，皆未施行。……禹卒後，上追思其議，竟下詔罷郡國廟，定迭毀禮。〔註 99〕

當然，貢禹之請乃後起之議，本傳以一「又」字交代，不奪他人之美，因此在〈翼奉傳〉中，班固必須如是說：「其後，貢禹亦言當定迭毀禮，上遂從之。及匡衡爲相，奏徙南北郊，其議皆自奉發之。」〔註 100〕要之，不論翼奉或貢禹這兩位齊儒大老，都是啓動漢史上最大之宗教改制並對後世影響深鉅的先覺者與貢獻者。

（二）宗廟迭毀禮議

這封詔書是在永光四年罷廢郡國廟之後隔月發佈的，也就是說：永光四年元帝解除擅議宗廟禁令後，連下二封詔令，一罷廢郡國廟；一議宗廟迭毀。這都是創世之舉，當然，也是受齊魯學士的鼓動而有此決心，翼奉更許以「高

〔註 97〕《漢書》，卷七十二〈貢禹傳〉，頁 3069～3074。
〔註 98〕《漢書》，卷七十三〈韋玄成傳〉，頁 3116。
〔註 99〕《漢書》，卷七十二〈貢禹傳〉，頁 3079～3080。
〔註 100〕《漢書》，卷七十五〈翼奉傳〉，頁 3178。

宗」之聖德（詳上引文），藉此後世美名激勵元帝五世親盡之後，其神主將以
「漢高宗」之廟號享祀（王莽追尊，光武帝廢尊，詳後），此繼高祖（高帝）、
太宗（文帝）、世宗（武帝）之後，以「高宗」之功德世世不毀也。我想這是
元帝留名青史之偉業與機會，故以此自許自勗，否則這擅議祖宗功德與任意
毀廟廢祠的舉動，就列祖列宗而言可是不孝的歷史大罪，要擔此責任是極其
困難的，良心將備受譴責。所以這是被翼奉等儒士視爲一條「成聖之路」，既
然是成聖之路就絕對沒有回頭路，不容膽怯，只有勇往直前。當然，此時的
朝臣多齊魯與儒士共結的政治集團，因此詔令一下，聯名上奏的人數自然不
在少數（罷郡國廟七十人、議迭毀禮九十一人），這也給元帝吃下一顆定心丸，
旋即再下議宗廟迭毀禮，《漢書‧韋玄成傳》載曰：

> 蓋聞明王制禮，立親廟四，祖宗之廟，萬世不毀，所以明尊祖敬宗，
> 著親親也。朕獲承祖宗之重，惟大禮未備，戰栗恐懼，不敢自顓，
> 其與將軍、列侯、中二千石、二千石、諸大夫、博士議。〔註101〕

這封下議宗廟迭毀的詔書，旋即引起朝廷重臣的論議，而本次參與議論的人
數近乎百人之多，可說是引起極大的迴響；當然，這些首要人物也同樣是主
張罷廢郡國廟的那批領袖份子。但本議形成三方人馬，各有所述，有此分歧，
並不是反對擅議宗廟迭毀這件事，而是對「天子廟數」產生爭議。三方主張
是：一，以丞相「韋玄成」爲首的四十四人，主張天子五廟：一祖四親廟，
高祖（高帝）、四親廟。所以「太上皇、孝惠、孝文、孝景帝廟，皆親盡宜毀，
皇考廟親未盡，如故」。二，以大司馬車騎將軍「許嘉」爲首的二十九人，主
張天子六廟：一祖一宗四親廟，高祖（高帝）、太宗（文帝）、四親廟。所謂
「祖有功，宗有德」，所以主張文帝以聖德之業應追尊廟號爲「太宗」以世世
不毀享祠。三，諫大夫尹更始爲首的十八人，主張天子七廟：一祖二宗四親
廟，高祖（高帝）、太宗（文帝）、世宗（武帝）、四親廟。仿周制七廟，除了
追尊文帝爲太宗之外，亦應追尊武帝爲「世宗」，享祠不毀。〔註102〕

　　周旋於三組人馬的意見，元帝猶豫不決了一年之久，於永光五年（B.C.39
年）制詔以「五廟」（高祖廟、太宗廟、武帝廟、昭帝廟、宣帝廟），其餘諸
廟，如：太上皇、惠帝廟、景帝廟、皇考廟（宣帝父親史皇孫，元康元年（B.C.65
年）夏五月立廟。於禮不正，宜毀）俱親盡宜毀。但此詔不合乎「四親廟」

〔註101〕《漢書》，卷七十三〈韋玄成傳〉，頁3118。
〔註102〕同上註，頁3118～3119。

－287－

的原則，因此韋玄成奏請「六廟」（高祖廟、太宗廟、景帝昭廟、武帝穆廟、昭宣二帝並爲昭廟、皇考廟〔註103〕），因此，唯「太上皇廟」與「惠帝廟」親盡而毀，元帝准奏之。〔註104〕當然，這是很怪的，其一，宣帝是以昭帝之從孫入繼大統，依禮「祖孫俱爲昭」，故於義一體，這是沒錯的，但這是以正常的傳位制度來談，而不是如宣帝以從孫的身分，繼體爲後來談的祖孫俱昭，既然是繼體就應以昭穆序論。其二，宣帝爲其父史皇孫立廟曰「皇考廟」，依四親廟昭穆的排序來看，既非昭廟亦非穆廟，顯得不倫不類。所以這個六廟制度僅維持了五年，於元帝建昭五年（B.C.34年）乃制書天下重申：「孝宣皇帝尊孝武廟曰世宗，損益之禮，不敢有與焉，他皆如舊制。」〔註105〕漢制正式以「七廟」定論：高祖（高帝）、太宗（文帝）、世宗（武帝）、四親廟（景帝昭廟、武帝穆廟、昭宣二帝並爲昭廟、皇考廟）依序迭毀。

然而，宗廟迭毀禮議在元、成二朝並不順利，成帝河平元年（B.C.28年）因無子嗣又復此擅議宗廟之禁令，並復太上皇等已毀廟廢祠的諸寢廟園。〔註106〕哀帝即位（B.C.6年），在丞相孔光、大司空何武等儒學大臣的建請下再度復議，又廣開迭毀禮議。此時又陷入廟數與存廢的爭執，其中最大的爭議在於「武帝」神主存廢的看法。依然有兩派主張，一派以彭宣、滿昌、左咸等五十三人聯名共議，主張天子「六廟」，這是繼承韋玄成與許嘉等人的看法而來，反對追尊武帝爲世宗，故至哀帝，武帝廟當依五世親盡之禮則毀廟遷主；一派則以王舜、劉歆二人爲議，以天子「七廟」，理論上是如此說的，但劉歆提出了一個劃時代的主張，氏曰：

> 七者，其正法數，可爲常數者也。宗，變也。苟有功德則宗之，不可預爲設數。故於殷，大甲爲太宗，大戊曰中宗，武丁曰高宗。周公爲〈毋逸〉之戒，舉殷三宗以勸成王。繇是言之，宗無數也。然則所以勸帝者之功德博矣。……迭毀之禮自有常法，無殊功異德，固以親疏相推及。至祖宗之序，多少之數，經傳無明文，至尊至重，

〔註103〕按：平帝元始中，在王莽的奏請下，以「非謂繼祖統後」，乖謬本義，始毀皇考廟。見《漢書》，卷七十三〈韋玄成傳〉，頁3129～3130。

〔註104〕同上注，頁3119。

〔註105〕同上注，頁3124。

〔註106〕同上注：「初，高后時患臣下妄非議先帝宗廟寢園官，故定著令，敢有擅議者棄市。至元帝改制，蠲除此令。成帝時以無繼嗣，河平元年復復太上皇寢廟園，世世奉祠。昭靈后、武哀王、昭哀后并食於太上寢廟如故，又復擅議宗廟之命。」頁3125。

難以疑文虛說定也。〔註107〕

這席話誠然是代表皇家劉氏宗親的發言，劉歆廣泛地援引了今古文經，如《禮記》（王制、祭法）、《穀梁》、《左傳》（但不言《公羊》）、《尚書》、《詩經》等，釋「宗」爲「變」，以宗爲一「變數」，而非常數，故不可預爲設數。見諸歷史文獻者，《尚書・毋逸》以殷有「三宗」，此乃於典有據，而非妄說，因此「祖宗之序，多少之數，經傳無明文，至尊至重，難以疑文虛說定也」。這同時也說明了：天子七廟之數，亦非絕對值。

劉歆提出此一「宗無數」之目的，無非是爲了勉勵後世君王，凡有善行恩澤於天下者，身後則享有子孫們無盡之娭享。這爲後世帝王提供了一條勸善行仁則得永世不毀的「成宗道路」。所謂「祖有功，宗有德」，〔註108〕依周制凡列於「祖」、「宗」廟號者可享「永世不毀」、「世世受享」的最高祭祀待遇，非此五世親盡則毀，唯待「五年殷祭」（一祫一禘相隔五年），祫祭時毀廟主始得合食於高廟。〔註109〕五年受祭一次，恐怕是帝王身後最大的憂慮；因此，漢室以來，不定迭毀，不別昭穆，或許就是替先王留下一條退路。這種人情溫暖是極爲需要的，劉歆作爲一介宗室大儒對於宗廟迭毀的殘酷自然有所感懷，因而提出「宗變學說」一舉打破周禮的禁錮，讓毀廟主有了一重新享祀的機會。誠然，這一主張得到執政者王莽的青睞，因此廣尊前朝先帝「□宗」的廟號（詳後，三，王莽郊廟之定制）。

這樣不忍遷毀先帝神主的心願有了理論依據，後漢仍循王莽舊制，給了祖先永世不毀的最高禮遇，〔註110〕因爲沒人樂見五世親盡毀廟的悲慘景況，

〔註107〕同上注，頁3127。

〔註108〕《尚書》，卷八〈商書・咸有一德〉：「嗚呼！七世之廟，可以觀德。萬夫之長，可以觀政。」，孔穎達正義曰：「此又勸王修德以立後世之名。禮，王者祖有功、宗有德，雖七世之外其廟不毀。嗚呼！七世之廟其外則猶有不毀者，可以觀知其有明德也。立德在於爲政，……勸王使爲善政也。」頁260。

〔註109〕明・黃淮、楊士奇編：《歷代名臣奏議》（上海：上海古籍，1989），卷十四〈郊廟〉：「元帝永光四年，詔議罷郡國廟，丞相韋玄成等曰：『…禮，王者始受命，諸侯始封之君，皆爲太祖，以下五廟而迭毀。毀廟之主藏乎太祖，五年而再殷祭，言壹禘壹祫也。祫祭者，毀廟與未毀廟之主皆合食於太祖。』」頁179。《漢書》，卷七十三〈韋玄成傳〉，頁3118。

〔註110〕《後漢書》，志第九〈祭祀下〉李賢注〔四〕引《袁山松書》載（蔡）邕議曰：「漢承亡秦滅學之後，宗廟之制，不用周禮。每帝即（位）世，輒立一廟，不止於七，不列昭穆，不定迭毀。（孝）元皇帝時，丞相匡衡、御史大夫貢禹始建大議，請依典禮。」頁3199。

劉歆的建言可為爭論不休的漢室宗廟迭毀禮議劃下一道休止符；但迄至漢末董卓為相，蔡邕又奏啟禮議，始廢和帝以下之宗廟尊號，回歸七廟常數之制。〔註111〕

第三節　成帝郊祀制度與地方神祠之改制

　　成帝一朝，重大的宗教改制有二：一，建始元年十二月（B.C.32 年）這是漢史上最大的禮制革命──遷毀甘泉汾陰天地之祀，正式以「王者所居之都」為一切祭祀中心，「尊王嚴祖」的人本思維站上了宗教的至高聖域。二，建始二年（B.C.31 年）繼郡國廟大舉廢祀後又掀起另一波的宗教「簡化敦樸」運動，將高祖以來諸帝所建郡祠不在禮者一概廢祀。這二項禮制的議定，是以丞相匡衡為首的齊魯政權集團所策動，其背後的學術理據正是后倉禮學。以下就此二點分節論述。

一、廢甘泉汾陰，君主權之大一統

　　漢至武帝始建甘泉汾陰天地之祀，大駕以祭，然而其所實踐的祭天教義乃道家太一思想非儒教祭天之義。因此，至翼奉（元帝初元三年（B.C.46 年））首發先聲之後冀以「遷都正本」，改時建郊，但元帝一世僅對「宗廟」（郡國廟、迭毀禮）進行全面的檢討與改制，未及於「郊祀禮」。事隔十四年之後，於成帝建始元年十二月（B.C.32 年）由丞相匡衡再度提請改郊建兆於長安之議，正式啟動一場「驚天動地」的郊祀改制運動。

　　自武帝以來便以雲陽甘泉泰畤、汾陰后土作為郊祀天地之壇場，〔註112〕但這與周制不合，這由匡衡政權集團所發動的最大改革就此拍板發酵，冀以「王者所居」的「長安城」作為一切祭祀之中心，因此自武帝以來的甘泉、汾陰二郊就此改易，始立「北郊」之名，以應南郊。《漢書·郊祀志下》載：

〔註111〕《後漢書》，志第九〈祭祀下〉：「（獻帝）初平中，相國董卓、左中郎將蔡邕等以和帝以下，功德無殊，而有過差，不應為宗，及餘非宗者追尊三后，皆奏毀之。四時所祭，高廟一祖二宗，及近帝四，凡七帝。」頁 3197。又注〔四〕引《袁山松書》載蔡邕議曰：「孝和帝以下，穆宗、恭宗、敬宗、威宗之號，皆宜省去。」頁 3199。

〔註112〕《漢書》，卷六〈武帝紀〉：「（元鼎）四年（公元前 113 年）冬十一月，立后土祠於汾陰睢上。」、「五年十一月辛巳朔旦，冬至，立泰畤於甘泉。天子親郊見，朝日夕月。」頁 184、185。

成帝初即位，丞相衡、御史大夫譚奏言：「帝王之事莫大乎承天之序，承天之序莫重於郊祀，故聖王盡心及慮以建其制。祭天於南郊，就陽之義也；瘞地於北郊，即陰之象也。**天之於天子也，因其所都而各饗焉。**往者，孝武皇帝居甘泉宮，即於雲陽立泰時，祠后土反東之少陽，**事與古殊**。又至雲陽，行谿谷中，阸陝且百里，汾陰則渡大川，有風波舟楫之危，皆非聖主所宜數乘。郡縣治道共張，吏民困苦，百官煩費。勞所保之民，行危險之地，難以奉神靈而祈福祐，殆未合於承天子民之意。昔者周文武郊於豐鄗，成王都於雒邑。由此觀之，**天隨王者所居而饗之**，可見也。甘泉泰時，河東后土之祠宜可徙置長安，合於古帝王。願與群臣議定。」〔註113〕

成帝即位改元建始，元年匡、張二臣的提議得到王商（外戚，建始四年代匡爲相）、師丹（匡衡門生）、翟方進（匡衡同門）等五十人的熱烈支持，唯有許嘉等八人遵循漢世舊儀反對遷郊。〔註114〕成帝於建始元年十二月始詔罷廢甘泉汾陰之祀，遷徙長安南北二郊，故於二年正月辛巳，首先在長安城南郊舉行祀天大典；三月辛丑，親祠后土於北郊。〔註115〕

　　在這封奏議當中說了三個重點：一，甘泉汾陰的地理位置並非南陽北陰，實悖天地屬性，違古禮制。二，路程往返周折鋪張，不僅出行危險更勞民傷財、動員數萬以隨行禁衛，郊天駕儀是「大駕鹵簿」，亦稱「甘泉鹵簿」。〔註116〕三，

〔註113〕《漢書》，卷二十五下〈郊祀志第五下〉，頁1253～1254。

〔註114〕同上注：「大司馬車騎將軍許嘉等八人以爲所從來久遠，宜如故。右將軍王商、博士師丹、議郎翟方進等五十人以爲，……郊處各在聖王所都之南北，《書》曰：『越三日丁巳，用牲於郊，牛二。』周公加牲，告徙新邑，定郊禮於雒。明王聖主，事天明，事地察。天地明察，神明章矣天地以王者爲主，故聖王制天地之禮必於國郊。長安，聖主之居，皇天所觀視也。甘泉、河東之祠非神靈所饗，宜徙就正陽大陰之處。違俗復古，循聖制，定天位，如禮便。」頁1254。

〔註115〕《漢書》，卷十，〈成帝紀〉：「（建始）二年春正月，罷雍五時。辛巳，上始郊祀長安南郊。詔曰：『乃者徙泰時、后土于南郊、北郊，朕親飭躬，郊祀上帝。皇天報應，神光並見。三輔長無共張繇役之勞，赦奉郊縣長安、長陵，及中都官耐罪徙。減天下賦錢，算四十。三月。辛丑，上始祠后土於北郊。」頁305。

〔註116〕《後漢書》，卷十〈皇后紀上·孝崇匽皇后〉李賢注引《漢官儀》：「天子車駕次第謂之鹵簿。有大駕、法駕、小駕。」頁442。《通典》卷六十六〈禮二十六·嘉十一·鹵簿〉：「漢制，乘輿大駕，備車千乘，騎萬匹，屬車八十一乘，公卿奉引，太僕〔御〕，大將軍參乘，祀天于甘泉用之。後漢明帝上原陵，大

王者所居的都城乃一切祭祀之中心，始自周文武成三王以來，天地之饗亦隨都城的遷徙而遷徙；簡言之，帝王在哪，祭祀就在哪，郊天亦是，故謂：「天之於天子也，因其所都而各饗焉」、「天隨王者所居而饗之」，這是本封奏議文中最爲關鍵的詞眼，而且王商等人亦重述這一政治思維：「郊處各在聖王所都之南北」、「天地以王者爲主，故聖王制天地之禮必於國郊。長安，聖主之居，皇天所觀視也」。〔註117〕

在此，讓我們進一步思考，匡衡的治政思維和其學術背景。匡氏的老師是「后倉」，在學界是「齊學」的宗師，后氏傳齊詩（三家詩之一，立博士）、后氏禮（傳戴德、戴聖、慶普，光武帝時大戴禮、小戴禮皆立博士）；在政界，門生有蕭望之、翼奉、匡衡，皆官拜公卿，又再傳子弟門生，多至大官，桃李天下。〔註118〕在此枝繁葉茂的背景下，后倉門生在政界者以蕭望之、匡衡爲首，力唱「禮之正法」，因漢禮多循秦制，方術巫詛色彩是極爲濃重的，故藉以政治的巧便推行齊學之大旨——「去秦復周」，故「復禮從周」成了匡衡等堅決改制的理由與宗旨。〔註119〕王葆玹先生如是說：「可以肯定西漢後期郊

喪并因前代爲大駕，用八十一乘。祀天南郊則法駕，用三十六乘。」頁 949～950。《後漢書》，卷二十九〈輿服上〉：「西都行祠天郊，甘泉備之。官有其注，名曰甘泉鹵簿。東都唯大行乃大駕。」頁 3648。

〔註117〕《漢書》，卷二十五下〈郊祀志第五下〉，頁 1254。

〔註118〕《漢書》，卷八十八〈儒林傳·后倉〉：「后倉字近君，東海郯人也。事夏侯始昌。始昌通五經，倉亦通詩禮，爲博士，至少府，授翼奉、蕭望之、匡衡。奉爲諫大夫，望之前將軍，衡丞相，皆有傳。衡授琅邪師丹、伏理游君、潁川滿昌君都。君都爲詹事，理高密太傅，家世傳業。丹大司空，自有傳。由是齊詩有翼、匡、師、伏之學。滿昌授九江張邯、琅邪皮容，皆至大官，徒眾尤盛。」頁 2576。

〔註119〕《漢書》，卷二十五下〈郊祀志第五下〉：「衡又言：『王者各以其禮制，事天地非因異世所立而繼之。今雍鄜、密、上下畤，本秦侯各以其意所立，非禮之所載術也。漢興之初，儀制未定，即且因秦故祠，復立北畤。今既稽古，建定天地之大禮，郊見上帝，青赤白黃黑五方之帝皆畢陳，各有位饌，祭祀備具。諸侯妄造，王者不當常遵，及北畤，未定時所立，不宜修復。』天子皆從焉。」頁 1257。按：匡氏以「秦侯」來稱雍畤所祀乃四方之帝，高祖所建的北畤（黑帝）因秦舊體，非王者之制，「新王」則有「新制」，不該因循諸侯體制。因此，在等制與名實不合的情況下，成帝廢除了所有祖宗的制度，爲自己的王朝建立了新的禮制與政體。或詳曰·金子修一《古代中國と皇帝祭祀（東京：汲古書院，平成十四年（2002））第三章，〈漢代の郊祀と宗廟と明堂び封禪〉：「このように、雍の五畤・甘泉泰畤・汾陰后土祀は、總じて儒家思想とは關係がうすく、方術的、呪術的的な色彩の強い祭祀であったため、成帝期以後儒家官僚の批判にさらされるようになる。ただし、

祀制度的改革運動主要是由后氏學派發起并推動的，這次運動完全是后氏《禮》學的具體實踐。」此說是也。〔註120〕

　　這封奏議的歷史意義是空前絕後的，這大膽的建議與成帝的詔定，雖說幾經興罷（詳後，三，王莽之郊廟定制），〔註121〕但最後仍以「王都」作爲一切祭祀的中心，就此透過宗教的禮儀方式將「王者」定位於神權的中樞執耳，一如北極泰斗作爲天體的中軸位置一樣。〔註122〕將此禮家的想法落實並徹底實踐，這個作法正表述了一強烈的意志：以君權凌駕天權，王者再也不是奉行天父意志的傀儡，在天地之中，萬事萬物一切揆諸「王者意志」，王者之所在乃神靈之所饗視，乃世界唯一之至高聖域。〔註123〕此一權力意志引伸而出的就是：人的價值體系就此破繭，不論群體的或個體的自主意志都得到了解放，從天的威權中解放了。當然，天命思維的這面心底的高牆絕對是存在的，但人不再盲目地信仰奉行，而是**轉趨理性**，以更理性的態度來看待自然災害的發生，而上位者何嘗不是藉此神權作爲政統的威權手段。事實上，管子盛

その祭祀のあり方は各皇帝によってさまざまであり、規則的な祭祀の習慣が定着するのは、むしろその元帝・成帝の時のことである。」頁93。王葆玹：《西漢經學源流》：「在這次改革以前，西漢郊祭體制主要是出自黃老學派的設計，以『主之以太一』的學説爲其指導思想。到西漢中葉，官方的后氏學派參考新出現的古文禮書，對其中的《禮記》加以選擇和整理，從而結束了儒家禮學貧乏的局面。漢成帝時的郊祀制度的改革，實現了這種制度的儒家化，可説是后氏禮學的具體實踐。」頁235。

〔註120〕王葆玹：《今古文經學新論》（北京：中國社會科學，1997），第六章〈禮類經傳與禮的實施〉，頁328。

〔註121〕《漢書》，卷二十五下〈郊祀志第五下〉：「建始元年，徙甘泉泰畤、河東后土於長安南北郊。永始元年三月，以未有皇孫，復甘泉、河東祠。綏和二年，以卒不獲祐，復長安南北郊。建平三年，懼孝哀皇帝之疾未瘳，復甘泉、汾陰祠，竟復無福。」頁1265。按：最終這項改制在王莽專政時期（平帝元始五年）定案以長安南北郊爲祀天地。

〔註122〕按：王葆玹先生《今古文經學新論》認爲武帝以來的甘泉雲陽泰畤是位處於首都長安城的正北方，是祭祀道家的最高神太一的神祠，而太一所居乃北極星，這是天體的中樞而非祭祀浩瀚無邊的天，這與儒家南郊祭天的觀念主張是相違的，因此后蒼門生透過禮制的改革以期去秦復古，從周尊儒。

〔註123〕《唐律義疏》，見劉俊文：《唐律疏議箋解》（北京：中華書局，1996），卷一〈名例・十惡〉：「一曰謀反。」疏議曰：「君爲神主，食乃人天，主泰即神安，神寧即時稔。臣下將圖逆節，而有無君之心，君位若危，神將安恃。」頁57。按此律顯然是將帝王視爲「萬神之主」，位在群神之上，是主宰群神與天下之唯一主宰，因此當君位遭受威脅或篡奪，天將因此受難降災以致五穀不生，百姓饑饉流離；簡言之：君位安則神安，神安則天下安。

稱的「天權意志」迄至荀子丟出〈天論〉人權意志的震撼彈之後，神權不過是國家治術自覺巧弄的愚民手法，上天下地實乃揆諸「王者意志」；因爲他絕對清楚地意識到：人創造了諸神，神的序位與威權是人所賦予的。匡衡等齊魯學派必然是發揚了荀子的理念思維，以「人本」、「尊王」爲其禮制的綱領，王葆玹先生認爲「魯學」就是從「荀子」發展出來的。〔註124〕

二、去淫祀，簡化地方神祠

在這場去淫祀，簡化地方神祠的改制運動中，首先遭到簡化的是「郊祀禮樂」。漢舊儀中郊天大樂乃武帝命李延年所作「郊祀十九章之歌」，然多採時人司馬相如等詩賦合於協律者，乃置樂府，官採鄭衛秦楚地方之歌，看來都是管弦笙歌而非廟堂之鐘磬金石大樂，當只爲滿足帝王自身耳目之享，〔註125〕有違天地敦樸的本質，因此匡衡建請反璞歸眞，以復古制〔註126〕（迄至哀帝即位便將此樂府官樂視之爲鄭衛淫聲，堅決的撤除了樂府官）。〔註127〕建始二年（B.C.31 年）匡衡繼續建請罷廢的諸祠包括了始自秦皇建祠的雍地

〔註124〕 王葆玹：《今古文經學新論》，第二章〈今文經學的流派〉，頁85～90。

〔註125〕 《漢書》，卷二十二〈禮樂志第二〉：「至武帝定郊祀之禮，祠太一於甘泉，就乾位也；祭后土於汾陰，澤中方丘也。乃立樂府，采詩夜誦，有趙、代、秦、楚之謳。以李延年爲協律都尉，多舉司馬相如等數十人造爲詩賦，略論律呂，以合八音之調，作十九章之歌。以正月上辛用事甘泉圜丘，使童男女七十人俱歌，昏祠至明。」頁1045。

〔註126〕 《漢書》，卷二十五下〈郊祀志第五下〉：「衡言：『甘泉泰時紫壇八觚宣通象八方。……紫壇有文章采鏤黼黻之飾及玉、女樂，石、壇儓人祠，……不能得其象於古。臣聞郊饗帝之義，掃地而祭，上質也。歌大呂舞雲門以俟天神，歌太蔟舞咸池以俟地祇，其牲用犢，其席槁秸，其器陶匏，皆因天地之性，貴誠上質，不敢修其文也。……紫壇僞飾女樂、鸞路、騂駒、龍馬、石壇之屬，宜皆勿修。』按：匡衡所引述天地上質等儀正是《禮記·郊特牲》之文；因此顯然這是以（古文）《禮記》爲依準的復禮改制運動。

〔註127〕 《漢書》，卷二十二〈禮樂志第二〉：「今郊廟詩歌，未有祖宗之事，八音調均，又不協於鐘律，而內有掖庭材人，外有上林樂府，皆以鄭聲施於朝廷。（成帝時）鄭聲尤甚，黃門名倡丙彊、景武之屬富顯於世……。哀帝自爲定陶王時疾之，又性不好音，及即位，下詔曰：『惟世俗奢泰文巧，而鄭衛之聲興。夫奢泰則下不孫而國貧，文巧則趨末背本者衆……孔子不亦云乎？『放鄭聲，鄭聲淫。』其罷樂府。郊祭樂及古兵法武樂，在經非鄭衛之樂者，條奏，別屬他官。」頁1071～1073。按：在丞相孔光、大司空何武的奏請下，唯置六十二樂人給祠南北郊，外郊祭員十三人，諸族樂人兼〈雲招〉給祠南郊用六十七人。如此省罷精簡樂官，但積習難返，史稱「富豪吏民湛沔自若，陵夷壞於王莽」（頁1074）。

四時：鄜、密、上、下，及漢高祖依秦制所建的北畤一併罷祀，所以雍地五
畤壇場就此成了歷史遺跡。〔註128〕當然這個重大的舉動，宣示了武帝以來以
至上神「泰一」（五帝環伺為佐）作為環球中心的主宰思維與祭祀模式正式告
終，代之而起的是以「王者居中」，比擬泰一至上神而居北極之位，這便是透
過統一神權與萬海朝宗的祭祀方式，將王權推向至高的威權。

　　另外一波的改制則是針對地方神祠的冗祀與淫祀狀況作一裁減，例如陳
寶祠、諸布、諸嚴、諸逐及各郡國候神方士使者所祠者皆罷，共計四百七十
五所。隨後又將高祖、武帝以來所立之雍地神祠罷祀，共計一百十八十八所。
〔註129〕在這場簡化敦樸的運動中，可以說是將漢世開國以來，老祖宗所建立
的各郡祠或雍地神祠作一總體檢視，各神主就此失去其立足的壇場，在以人
為主導的神靈位列之中，君權的抬頭與吏治的政體下，宗教教士再也無法憑
藉或掌握神道設教的威權，這項權力一概歸諸中央，集權帝王，今後神祠的
設立悉由官府議定，這是宗教祀權的大一統。

第四節　改制之大成者──王莽之郊廟定制

　　王莽時代，應上溯自哀、平的專權時期，〔註130〕直到居攝移鼎過程中所

〔註128〕《漢書》，卷二十五下〈郊祀志第五下〉：「衡又言：『王者各以其禮制，事天
　　　　地非因異世所立而繼之。今雍鄜、密、上下畤，本秦侯各以其意所立，非禮
　　　　之所載術也。漢興之初，儀制未定，即且因秦故祠，復立北畤。今既稽古，
　　　　建定天地之大禮，郊見上帝，青赤白黃黑五方之帝皆畢陳，各有位饌，祭祀
　　　　備具。諸侯所妄造，王者不當常遵，及北畤，未定時所立，不宜修復。』天
　　　　子皆從焉。及陳寶祠，由是（建始二年）皆罷。」頁1257。

〔註129〕同上注：「是歲（建始二年）衡、譚復條奏：『長安廚官縣給祠郡國候神方士
　　　　使者所祠，凡六百八十三所，其二百所應禮，及疑無明文，可奉祠如故。其
　　　　餘四百七十五所不應禮，或復重，請皆罷。』奏可。本雍舊祠二百三所，唯
　　　　山川諸星十五所為應禮云。若諸布、諸嚴、諸逐，皆罷。杜主有五祠，置其
　　　　一。又罷高祖所立梁、晉、秦、荊巫、九天、南山、萊中之屬，及孝文渭陽、
　　　　孝武薄忌太一、三一、黃帝、冥羊、馬行……，及孝宣參山、蓬山、之罘、……
　　　　皆罷。」頁1257～1258。

〔註130〕《漢書》，卷八十四〈翟方進傳〉附子〈翟義傳〉曰：「數歲，平帝崩，王莽
　　　　居攝，義心惡之，乃謂姊子陳豐曰：『新都侯攝天子位，號令天下，故擇宗室
　　　　幼稚者以為孺子，依託周公輔成王之義，且以觀望，必代漢家，其漸可見。』
　　　　頁3426。卷十一〈哀帝紀〉：「贊曰：『孝哀帝自為藩王及充太子之宮，……
　　　　睹孝成世祿去王室，權柄外移，是故臨朝婁誅大臣，欲彊主威，以則武、宣。』」
　　　　頁345。卷十二〈平帝紀〉：「（平）帝年九歲，太皇太后臨朝，大司馬莽秉政，

進行的諸種改制，大抵上都是爲其權力移轉之便套措施，引經據典的古文經學亦就此成爲權謀之書，如《尚書》、《周禮》、《禮記》、《左傳》。這時期的改制，乃繼承元成以來周折不定的禮制進行定案，其具體的作爲仍不出於「迭毀禮」與「郊祀禮」這二大項目。另外，值得一提的是，王莽於「長安」重建「明堂」，仿周公朝諸侯於明堂位，舉行漢室以來第一次的「禘祭」（或稱袷祭），《禮記・大傳》曰：「禮，不王不禘」。〔註131〕可想而知，這一時期所進行的一連串宗教定制舉動，除了實踐元成以來所推行的儒教禮樂思想之外，更隱含著深刻地政治目的與權力意志，從「明堂禘祭」、「元始故事」（告代郊天）的兩大祭典中誠可明白，以下就此三大項目做一論述。

一、定迭毀禮──劉歆「宗變學說」之影響

　　如本章第一節所述：「初，高后時患臣下妄非議先帝宗廟寢園官，故定著令，敢有擅議者棄市。至元帝改制，蠲除此令。」、「漢宗廟之禮，不得擅議，擅議者棄市。」〔註132〕很清楚地，漢自開國至元帝即位，宗廟不定迭毀，是因爲有此擅議禁令的存在。武帝時期董仲舒因遼東高廟火始諫廢郡國廟；而元帝時期則因連年災禍，饑饉薦臻，翼奉始言宗廟迭毀，後由貢禹之推波助瀾，元帝永光四年（B.C.40年）乃罷擅議禁令，自此廣開「擅議」之門。

　　承擔這一不孝罵名確實需要一革命起新的強烈意志，宗廟迭毀的論議在元、成二朝並不順利，成帝因無子，於河平元年（B.C.28年）再下禁令。哀帝即位（B.C.6年），在丞相孔光、大司空何武等儒學大臣的建請下，再度復議，《漢書・韋玄成傳》載此奏議曰：

　　　　永光五年制書，高皇帝爲漢太祖，孝文皇帝爲太宗。建昭五年制書，
　　　　孝武皇帝韋世宗。損益之禮，不敢有與。臣愚以爲迭毀之次，當以
　　　　時定，非令所爲擅議宗廟之意也。臣請與群臣雜議。〔註133〕

哀帝下詔准奏，朝廷依然陷入廟數與廟號的爭執，其中最大的爭議在於「武帝」神主存廢的看法，此時武帝神主已屆親盡當定迭毀。群臣有兩派主張：

　　　　百官總己以聽於冢。」頁348。卷六十〈杜周傳〉：「王氏世權日久，朝無骨
　　　　鯁之臣，宗室諸侯微弱，與繫囚無異，自佐史以上至於大吏皆權臣之黨。」
　　　　頁2681。
〔註131〕《禮記》，卷三十四〈大傳〉，頁997。
〔註132〕《漢書》，卷七十三〈韋玄成傳〉，頁3125、卷二十五下〈郊祀志第五下〉，
　　　　頁1258。
〔註133〕同上注頁。

一派以光祿勳彭宣、詹事滿昌、博士左咸等五十三人聯名共議，主張天子「五廟」，這是繼承韋玄成的看法，因此武帝神主親盡宜毀。一派則以太樸王舜、中壘校尉劉歆二人爲議，以天子「七廟」，與周制七廟不同的是，劉歆以一變禮之原則提出一個劃時代的主張，氏曰：「七者，其正法數，可爲常數者也。宗，變也。苟有功德則宗之，不可預爲設數。」〔註134〕此一主張可勸勉後王，凡有善行恩澤於天下，身後必受無盡之殤享。這是爲後王開啓一條勸善行仁輒得永世的「成宗道路」。所謂「祖有功，宗有德」，〔註135〕依周制凡列於「祖」、「宗」廟號者可享「永世不毀」、「世世受享」的最高祭祀待遇，故周以文武二宗，世室不毀。劉歆作爲一介宗室大臣對於五世親盡，毀廟藏主的儒說起新造詣，提出這一「宗變學說」，自此讓毀廟主有了一重新受祀的機會。當然，這一主張得到攝政者王莽全力的支持，因此廣尊前朝先帝「□宗」的廟號（詳【表一】），世世不毀，永受享祠。

　　東漢諸帝奉守依循不定迭毀，但迄至漢末董卓爲相，蔡邕又奏啓禮議，《後漢書・祭祀下》曰：

　　（獻帝）初平中，相國董卓、左中郎將蔡邕等以和帝以下，功德無殊，而有過差，不應爲宗，及餘非宗者追尊三后，皆奏毀之。四時所祭，高廟一祖二宗，及近帝四，凡七帝。〔註136〕

顯然，漢末以「高廟、一祖、二宗」定宗廟之制：「高廟」乃「高帝廟」、「一祖」乃「世祖光武帝廟」、「二宗」乃「明帝顯宗廟」與「章帝肅宗廟」。這意味著：漢末士子已然接受「二祖廟」（高祖、世祖）之事實，但「二祖」乃與禮有違，光武帝雖中興繼體卻又是別開新局，承天起命，因此「世祖」廟號與祀位終漢而尊之（詳本章第五節）。故《袁山松書》載蔡邕之議請曰：「光武皇帝受命中興，廟稱世祖。孝明皇帝聖德聰明，政參文、宣，廟稱顯宗。孝章皇帝至孝烝烝，仁恩博大，廟稱肅宗。（皆）〔比〕方前世，得禮之宜。……孝和以下，穆宗、〔恭宗、敬宗〕、威宗之號皆〔宜〕省去。五年而再殷，合食於太祖，以遵先典。」〔註137〕則又重開宗廟迭毀禮議，始廢和帝以下之宗廟尊號，回歸天子七廟常數之制；但事實上，獻帝初平改制乃「二祖、二宗、四親廟」共八廟也（詳【表二】）。

〔註134〕同上注，頁3127。

〔註135〕《尚書》，卷八〈商書・咸有一德〉，孔穎達正義曰：「此又勸王修德以立後世之名。禮王者祖有功、宗有德，雖七世之外其廟不毀。嗚呼！七世之廟其外則猶有不毀者，可以觀知其有明德也。」頁260。

〔註136〕《後漢書》，志第九〈祭祀下〉，頁3197。

〔註137〕同上注，注〔四〕引，頁3199。

最後，必須強調的是：劉歆的這一「宗變學說」，自此開創了前所未聞的祖宗廟數，影響後世深鉅而遠大。「一祖數宗」者，如西漢、宋、金、元四朝。東漢以後，更出現「二祖數宗」之廟數，如東漢、唐、明三朝。「三祖數宗」者，如晉、清二朝（詳【表三】）。然而，之所以有「二祖」廟號的形成則是受東漢明帝追尊光武帝爲「世祖」所致，此乃開啓中國「二祖廟」並存的空前現象（詳本章第五節）。

【表一】西漢諸帝廟號

皇帝	高帝	惠帝	文帝	景帝	武帝	昭帝	宣帝	元帝	成帝	哀帝	平帝
廟號	高祖	無	太宗	無	世宗	無	中宗	高宗	統宗	無	元宗
追尊者	武帝	無	景帝元帝〔註138〕	無	宣帝、元帝、王莽〔註139〕	無	王莽、光武帝〔註140〕	王莽	王莽〔註141〕	無〔註142〕	王莽
廢尊者							董卓	光武帝	光武帝		光武帝

〔註138〕《歷代名臣奏議》，卷十四〈郊廟〉：「景帝元年十月制詔御史，蓋聞古者祖有功宗有德，制禮樂各有由聞，歌者所以發德也，舞者所以明功也。……丞相臣申屠嘉等言，陛下永思孝道，立昭德之舞，以明孝文皇帝之盛德，皆臣嘉等愚所不及，臣謹議，世功莫大於高皇帝，德莫盛於孝文帝，高皇帝廟宜爲帝者太祖之廟，孝文皇帝廟宜爲帝者太宗之廟，天下宜世世獻祖宗之廟，郡國諸侯宜各爲孝文皇帝立太宗之廟，諸侯王列侯使者侍祠，天子歲獻祖宗之廟，請著之竹帛，宣布天下，制曰可。」頁 179。《漢書》，卷七十三〈韋玄成傳〉：「成帝崩，哀帝即位。丞相孔光、大司空何武奏曰：『（元帝）永光五年制書，高皇帝爲漢太祖，孝文皇帝爲太宗。（元帝）建昭五年制書，孝武皇帝爲世宗。』」頁 3125。

〔註139〕按：元帝建昭五年尊武帝廟爲世宗廟，乃遵從宣帝之制而來（見《漢書》，卷七十三〈韋玄成傳〉，頁 3124～3125），但據蔡邕所云：「孝宣尊崇孝武，（歷）〔廟〕稱世宗。中正大臣夏侯勝等猶執異議，不應爲宗。至孝成皇帝，議猶不定。太僕王舜、中壘校尉劉歆，據不可毀，上從其議。」（見《後漢書》志第九〈祭祀下〉，頁 3199 注〔四〕）所謂「『上』從其議」乃指「王莽專政」的「哀帝」時期所制，故筆者認爲主事者乃王莽，非哀帝也，此見武帝神主被尊爲世宗廟歷時三世，最後定案於王莽之手。

〔註140〕《漢書》，卷十二〈平帝紀〉：「安漢公奏立明堂、辟雍。尊孝宣廟爲中宗；孝元帝爲高宗，天子世世獻祭。」頁 357。《後漢書》，志第九〈祭祀下〉：「（光武帝）建武十九年詔曰：『以宗廟處所未定，且祫祭高廟。其成、哀、平且祠祭長安故高廟。……惟孝宣帝有功德，其上尊號曰中宗。』」頁 3193～3194。

〔註141〕《漢書》，卷九十九上〈王莽傳〉：「（元始五年）十二月平帝崩。……奏尊孝成廟曰統宗，孝平廟曰元宗。」頁 4078。

〔註142〕同上注：「哀帝崩，無子，……（王莽）使迎中山王奉成帝後，是爲孝平皇帝。」頁 4044。按：王莽不以哀帝爲帝，故平帝繼位乃接跳過哀帝，上承成帝之嗣，因爲哀、平二帝都爲元帝之庶孫，爲堂兄弟輩。

【表二】東漢諸帝廟號

皇帝	光武帝	明帝	章帝	和帝	殤帝	安帝	順帝	沖帝	質帝	桓帝	靈帝	獻帝
廟號	世祖	顯宗	肅宗	穆宗	無	恭宗	敬宗	無	無	威宗	無	無
追尊者	明帝	章帝	和帝	鄧太后	無	鄧太后	梁太后	無	無	靈帝	無	無
廢尊者				董卓		董卓	董卓			董卓		

【表三】晉～清「□祖□宗」表

晉 3祖6宗	唐 1祖18宗	宋 1祖16宗	金 1祖6宗	元 2祖11宗	明 2祖14宗	清 3祖8宗
高祖宣帝 司馬懿	高祖 李淵	太祖 趙匡胤	太祖 完顏旻 （完顏阿骨打）	太祖 鐵木眞	太祖 朱元璋	太祖 努爾哈赤
世宗景帝 司馬師	太宗 李世民	太宗 趙光義	太宗 完顏晟	睿宗 托雷	惠宗 朱允炆	太宗 皇太極
太祖文帝 司馬昭	高宗 李治	眞宗 趙恆	熙宗 完顏亶	太宗 窩闊台	成祖 朱棣	世祖 福臨
世祖武帝 司馬炎	中宗 李顯	仁宗 趙禎	世宗 完顏雍	定宗 貴由	仁宗 朱高熾	聖祖 玄燁
中宗元帝 司馬睿	睿宗 李旦	英宗 趙曙	章宗 完顏景	憲宗 蒙哥	宣宗 朱瞻基	世宗 胤禛
肅宗明帝 司馬紹	玄宗 李隆基	神宗 趙頊	宣宗 完顏珣	世祖 忽必烈	英宗 朱祁鎮	高宗 弘曆
顯宗成帝 司馬衍	肅宗 李亨	哲宗 趙煦	哀宗 完顏守緒	成宗 鐵木耳	代宗 朱祁鈺	仁宗 顒琰
孝宗穆帝 司馬聃	代宗 李豫	徽宗 趙佶		武宗 海山	憲宗 朱見深	宣宗 旻寧
太宗簡文帝 司馬昱	德宗 李適	欽宗 趙桓		仁宗 愛育黎拔力 八達	孝宗 朱祐樘	文宗 奕詝
	順宗 李誦	高宗 趙構		英宗 碩德八剌	武宗 朱厚照	穆宗 載淳
	憲宗 李純	孝宗 趙昚		明宗 和世㻋	世宗 朱厚熜	德宗 載湉
	穆宗 李恆	光宗 趙惇		文宗 圖鐵睦爾	穆宗 朱載垕	

	敬宗 李湛	寧宗 趙擴		寧宗 懿璘質班	神宗 朱翊鈞	
	文宗 李昂	理宗 趙昀			光宗 朱常洛	
	武宗 李瀍	度宗 趙禥			熹宗 朱由校	
	宣宗 李忱	恭宗 趙㬎			思宗 朱由檢	
	懿宗 李漼	端宗 趙昰				
	僖宗 李儇					
	昭宗 李曄					

二、長安明堂——禘祭以朝諸侯

　　王莽即眞之時，進行了兩項祭祀大典，以申其祭主大權：一是元始五年（A.D.5 年）正月親行「宗廟禘祭」（或言祫祭）大典，以朝天下諸侯。二是居攝元年（A.D.6 年）正月躬行「南郊祭天」大典，以攝皇帝身分踐祚天子主祭之位，並於始建國元年（A.D.9 年）正月以「告代祭天」的模式宣告易鼎改朔（詳後）。

　　平帝元始四年（A.D.4 年）王莽興建明堂，擬仿周公朝諸侯於明堂位，故於元始五年正月，「祫祭明堂」（東漢大儒張純以爲「禘祭」），〔註143〕本傳曰：「五年正月，祫祭明堂，諸侯王二十八人，列侯百二十人，宗室子九百餘人，徵助祭。」〔註144〕顯見易鼎踐祚之態勢已明。因此，王莽建明堂於長安與武帝祀明堂於汶水，兩者意義是迥然有別的，值得思考與探討。

　　漢武帝尊神重鬼，除了祭祀雍州五畤之外，更祀泰一於雲陽甘泉，甘泉位在長安北方的軸線上，作爲祭祀天體樞紐的泰一大帝，那是沒錯的，以神居之位爲壇位，正表明了作爲天子的他必須朝北禮拜臣服於神權的意志之下，這是漢舊儀的傳統。但到了齊魯學士當政的成帝時期，還其兆位於長安，以王者之居的聖都皇城作爲一切政教中心的思想蔚爲主流，至王莽專政就此

〔註143〕《後漢書》，卷三十五〈張純傳〉：「元始五年，諸王公列侯廟會，始爲禘祭。」頁 1195。

〔註144〕《漢書》，卷九十九上〈王莽傳上〉，頁 4070。

確立二郊之制，亙此不變（詳後）。但在這一時期，王莽興建「明堂」於「長安」的動作與意義則必須注意，這是另一造以王者為中心的政治性建築與指標性的建物，強化了王者威權意志的成形。

　　中國哲學談「位」、談「中」、談「時」，放諸權力的象徵，中國人藉由「位」的標示作為圖像王者的神聖威儀與絕對權力，將抽象無形的至高權力藉由「位置」的符號與座標使其具象而充滿威嚴，誠如詹姆斯・沃森（James Watson）所言：「『禮儀』的內涵是意義的轉化。人或事物因此可以由於祭祀而神化」。〔註145〕如何見證詹姆斯先生之言，王莽於元始四年再造「明堂」〔註146〕的意義與目的便是在這樣的「祭祀權力」的圖像中營造自己至高無上的權力與神聖地位，巫鴻先生說得極其明白而獨到：

> 明堂作為宇宙縮影的這種象徵性是逐漸形成的。……可以確定君王及朝臣、諸侯、蠻夷首領的固定的「位」，進而暗示著一座定位於中軸線上的坐北朝南的宮廷建築。……正如〈明堂位〉的篇名所示，明堂通過二度空間的「位」發揮其功能。**這一文獻以建築形式演示政治制度**，晚期明堂具有同樣性格，但被設想為一微型宇宙。……到三代末年，古老的明堂逐漸成為歷史的記憶，但是它作為王權和政治秩序的最高體現卻不斷被強化。通過一系列耐人尋味的變革，這一難以捉摸的建築物不僅象徵著已逝的過去，同時也開始象徵著未來。對人們想象中的大一統國家來說，「重建」明堂成了建立一個理想政府的同義詞。〔註147〕

〔註145〕轉引自巫鴻：《禮儀中的美術──巫鴻中國古代美術史文編》〈五嶽的衝突──歷史與政治的紀念碑〉，頁 620。

〔註146〕《漢書》，卷九十九上〈王莽傳上〉：「是歲（元始四年）莽奏起明堂、辟雍、靈臺，……十萬眾並集，平作二旬，大功畢成。……五年正月，袷祭明堂，諸侯王二十八人，列侯百二十人，宗室子九百人，徵助祭。」頁 4069～4070。《漢書》，卷六〈武帝紀〉：「建元元年秋，議立明堂。遣使者安車蒲輪，束帛加璧，徵魯申公。二年冬十月，御史大夫趙綰坐請毋奏事太皇太后，及郎中令王臧皆下獄，自殺。丞相（竇）嬰、太尉（田）蚡免。」注引應劭曰：「禮，婦人不豫政事，時帝已自躬省萬機。王臧儒者，欲立明堂辟雍。太后素好黃老術，非薄五經。因欲絕奏事太后，太后怒，故殺之。」頁 157。按：趙綰、王臧等奏請立明堂真正的政治意義就在於「正名」，端正名實故請毋奏事太皇太后，將旁落的王權回歸真實的天子之手，因此，應劭抬出「禮，婦人不豫政事」一語中的，道出箇中道理，而這就是武帝掌權後重用儒士，以儒學為國學的原因。

〔註147〕巫鴻：《禮儀中的美術──巫鴻中國古代美術史文編》，頁 646～647。

這席話完完全全說準了王莽的心態和儒生對明堂的信仰與追求。這不僅僅是王者權力的標示，更是大一統——聖主臨世的象徵，德洽則明堂興，萬邦朝觀。因此，天下一統的大局便寄託也應證在「明堂位」四方諸侯、藩國、蠻夷、四塞的朝觀輸誠的表現上，這是「明堂位」最重大的意義與作用，《禮記·明堂位》揭其大義：

> 昔者周公朝諸侯於明堂之位，天子負斧依，南鄉而立。三公，中階之前，北面東上。諸侯之位，阼階之東，西面北上。諸伯之國，西階之西，東面北上。諸子之國，門東，北面東上。諸南男之國，門西，北面東上。九夷之國，東門之外，西面北上。八蠻之國，南門之外，北面東上。六戎之國，西門之外，東面南上。五狄之國，北門之外，南面東上。九采之國，應門之外，北面東上。四塞，世告至，此周公明堂之位也。〔註148〕

這是最早也是最明確地把明堂的意義與作用作一展演的文獻，此中我們看見了一個以周公——天子的身份〔註149〕——位居軸線的中心座標，南向（面）天下，而環繞其四方的是以五等建制層層向外擴展，由內而外依次是王臣三公、諸侯、諸伯、諸子、諸男的四方諸國與賓國；再外一層的則是四方藩國：東夷、南蠻、西戎、北狄；最外一層已達四塞之境，是中國皇帝與疆域能力所及的王化之處，但這決不是世界的盡頭。

這一圖像顯示了：在王化所及之四方是一個秩序井然的世界，因此一切從中心圓向外輻射而展開。世界是無遠弗屆的，因此在王化弗及的化外則是混沌矇昧的虛無之域，代表一個無序與未知的世界，沒有開鑿就沒有儀式，沒有儀式就沒有轉化，沒有轉化就沒有意義，沒有意義使之轉化爲一神聖的有序的世界，以成爲聖王下的圖籍編戶；這意謂著世界雖然以中國爲中心，但在中國所得以主導控制的終極範圍僅到達「四塞之境」，四塞之外，那是什麼樣的景象？

事實上，「明堂」表述了這一世界秩序的支配與掌控；彼一世界，隱喻於管子之「幼官圖」（幽宮圖），在黑與白之間，光明與恐懼如同白天與黑夜，

〔註148〕《禮記》，卷三十一〈明堂位〉，頁931～932。

〔註149〕同上注，鄭玄注曰：天子，周公也。負之言背也。斧依，爲斧文屏風於戶牖之間，周公立於前焉。」（頁 932）按：〈檀弓上〉如是說：「天子之殯也，菆涂龍輴以椁，加斧於椁上。」（頁 249）顯見，「斧文」乃「王權」的象徵，用以威令天下。

光明之序是聖王之德化所致，如太陽的照亮，但總有一面它是黑暗的，是太陽照耀不到的地方，而黑暗中的恐懼則是宗教的起源，在人力弗及之處與恐懼強大的威脅之下，神靈成了守護光明與驅趕黑暗的寄託，因此「尊王」（政權）是從「事神」（祀權）開始的。「明堂」雖是宣示王權明定尊卑秩序的政治性建築，但事實上它更是事神之崇高聖壇，是王者的信仰中心與玄思的神聖空間。因此在祭祀禮儀上武帝定位「明堂」（高祖配祀）與「郊天」（天下，一也）同禮樂，〔註150〕這是值得注意的。在建築形式上採用和「社稷」（中國，分也）幾乎一樣的思維模式，〔註151〕只是它更代表了一個微型的「宇宙圖式」，宣明了「天子」（天下）與「皇帝」（中國）之二重權力；中國皇帝正是以天樞的姿態垂拱天下。

　　因此，王莽繼武帝之後再建明堂，於元始五年正月親行「祫祭」（或言「禘祭」）大典，《禮》稱「不王不禘」，〔註152〕其目的十分清楚，透過主持「禘（祫）祭先王」這個動作宣示即真皇帝位的野心；事實上，這樣動作我們並不陌生，先秦強權諸國何嘗不是透過「僭越祀權」、「僭禮作樂」的方式表達「稱王即位」的事實（詳第三章第一節）。這也就是春秋魯公如此重視郊天大典的原因，王權的象徵正是透過「祀權」來展演宣示。王莽當然不會不知道，因此他藉由「徵助祭」來試探自己權力的深度與廣度，據載當時有「諸侯王二十八人、列侯百二十人，宗室子九百餘人，徵助祭」，顯然地，這是一場藉由祭祀大典宣示效忠的政治性儀式，因此高達上千王公貴族搶著前來助祭輸誠。但這場大典與周公稱王四海朝覲稱臣的王會景象不同，王莽的明堂裡僅針對中國境內的公侯宗族發出邀請，這預示王莽乃即真「皇帝位」，因此祫祭毀廟與未毀廟之群祖先王與配享的功臣，為的就是要宣示「宗廟即位」，告代承天的決心，

〔註150〕《漢書》，卷二十五下〈郊祀志下〉：「於是上令奉高作明堂汶上，如（公玉）帶圖。即是歲修封，則祠泰一、五帝於明堂上坐，合高皇帝祠坐對之。祠后土於下房，以二十太牢。天子從崑崙道入，始拜明堂如郊禮。」頁1243。

〔註151〕黃銘崇：〈明堂與中國上古之宇宙觀〉（《城市與設計學報》，第四期（1998，3））：「（張光直）他指出『亞字形』以及『四木』都是『明堂』的重要象徵。……從商代甚至更早，古代人就認定大地的形狀是『亞字形』，而四個角隅有『四木』，是撐天的大柱或大樹。『明堂』其實是一種將大地小的模型，它的形狀也就是『亞字形』。而商人以及春秋時代的宋國為了保證他們的祖先在地下世界也同樣具有支配權，因此將墓的外槨也建造成『亞字形』，也就是所謂『槨有四阿』的墓制。」頁164～168。

〔註152〕《禮記》，卷三十二〈喪服小記〉，頁967。

因而翌年居攝元年（A.D.6 年）正月主祭「南郊祭天」大典，這意圖再清楚不過了，故於居攝三年（A.D.8 年，十一月改元初始元年，十二月又改元建國元年），十二月始即眞「天子位」，篡漢易鼎，始爲眞皇帝也，踰年改元始建國（A.D.9 年）。〔註153〕

簡言之，王莽連續二年舉行宗廟、郊天大典，正是依循先秦諸侯一慣的方法，以「僭越祀權」的方法動作，宣示盜鼎稱王的權力野心，故於始建國元年（A.D.9 年）正月以「告代祭天」的模式正式宣告易鼎改朔。誠然，儒家「重祭」的思維深深影響中國皇帝權力的行使，其「名實」關係就隱喻在「祀權」當中，誰都不可忽視或旁落，大到皇族或小到一個民間的家族都是如此，而這就是「宗法制度」從未消失的原因，是穩定中國社會階級秩序的一大關鍵。

三、定郊祀禮——「元始故事」，王莽「告代祭天」之影響

王莽於平帝元始五年（A.D.5 年）朝諸侯於明堂位，並刊定郊祀禮，居攝元年（A.D.6 年）莽以攝皇帝身分君臨天下，故於正月行「南郊祭天」大典，踐阼天子主祭之位，正如揚雄所言：「僭莫重於祭，祭莫重於地，地莫重於天。」〔註154〕即此之謂也。建國元年（居攝三年十二月，A.D.8 年），王莽篡漢，易鼎改朔，始建國元年（A.D.9 年）正月於南郊行「告代祭天」之禮。而此一告代祭天的即位禮，自此以後成爲各朝「易鼎告代」之絕對性祭祀大典，取代春秋以來「踰年郊天」的即位模式。我必須說：郊祀禮的定制與告代行郊的祀權意義，俱都成於王莽之手，因是之故，光武帝告代行郊則諱之曰「元始中郊祭故事」（詳本章第五節）。以下，擬由四點作一分析。

（一）改字添經，〈王制〉：「唯『宗廟』社稷，爲越紼而行事」之意義

宗教禮制的大改革，多底定於王莽時代，無論郊祀、宗廟、社稷三大祭禮都是，但王莽以下的這段話我則視爲改字添經，當非口誤所致，《漢書·郊祀志》莽言：

> 帝王建立社稷，百王不易。社者，土也。宗廟，王者所居。稷者，百穀之主，所以奉宗廟，共粢盛，人所食以生活也。王者莫不尊重

〔註153〕《漢書》，卷九十九上〈王莽傳上〉，頁 4082～4095。

〔註154〕《法言》，卷十四〈重黎〉，頁 346。

親祭，自爲之主，禮如宗廟。……《禮記》曰：『唯祭宗廟社稷，爲
越紼行事』。聖漢興，禮儀稍定，已有官社，未立官稷。」遂於官社
後立官稷。〔註155〕

我們可以思考一下：王莽將〈王制〉條例「天地社稷」改成「宗廟社稷」，改
字添經，是意圖將「宗廟」地位提高，與「天地」、「社稷」並比爲三大「國
家祭祀」，而非僅只侷限或意謂皇家的祖宗祭祀而已，因而他說了一大要句「宗
廟，王者所居」。顯然，宗廟在元帝一代的改制，將地方宗廟祭祀回歸宗主，
宗廟祭祀已非任何親王或皇族所得以任意建祠祭祀的。王莽自然很清楚神權
對宗主與帝王是一大法器與治術，如同顓頊絕地天通，王者始得假天號令天
下，沒有信仰人的存在是空無的，所以掌握神權便掌握賴以爲信的元元百姓。
而宇宙的中心就是王者所居之中土（京都），這是一切祭祀的最高場所與神明
陟降歆享之所，是王權神聖的壇場。

　　王莽確實將宗廟地位提高（這個改變應注意，東漢「郊廟」並稱，明帝
上陵謁廟、唐開元禮以宗廟大祀），〔註156〕但它顯然是與「社稷」並列的祭祀
等級，實現周制「左宗廟、右社稷」之祀位，這好比國家兩雙神翼，而南郊
之位乃天子中軸之位，是神靈護體之所在。故凡「三年大喪」則「越紼行事」，
在既殯之後，停殯待葬的這些「無事」的時間裡，絕對是可以權且從吉親自
主祭的；但天地合祀南郊則「郊不避喪」、「越喪行事」（從莽母之喪可見，詳
後），因爲王莽郊祀儀制裡規範正月「上辛若丁」（上辛或丁日），〔註157〕因而
避開殯日，又葬日用卜，便可避郊後葬。

　　無可避免的，有一種錯誤或成見困惑我們，認爲王莽以非常手段篡位即
眞，因此對於眞天子（天之子）正名制度的郊祀大權，面對「不歆非類」的

〔註155〕《漢書》，卷二十五下〈郊祀志第五下〉，頁1269。

〔註156〕唐·中敕撰：《大唐開元禮》（北京：民族，2000），卷一〈序例上·擇日〉：「凡
　　　　國有大祀、中祀、小祀。昊天上帝、五方上帝、皇地祇、神州、宗廟，皆爲
　　　　大祀。」頁12。《新唐書》，卷一百二十二〈韋安石附縚傳〉：「唐興，禮文雖
　　　　具，然制度時時繆缺不倫。至顯慶中，許敬宗建言：『籩豆以多爲貴，宗廟乃
　　　　踰于天，請大祀十二、中祀十、小祀八。』詔可。」頁4355。按：唐改列「宗
　　　　廟」爲「大祀」，其祀禮與天同尊，這恐怕都是受王莽以來尊宗廟越紼而祀，
　　　　與古文家提出「聖人同祖」的思維影響所致。

〔註157〕《後漢書》，志第四〈禮儀上〉，注〔一〕引《白虎通》曰：「《春秋傳》曰『以
　　　　正月上辛』；《尚書》曰『丁巳，用牲於郊，牛二』，先甲三日，辛也，後甲三
　　　　日，丁也，皆可接事昊天之日。」頁3103。

天威，必然心懷畏懼，因而「輕郊祀重宗廟」，故改字添經以「『宗廟』社稷，爲越紼而行事」；事實上，這是以人廢言的莫大偏見，中國「郊祀禮」正是成於「王莽」之手，〔註158〕《後漢書・祭祀上》如是稱道：

> 祭祀之道，自生民以來則有之矣。豺獺知祭祀，而況人乎！故人知之至於想念，猶豺獺之自然也，顧古質略而後文飾耳。自古以來王公所爲群祀，至於王莽，《漢書》〈郊祀志〉既著矣，故今但列自中興以來所修用者，以爲〈祭祀志〉。〔註159〕

當然，王莽對郊祀禮制的貢獻，是得推及匡衡等齊魯學派的推動與努力，至莽之時以其仿古從周回復聖制的熱情，最後將郊祀禮定制，並命史官著記以傳後世，因而班固《漢書》〈郊祀志〉乃依此寫定。顯然地，范曄對王莽在郊祀禮儀的貢獻是給予了極高的讚揚。

（二）南北郊，王者中軸地位的確立

長安南北二郊之議，政策擺盪三十餘年（見簡表），迄至王莽專政時期（元始五年）終於確立以王者所居之聖城作爲郊天與一切祭祀之中心，經過五度遷徙，王者居中的中軸地位就此確立，成爲後世建郊範本。

帝名	帝年	公元年	推動者	罷或復 甘泉汾陰之祀	理由
成帝	建始元年	BC.32 年	匡衡等五十人	罷	未應古制
成帝	永始元年	BC.16 年	成帝	復	未有繼嗣
成帝	綏和二年	BC.7 年	王太后	罷	卒不獲祐
哀帝	建平三年	BC.4 年	哀帝	復	大疾未瘳
平帝	元始五年〔註160〕	AD.5 年	王莽等六十七人	罷	未應古制

〔註158〕金子修一：《古代中國と皇帝祭祀》，第三章〈漢代の祭祀と宗廟と明堂び封禪〉：「しかしながら、このように明確かつ詳細に天地の祭祀の儀注を定めたのは王莽が最初であり、神主の配置の如く、後世に繼承された重要な礼もその中に存するのであるから、郊祀制度確立の上で王莽の果たした役割はやはり大きいものであった。」頁99。

〔註159〕《後漢書》，志第七〈祭祀上〉，頁3157。

〔註160〕按：《後漢書》，志第七〈祭祀上〉（頁3158），李賢注〔二〕引《黃圖》記載本奏爲「元始四年」，今從《漢書・郊祀志》所定「元始五年」（頁1264～1266）。

（三）天地合祀於南郊

　　王莽首開天地合祀南郊之制，並以先祖先妣配祀，成爲每年最隆重的祭禮，一改無定祀、三年一祀或二年一祀之往例爲每年一祀。〔註161〕每年正月上辛（莽或在丁日）的郊天制度是董仲舒最終的期待，期望以「更始」之義，拋棄掉所有一切的苦難，從新出發，回復最初神聖的時間，宇宙創生的時間；這一願望迄至王莽時代終於實現了，〔註162〕《漢書‧郊祀志下》載：

　　　　（元始五年）莽又頗改祭禮，曰：「《周官》天墜之祀，樂有別有合。……
　　　天地合祭，先祖配天，先妣配墜，其誼一也。天墜合精，夫婦判合。
　　　祭天南郊，則以墜配，一體之誼也。天地位皆南鄉，同席，墜在東，
　　　共牢而食。高帝、高后配於壇上，西鄉，亦同席共牢。牲用繭栗，
　　　玄酒陶匏。……天墜有常位，不得常合，此其各特祀者也。陰陽之
　　　別於日冬夏至，其會也以孟春正月上辛若丁。天子親合祀天墜於南
　　　郊，以高帝、高后配。陰陽有離合，以日冬至使有司奉祠南郊，高
　　　帝配而望群陽，日夏至使有司奉祭北郊，高后配而望群陰。」〔註163〕

在匡衡等人力圖復禮改制下，在莽政時代──元始五年（A.D.5 年）終於確立以王者所居之聖城作爲郊天的唯一地點。除此之外，王莽又外加一項「創意」，將天地合祀於南郊，始以高祖、高后配祀，〔註164〕主要理由是「天地一體」、

〔註161〕郭善兵：《中國古代帝王廟禮制研究》，頁 157～158。

〔註162〕《白虎通》，卷十二〈郊祀〉：「王者所以郊天何？緣事父以事天也。祭天必以祖配，配以賓主，順天意也。五帝三王祭天，一用夏正何？夏正得天之數也天地交，萬物通，始終之正。……祭天必於郊何？天體至清，故祭必於郊，取其清潔也。祭日用丁與辛何？先甲三日，辛也，後甲三日，丁也，皆可以接事昊天之日。故《春秋傳》郊以正月上辛日。《尚書》曰：『丁巳，用牲於郊，牛二。』祭天歲一何？言天至尊至質，事之不敢褻瀆，故因歲之陽氣始達而祭之也。祭天作樂者何？爲降神也。」561～565。

〔註163〕《漢書》，卷二十五下〈郊祀志第五下〉，頁 1266。

〔註164〕按：漢武帝以高祖配祀明堂，但至王莽始遵從孝經（或詳元始五年，漢書郊祀志，王莽上奏）：「人之莫大於孝；孝莫大於嚴父；嚴父莫大於配天」以高祖配天而祀。（漢書郊祀志下見註）後漢服虔：「漢是時未以高祖配天，故言對。光武以來乃配之」事實上，這是「王莽」的創制，後漢諱言之。金子修一：《中國古代皇帝祭祀の研究》，第四章〈漢代における郊祀‧宗廟制度の形成とその運用〉言之確鑿：「王莽の郊祀改革の歷史意義ははなはだ大きいものであった。その中でも注目されるのは，郊祀における配祀の意義を強く認め，天地とそれに配祀される高帝‧高后との位置關係を定めたことであろう。……武帝の明堂の祭祀に太一と高祖とが對置されたのは，孝道の

「夫妻一體」，基於這「一體之誼」故而合祀同牢共食。此外，亦使有司各於冬至南郊祭天，以高祖配享；夏至北郊祭地，以高后配享。這箇中原因或是因爲莽政時代天災頻傳，地物不生，百姓饑饉，時局艱難，藉由合祀天地，以祈陰陽共濟，風調雨順，以化蒼生；這是將宇宙衍化流行的思維灌注在郊天祭祀的儀式中，簡言之，一宇宙生成的微縮影像在祭儀中透過巫覡展演呈現。

　　這項決議中，「高后」以一先妣配祀北郊地母，事實上，已明白地昭示我們一大訊息：「女君」與「帝王」地位並列，正是其謂「一體之誼」的寓意所在，一主陽，一主陰；一配天，一配地。透過配祀受享的儀式制度，宣告母權女君時代的來臨。當然，這是事實，從呂后、竇太后（文帝后）、王太后（元帝后，王莽之所以能從容就帝即眞，王太后乃一推手），〔註165〕無一不是女君臨朝稱制的專權時代，因而將此女權當道的事實反應在祭禮上，並使之落實成爲一大制度。影響所及，最爲典型的是唐武則天登基即位便以女皇帝的身份祭天（並舉行了封禪大典）；又中宗景龍三年更以皇后亞獻、公主終獻，〔註166〕開啓女人參與郊天大祭之先例。〔註167〕本次改制，顯然地，這項祭儀悄

上から始祖の配天を重視するという思想が、当時は存在していなかったことを示すことになる。……それが王莽に至ると、天と天子との関係が重視されるに伴って皇帝の始祖の配祀が特別な意味を持つようになり、郊祀における高祖の位置も改められるに至った、と考えられるのである。」152。

〔註165〕《漢書》，卷九十九下〈王莽傳下〉，贊曰：「又乘四父歷世之權，遭漢中微，國統三絕，而太后壽考爲之宗主，故得肆其姦慝，以成簒盜之禍。」頁4194。

〔註166〕金子修一：《古代中國と皇帝祭祀》，第一章〈中國古代の皇帝制度の諸問題〉：「それがこの時には、中宗の初献に次いで太尉にあらね韋后が亜献を行ったのであり、これが韋后の権力奪取を目指す行為の一つであったことは明白である。武后や韋后が、自己的権力を確立していく上で祭祀を積極的に利用したことは、注目すべき是実であろう。」頁21。

〔註167〕《通典》，卷四十三〈禮三・吉二・郊天下〉，杜佑曰：「武后革命稱周，號天冊金輪大聖皇帝，親享南郊，合祭天地。追導周文王爲始祖，后父李應公爲無上孝明高祖帝，以二祖同配。」景隆三年，親祠南郊，以皇后爲亞獻。仍補大臣李嶠等女爲齋娘，執籩豆焉。」國子祭酒祝欽明諂悅中宮，遂與郭山惲上言：「……據此則知皇后助（祠）〔祀〕天地神明明矣。」太常博士唐紹等議云：「皇后南郊助祭，於禮不合。但欽明所執，是祭宗廟，非祭天地。按歷代郊祀，并無皇后助祭。」……欽明又奏以安樂公主爲終獻，遂改南郊儀注，唐紹、蔣欽緒固爭，乃止。」頁617～618。按：「祭天七獻」可詳黃以周：《禮書通故》，第十二〈郊禮通故二〉：「皇侃說，祭天無裸，惟七獻。朝踐，王酌泛齊以獻。后無祭天之事」……云云，頁633。按：皇后唯可助祭

然地預示著：女君（外戚集團）與帝王（宗室集團、儒宦集團）的角力終將成爲漢政上一大亡國憂患。

（四）祭主權與喪主權之衝突——「告代祭天」與「三年大喪」之衝突

王莽母死於居攝三年（A.D.8 年）九月，史載：「莽母功顯君死，意不在哀，令太后詔議其服。」〔註168〕這箇中的權術是什麼？不過是簡單的「安漢公」母親的喪葬，何以迫使王太后「詔議」群臣？《漢書·王莽傳上》如是說：

> 少阿、羲和劉歆與博士諸儒七十八人皆曰：「……今功顯君薨，《禮》『庶子爲後，爲其母緦。』《傳》曰：『與尊者爲體，不敢服期思親也。』攝皇帝以聖德承皇天之命，受太后之詔居攝踐阼，奉漢大宗之後，尚有天地社稷之重，下有元元萬機之憂，不得顧其私親。……《周禮》曰：『王爲諸侯緦縗』，『弁而加環経』，同姓則麻，異姓則葛，攝皇帝當爲功顯君緦縗，弁而加麻環経，如天子弔諸侯服，以應聖制。」〔註169〕

在以劉歆爲首的七十八人義正辭嚴的引述著《周禮》（王莽開祕府而得之）、《儀禮》（經）、《禮記》（傳）三禮文獻，無非是爲了證明「攝皇帝」乃「繼體爲後」受天明命的繼承人；而這種巧詐竟是藉著「引經據典」〔註170〕合理化權

宗廟，如四時祭、祫祭，詳《通典》，卷四十九〈禮九·吉八·時享〉：「祭之日，王服袞冕而入廟，工則奏以《王夏》。王入，立於東序。后則副褘而入，立於西序，尸入之後，乃就於西房。」頁706～707；同卷〈禘祫上〉：「王服袞冕而入廟，奏《王夏》；后服副褘從王而入，則奏《齊夏》；次尸入，奏《肆夏》。」頁714。另參巫鴻：《禮儀中的美術——巫鴻中國古代美術史文編》〈五岳的衝突——歷史與政治的紀念碑〉，頁634～641。

〔註168〕《漢書》，卷九十九上〈王莽傳上〉，頁4090。

〔註169〕同上注，頁4090～4091。

〔註170〕同上注：「孝哀皇帝即位，驕妾窺欲，姦臣萌亂，公手劾高昌侯董宏，改正故定陶共王母之僭坐。自是之後，朝臣論議，靡不據經。」頁4073。按：哀帝乃庶子爲後，入繼大宗，其祖母與母親要求上尊號，而高昌侯董宏因上書言：「春秋之義，母以子貴，丁姬宜上尊號。」，而王莽與師丹共劾宏誤朝不道，反對上尊號，以正宗統（頁4042）。卷八十六〈師丹傳〉上書引述《禮》曰：「父爲士，子爲天子，祭以天子，其尸服以士服」子亡爵父之義，尊父母也。爲人後者爲之子，故爲所後服斬衰三年，而降其父母暮，名尊本祖而重正統也。」（頁3506）在這件事情上，董宏等以《春秋》之義爲據，實乃《公羊》

力的野心，將六經推向了權謀之書，淪爲政治巧詐的工具，聖人本心蕩然無存。〔註171〕事實上，《儀禮・喪服・緦麻章》是這麼說的：

> 庶子爲父後者爲其母。傳曰：何以緦也？與尊者爲一體，不敢服其
> 私親也。〔註172〕

「庶子爲後，爲其母緦」，這是一種假設例，如果大宗無子，以妾所生之子（庶子）入繼大宗，其對本生母應降服緦，在尊卑有體的禮制規範下，宗母乃法定母親，故服齊衰，降本生服。這是先秦慣例，但這不是王莽的重點；重點在於：透過功顯君的死，可以形塑出怎樣的政治氛圍，他想藉此嗅出一場態勢之成形與否。當然以劉歆爲首的心腹大臣是沒給他失望的，他們提出「庶子爲後，爲其母緦」、「王爲諸侯緦縗」的經典大義，一手將王莽拱上「繼體爲後」的嗣子，以「即眞」的態勢入主劉漢王朝的大位。然而這種荒謬是顯而易見的，禮以血親定服，無子則以同姓爲後，若別子爲宗，異姓者亦得改姓承宗。宣帝以武帝曾孫繼嗣昭帝、哀帝以元帝庶孫繼嗣成帝、平帝以元帝庶孫繼嗣哀帝、孺子嬰以宣帝玄孫備位（莽立爲皇太子），都是同姓爲後。劉歆對經典斷章取義，不倫不類，爲了權位出賣了儒學大師的靈魂。這封奏議，不倫不類也好，引據失當也好，一概不重要，因爲時機成熟了，王莽也不甘淪爲大漢王朝的「劉氏庶子」，讓自己母親淪爲「劉氏妾母」，污辱母親名節與本家姓。故於居攝三年十二月正式「即眞天子位」，再也不甘做個別子的假皇帝（攝皇帝），當月改元建國，翌年篡漢移鼎，建新號改元「始建國」。〔註173〕

回歸本議題，居攝三年（應在九月至十二月間）莽下書曰：

> 過密之義，託於季冬，正月郊祀，八音當奏。王公卿士，樂凡幾等？
> 五聲八音，條各云何？其與所部儒生各盡精思，悉陳其議。〔註174〕

（今文）「母以子貴」之義也；而師丹乃以《禮記》（古文）進行駁正，針鋒相對，凸顯今古文經義在政治上的交鋒與效作用，因是「朝臣論議，靡不據經」乃成仕錄與黨派之途。

〔註171〕按：一手將六經推向權謀之書的深淵，而引發魏晉嵇康等提出六經糟糠之說、六經無用論的激烈論述，恐怕與王莽假經文飾盜鼎的野心脫不了關係，而這也同時爲野心家建造了一條「名正言順」的絕佳道路。

〔註172〕《儀禮》，卷三十三〈喪服・緦麻章〉，頁627。

〔註173〕《漢書》，卷九十九上〈王莽傳上〉：「初始元年（居攝三年）十二月，以戊辰直定，御王冠，即眞天子位，定有天下之號曰新。宜改正朔，易服色，變犧牲，殊徽幟，異器制。以十二月癸酉爲建國元年正月之朔。」頁4095。

〔註174〕同上注，頁4093。

這是漢朝第一次在實務上討論到「三年大喪」與「郊天大典」衝突性的問題——是否「因喪廢樂」，王莽要群臣各陳己意。本傳當中并無記載哪些人表述了意見，但從上述的政治氛圍中，我們必然清楚這是「即眞天子位」時刻的來臨，如此重大而輝煌的時刻，郊祀大典勢必如期舉行，唯是否該尚古「遏密八音」呢？在清儒嚴可均《全漢文》的輯本中這封書令題爲〈下書議功顯君未周喪作樂〉；〔註175〕但唐人顏師古的注則說：「張晏曰：『平帝以元始五年十二月崩，至此再朞年也』。師古曰：「虞書：『放勳乃徂，百姓如喪考妣，三載，四海遏密八音。』遏，止也。密，靜也。謂不作樂也。故莽引之。」〔註176〕這兩種說法若依據「除喪」的禮制要求，功顯君喪期在十二月已除服從吉；又平帝元始五年（A.D.5 年）十二月駕崩，王莽下令天下吏六百石以上皆服喪三年，〔註177〕至居攝三年（A.D.8 年）十二月已再朞大祥（至二十七月禫祭後始得純吉），明年（始建國元年，A.D.9 年）正月適値郊祀大典，因郊祀廢樂或如常儀，便有討論空間（可惜的是，史料未載此議）。依此，我們足以推斷這道書令是針對「平帝」三年大喪而來的，顏師古說得很明白，放勳（堯）崩時，百姓如喪父母，全天下因喪廢樂三年。王莽以自己（自謂虞舜苗裔）乃繼體受禪，如堯禪舜模式，〔註178〕因此引述經典「遏密之義」正是敷設這一傳位模式，並宣告受禪即眞之大日的來臨——正月上辛，郊祀大典。顯然地，嚴可均的標題並不符合歷史事實。

　　雖說，這封書令是據平帝大喪而議，但母喪絕非小事，王氏家族大興於元、成之世，因其姑母貴爲元后，在一人得道雞犬升天的態勢裡，王家封侯者九、五大司馬，但莽父王曼卻蚤死，不及封侯，榮耀未曾眷顧莽家，獨留孤兒寡母。在家族中他絕對是最弱勢的一戶，和莽同年紀的堂兄弟無一不是五侯之子，窮盡奢華，史稱「莽獨孤貧」。〔註179〕簡而言之，王莽是母親在困

〔註175〕嚴可均：《全上古三代秦漢三國六朝文》，《全漢文》，卷五十九〈王莽〉，頁447。

〔註176〕《漢書》，卷九十九上〈王莽傳上〉，頁4093。

〔註177〕同上注，頁4078。

〔註178〕同上注：「予以不德，託於皇初祖考黃帝之後，皇始祖考虞帝之苗裔。」頁4095。又卷九十九中，〈王莽傳中〉亦言：「惟王氏，虞帝之後也，出自帝嚳；劉氏，堯之後也，出自顓頊。」頁4105。

〔註179〕同上注：「元后父及兄弟皆以元、成世封侯，居位輔政，家凡九侯、五大司馬，語在元后傳。莽父曼蚤死，不侯。莽群兄弟皆將軍五侯子，……莽獨孤貧，因折節爲恭儉。」頁4039。

頓的環境中一手帶大的，人情冷暖自在胸中，但母親的恩惠豈可依「庶子爲後，爲其母緦」就可以一筆勾消的。依《儀禮・喪服・齊衰三年章》：「父卒則爲母」，〔註180〕莽父蚤死，故得爲母親伸哀至三年，但王莽卻沒有這樣做，早早便除喪釋服，一心等待著他最輝煌時刻的來臨。可以說：始建國元年正月上辛的郊祀大典一如常儀，未曾因三年大喪而「廢郊行喪」抑或「廢樂示哀」，反而以極其隆盛地大典宣告新主時代的降臨；亦自此開啓中國「告代祭天」的一貫模式。〔註181〕

綜上，春秋以來凡踰年即位郊天→王莽告代即位郊天的模式已經確定。依本文的觀察，自漢武帝建甘泉汾陰之祀以來，至成帝遷建南北二郊於長安，作爲一天子權力正名機制的郊天祀權，未必被徹底履行或成爲絕對性的即位禮儀，也就是說：繼體之君即位未必俱行郊天大典，郊不郊天都不失其爲天子之事實，但作爲春秋以來一最高祀權之象徵，凡王莽、光武帝劉秀、魏文帝曹丕、晉武帝司馬炎……等都以郊天作爲王權遞嬗之象徵，藉此親郊祀天作爲「告代即位」之完成與「受命啓新」的一大禮儀制度，從無例外。

綜上，本節重點有五：

一，董仲舒是第一位將南郊祭天的宗教禮典置入政治學說落實於政體之中，並且賦予天統帝系的名實關係，因此主張天子郊天以正（天之子）名位，所以「郊天」祀典在董子的發揚下，成爲王權至高無上的權力象徵。董仲舒又因遼東高廟火，果敢直諫，主張「宗廟集權」，罷除廣設於郡國之公廟，回歸宗主收族之宗法大義，建立尊君卑臣，以尊統親之君權大法。這一祀權主張事實上是挑戰了呂后以來「擅議宗廟者棄市」的嚴刑峻令，一舉跨越這道歷史的高牆，爲元成二世之宗教改制（罷郡國廟、定郊天禮）開啓一扇言論大門，更讓齊魯學士有了更大的雄心壯志，實踐儒教崇禮建紀，以尊統親，立大一統的君主思想。

二，元帝任儒，甫一即位便災禍連年，饑饉薦臻，亟思一救國方案，翼奉提出「遷都正本」的計畫，其中要點在於：「遷都更始」與「宗教改革」（遷郊改時、罷郡國廟、定迭毀禮）。隨後貢禹亦上奏敦請（罷郡國廟、定迭毀禮），

〔註180〕《儀禮》，卷三十，〈喪服・齊衰三年章〉：「父卒則爲母。」賈公彥疏曰：「此章專爲母三年，重於期，故在前也。直云父卒爲母足矣，而云『則』者，欲見父卒三年之內而母卒，仍服期，要父服除後，而母死乃得伸三年，故云『則』以差其異也。」頁564。

〔註181〕詳金子修一：《古代中國と皇帝祭祀》，第二章〈中国古代皇帝制の特質〉，頁45。

元帝在此影響下，於永光四年（B.C.40 年）蠲除擅議禁令，一統宗廟祀權。首先將地方郡國的宗廟祭主大權收歸大宗，再興宗法制度，創造皇帝之絕對權威。而後再詔令宗廟迭毀，論定祖宗功過，依五世親盡之禮則依序迭毀，毀廟藏主，以伸宗主審諦之宗法大權。

三，成帝一世，「王者居中」的思維理念取代了武帝以來至上神「泰一居中」的建築觀與祭祀思維，這是成帝遷祀天地於長安南北二郊的一次歷史大業，從此後世宮城建築與環繞都城建祀的諸兆壇場，以天為原型，將天子定位為天樞之北極泰斗，居太極殿北位南面以垂拱天下。天人相副的宇宙論，在王莽專政時代（平帝元始五年）徹底完成，迄清不墜。先秦「土中」、「中土」思維在本次改革中得到強烈地呼應，中國國土之優越意識的崛起，隨之影響漢晉以來「地方州域」之人才優劣與評論的競逐。當然，這是一連串的影響與發酵，人才論涉及了選舉制度與官僚集團的形成（如：漢之齊魯集團、魏之汝穎集團），更激發了宗族門閥的產生，這影響魏晉何其深遠；「人」的崛起，在宗教「王者居中」的改制下，諸神成了環繞王城的政權配角，天子一統祀權的目的乃為其至尊大權作保，可以說：人本意識就此覺醒，影響了東漢重喪文化的形成，喪主權亦得到了重視。

四，哀帝元始四年（A.D.4 年），王莽建明堂於長安，五年（A.D.5 年）正月行宗廟禘祭，禮曰「不王不禘」，乃仿周公攝政稱王朝諸侯於天下，漢室諸侯宗親千餘人入祭稱臣，同年並刊定郊祀禮，居攝元年（A.D.6 年）正月以一攝皇帝身分行郊祭天，踐祚天子祭主之位也。始建國元年（A.D.9 年）正月莽行「告代祭天」之即位禮，易鼎改朔。此一即位模式，自此成為各朝移鼎告代之必要性登基大典，藉此宣示奉天承運，受命啟新之歷史紀元。可以說：「宗廟禮制」與「郊祀禮制」俱成於王莽專政之世也；「禘」、「郊」二祭在其移鼎踐祚中，一為祭祖即皇帝位之禮；一為告天即天子位之禮，復古從周，實踐周王兩次即位大典，乃告禮成（西漢以柩前即皇帝位，謁廟告成，三年喪除則不禘祖，不定迭毀之故也，與周制三年喪除禘祖即位稱王不同，詳第四章第三節）。

五，「喪不廢郊」這是先秦慣例，到了王莽時代，正值母喪（功顯君之喪），卻以「繼體為後」，降本親服；平帝喪雖大祥，未為純吉，王莽篡漢即眞，告代祭天，不廢宴樂，大饗群臣。這顯示在新莽之前，帝王尚未因喪廢郊或廢宗廟大祭（眞正引起熱烈討論的則是東漢魏晉時代）。也就是說：「喪主權」

之權力主張尙未成熟，因此，諸臣助祭亦同天子主祭，必須「越紼（喪）行郊」，一體適用。

六，劉歆「宗變學說」一出，影響深鉅而遠大。劉歆以「宗無定數」說經，以勸進後王建功樹德以享永祀。此說一出，得到王莽之支持並賦予施行，因此中國帝王廟號與廟數形成「一祖數宗」之現象。迄至東漢建鼎，明帝追尊父親光武帝「世祖」之廟號，自此形成「二祖數宗」之空前現象，下逮兩晉更有「三祖數宗」之產生，不復周制一祖二宗四親廟（天子七廟），五世親盡，迭毀藏主之禮，誠乃創史之舉。

第五節　東漢上陵、飲酎之宗廟變禮與「二祖廟」之形成

東漢郊祀禮乃承襲王莽以來之制度，光武帝於鄗南建郊即位，所採用的即位模式便是依循王莽「告代祭天」的模式而來，故諱言之曰「元始中郊祭故事」。這一故事清清楚楚地展現了光武帝的心跡——奉天承運，受命啓新——東漢實乃一易新（莽）之鼎，革命建國的新興朝代。所以說：劉秀之歷史定位是「開國始祖」、「受命始祖」，與西漢同（血）源但不與西漢同祖，故即位郊天，「未以祖配」（不以高祖配天），這乃劉秀之心跡也。

因此，於此心跡下，明帝如何順從父志，並且推崇父功厥德，爲東漢的歷史地位定調，當然，也就是爲自己父親的宗廟地位定調，則考驗著明帝的智慧。顯然明帝是絕頂聰明的，訴諸一感性的孝行，將「原陵」（光武帝陵，世祖廟）並比「原廟」（高祖廟），並將國家重大祭典，正月元會禮、八月飲酎禮，俱移至原陵舉行，打破吉凶相干之經說禮則，且首創中國二祖廟（高祖、世祖）並存之先例。這些變禮改制的作法，誠然都是爲一「歷史定位」（東漢與光武帝）而來，歷經明章二世的努力始得確立，其中玄機巧作乃本文探討之重點。

一、明帝之世——上陵墓祭制度的建立，祭祀中心由廟到墓

（一）「二祖廟」的形成——光武帝的宗廟定位

以倒序方式，先從光武帝建武十九年的廟議說起。到底光武帝的宗廟定位是應該：別子爲宗，繼體爲後？抑或新王受命，開國之祖？張純、朱浮等

儒臣學士的說法值得注意：

> 陛下興於匹庶，蕩滌天下，誅鉏暴亂，興繼祖宗。竊以經義所紀，
> 人事眾新，雖實同創革，而**名爲中興**，宜奉先帝，恭承祭祀者也。
> **元帝以來，宗廟奉祠高皇帝爲受命祖**，孝文皇帝爲太宗，孝武皇帝
> 爲世宗，皆如舊制。……禮爲人後者則爲之子，既事大宗，則降其
> 私親。〔註182〕

議中張、朱二臣義正辭嚴地將光武帝定位在「別子爲宗」、「繼體爲後」的關
係上，當然不能別立親廟，〔註183〕這是不把光武帝視爲新朝「受命之祖」或
「開國之祖」之故。因此二人持禮而說，堅持以高祖唯大漢受命之祖與開國
之祖，縱使漢祚中斷，劉秀建國遷都，群臣仍以漢家劉邦宗廟爲國家之宗廟，
劉秀只能名爲「中興漢室」，不能視爲「新王建國」，因此不具「開國」與「受
命」的身份；也就是說：劉秀身後不具「祖」的身份配祀南郊或配享明堂，
因爲他不具這樣的資格，說他是中興的大漢天子是可以，但絕不是大漢受命
始祖。

　　劉秀剛建國當然依從高門大儒的建議而不敢自專，〔註184〕但明帝就不同
了。光武駕崩，明帝靈前即位，踰年改元，正月上丁（不用上辛）除了例行
「郊」、「廟」二項登基大典之外，明帝更以大駕鹵簿率領公卿百僚、皇親國
戚、外臣使節、郡國計吏等上陵謁見父親光武帝之皇陵——原陵。〔註185〕這
如此龐大而隆重的陣仗與儀式，不僅是改變群體社會思維的重大制度——上
陵禮制的建立和墓祭風氣的興盛，更帶動相關風氣成俗，如墓碑、墓誌銘、

〔註182〕《後漢書》，卷三十五〈張純傳〉，頁1193～1194。

〔註183〕同上注，注〔三〕曰：「大宗謂元帝也。據代相承，高祖至元帝八代，光武即
　　　　高帝九代孫，以代數相推，故繼體元帝，故曰『既事大宗』。下又云『宣、元
　　　　皇帝尊爲祖、父』，又曰『自元帝以上祭於洛陽，成帝以下祭於長安』，其義
　　　　明矣。降其私親，謂舂陵已下不別序昭穆。」頁1194～1195。

〔註184〕同上注：「張純字伯仁，京兆杜陵人也。高祖父安世，宣帝時爲大司馬衛將軍，
　　　　封富平侯。父放，爲成帝侍中。純少襲爵土，哀帝開爲侍中，王莽時至列卿。……
　　　　純在朝歷世，明習故事。建武初，舊章多闕。每有疑議，輒以訪純，自郊廟
　　　　婚冠喪紀禮儀，多所正定。帝甚重之，以純兼虎賁中郎將，數被引見，一日
　　　　或至數四。」頁1193～1194。

〔註185〕《後漢書》，志第四〈禮儀上〉：「正月上丁，祠南郊。禮畢，次北郊、明堂、
　　　　高廟，謂之五供。五供畢，以次上陵。世祖廟西都舊有上陵。東都之儀，百
　　　　官、四姓親家婦女、公主、諸王大夫、外國朝者侍子、郡國計吏會陵。……
　　　　八月飲酎，上陵，禮亦如之。」頁3103。

墓葬與藝術等；更是一項起新的國家制度，將國家宗廟祭祀中心從京都移至郊外，並於陵上張樂設飲歡舞，接受群臣外賓朝賀，形成另一種「元會儀」。〔註186〕簡言之，「上陵禮」是融合了吉、凶、喪、祭的多重元素，打破儒家禮教制度的壁壘使之合一，消溶了彼此之間的衝突性與對立性，這就是東漢凶事鹵簿儀形成的原因，是重喪主義興盛的催化劑（詳下節）。

明帝上原陵祭拜父親並服喪守孝三年，首開中國「上陵」制度，同時也將東漢受命始祖光武帝的葬陵「原陵」的政治意義凸顯在墓葬祭祀與服喪三年的變革上，這是與西漢短喪既葬除服、不上陵謁廟的制度完全相反。明帝給予了自己父親光武帝無上的榮耀，他對「父廟」祭祀的隆重與威儀是史無前例的，可比「郊天」大典。這意謂著什麼？很清楚地，大孝在於嚴祖，嚴祖在於配天而祀，東漢自明帝起便以「光武帝」配祀「明堂」，取代「高祖」的祀位，〔註187〕尊己父爲「世祖」。依禮唯始祖得以配天、配享明堂，西漢以來便以「受命之祖」、「開國之祖」——高祖配天、配享明堂；東漢明帝當然也想以自家父祖爲主，雖然同是劉氏子弟，但家族有別，劉邦一系的皇統已然告絕，開啓新時代的是劉秀這支家系，是當今的皇統帝系，怎麼說都不可能「別子爲宗」、「繼體爲後」。顯然，東漢是要自立門戶，別開王朝的，這個動作事實上從光武帝建武元年「即位告天」的故事中看得一清二楚，《後漢書・祭祀上》載：

> 建武元年，光武即位於鄗，爲壇營於鄗之陽。祭告天地，采用元始中郊祭故事。六宗群神皆從，**未以祖配**。天地共犢，餘牲尚約。其文曰：「皇天上帝，后土神祇，**睠顧降命**，屬秀黎元，爲民父母，秀不敢當。群下百僚，不謀同辭。……讖記曰：『劉秀發兵捕不道，卯金修德爲天子。』秀猶固辭，至于再，至于三。群下曰：『皇天大命，不可稽留。』敢不敬承。」。〔註188〕

〔註186〕《後漢書》，卷二〈明帝紀〉：「永平元年春正月，帝率公卿已下朝於原陵，如元會儀。」注引《漢官儀》：「古不墓祭。秦始皇起寢於墓側，漢因而不改。諸陵寢皆以晦、望、二十四氣、三伏、社、臘及四時上飯。其親陵所宮人，隨鼓漏理被枕，具盥水，陳莊具。天子以正月上原陵，公卿百官及諸侯王，郡國計吏皆當軒下，占其郡國穀價，四方改易，欲先帝魂魄聞之也。」頁99。

〔註187〕《後漢書》，志第八〈祭祀中〉：「明帝即位，永平二年，正月辛未，初祀五帝於明堂，光武帝配。五帝坐位堂上，各處其方。黃帝在未，皆如南郊之位。光武帝位在青帝之南少退，西面。牲各一犢，奏樂如南郊。」頁3181。

〔註188〕《後漢書》，志第七〈祭祀上〉，頁3157～3158。

這份即位告天的祭文裡說著兩門大學問——「受命改制」、「告代即位」。先從
「受命改制」的讖記說起。劉秀遵從「讖記」——「赤伏符」的神論，「行至
鄗」，則命有司設壇場於「鄗南」；〔註189〕何以「至鄗」而建壇場呢？這是值
得思考的事，《大戴禮記・明堂》云：

> 在近郊，近郊三十里。或以爲明堂者，文王之廟也。朱草日生一葉，
> 至十五日，生十五葉，十六日一葉落，終而復始也。周時德澤洽和，
> 蒿茂大以爲宮柱，名爲蒿宮也。此天子之路寢也，不齊不居其屋，
> 待朝在宮南，揖朝出其南門。〔註190〕

又《宋書・符瑞志》亦稱：

> 周德既隆，草木茂盛，蒿堪爲宮室，因名蒿室；既有天下，遂都于
> 鎬。〔註191〕

周建都於「鎬」（長安，宗周），是因爲德澤洽和故蒿木茂大可成宮柱，因採
蒿木以建，透過巍峩參天的蒿木以顯天子之崇高的姿態與權勢。顯然，「蒿室」
（蒿宮）乃鎬都之中心軸位，這是天子之所居，更是天子大位的象徵，因爲
在周時這是「明堂」之所在，是周天子朝諸侯，王會天下之所在。〔註192〕然
而，長安的政經地位並非永遠尊榮不敗，周公攝政的第六年營建新邑「洛陽」
（成周），成爲新舊二都的雙軌軸線，但洛陽眞正發揚其首都作用的，乃至平
王東遷定都之後，西東二周便於焉而稱。東西漢的模式不也是如此嗎？劉秀
選定「鄗京」即位，便是在劉氏故都——長安，即天子位——告代祭天。第
二年則建都洛陽——成周（成漢）；起高廟——宗周（宗漢）。這是劉秀的進
退之法，進者以自己承天受命，創世起新，故以成周模式，宣告宇宙中心乃
新都洛陽，以示新主得天之命；退者以劉氏第九世孫的身份中興大業，無所

〔註189〕《後漢書》，卷一上〈光武帝紀〉，頁 21。

〔註190〕《大戴禮記》，見清・王聘珍：《大戴禮記解詁》（十三經清人注疏，北京：中
　　　　華書局，2004），卷八〈明堂〉，頁 151～152。

〔註191〕《宋書》，卷二十七〈符瑞志上〉頁 764。

〔註192〕黃銘崇：〈明堂與中國上古之宇宙觀〉：「明堂在西周早期可能被稱爲『蒿宮』
　　　　或『蒿京』。《大戴禮記・明堂》中就保存了『蒿京』這一個名詞，只是被加
　　　　以道德性及祥瑞式的解釋，以爲是周王朝之德澤怡和，因此蒿大可以爲柱。《竹
　　　　書紀年》中則以爲因有『蒿室』，故建都於鎬，這似乎指鎬京的名稱是從『蒿
　　　　室』或『蒿宮』而來。事實上，流傳文獻中所見的鄗京、滈京、鎬京，都鄗、
　　　　鎬、滈都是後起字，三者都從高，以理解之不同改變偏旁，其原字則爲「蒿
　　　　（即蒿）。」頁 167。

依違，故於洛陽起高廟，以宗周的模式，以示宗漢尊祖，不廢祖宗大廟。

再看劉秀「即位告代」的眞實心跡。光武帝用的郊祀禮是採「元始中郊祭故事」，事實上，這是王莽於平帝元始五年行郊以「即位告代」的故事，行「即位告代」的郊天禮儀，王莽則是第一人。東漢採元始故事以即位「告代」，這才是光武帝心中的眞實想法，他很清楚自己南郊大典非一般皇帝繼位所行的「即位禮」，而是與王莽想法一致的「告代禮」，宣告自己是東漢王朝的受命始祖，因此南郊大典上「未以祖配」，正可說準了他的心跡。或許是光武帝察覺到群臣的意向，故於七年五月，詔三公曰：「漢當郊堯。其與卿大夫、博士議」，〔註193〕光武帝提出「漢當郊堯」〔註194〕以改替「漢郊高祖」的想法，杜林的奏議是一時之作與風向指標：

> 明年，大議郊祀制，多以爲周郊后稷，漢當郊堯。詔復下公卿議，議當僉同，帝亦然之。（杜）林獨以爲周室之興，祚由后稷，漢業特起，功不緣堯。祖宗故事，所宜因循。定從林議。〔註195〕

杜林有「通儒」之稱，傳稱「京師士大夫，咸推其博洽」，更是名臣杜鄴之後、張敞之外孫，杜氏本西漢大門大戶，因徙茂陵，祖父皆至郡守。〔註196〕爲何要把杜林的家門搬出來，除了他在學術領域上是指標性人物（尤以古文經學），另外他更代表豪門宗族的思維，支持劉秀即位以續漢祚，是因爲他是大漢宗室皇族後裔，有其名正言順的「繼位」資格。因此，杜林一句「祖宗故事，所宜因循」的話成了光武帝必須絕對依從於「前漢舊制」與「豪族意念」，因而不廢高祖配天之祀，以定漢室。

綜上，我們可以知道建武十九年張純、朱浮何以發此嚴正地議論，這從建武元年的即位告代，未以（高）祖配，到七年五月光武帝想要以「郊堯」的方式來探試群臣的心態動向——到底在他們的心中，我——劉秀的歷史定位是什麼？答案在杜林的奏議中委婉的透露著，直到十九年的廟議，張純、

〔註193〕《後漢書》，志第七〈祭祀上〉，頁 3160。
〔註194〕《宋書》，卷二十七〈符瑞志上〉，引班彪〈王命論〉：「是故劉氏承堯之祚，氏族之世，著於春秋。唐據火德，而漢紹之。始起沛澤，則神母夜號，以章赤帝之符。」、「漢元、成世，道士言：『讖者云：『赤厄三七。』三七，二百一十年，有外戚之篡。祚極三六，當有龍飛之秀，興復祖宗。』及莽篡漢，漢二百一十年矣。莽十八年而敗，光武興焉。」、「明帝初生，豐下兌上，赤色似堯，終登帝位。」頁 772～774。
〔註195〕《後漢書》，卷二十七〈杜林傳〉，頁 937。
〔註196〕同上注，頁 934～935。

朱浮則更明白了當的表述儒學大臣的一致想法，迫使光武帝退讓並奉祠高祖劉邦為郊天配享的受命與開國始祖。〔註197〕話雖如此，明帝依然宣示了自己父親在大漢中的歷史地位，故於首都洛陽建明堂以光武帝配祀，以替高祖；到了章帝時代，更於汶上明堂（武帝所建）以光武帝配祀，亦替高祖，並於泰山山南建兆，於「辛未」日，柴祭天地群神如故事，〔註198〕這正是以光武帝配祀南郊的另一種形式。以上諸事何嘗不是尊光武而卑高祖的舉動？透過祭祀以論神主尊卑親疏，這在明帝的宗教改制中，看到對父親的不捨與尊崇。昔日光武帝無法伸張的東漢政權，在明帝、章帝的手上進行了一次一次地宣示，目的在於加尊光武帝劉秀的歷史地位與神主定位，和前朝高祖劉邦平起平坐，各為一朝受命始祖與開國始祖，因而各在不同的兆域中接受國家最高的祭祀。

　　要之，明帝以「天下光武之天下」，一反儒學大臣堅持的「天下高帝之天下」，〔註199〕這在漢末世家大儒蔡邕的話可以為證：「**孝明帝立世祖廟，以明再受命，祖有功之義。**後嗣遵儉，不復改立，皆藏主其中，聖明所制，一王之法也。自執事之吏，下至學士，莫知所以兩廟之意」，〔註200〕這已清楚地表

〔註197〕巫鴻：《禮儀中的美術──巫鴻中國古代美術史文編》，〈從「廟」到「墓」〉：「高廟雖存，祭祀的重心卻被有意識地移到陵墓。西漢一朝皇帝從未親自上陵，因為「廟」在西漢仍是舉行重大祭祀的法定場所。《後漢書‧光武紀》記載劉秀主持了 57 次祭祀活動，但只有 6 次在高廟中舉行，其他 51 次全在陵寢，又令諸功臣王常、馮異、吳漢等皆行上冢禮。因此，雖然光武帝另立宗廟的企圖沒有實現，但他卻成功地把人們的注意力從廟祭轉移到墓祭，從而為下一代皇帝必將面臨的窘境準備了一條出路。」頁 566。

〔註198〕《後漢書》，志第八〈祭祀中〉，頁 3181，已見前注。同卷：「章帝即位，元和二年二月，上至泰山，修光武山南壇兆。辛未，柴祭天地群神如故事。壬申，宗祀五帝於孝武所作汶上明堂，光武帝配，如雒陽明堂（祀）〔禮〕。」頁 3183～3184。

〔註199〕《後漢書》，卷三十二〈樊鯈傳〉：「天下高帝天下，非陛下之天下也。」頁1123。按：本例是明帝弟廣陵王荊有罪，樊鯈與任隗奉命審理此案，最後以死罪定案，奏請明帝時，明帝大怒：「諸卿以我弟故，欲誅之，即我子，卿等敢爾耶！」樊鯈則有所此對，更謂：「臣等以荊屬託母弟，陛下留聖心，加惻隱，故敢請爾。如令陛下子，臣等專誅而已」（頁 1123）顯見，樊鯈等儒學高門大臣始終以「天下乃高帝之天下」，明帝縱使想保住兄弟劉荊一命，仍無濟於事也無權干涉司法，因為縱使是自己兒子犯罪，樊鯈說得很清楚，若死罪定讞則無須奏請，一切依法行事；因為這是祖宗留下的法制，明帝必須「率由舊章」。

〔註200〕《通典》，卷四十七〈禮七‧吉六‧天子宗廟〉，杜佑引，頁 674。

述東漢和西漢是「異祖別宗」的，各自受命別開新朝，因此有「兩個祖廟」，
這就是蔡邕說的「自執事之吏，下至學士，莫知所以兩廟之意」。事實上，蔡
邕繼承著杜林、張純、朱浮、樊儵以來多數學者官吏的一致想法，他們始終
以劉邦爲大漢的開國受命之祖，以劉秀爲「中興繼體」之帝，這傳統的大漢
儒教思想和光武帝、明帝、章帝心底的想法是不對盤的，所以明帝選擇用「上
陵禮」的建制宣告自己父親光武帝才是正宗本朝的受命始祖。

（二）母儀的提倡──薄太后取代呂后配祀北郊的意義

光武帝雖尊高祖奉祠高廟，依循「元始故事」，然而王莽制訂的郊祀禮中
乃以高祖配祀南郊祭天，高后（呂后）配祀北郊祭地，但建武三十二年（中
元元年，A.D.56 年）光武帝卻對前漢舊制進行了一場神主名位的獎懲，《後漢
書·光武帝紀下》：

> （中元元年冬十月）甲申，使司空告祠高廟曰：「高皇帝與群臣約，
> 非劉氏不王。呂太后賊害三趙，專王呂氏，賴社稷之靈，祿、產伏
> 誅，天命幾墜，危朝更安。呂太后不宜配食高廟，同祧至尊。薄太
> 后母德慈仁，孝文皇帝賢明臨國，子孫賴福，延祚至今。其上薄太
> 后尊號曰高皇后，配食地祇。遷呂太后廟主於園，四時上祭。[註201]

「呂后」（呂太后）專權，惠帝權力被架空；武帝即位，竇太后亦有樣學樣跟
著專權，而後有霍氏政權的獨斷，漢室中衰；下逮王太后更是導致王莽篡位、
禍國殃民的背後推手。鑑於歷史教訓，「外戚之禍」乃起於「母親」→「母黨」，
「女君」的政治地位與權力在帝制主義中反而更加坐大。皇帝雖貴爲至尊，
但這是對外廷與天下，若對內宮，自己可是母親十月懷胎所生，因此在「子
道」的教理下母命難違，容易形成外戚集團的盤根錯節，威脅王權或與之頡
頏，這就是西漢「祿去王室」的主因；簡單說：西漢易鼎，乃女君之禍也。

這就是光武帝大舉廢除「呂后」之「高皇后」的尊號，趕出高廟，遷主
別祀，並將她配祀北郊的資格一併廢除，改尊「薄太后」爲「高皇后」配祀
北郊的原因。「薄太后」乃「文帝」母親，文帝之德在西漢得到一致的推崇，
景帝之世便已追尊爲「太宗」，迄光武之世仍循前漢舊制，不廢宗號；此外，
更追尊薄太后爲「高皇后」。母親的角色對於一個兒子成德成仁的重要性，在

[註201]《後漢書》，志第八〈祭祀中〉：「是年（中元元年，即建武三十二年）初營北
　　　郊，明堂、辟雍、靈臺未用事。遷呂太后于。園上薄太后尊號曰高皇后，當
　　　配地郊高廟。」頁3177。卷一下〈光武帝紀下〉，頁83。

這件事情上確實一反傳統對母親哺育子女的定位。「母儀」成就一個偉大的兒子，她的行儀足以表彰她的偉大，而她的偉大則藉由祭祀感召後代子孫並取法學習，這是母親在家中獨具的地位，逐漸平同了父親的絕對性角色。

　　誠然，追尊薄太后一事，其意義格外顯著——「母儀」——被光武帝抬到政治與祭祀的議題上，甚至以此爲皇后的表彰。因此，我們前溯建武十七年（A.D.41 年）冬十月辛巳「廢郭立陰」的事，更能確定光武帝對「女君」所定下的行儀標準，《後漢書・光烈陰皇后傳》：

> 十七年，廢皇后郭氏而立貴人。制詔三公曰：「皇后懷執怨懟，數違教令，不能撫循它子，訓長異室。宮闈之内，若見鷹鸇。既無關雎之德，而有呂、霍之風，豈可託以幼孤，恭承明祀。今遣大司徒涉、宗正吉持節，其上皇后璽綬。陰貴人鄉里良家，歸自微賤。『自我不見，於今三年。』宜奉宗廟，爲天下母。」〔註202〕

詔書中以「鷹鸇」兇惡之行比喻郭后，說她「無關雎之德，而有呂、霍之風」，呂后、霍后（霍光女）顯然是光武帝心中最痛惡的兩大母黨。「諸呂集團」是透過呂后親政的培植而成形；霍光乃因武帝託孤仿「周公輔成王」故事而坐大的集團，霍后不過是一棋子的角色，眞正的當權者是「霍光」。因此，光武帝隱然藉此剷除「郭后集團」；傳稱郭氏家族「爲郡著姓」，母親乃眞定恭王女，〔註203〕必有不小的藩鎮勢力，光武帝的霸業倚賴甚多。爲了防止尾大不掉的外戚勢力，「因事廢后」冠上一頂「無雎之德」的大帽便能名正言順，得到朝中支持。光武帝屢屢稱美陰氏「娶妻當得陰麗華」、「帝以后雅性寬仁，欲崇以尊位，后固辭」、「以貴人有母儀之美，宜立爲后，而固辭弗敢當」，〔註204〕顯然，「婦容」、「婦德」是成就陰后的兩大參考要件，而陰氏家族單薄，才是光武帝心中理想的后族，故立爲后。

　　「廢后」與「追尊」絕對是一個關鍵性的決策和立場宣示，這深刻地影響了「明帝」對母親「陰太后」的態度。明帝對父親以「上陵禮」表示最高的尊崇和敬重，是一種無與倫比的崇高的敬愛態度；同樣的，對於自己母親的逝世，明帝以皇帝獨尊的駕儀「大駕鹵簿」爲母親送葬。這種講究身後排

〔註202〕《後漢書》，卷十上〈皇后紀・光烈陰皇后傳〉，頁 406。又卷一下〈光武帝紀下〉：「建武十七年，冬十月辛巳，廢皇后郭氏爲中山太后，立貴人陰氏爲皇后。」頁 68。

〔註203〕《後漢書》，卷十上〈皇后紀・光武郭皇后傳〉，頁 402。

〔註204〕同上注，頁 405～406。

場的葬儀——備極哀榮，不分父親或母親都以同等浩大而隆重的排場，乃始自東漢明帝，此風於今不墜。

（三）墓祭文化的形成：吉凶相干、喪祭同兆

前文已述：上陵禮是將每年正月的元會大典搬到原陵，這是對天下臣民宣示光武帝乃東漢創世祖的至尊地位，誠然，明帝是刻意地透過上陵墓祭的方式宣告其政治目的與絕對態度。一時之間「元會上陵」（祭祀世祖）與「郊天大典」（高祖配祀）並立為國家二大祀典，各進以一品大樂「太予樂」，〔註205〕亦形成「一朝兩祖」爭祀的局面。

明帝親自上陵一年有二次，《後漢書‧禮儀上》載：

> 正月上丁，祠南郊禮畢，次北郊，明堂，高廟，世祖廟，謂之五供。
> 五供畢，以次上陵。西都舊有上陵。東都之儀，百官、四姓親家婦
> 女、公主、諸王大夫、外國朝者侍子、郡國計吏會陵。……公卿群
> 臣謁神座，太官上食，太常樂奏食舉，〔舞〕文始、五行之舞。……
> 八月飲酎上陵，禮亦如之。〔註206〕

明帝每年於正月元會上陵、八月飲酎上陵。元會（又稱：元旦、元正、三正、三元）本來就是國朝大典，四海朝賀，是嘉禮中最為盛大的典禮，皇帝置酒肉樂舞達歡以饗賓臣。而「八月飲酎」乃時祭饌享之大者，《東觀漢記‧東平憲王蒼》則說得十分清楚：「飲酎」，酎為兩次或多次複釀的醇酒‧始釀於正月一日，至八月始成。漢制：天子八月於宗廟飲酎，令諸侯出金助祭」。〔註207〕中國人喝酒成習，除了美味可口，更在於養生健體，因此《漢書‧食貨志》曰：「酒者，天之美祿，帝王所以頤養天下，享祀祈福，扶衰養病。百禮之會，非酒不行」。〔註208〕祭祖薦新乃子道之應有表現，漢室講孝，「八月飲酎」是漢儀中宗廟祭祖的一大禮典，因而海內外諸侯都得出金助祭，黃金若有不足不純則依律令懲處，嚴重者當除國廢爵，這就是文帝時欽定的「酎金律」，藉此約束宗室侯國對祖靈與皇家的向心力（詳本章第一節）。〔註209〕

〔註205〕《後漢書》，志第五〈禮儀中〉：「蔡邕《禮樂志》云：『漢樂四品，一曰太予樂，典郊廟、上陵、殿諸食舉之樂。』」頁3130。

〔註206〕《後漢書》，志第四〈禮儀上〉，頁3103。

〔註207〕《東觀漢紀》，卷七〈東平憲王蒼〉注〔二十四〕引，頁246。

〔註208〕《漢書》，卷二十四下〈食貨志〉，頁1182。

〔註209〕《後漢書》，志第四〈禮儀上〉注〔五〕：「丁孚《漢儀》：『酎金律，文帝所加，以正月旦作酒，八月成，名酎酒。因（含）〔令〕諸侯助祭貢金。』漢律金布

　　顯見「正月元會」與「八月飲酎」，一是王會天下、一是祭祖薦新，依禮，「元會」、「飲酎」的屬別與行禮地點，前者屬於「嘉禮」，漢制以三品大樂「黃門鼓吹」娛賓燕樂，於「朝堂」上舉行；後者屬於「吉禮」，以一品大樂「大予樂」進祖食舉，於「太廟」（高廟）中舉行。但這事到了明帝則全然改觀，將行儀的地點改至「原陵」，原陵乃藏屍之所在，則屬「凶兆」，是爲「凶禮」。又一年兩次的元會上陵、八月飲酎上陵，依東漢樂制則具以一品大樂「大予樂」進祖娛賓，這可以說完全顛覆了儒教禮制。

　　誠然，「上陵禮」實乃吉凶相干，喪祭燕樂，兩相混淆，違禮莫甚，實爲乖謬。然而，明帝何以無視禮制，違禮必行呢？《孝經·聖治章》曰：「人之行莫大於孝，孝莫大於嚴父，嚴父莫大於配天，則周公其人也。昔者周公郊祀后稷以配天，宗祀文王於明堂，以配上帝。是以四海之內，各以其職來祭。夫聖人之德，又何以加於孝乎？」〔註210〕無奈的是，明帝做不到「配天嚴父」的大孝（僅能做到配祀明堂），心中的遺憾實礙於儒士大臣們守舊與堅決的主張，難以一蹴改之，因此南郊祭天仍以高祖配享，率由舊章，一本前漢。明帝的確是動了點歪腦筋，藉此孝心宣示自己的心意和態度，如此尊父棄遠的目的，漢末蔡邕的話也已說得透徹明白：「孝明帝立世祖廟，以明再受命祖有功之義」。〔註211〕緣於此，國家宗廟的祭祀中心輒由「高廟」（高祖）徹底地移轉到「原陵」（世祖），高祖廟雖亦煌煌座立雒陽，但這僅僅是形制上的宗法意義，就神主主靈的崇拜與最高祭儀具在世祖原陵，而不在雒陽高廟。

　　明帝一改元會、飲酎正禮，率群臣計吏與外賓使節上陵，希望亡父能見此盛狀威容，藉此承歡膝下，一卻風木之思。誠然，此一變禮改制的作法並未遭到橫阻非議，反而成爲時人心中的一大孝行，足爲範式。然而，漢世堅守儒學禮制者不在少數，對於明帝如此重大的違禮與變革事件，何以沒有禮家、史家或儒士集團上奏制止非議？這箇中原因，或許由蔡邕的一席話中可見一二，謝承《後漢書》曰：

　　　　令：『諸侯、列侯各以人口數，率千口奉金肆兩，奇不滿千口至五百口亦四兩，皆會酎，少府受。又九眞、交趾、日南者，用犀角二，長九寸以上，若瑇瑁甲一，鬱林用象牙長三尺以上，若翡翠各二十，準以當金。」頁3104。又《昭明文選》，卷五十二〈曹元首六代論〉，李善注曰：「《漢書》曰：列侯坐獻黃金酎祭宗廟，不如法奪爵者百六人。《漢儀注》：王子爲侯，侯歲以戶口酎黃金於漢廟，皇帝臨受獻金助祭。大祀曰飲酎，飲酎受金，小不如斤兩色惡者，王削縣，侯免國。』」頁2278。
〔註210〕《孝經》，卷五〈聖治章〉，頁28～29。
〔註211〕《通典》，卷四十七〈禮七·吉六·天子宗廟〉，頁674。

（靈帝）建寧五年正月，車駕上原陵，蔡邕爲司徒掾，從公行，到陵，見其儀，愴然謂同座者曰：「聞古不墓祭。朝廷有上陵之禮，始謂可損，今見其儀，察其本意，乃知孝明至孝惻隱，不可易舊。」或曰：「本意云何？」「昔在長安時，其禮不可盡得聞也。光武即世，始葬於此。明帝嗣位，踰年，群臣朝正，感先帝不復聞見此禮，乃帥公卿百僚，就園陵而朝焉。尚書階西祭設神座，天子事亡事存之意也。……以明帝聖孝之心，親服三年，久在園陵，初興此儀，仰察几筵，下顧群臣，悲切之心，必不可堪。」邕見太傅胡廣曰：「國家禮有煩而不省者，不知先帝用心周密之至於此也。」廣曰：「然。子宜載之，以示學者。」邕退而記焉。〔註212〕

上文可見，對於明帝以來上陵的作法，儒臣蔡邕原先頗不以然，而有些微詞，但追隨靈帝上陵之後，卻有了截然不同的看法。因爲他感受到明帝對父親光武帝的一片「至孝惻隱」，縱使自己不過是介隨員，這至孝之心卻讓他久久不能自已，備受感動，因是退而記焉以傳述後世。蔡邕這番話或許可以代表那些曾有微詞者的意見和心態的轉變，由非議不解轉爲支持認同，進而讚揚其行。姑且不論明帝的政治目的，就其每年二次親自率領滿朝官員和外賓使節上陵，並使各郡國計吏向光武帝神主秉告今年國中穀價與人民疾苦情形，這一幕幕的情景何嘗不令人動容。明帝知道父親創業維艱，多少都委屈了自己的歷史地位與神主祀位，因而意使父親能在此時此刻感受到他所創建的天下今日是如此的安康富庶。在舉祭的當下，不僅宣揚了世祖的功德餘蔭，亦明白了明帝的心跡和至孝之情。〔註213〕

〔註212〕《後漢書》，志第四〈禮儀上〉注〔四〕引，頁3103～3104。又引「魚豢曰：『孝明以正月旦，百官及四方來朝者，上原陵朝禮，是謂甚違古不墓祭之義。』臣（韋）昭以爲（蔡）邕之言然。」按：韋昭與蔡邕認同明帝上陵墓祭的一片至孝之心，而魚豢則認爲應尊古教，不應上陵墓祭。顯然，非議之聲少，支持者多，大多受明帝孝心所感。

〔註213〕巫鴻：《禮儀中的美術——巫鴻中國古代美術史文編》，〈從「廟」到「墓」〉：「公元58年，明帝設「上陵禮」，把元旦時百官朝拜這一重大政治典禮移到光武帝的原陵上去舉行，隨即又把最重要的廟祭「酬祭禮」也移到陵墓，由於這些改革，「廟」在東漢時期的作用下降到最低點，而「墓」終於成爲祖先崇拜的絕對中心。東漢皇室爲這一改革提供的解釋是明帝的「至孝」。……如果考察一下明帝改制的政治、歷史背景，可以發現這一改革在很大程度上是權術性的，目的在於解決東漢王朝繼統中的一個尖銳矛盾。」頁564～565。按：文亦見於氏書〈漢明、魏文的禮制改革與漢代畫像藝術之盛衰〉，頁275。

在「古不墓祭」的成規下，明帝以至尊的身份率先破除舊制陳習，所謂「緣情飾禮」，變而從宜，因而「上陵墓祭」一時成為追遠重父的「子道至孝」之表現。所謂吉凶不相干、陰陽相妨的禮樂喪祭，透過上陵禮的施行，具為融洽，兩並兼容。筆者認為：這是中國講究喪禮以來最大的革新，這不僅是制度面上的全新一頁，更是從根本的禮義上有了新的思維和態度，面對死者歸葬之地，可以更豁達而歡燕的情感來作一表述，取代了辟踊頓足的悲泣情態，陰陽吉凶的黑白界線得以跨界互通而使人鬼有了更親密的對話。

二、章帝之世──白虎觀學政統一會議，原陵宗廟定位之確定

章帝於建初四年（A.D.79 年）召開的白虎觀學術會議，目的在於「講論異同」，而講論異同的終極目的則在於「統一學術」。為什麼在這個時機重新召開，再度進行統一經學的會議呢？《後漢書・章帝紀》如是說：

> 建初四年十一月壬戌，詔曰：「中元元年詔書，五經章句煩多，議欲減省。至永平元年長水校尉（樊）儵奏言，先帝大業，當以時施行，欲使諸儒共正經義，頗令學者得以自助。……」於是下太常，將大夫、博士、議郎、郎官及諸生會白虎觀，講議五經同異，使五官中郎將魏應承制問，侍中淳于恭奏，帝親稱制臨決，如孝宣甘露石渠故事，作白虎議奏。〔註214〕

有兩個訊息提供我們參考：第一，如（光武帝）中元元年（A.D.56 年）詔書所言：「五經章句煩多」，因此有必要進行一場簡化章句的學術運動；但二年光武帝駕崩，未及施行。第二，（明帝）永平元年（A.D.58 年））樊儵（儵父樊宏乃光武帝的舅舅）上奏稱「先帝大業，當以時施行」，這應該就是促使章帝召開會議的主因；本傳又說：「永平元年，拜長水校尉，與公卿雜定郊祠禮儀，以讖記正五經異說」，〔註215〕這顯示白虎觀會議並非一場純學術性的研討會議，而是立基於「創世起新」的「光武大業」上所展開的國家創世運動，因此學者執經以應時命，各展本事，讖緯一時俱作。

事實上，在王莽時代「引經據典」乃時儒上奏的基本學養與基礎要件，在祿利的誘因下，巧為王莽的登基編造讖緯符命，以經說應讖記，宣染了皇天大命的權威性與不可逆性。一時之間，五經成了政治利祿的工具，無怪乎

〔註214〕《後漢書》，卷三〈章帝紀〉，頁 137～138。
〔註215〕《後漢書》，卷三十二〈樊宏傳附子儵傳〉：「永平元年，拜長水校尉，與公卿雜定郊祠禮儀，以讖記正五經異說。」頁 1122。

嵇康非鄙五經視爲糟糠。〔註216〕樊鯈建請明帝「以讖記正五經異說」，此乃藉由讖記符命替光武帝塑造一個承天受命的國家神話。

當然，樊鯈的建言可說是投其所好，劉秀是一個迷信讖記符命的人，一如王莽得天下的過程採取了同樣的手法，〔註217〕王莽除了讖記的應驗要深入民心使之信仰，另外就是要以經學作爲讖記的理論基礎。透過讖記與經學的兩相融合，經學促使讖記有了意義上的轉化，這是一種學術性的認證，將宗教性與儀式性的讖記巧詐，轉化成學理依據，成了普世的信仰與教律。如此一來，就得以讓自己的權力神聖化與合理化、威權化。誠然，這種讖記轉化的工作到了章帝白虎觀會議時便是一次性地將此思維意識化、官方化和普遍化，這就是所謂的「文化霸權」。〔註218〕

正因如此，六經成了王莽的權謀之書，讖記亦成了官祿之終南捷徑，是時爭爲符命封侯者多。〔註219〕這一狀況並不因王莽的倒台而成絕響，繼之而起大力鼓吹的便是劉秀；〔註220〕他很懂得也知道王莽的路數是很起作用的，

〔註216〕王葆玹：《西漢經學史》，第八章〈西漢經學的衰變〉：「西漢經學中的傳、說、記、章句等書與讖緯發生了衝突，朝廷絕不會安排人去修改讖緯，倒是今古各派學者不得不修正或曲解這些傳、說、記和章句，以求應合讖緯的說法。也就是說，讖緯對經學的影響，竟大於經學對讖緯的影響。」頁392。

〔註217〕王葆玹：《西漢經學史》，第八章〈西漢經學的衰變〉：「王莽失敗以後，光武帝重複了這一套接受符命的把戲，例如《後漢書・光武帝紀》記載，建武元年，劉秀得到赤伏符，其中說：『劉秀發兵補不道，四夷雲集龍鬥野，四七之際火爲主。』於是群臣上奏說這是『受命之符』，擁戴劉秀即皇帝位，並在告祭天帝的祝文裏申訴了即位的理由：『皇天大命，不可稽留。』意謂赤伏符竟是『皇天大命』的顯示。」頁390。

〔註218〕林師聰舜：〈帝國意識型態的建立——董仲舒的儒學〉，如是說：「整套改制活動，類似一種『受命于天』的宗教性儀式，表現了王朝是天命所歸，此一儀式也就具有賦予統治權力正當性的意義。波寇克（Robert Bocock）解釋葛蘭西有關『文化霸權』的觀點，謂：『宗教被人看成就是利用一套道德價值體系，一套相關的信仰體系和象徵儀式體系，以有普遍基礎的世界觀來產生作用的。』改制活動在宗教儀式上的作用，恰可作如是觀。」頁68。

〔註219〕《漢書》，卷九十九中〈王莽傳中〉：「是時爭爲符命封侯，其不爲者相戲曰：『獨無天帝除書乎？』司命陳崇白莽曰：『此開臣作福之路而亂天命，宜絕其原。』莽亦厭之，遂使尚書大夫趙並驗治，非五威將率所班，皆下獄。」頁4122。

〔註220〕《後漢書》，卷八十二上〈方術列傳〉：「漢自武帝頗好方術，天下懷挾道藝之士，莫不負策抵掌，順風而屆焉。後王莽矯用符命，及光武尤信讖言，士之赴趣時宜者，皆馳騁穿鑿，爭談之也。故王梁、孫咸名應圖錄，越登槐鼎之任，鄭興、賈逵以附同稱顯，桓譚、尹敏以乖忤淪敗，自是習爲內學，尚奇文，貴異數，不乏於時矣。」頁2705。

因爲有了六經與儒士集團的背書，更有利祿參政的誘因，要鞏固政權並非難事，要普及國家意識亦指日可待。學術思想的改造運動，便是一大國家利器，劉秀的創世大業有了皇天上帝的受命和背書，如此，劉秀死後則能名副其實的配天而祀、配享明堂。王葆玹先生所言極是：

> 東漢儒臣紛紛「減省章句」，「改定章句」，這種「減省改定」的工作從一定程度上說乃是王莽時期「省五經章句皆爲二十萬」的舉措的重複，只是在一點上有所不同，即王莽時「省五經章句」所依據的讖緯都是有利於王莽居攝和即眞的；而東漢人「減省章句」所依據的讖緯，都是助於光武帝的受命與中興的。〔註221〕

因此，刪定五經章句，「壹異說」、「正乖謬」的統一學術工作，確實有必要重新召開，欽定並昭示天下，永垂後世，證明光武帝創建的東漢王朝重啓了歷史新頁。在繼承大漢血脈的宗法意義上，重啓另一王朝政治與體制，這也就是「二祖廟」（高祖、世祖）並存的眞正原因。東漢王朝嚴尊世祖，就這點意義上說：東漢絕對是一革命起新的王朝，和所有建鼎改祚的王朝是一樣的，因此必須進行「改正朔」、「易服色」、「制禮樂」、「徙居處」的「改制更化」運動，〔註222〕《後漢書・光武帝紀》，建武二年（A.D.26年）春正月載：

> 壬子，起高廟，建社稷於洛陽，立郊兆於城南，始正火德，色尚赤。

李賢注曰：

> 漢初土德，色尚黃，至此始明火德，徽幟尚赤，服色於是乃正。〔註223〕

〔註221〕王葆玹：《西漢經學史》，第八章〈西漢經學的衰變〉，頁 385、390。王先生再次強調：「在王莽時期，這種『改定』、『減省』含有『正乖謬』、『壹異說』的意義，『正』、『壹』的根據便是王莽時的讖緯。由於王莽時的讖緯多數是爲王莽創立新朝的政治目的服務的，東漢初期的讖緯則是爲光武中興作鼓吹的，那麼可以肯定王莽的『減省章句』、『正乖謬』、『壹異說』與東漢時期朝廷的宗旨相反，東漢儒生不得不將這種『減省章句』的工作重新做一遍。」頁 396。

〔註222〕《春秋繁露》，卷一〈楚莊王〉云：「今所謂新王必改制者，非改其道，非變其理，受命於天，易姓更王，非繼前王而王也。若一因前制，修故業，而無有所改，是與繼前王而王者無以別。……故必徙居處、更稱號、改正朔、易服色者，無他焉，不敢不順天志而自顯也。」頁18、卷七〈三代改制質文〉：「王者必受命而後王，王者必改正朔，易服色，制禮樂，一統於天下，所以明易姓非繼人，通以己受之於天也。」頁 185。按：光武帝以讖記稱帝，因有受命之符（赤伏符），故應天之命以垂天統，顯然這些理論依據無一不是依循董仲舒《春秋繁露》而來。

〔註223〕《後漢書》，卷一上〈光武帝紀〉，頁 27。

新王告代祭天，旋即改正朔、易服色，功成作樂，以示一個新時代的來臨，重啓一個新的宇宙秩序，「更始起新」的「符讖」（赤伏符）並不純粹是宗教學上的意義與象徵，更代表了新主降世的預言書和受命救世的天命觀，因此兩漢受命不同，前漢以土德得天承運，故色尚黃；後漢以火德得天承運，故色尚赤，說明了：兩漢雖同姓但不同國體，不相爲後。因此林師聰舜認爲《白虎通》乃扮演著「國憲」的基礎，〔註224〕這一「國憲」的意義正是代表一個國家主權意識，也就是說：劉秀不是「繼體爲後」的中興主，而是國朝的「創世主」，因此有「國憲」——白虎通德論——的寫定和頒佈。

誠然，光武、明、章三帝要證明的是東漢王朝的歷史定位，因此「改正朔」、「易服色」、「徙居處」、「制禮樂」，一概起新，依循著董子「新王受命」學說的思想爲國憲起稿，《春秋繁露‧三代改制質文》云：

> 王者必受命而後王，王者必改正朔，易服色，制禮樂，一統於天下，
> 所以明易姓非繼人，通以己受之於天也。〔註225〕

新王何以改制？其目的董子說得極其明白而透徹——所以「**明易姓非繼人，通以己受之於天也**」，這一思維意識成了東漢的國統綱領，劉秀乃「受天大命」而非「繼體爲後」，因此《白虎通》第一卷〈爵〉首先辨明「天子名位」之關係，說明天子的權力乃上承自天，不論其德之優劣，都是天之大命之子，因此天子以「父天母地」，正若何休所云：「聖人受命，皆天所生，謂之天子。」

〔註224〕詳見林師聰舜：〈帝國意識型態的重建——扮演「國憲」基礎的《白虎通》思想〉（國科會八十二～八十五年度哲學學門專題計畫研究成果發表會編輯委員會主編：《哲學論文集》，1998.12）頁187～227。《後漢書》，卷三十五〈曹襃傳〉論曰：「孝章永言前王，明發興作，專命禮臣，撰定國憲，洋洋乎盛德之事焉。而業絕天筭，議黜異端，斯道竟復墜矣。」李賢注〔七〕：「業絕天筭謂章帝晏駕也。議黜異端謂張酺等奏襃擅制禮，遂不行也。」頁1205。章權才：《兩漢經學史》（台北：萬卷樓，1995），第五章〈東漢前期反映地主階級保守傾向的白虎觀經學會議〉：「我們認爲這裡所說章帝『專命禮臣，撰定國憲』是一個歷史的過程。它明顯地包括兩個相續的階段：一個是建初四年召開白虎觀經學會議；一個是從元和二年開始，徵拜博士，叫曹襃等人『撰次天子至於庶人冠婚吉凶終始制度』，這就是後來所說的《漢禮》。班固在《曹襃傳論》中所說的『國憲』，主要就是由『白虎通』所構成的。稱作『國憲』，可見《白虎通》在當時被重視的程度。」頁246～247。

〔註225〕《春秋繁露》，卷七〈三代改制質文〉，頁185。《公羊傳》，卷一，隱公元年，何休注亦云：「王者受命，必徙居處，改正朔，易服色，殊徽號，變犧牲，異器械，明受之于天，不受之于人。」頁8。

〔註226〕這樣的學術論證，事實上，是重複著董仲舒的思想意識，董子強調「聖人感天而生」，因而「聖人無父」，血緣上的父親不過是個假名，聖人的母親感天神蹟而孕，無形無魄的「天」才是自己眞正的「父親」。這一大刀闊斧地宣揚並借重董子思想的目的，就在於：章帝意識到了光武帝以「新王受命」之姿，創建東漢，實乃天命大子，如此，與劉氏宗法上的血緣關係便不存在了，因此，兩漢關係就不具有宗法上的繼體之關係，當各有受命之祖，兩祖宗太廟因是並存。

綜上，白虎觀會議，最重要的目的就是要替東漢王朝樹立一「新王受命」與「承天改制」的神統帝系；簡單地說：這是藉由儒家經典進行國家的造神運動與神話理論的建立。光武帝礙於儒士集團對於漢家天下的強烈擁護，而不敢違逆眾心，表露眞實的心跡。但明帝不同，他藉由上陵禮宣示光武帝「世祖」的宗廟地位與歷史地位，因此明堂大祭以光武配祀，取代高祖劉邦的祀位。到了章帝，對於父祖此心有所感亦有所承，因此封禪天地，以光武配享，藉由祭祀伸張神主永祀的地位。然而這麼做還是不夠的，必須再藉由「官方學術」使之成爲不可逆性的絕對理論，這就是章帝必須召開學術統一會議的理由。這一會議並非偶然性或定期性的，而是基於必須與絕對的作用而產生的官定會議。唯有如此，才能將東漢的歷史地位與劉秀創世主的功績永垂後世而不可遷毀；因此，在東漢帝王的心中，他們絕對是一個受命起新的王朝，而非繼承劉邦帝系的「別子王朝」，這場官定會議必然是堅決地向儒士集團宣告「馬肝」的禁忌話題，〔註227〕和利祿仕進的絕佳路徑──讖緯之學。顯然地，這是十分奏效的會議，除了建構新王受命改制的神學系統外，更確立了東漢王朝的帝統家系，以劉秀爲有功之祖，明帝爲有德之宗，世世受享永不廢祀，「原陵」實乃「東漢宗廟」之所在。從「迭毀禮制」來審視兩漢之關係，確實不具有「繼體爲後」之關係，完全消弭終結了東漢初年儒士集團的主張和聲音，也就是說：白虎觀會議之後，再也沒有儒者敢言「迭毀禮制」與「繼體爲後」的這一馬肝禁忌。

〔註226〕《公羊傳》，卷十七，成公八年，頁386。
〔註227〕《史記》，卷一百二十一〈儒林列傳〉：「景帝曰：『食肉不食馬肝，不爲不知味；言學者無言湯武受命，不爲愚。』遂罷。是後學者莫敢明受命放殺者。」頁1257。按：轅固生與黃生在景帝面前爭論湯武革命弒君的事，這影射了劉邦革命起義的事，因而景帝怒斥，以「馬肝」爲喻，要兩人就此閉嘴，此後湯武革命成了朝臣的禁忌話題，我在此處乃借喻「馬肝」以說「禁忌」一詞。

第六章　祀權衝突──喪主權之伸張

　　對天子而言，禮有所謂：「喪三年不祭」、「諒闇三年」（心喪三年）、「百官總己以聽冢宰三年」、「不愆不忘，率由舊章」之儀則，這是在儒教思想下產生的祀權衝突，即使君王本身亦有因喪而必須暫緩三年君權的行使，以子道居之的倫理要求（詳第二章第一節）。對於臣民而言，亦有所謂：「喪三年不祭」、「同宮總不祭」、「凶事不入公門」的願望，每一個人都有其親喪之大哀，能否遂服終喪，順志全孝，唯依各朝諸法行政。喪主權之伸張，看似容易卻極其困難，古往今來，於恩義君親取決之間，忠孝誠難兩全。

　　「既葬卒哭除服」乃三代以來所施行的「公除制度」（喪假制度），[註1]又漢自文帝短喪急葬之施行，帝王逾月而葬，亦不過一月（詳第三章第二節），下至士庶親喪又何以過之？[註2] 歸納《禮記》文本，古來臣子丁艱，有其三難：既葬除服，公除致事，難伸其懷，此其一也；王事有祭，越紼助祭，吉凶相干，此其二也；親喪未葬，忽聞王喪，越紼而奔，義以斷恩，此其三也。

〔註1〕《禮記》，卷十〈檀弓下〉：「魯莊公之喪，既葬，而絰不入庫門。士大夫既卒哭，麻不入。」鄭玄注曰：「麻猶絰也。群臣畢虞卒哭，亦除喪也。」頁321。《通典》，卷五十二〈禮十二・吉十一・公除祭議〉：「宋庾蔚之謂：『公除是公家除其喪服，以從公家之吉事。』」頁752。卷八十〈禮四十・凶二・總論喪期〉，頁1105～1111。

〔註2〕《梁書》，卷二十五〈徐勉傳〉：「時人間喪事，多不遵禮，朝終夕殯，相尚以速。勉上疏曰：『禮記問喪云：「三日而後斂者，以俟其生；三日而不生，亦不生矣。」自頃以來，不遵斯制。送終之禮，殯以翼日，潤屋豪家，乃或半晷，衣衾棺槨，以速為榮，親戚徒隸，各念休反。……請自今士庶，宜悉依古，三日大斂。如有不奉，加以糾繩。』詔可其奏。」頁378～379。

　　但是這一情況在東漢明帝以元會上陵謁廟、八月飲酎上陵（詳第五章第五節），以及以大駕凶事鹵簿送葬生母（詳本章第三節），一伸孝子哀權的主張下，並在章帝白虎通官定會議的決議文中，基層官僚與諸侯王之喪主權都已獲得伸張。更有甚者，安帝時期，聽令大臣（萬石～二千石）諸高級官僚得行喪三年；這是中國有史以來，爲人臣者之喪主權，第一次獲得伸張並一償宿願，這也是儒家喪教理想的徹底實踐。然而，這一詔令僅維持五年的光景便告終，至桓帝又復又斷，唯下逮晉武帝太康七年始得第二次徹底實踐，儒家之喪服禮學因是大放異彩，影響唐律與唐禮之制定，其義深遠也。

　　因此，本章擬由三大徑路作一討論：一，《禮記・曾子問》中「喪」、「祭」衝突設問，此見吉凶不相干之禮則，凡祭聞喪而廢，喪以先君後親，不以卑廢尊之政治體制。二，喪主權之伸張一——「公除議」與「緦不祭議」，此見三代以來爲君絕父之公除制度，然東漢明帝以來重喪風氣的形成，爲父絕君，一伸孝子哀權的聲音甚囂塵上，章帝、安帝、桓帝詔令行喪，天子士庶，一從士喪禮，守孝三年，儒家喪教思想正式成爲政治體制與選官制度。三，喪主權之伸張二——凶事鹵簿與喪贈文化的形成，吉凶相干，喪而有樂，凶事鹵簿儀仗，俱爲明帝以來之創舉，章帝更首開凶事鹵簿喪贈大臣的案例，攝盛使其哀榮備至。

第一節　《禮記・曾子問》中「喪」、「祭」衝突設問

　　《禮記・喪服四制》以：「吉凶不相干」，[註3] 但在人事上二者不免有所衝突，當衝突發生時，如何應對進退需有章法，又禮之輕重先後緩急的拿捏更是道理。〈曾子問〉大抵是曾子針對吉凶二禮之諸種情況的衝突提出一連串的設問請益。其中幾問「喪與祭」的衝突假設與本文題旨相切，本節對此數問擬作一分析，爲避免名詞上的混淆，首先將〈曾子問〉中的「祭義」作個釐清，而後一一條列分析「喪」、「祭」吉凶二禮以及「君」、「親」二喪之衝突問例，最後將孔子的觀點做個歸納，從中道理以見孔子變禮行權之情禮觀。

〔註 3〕《禮記》，卷六十三〈喪服四制〉：「夫禮，吉凶異道，不得相干，取之陰陽也。喪有四制，變而從宜，取之四時也。有恩有理，有節有權，取之人情也。恩者仁也，理者義也，節者禮也，權者知也。仁、義、禮、知，人道具矣。」頁 1672～1673。

一、「祭」義所指：喪祭與吉祭

〈曾子問〉之數問，其「祭」義所指有二：一，「喪祭」；二，「吉祭」。
各摭一二爲例。

指「喪祭」者，見於〈曾子問〉（第一則）曰：

> 大功之喪，可以與於饋奠之事乎？孔子曰：豈大功耳，自斬衰以下
> 皆可，禮也。曾子曰：不以輕服而重相爲乎？孔子曰：非此之謂也。
> 天子諸侯之喪，斬衰者奠，大夫齊衰者奠，士則朋友奠。〔註4〕

要之，曾子問自己有大功之喪，可否助祭於他人的喪奠（大殮入殯之祭），孔
子回答：爲自己所服者喪奠，不助祭於他人。當然孔子第一次的回答，曾子
是或弄懂，以爲輕己喪而重喪奠之相助也。孔子第二次回答便說得仔細些：
凡天子諸侯之喪，則由斬衰服者奠祭；大夫喪，則由齊衰者奠祭，斬衰服者
不奠，以避天子諸侯之尊；士喪，則由僚屬朋友奠之，以避大夫之尊。喪奠
之制，助祭者亦有其差等。

又〈曾子問〉（第二則）曰：

> 小功可以與於祭乎？孔子曰：何必小功耳，自斬衰以下與祭，禮也。
> 〔註5〕

本則與上則雷同，前問「喪奠」後問「喪祭」。鄭玄《注》謂「祭爲虞卒哭」，
孫希旦《集解》以「祭，謂虞、祔、練、祥也」，悉以「喪祭」爲言。〔註6〕
曾子再問：「不以輕喪而重祭乎」？孔子再答：「天子諸侯之喪祭也，不斬衰
者不與祭。大夫齊衰者與祭。士祭不足，則取於兄弟大功以下者。」〔註7〕顯
然孔子仍以「爲自己所服者喪」回答曾參。此謂天子諸侯之喪祭，如虞祭
（安神主，立尸）、祔祭（入廟告祖）、練祭（朞年，小祥）、祥祭（再朞，大
祥）等，斬衰服者一併協同喪主助祭之；而大夫之喪祭，則以齊衰服者一併
協同喪主助祭，不以斬衰服者助祭，是因爲避天子諸侯之嫌，不可踰尊，士
亦類推。

當然，「喪奠」與「喪祭」，何以需要助祭，原因在於：「喪奠，主人不親，
而他人執其事；喪祭，主人親之，他人特與之而已。」〔註8〕也就是說：奠祭，

〔註4〕《禮記》，卷十八〈曾子問〉，頁579。
〔註5〕同上注，頁580。
〔註6〕孫希旦：《禮記集解》，卷十八〈曾子問〉，頁516。
〔註7〕《禮記》，卷十八〈曾子問〉，頁580。
〔註8〕孫希旦：《禮記集解》，卷十八〈曾子問〉，頁516。《禮記》，卷十八〈曾子問〉，

乃大殮入殯之祭，故哀思沈重，主人無以親祭，故以攝主，有服者代替奠祭。而喪祭，哀情稍遠，逝者形體已去，已成人鬼，立尸象之，故主人親祭，以示尊祖。

另外，指「吉祭」者，見於〈曾子問〉（第三則）曰：「相識，有喪服可以與於祭乎？孔子曰：緦不祭，又何助於人。」孔穎達正義曰：「身有緦服，尚不得自祭己家宗廟，何得助於他人祭乎。」〔註9〕此「祭」乃指「吉祭」也，有喪不與於吉祭。北朝（齊周時人）大儒熊安生則認爲此指「喪祭」，熊氏曰：「祭爲虞、祔，謂身有同宮緦服，不得爲父母虞、祔、卒哭祭。」清儒孫希旦從孔非熊，不以爲是；〔註10〕雖說如此，但熊氏對南朝以來禮學之影響匪淺，孔氏注經屢屢引之，正因爲這代表了一個時代的禮學現象——同宮緦，不祭；意謂：有同宮緦服者不得與於喪祭，況且是吉祭之事也。

當然，助祭他人之喪，在人情上是合禮的，前引孔子言：「士則朋友奠」，〈禮器〉亦云：「喪祭之用，賓客之交，義也。」〔註11〕顯見人與人之間非僅助祭亦有賻贈之義，助喪家處理喪者之身後事，唯事有先後，親喪與助喪，爲親在先，有餘力後助之。唯本則乃指「吉祭」而言，故己有喪服，是不得與於吉祭，禮制條例：「吉凶不相干」也。故孔子以「緦不祭」答之，緦麻乃喪服之最輕者，吉事依然不宜；但需注意的是：本則針對「士」而言，孔子曰：「士之所以異者，緦不祭。所祭，於死者無服，則祭。」〔註12〕因士卑職賤，較無事掛心，因此，士縱使是緦麻之輕服，仍需遵禮行事，故《儀禮》唯有〈士喪禮〉，而無天子諸侯喪禮。事實上，天子諸侯乃絕（旁）朞也，但

孔穎達正義曰：「知主人不奠者，按《士喪禮》『主人不親奠』，又此文云『士則朋友奠』，故知主人不親奠也。主人必不親奠者，以主人悲號思慕，不暇執事故也。」頁580。

〔註9〕《禮記》，卷十八〈曾子問〉，頁581。

〔註10〕孫希旦：《禮記集解》，卷十八〈曾子問〉：「雖大夫士，亦必不以同宮臣妾之未葬，輟其父母之虞、祔，況天子諸侯乎？……故此節所言之祭，皆當爲吉祭無疑也。」頁517。

〔註11〕《禮記》，卷二十三〈禮器〉，孔穎達正義曰：「主人有喪祭之事，應須費用，而賓客有賻贈之交，是人道之宜也。故後云喪禮，忠之至，賓客用幣，義之至也。」頁719～720。

〔註12〕《禮記》，卷十九〈曾子問〉，孔穎達正義：「大夫值緦、小功，不辨內外，皆不廢祭。而禮則小異耳。士值緦、功，不辨外內，一切皆廢祭，士輕，故爲輕親伸情也。」按：熊安生則認爲大夫亦應爲緦服廢祭也（見孔氏引），熊氏之見，或代表著南北朝禮家的通識。頁597～598。

兩晉一用「士禮」，〔註 13〕故凡「同宮緦不祭」，並「廢祭三月」也（詳本章第二節）。

顯然，曾子連番三問：一問「饋奠」、二問「喪祭」、三問「（吉）祭」，若不細讀，恐怕困惑，孫希旦析之甚詳，氏曰：「以上三問論喪服先大功，次小功，次緦麻，由重而漸輕；於爲人，則先殯奠，次喪祭，次吉祭，由凶而漸吉也。」〔註 14〕因此談論「廢祭」其相對的角色與身份是必須分別的，禮重其別，能別則義明。

二、喪、祭二禮衝突設問

〈曾子問〉曰：

> 曾子問：「天子嘗、禘、郊、社、五祀之祭，簠簋既陳，天子崩，后之喪，如之何？」孔子曰：「廢」。〔註 15〕

曾子如是問：天子主祭的大典，宗廟嘗、禘，郊天、祀社、五祀，〔註 16〕這五項大典若於祭日當天簠簋已陳，卻不幸傳來天子崩、皇后喪的消息，祭典還舉行嗎？孔子回答是：廢祭。

在這裡我們必然聯想到〈王制〉條例：「喪三年不祭，唯祭天地社稷，爲越紼而行事」（詳第二章第一節）孔子不是講明了「天地社稷」二典比什麼都重要嗎？縱使「越紼」都要祭祀不可權廢嗎？是的，乍看之下，二文顯然衝突，其關鍵在於「越紼」一詞，看看注疏家如何說，鄭玄注曰：

> 不敢以卑廢尊。越，猶躐也。紼，輴車索。〔註 17〕

〔註 13〕《通典》，卷五十二〈禮十二・吉十一・喪廢祭議〉：「孝武帝太元十一年九月，皇女亡，應烝祠，中書侍郎范甯奏：『按禮喪服傳『有死宮中者，三月不舉祭』，不別長幼之與貴賤也。皇女雖曰嬰孩，臣竊以爲疑。』於是使三公行事。賀循〈祭議〉云：『禮，在喪者不祭。祭，吉事故也。其義不但施於生人，亦祖禰之情，同其哀戚，故云於死者無服則祭也。今人若有服祭祀如故，吉凶相干，非禮意也。』頁 745。按：孔子以「士，緦不祭」，但並未說天子諸侯有緦服之喪則爲之廢祭宗廟，因此，可見晉儒議喪如范甯、賀循等人以「士禮」上準天子諸侯，故謂「在喪者不祭」，是一重喪更於大祭的時代。
〔註 14〕孫希旦：《禮記集解》，卷十八〈曾子問〉，頁 517。
〔註 15〕《禮記》，卷十八〈曾子問〉，頁 592。
〔註 16〕同上注，鄭玄注：「天子七祀，言五者，關中言之。」、孔穎達正義：「鄭此注以《周禮》言之，〈祭法〉周天子七祀，諸侯五祀，大夫三祀。五居其中，言是諸侯之法，舉五而言，則上兼七，下通三，欲見天子及大夫其祭皆然，故云『關中言之』。關，通也，謂取中央而言之。」頁 592～593。
〔註 17〕《禮記》，卷十二〈王制〉，頁 377。

鄭注言簡，孔穎達正義則有詳說：

> 越是踐躐之義。故云「越猶躐也」。但未葬之前，屬紼於輴，以備火
> 災。今既祭天地社稷，須越躐此紼而往祭之，故云越紼。云「紼，
> 輴車索」者，以停住之時，指其繩體，則謂之紼。若在塗，人挽而
> 行之，則謂之引。故鄭注〈雜記〉云：「廟中曰紼，在塗曰引。」。
>
> 〔註18〕

這話說得十分明白，「輴」是載棺柩的車子，天子以龍輴載柩，「紼」則是挽
柩的大繩，死者入殮在棺始設紼於廟。依古人用詞的習慣，停殯在廟稱「紼」，
啓殯在塗稱「引」。所以《左傳》宣三年，孔穎達正義更說：

> 鄭玄云：『不敢以卑廢尊』紼輴車索，禮天子殯於西序，欑輴車於塗
> 之繫紼，以備火災。言越紼行事，是在殯得祭也。〔註19〕

周制死者殯於西序，客道待之，〔註20〕紼輴就是車索，同義互訓。鄭玄認爲
越紼以祭天地社稷，是不敢以卑廢尊，因宗廟人鬼之祀位乃卑於天地社稷之
大神，雖說人死爲大，但「入殮已殯」，天子七日、諸侯五日，第八、第六
日起至啓殯下葬，天子七月、諸侯五月，相去之日甚遠，此間停殯的日子，
便是鄭玄所謂的「無事」，〔註21〕在這期間當越紼行事，嗣君應親祭天地社稷
爲蒼生祈福，不得有廢。〔註22〕

〔註18〕 同上注，頁377〜378。

〔註19〕 《左傳》，卷二十一，宣公三年，孔穎達正義，頁601〜602。

〔註20〕 《禮記》，卷七〈檀弓上〉：「夏后氏殯於東階之上，則猶在阼也。殷人殯於兩
楹之間，則與賓主夾之也。周人殯於西階之上，則猶賓之也。而丘也，殷人
也。予疇昔之夜，夢坐奠於兩楹之間。」頁207。

〔註21〕 《禮記》，卷十九〈曾子問〉，孔穎達正義：「按〈王制〉云『唯祭天地社稷，
爲越紼而行事』何？趙商之意，葬時郊社之祭不行，何得有越紼而行事？鄭
（玄）答：『越紼行事，喪無事時，天地郊社有常日，自啓及至於反哭，自當
辟之。』鄭言無事者，謂未殯以前是有事；既殯以後，未啓以前是無事，得
行祭禮，故有越紼行事。」頁596。按：鄭玄以有事、無事來談喪與祭的輕重
關係，並且「天地社稷」之祭，若於天子未殯之前，則因有（大喪）事而廢
祭；若於已殯之後未啓之前（第八日至第七月）無事時期，則越紼而祭。

〔註22〕 孫希旦：《禮記集解》，卷十九〈曾子問〉：「愚謂未殯之前，諸祭皆廢，既殯
則外神皆祭。〈王制〉言『天地社稷，越紼行事』此言「五祀既殯而祭」，各
舉尊卑一偏言之，其實外神無不祭也。在喪而祭者，皆使人攝之。」頁530。
按：孫氏認爲「喪不廢外神之祭」，唯「皆使人攝之」，因此天子諸侯有三年
喪則不親自主祭；但筆者認爲孔子明言「天地社稷，越紼行事」，因此天子諸
侯在喪無事仍主祭之，不使有司攝事。

　　要之，注疏大意有三：一，設紼於屍體入殮棺木之後，故是「既殯設紼」。「停屍未殯」，輴紼未設，死者爲大，鄭玄謂之「有事」，故祭事權廢不舉。二，停殯於廟中，天子七日殯，七月而葬，此中近七個月的居喪期間，郊天祭社，嗣子應越紼主祭，故鄭玄以「無事」而祭之。三，啓殯下葬，執紼在塗，死者爲大，出發至葬地或有些路途需耗時日（今人一日便安，古人交通不便，來往下葬安神，非一日可及），〔註23〕因此這段時間，嗣君在喪不祭，鄭玄謂之「有事」，故郊天祭社之大事權廢不舉。

　　回歸本問，孔子認爲在「當下」若聞天子崩、后之喪，凡郊社等大典都應權廢立即撤去籩簋，先以治喪爲重爲急，等入殮成服，確定人死已矣，在停殯待葬其間，則不廢郊、社、五祀大祭。唯宗廟嘗、禘諸祭訖除服從吉；事實上，這一禮家舊說，「杜預」是不認同的（詳後簡表）。

　　再看另外一則以諸侯主祭的提問：

　　　　曾子問：「諸侯之祭社稷，俎豆既陳，聞天子崩，后之喪，君薨，夫人之喪，如之何？」孔子曰：「廢。自薨比至於殯，自啓至於反哭，奉帥天子。」〔註24〕

曾子此問事實上與上則問例是相同的，上則問天子，本則問諸侯，郊天唯天子之典，諸侯則以社稷爲大，故舉大以知其他。二問情形是一樣的，俎豆既陳，祭事將行，若聞天子崩、后之喪、君薨、夫人之喪，孔子認爲應立即撤去俎豆，廢祭治喪。孔子或怕曾參有疑，再補上一句極其明白了當的作法「薨比至於殯，自啓至於反哭，奉帥天子」所謂「薨比至於殯」是指國君新死五日入殮，在未殯的這五日裡祭事不行。又諸侯五月則葬，因此從第六日起到啓殯下葬，計有一百四十餘日的停殯時間，這些日子裡若逢社稷之祭，祭事依舊，一切如天子之問例。

　　承上引文，曾子又問：「大夫之祭，鼎俎既陳，籩豆既設，不得成禮，廢者幾？孔子曰：九。請問之：天子崩、后之喪、君薨、夫人之喪、君之大廟火、日食、三年之喪、齊衰、大功，皆廢。外喪自齊衰以下，行也」云云，孔氏以此祭乃「宗廟」之祭。〔註25〕簡言之，孔子認爲諸侯及以下諸臣舉其

〔註23〕孫希旦：《禮記集解》，卷十九〈曾子問〉：「舊說謂『諸侯之葬，朝廟六日而徧，天子朝廟八日而徧。』」頁534。
〔註24〕《禮記》，卷十九〈曾子問〉，頁595。
〔註25〕同上註，頁597。

大祭之時，如諸侯祭社稷、大夫祭宗廟，若聞「天子崩，后之喪」等，俱因適逢大喪，廢祀不舉。但大夫職卑，所廢者多，故凡有內喪（同門而居）大功以上，則廢祭，以親喪重於家廟之祭；若內喪小功、緦麻之服輕，則重家廟祭祀，不因喪廢祭也。若是外喪（異門而居）除斬衰之重服外，齊衰以下則不廢祭，但殺禮示哀，不盡禮數。〔註26〕

　　以上，可見到一層層遞問的關係，先問天子郊天以下，再問諸侯社稷，後問大夫宗廟之祭。顯然地，地位越是卑下，國事不勞費心，因此越被要求服喪，故孔子以「士之所以異者，緦不祭」。〔註27〕天子諸侯因絕期之故，唯三年大喪與國家大典之祭日相妨，因是需有一應對參照的章法，所以孔子要諸侯「奉帥天子」的條例就是：

> 天子崩，未殯，五祀之祭不行。既殯而祭。其祭也，尸入，三飯不侑，酳不酢而已矣。自啓至于反哭，五祀之祭不行。已葬而祭，祝畢獻而已。〔註28〕

曾子以「五祀」作例，〈王制〉條例既以郊、社越紼行事，那五祀乃內祀之大者，可因喪而祭嗎？孔子的回答明顯是有階段性的，縱使得祭亦隨其階段殺禮示哀。天子七日殯，「未殯」是指這七日內，因此鄭玄稱「有事」。第八日既殯，天子七月而葬，這其間尚有二百餘日停殯待葬的時間，鄭玄稱「無事」，既然無事則應祭，雖祭祀如常，惟「殺其禮數」，眚禮示哀，故曰「三飯不侑」（尸三飯則告飽，不再勸侑至足）、「酳不酢」（主人酳酒酢尸，尸卒爵則罷，不再酢酒於主人）。而「自啓至於反哭」是啓殯下葬，因葬地與京城相去有時，死者入土安神是大事，因此鄭玄以「有事」作解，死者爲大，因喪廢祭。又已葬，所謂「卒哭成事」，已行喪祭，但仍未除服從吉，雖舉祭如常，禮惟至「祝畢獻」而已，仍以「眚禮示哀」，不盡其禮數。

〔註26〕同上注：「外喪，齊衰以下，行也。其齊衰之祭也，尸入三飯，不侑，酳不酢而已矣。大功，酢而已矣。小功、緦，室中之事而已矣。」鄭注：「室中之事，謂賓長獻。」頁597。按：小功、緦麻服輕，故大夫家廟之祭，依時舉行，其禮若平常之祭。

〔註27〕同上注，孔穎達正義：「孔子見曾參歷問至大夫，必應及士，故因廣舉士以語之。大夫唯至大功爲九，而士又加緦、小功二等，合爲十一。此亦謂祭宗廟鼎俎既陳而值喪也。大夫祭值緦、小功，不辨內外，皆不廢祭，而禮則小異耳。士值緦、小功，不辨內外，一切皆廢祭，士輕，故爲輕親伸情也。」頁597～598。

〔註28〕同上注，頁595。

綜上諸問，三年大喪，祭或不祭，簡表可示。唯宗廟嘗禘，杜預以「既
祔」以後，宗廟四時如常（詳第四章第二節，晉悼公卒例），與禮家鄭（玄）
學以「俟吉」〔註29〕的傳統看法迥然兩異。若從「主祭者」的身份來看，孔
子認爲：天子無事不廢天地、社稷之祀，見〈王制〉條例；諸侯無事不廢社
稷之祭（五祀有司攝事）；〔註30〕大夫大功以下內喪不廢宗廟之祭；士無服則
祭祖，都見〈曾子問〉條例。

天子主祭	天地	社稷	五祀	嘗（杜預）		禘（杜預）	
聞崩新死	廢	廢	廢	廢	廢	廢	廢
未殯有事	廢	廢	廢	廢	廢	廢	廢
既殯無事	祭	祭	祭	廢	廢	廢	廢
停殯無事	祭	祭	祭	廢	廢	廢	廢
啓殯有事	廢	廢	廢	廢	廢	廢	廢
虞祭卒哭	祭	祭	祭	廢	廢	廢	廢
祔祭入廟	祭	祭	祭	廢	祭	廢	祭
朞年小祥	祭	祭	祭	廢	祭	廢	祭
三年大祥	祭	祭	祭	祭	祭	祭	祭

三、君、親二喪衝突設問

如上節，〈王制〉：「喪三年不祭，唯天地社稷，爲越紼而行事」，鄭玄曰：
「不敢以卑廢尊也」。當然，解讀「三年喪」的意思有二：一，「天子喪」（詳
上文）。二，「父母喪」：諸侯大夫士者，凡天子行「天地社稷」大祭時，諸侯

〔註29〕 同上注：「天子崩，未殯，五祀之祭不行。既殯而祭。……自啓至於反哭，五
祀之祭不行。已葬而祭。」云云，鄭玄注：「郊社亦然，惟嘗禘宗廟俟吉也。」
頁595。

〔註30〕 同上注，孔穎達正義：「以初崩哀戚，未遑祭祀。雖當五祀，祭時不得行。既
殯而祭者，但五祀外神，不可以己私喪久廢其祭，故既殯哀情稍殺而後祭也。」
頁595。清・朱彬：《禮記訓纂》（北京：中華書局，2007），卷七〈曾子問〉
以熊（安生）氏云：「迎尸入奧之後，尸三飯止，祝不勸侑。……於時家宰攝
主，酌酒酳尸，尸受卒爵，不酢攝主。」頁301。按〈曾子問〉凡提到「主
祭者」，其問例則曰：「諸侯之祭社稷」云云、「大夫之祭（宗廟）」云云，顯
然曾子以「之」作動詞連接主詞與名詞的關係，反觀於另一則「天子嘗、禘、
郊、社、五祀之祭」云云顯然有別，因此我們應該可以推測孔子的主張，「五
祀」（天子七祀）」因其神位稍卑，確實不需要天子、諸侯越紼親自主祭，可
命有司代攝，熊安生之說可證其實。

大夫理當陪位助祭，一爲私事一爲國事，國事乃重於私事，縱使父母未葬，亦當越紼權且從吉與祭。這個說法之所以成立，可就證於《宋史·禮志·服紀》：

> 慶曆七年，禮官邵必言：「古之臣子，未有居父母喪而輒與國家大祭者。今但不許入宗廟，至於南郊壇、景靈宮，皆許行事。按唐吏部所請慘服既葬公除者，謂周以下也，前後相承，誤以爲三年之喪，得吉服從祭，失之甚也。又據律文：『諸廟享，有緦麻以上喪，不許執事，祭天地、社稷不禁。』此唐之定律者，不詳經典意也。王制曰：『喪三年不祭，惟天地、社稷爲越紼而行事。』注云：『不敢以卑廢尊』也。是指王者不敢以私親之喪，廢天地、社稷之祭，非謂臣下有父母喪，而得從天子祭天地、社稷也。」。〔註31〕

北宋禮官邵必的這席話得反向思考，邵氏屢引「唐律」，有三大要點：一，既葬公除，邵必認爲三年大喪不適用此令。二，祭天地社稷，臣子若遭父母三年大喪，必須釋服從吉陪位助祭，不以私事廢王事，但邵必極烈反對這個作法，並認爲〈王制〉條例僅僅用於「天子」越紼祭之，而非上下一體，君臣皆適。三，「諸廟享，緦麻以上喪，不許執事」此乃「士喪禮」，在〈曾子問〉中孔子以「士，緦不祭」，顯然唐律以「士喪禮」定法，天子一於士庶，有同宮緦麻之喪不得親祭祖廟，唯天地社稷之祭不在此限；這一思維事實上是受東漢以來重喪風氣的影響所致（詳本章第二節）。

要之，在「天事」、「王事」與「私事」三者之間，天子喪、父母喪都不敵天事之尊，因此越紼主祭助祭都是唐律中明定的律令，但這樣的禮律乃承自漢晉禮議而來，非一朝之唐突。當然在「王事」與「私事」之間在每一朝代的「時情」中都有再議的空間。不妨看看孔子如何說，《禮記·曾子問》：

> （曾子問）曰：「君未殯，而臣有父母之喪，則如之何？」孔子曰：「歸殯，反於君所。有殷事則歸，朝夕否。大夫室老行事，士則子孫行事。大夫內子有殷事，亦之君所，朝夕否。」。（第一則）

> 曾子問曰：「君薨既殯，而臣有父母之喪，則如之何？」孔子曰：「歸居於家，有殷事則之君所，朝夕否。」。（第二則）

〔註31〕《宋史》，卷一百二十五〈禮志·服紀〉，頁2919。按：宋朝邵必之言，點出一個關鍵趨向：自漢唐以來，尊天地社稷之祭，不避私喪，唐律或受董仲舒：「春秋譏喪祭，不譏喪郊，郊不辟喪」之觀念影響，以禮制律。

（曾子問）曰：「君既啓，而臣有父母之喪，則如之何？」孔子曰：「歸哭而反送君。」。（第三則）

曾子問曰：「君之喪既引，聞父母之喪，如之何？」孔子曰：「遂既封而歸。不俟子。」。曾子問曰：「父母之喪既引及塗，聞君薨，如之何？」孔子曰：「遂既封，改服而往。」。〔註32〕（第四則）

為便於說明上的理解，筆者調整原文順序改以「未殯」、「既殯」、「既啓」、「既引」的喪葬程序作一引述。第一則：君未殯而聞父母喪，孔子示以歸殯父母，而後再返於君所，朝夕都在君所，家有奠祭之事始歸。〔註33〕若臣之父母為庶民其喪三日殯，〔註34〕君喪五日乃殯，因此在君殯日未及之前應先返家入殯父母，若是君殯日已屆，則以君殯為重，因此，在自己無法即時為父母治喪的情況下，大夫則請家中長輩代為行事，士人則以子孫代為行事。第二則：君既殯而聞父母喪，孔子示以「歸居於家」，君有奠祭之事乃返。君已殯待葬，尚需停殯五月，這就是鄭玄講的「無事」，既無事則以父母大喪為重，返家治喪，唯初一十五薦新之奠祭，則回君所奠之，其他時間則在家專心為父母治喪。第三則：君既啓而聞父母喪，孔子示以歸哭後返送君入葬。棺木雖啓，但至葬地尚有時日，舊說以「諸侯之葬，朝廟六日而徧」〔註35〕故非一日可葬，因此奔喪歸哭父母以盡孝子之情，而後再返回送葬，待葬畢則以君服歸家，以示重君，不敢私服父母。第四則：君既引而聞父母喪，孔子示以既引在塗則於入葬下棺，不待封土成禮，便急速返家為父母治喪；相對地，如果是父母既引而聞君薨，亦如是，唯改私服去冠箁纚而往，以示重君。

綜上，可以找出一條脈絡，「新死」、「未殯」、「既引」（在塗）都是急而不得緩的大事，孔子是重視「入殯」、「入土」之安體安魂的大節，所以不論是君王或私親，都以此為準。在這樣的基底下，「君」、「親」是一種「對等」的關係；唯兩事相妨，則以君事為重，先國而後家。故君殯在即則先殯君後殯父母；君既引待下棺入土始歸喪父母，又君喪不敢私服受吊，此乃以禮建

〔註32〕《禮記》，卷十九〈曾子問〉，頁 599〜604。

〔註33〕《禮記》，卷十九〈曾子問〉，鄭玄注：「殷事，朝月月半薦新之奠也。」頁 600。

〔註34〕清·黃以周：《禮疏通故》（十三經清人注疏，北京：中華書局，2007），第九〈喪服通故一〉：「〈雜記〉言大夫為其父母之未為大夫者如士服，是為其父母之為大夫者如士服。〈中庸〉：父母之喪無貴賤。」頁 304。

〔註35〕孫希旦：《禮記集解》，卷十九〈曾子問〉：「舊說謂『諸侯之葬，朝廟六日而徧，天子朝廟八日而徧。』」頁 534。

紀之喪教觀（詳本章第二節）。簡而言之，事有輕重緩急，新死爲大，未殯而哀，入土以安，先君後父也。

綜上，我們大抵可見孔子變禮行權，以人本爲重的思維；但禮以祭事爲重，「郊」、「社」爲大，在吉凶二禮的權衡之間，孔子作出了一個明確的主張，這是曾子數問中最重要的概念，也是上文簡表中層遞累進的治喪階段。第一階段：死者新死未殯，不忍大體無棺之覆，因此凡事以此爲急爲大；祭典雖重，但人情之不忍只好將祭事權廢停辦。第二階段：既殯後停殯待葬，天子七月、諸侯五月，居喪無事應越紼不廢郊社之祭。第三階段：啓殯入葬安魂，由於停殯日久，大體在棺已朽，下葬入土，以慰亡魂，這是對死者最終的關懷，因此，葬日卜定，亡者可慰，諸事不宜增添干擾，死者爲大，待卒哭成事而後祭。

孔子在告慰死者的二大階段中，主張廢祭，以人情爲上；而在停殯的這第二階段中，因待日甚久，不違神明之事，因而主張喪主暫且釋服從吉，爲天下百姓舉祭以求庇佑，喪不廢祭，外神以「郊」、「社」、「五祀」爲大，因是不廢。宗廟嘗禘之祭，《禮》家「鄭玄」以「俟吉」得祭，乃因舊鬼與新鬼之間，以新鬼爲大，因是嘗禘廢之，待三年而後祭；但《左氏》家「杜預」以「既祔」之後，則四時常祭不廢，尊祖恭舊，後世依此或彼，各有派閥。

第二節　喪主權之伸張一——「公除議」與「縂不祭議」

春秋時期以喪禮作爲對世卿權臣之敬重，故卿喪則「廢樂示哀」（詳第四章第二節）；但東漢以後首開喪贈大臣「凶事鹵簿」以備極哀榮。當然在「哀戚」與「哀榮」兩者之間作法確實有別；但相同的是，對於重臣之喪來說，君王絕對必須予以表態，不論是戚之以哀，抑或榮之以哀，喪主權都得到了伸張與重視（詳本章第三節）。但對於一般朝廷命官來說，並沒有這等身後的禮遇與殊榮，唯有父母大喪，爲自己伸張三年子道孝哀之權，這看似容易不過的事，卻非每個朝代法令都可順志告假，終喪守孝也。

本節擬以二大軸線作一討論：一，爲君絕父——公除議；二，爲父絕君——縂不祭議。擬透過這二條軸線的延伸以見東漢自章帝建初四年（A.D.79年）白虎通官會議之後，已開啓中國喪服禮制之一大新章，始准「諸侯階層」、

「士階層」（千石以下）行喪三年，但這一新章仍將「大夫階層」（萬石～二千石）排除在外。下逮安帝元初三年（A.D.116 年），始准「大臣、二千石」之公卿大夫終喪三年，這是中國有史以來儒家喪教理想——天子至士庶，通喪三年的第一次實踐，但這只維持了五年便告終。第二次的實踐，則在晉武帝太康七年（A.D.286 年），始聽「大臣」（中二千石～萬石）之公卿大夫行喪三年；更有甚者，「士總不祭」之禮則亦成爲天子至士庶之通則（見蔡邕之論），並有所謂「同宮總，廢祭三月」之議。顯見，喪主權與孝哀權之伸張，兩晉儒士更加主張「廢祭行喪」（爲父絕君），一改董仲舒以來「越喪行郊」（爲君絕父）之《公羊》教義。

　　至此，可說是儒家喪服禮學之終極成就，並從此奠定我國重喪嚴死的文化底蘊——「哀戚，行喪三年」、「哀榮，凶事鹵簿」——這一文化底蘊形成之過程與發展，乃本節與第三節研究之重點。

一、「爲君絕父」一——《公羊》閔子騫致仕例

　　《公羊》，宣公元年日：

> 古者臣有大喪，君三年不呼其門。已練可以弁冕。服金革之事，君使之，非也，臣行之，禮也。閔子要絰而服事。既而曰：「若此乎，古之道不即人心？」退而致仕。孔子蓋善之也。〔註36〕

從《公羊》引述「閔子騫」的例子來看，春秋乃以「爲君絕父」爲教，故教臣以君令國事爲重，逾年已練則可服弁冕入宗廟行祭，若國有金革之事，當自請效命，因此閔子騫不得順志守孝三年，要絰服事，在喪從戎，凱歌而旋則退而致仕，以辭官表示最沉重的無言抗議。顯見，《公羊》以「古者臣有大喪，君三年不呼其門」作爲一祈使句，爲閔子騫發不平之鳴，因此何休以「重奪孝子之恩」感慨親喪委屈難伸於奪情殺恩的君權主義思想，故重申孔子爲父母服喪三年之禮學理想，氏日：

> ①禮，父母之喪，三年不從政；齊衰、大功之喪，三月不從政。②
> 故孔子曰：「夏后氏三年之喪，既殯而致事；殷人既葬而致事；周人卒哭而致事。君子不奪人之親，亦不可奪親也」。〔註37〕

何休解詁，一引禮說，二引孔說，其實二說都有待商榷。

〔註36〕《公羊》，卷十五，宣公元年，頁321。
〔註37〕同上注。

①「禮，父母之喪，三年不從政；齊衰、大功之喪，三月不從政。」乃出於《禮記‧王制》之文，〔註38〕但這一說法揆諸《禮記‧雜記下》：「三年之喪，祥而從政。期之喪，卒哭而從政。九月之喪，既葬而從政。小功緦之喪，既殯而從政。」〔註39〕二文說詞顯然不同。有周以禮建紀，是以「三年之喪，祥而從政」，禮以三年之喪，二十五月而畢，是月爲大祥，〔註40〕故依〈雜記下〉當以三年不從政爲說，此與〈王制〉說同也。「期之喪，卒哭而從政」，依社會階層來說：士以三月葬是月卒哭；大夫乃三月葬五月卒哭；諸侯乃五月葬七月卒哭。〔註41〕然而禮以「天子諸侯絕期」、「大夫絕緦」，〔註42〕故〈雜記下〉顯然是針對「士喪」而言，然禮有推及之義，並以三年之喪，乃天子達於庶人，因此可說：上自天子下至士庶人，凡三年之喪，祥而視事，故天子諒闇居喪，三年不言政事。〔註43〕（諸侯絕期）大夫士之齊衰期喪則卒哭（大夫五月、士三月）公除；〔註44〕大夫士九月大功之喪則既葬（《禮記》禮記乃以大夫士俱三月而葬，但《左傳》乃以士逾月便葬，〔註45〕故士當以一月，以別於大夫階層）公除；大夫士之小功六月喪則既殯（〈王制〉大夫士俱以三日而殯；〈喪大記〉士以二日而殯，以別於大夫）〔註46〕公除；（大夫

〔註38〕《禮記》，卷十三〈王制〉，頁426。

〔註39〕《禮記》，卷四十二〈雜記下〉，頁1211。

〔註40〕《禮記》，卷五十八〈三年問〉，頁1556。

〔註41〕《禮記》，卷四十三〈雜記下〉：「士三月而葬，是月也卒哭。大夫三月而葬，五月而卒哭。諸侯五月而葬，七月而卒哭。士三虞，大夫五，諸侯七。」頁1217。

〔註42〕《禮記》，卷五十二〈中庸〉：「期之喪，達乎大夫。三年之喪，達乎天子。父母之喪，無貴賤一也。」頁1436。《公羊》，卷六，莊公四年：「三月，紀伯姬卒。」何休注曰：「禮，天子諸侯絕期，大夫絕緦，天子唯女之適二王者，諸侯唯女之爲諸侯夫人者，恩得申，故卒之。」頁121。

〔註43〕《禮記》，卷六十三〈喪服四制〉：「喪之所以三年，賢者不得過，不肖者不得不及，此喪之中庸也，王者之所常行也。《書》曰：『高宗諒闇，三年不言。』善之也。王者莫不行此禮，……父母之喪，衰冠、繩纓、菅屨，三日而食粥，三月而沐，期十三月而練冠，三年而祥。」孔穎達正義曰：「引《書》者，明古來王者皆三年喪，諒，讀曰梁。闇，讀如鶉，謂廬也。謂既虞之後，施梁而柱楣，故云諒闇之中，三年不言政事。」頁1676～1677。

〔註44〕《通典》，卷五十二〈禮十二‧吉十一‧公除祭議〉：「宋庾蔚之謂：『公除是公家除其喪服，以從公家之吉事。』」頁752。

〔註45〕《左傳》，卷二，隱公元年：「天子七月而葬，同軌畢至；諸侯五月，同盟至；大夫三月，同位至；士逾月，外姻至。」頁57。

〔註46〕《禮記》，卷十二〈王制〉：「天子七日而殯，七月而葬。諸侯五日而殯，五月

絕緦）士緦麻三月喪則既殯（三日，或言二日，同前引）公除。

　　②孔子曰：「夏后氏三年之喪，既殯而致事；殷人既葬而致事；周人卒哭而致事。君子不奪人之親，亦不可奪親也。」這段話語出《禮記・曾子問》，原文並沒有「周人卒哭而致事」這一句，顯然是隨文添經，正文如下：

> 　　子夏問曰：「三年之喪卒哭，金革之事无辟也者，禮與？初有司與？」
> 　　孔子曰：「夏后氏三年之喪，既殯而致事；殷人既葬而致事。《記》〔註
> 47〕曰：『君子不奪人之親，亦不可奪親也。』此之謂乎！」子夏曰：
> 　「金革之事无辟也者，非與？」孔子曰：「吾聞諸老聃曰：『昔者魯公
> 　伯禽有爲爲之也。今以三年之喪從其利者，吾弗知也。』」。〔註48〕

子夏問孔子，孝子服喪唯至卒哭，國家有難自當請纓從戎？抑或政府依法行政？孔子答說：夏人以既殯致事公除（鄭玄「致事」之義，詳後），殷人則以既葬致事公除。孔子之意蓋以「士喪」爲言，故夏士以三日殯，第四日則公除致事；殷士以三月葬，第四月則公除致事。周士是否以卒哭爲公除之節，孔子並沒有說及，但士喪乃以三月葬是月卒哭，也就是說士因身分卑賤，故葬月與卒哭同月，所以和殷士相同，俱以第四月公除致事。這或許是孔子未再言及「周人卒哭而致事」的理由，然而這僅是我的臆測之詞。何休之說，事實上乃出自「鄭玄」的注解（這代表了一個時代禮情之變遷與制度的形成，詳後）。又鄭玄解「致事」義爲「致仕」，故曰：「致事，還其職位於君。」（去職），〔註49〕這是《禮記》的詞彙用法，與《周禮》不同。〔註50〕因是之故，

而葬。大夫、士、庶人三日而殯，三月而葬。」頁379。卷四十四〈喪大記〉：
「大夫之喪，三日之朝既殯，主人、主婦、室老皆杖。……士之喪，二日而
殯，三日之朝，主人杖，婦人皆杖。」鄭玄注曰：「士二日而殯，下大夫也。」
頁1252。

〔註47〕《禮記》，卷四十二〈雜記下〉，頁1200。

〔註48〕《禮記》，卷十九〈曾子問〉，頁619。

〔註49〕案：《禮記》，卷十九〈曾子問〉，鄭玄於「孔子曰：『夏后氏三年之喪，既殯
而致事；殷人既葬而致事。』」下注曰：「致事，還其職位於君。周卒哭而致
事。」孔穎達正義曰：「皇氏（侃）云：『夏后氏尚質，孝子喪親恍惚，君事
不敢久留，故既殯致事還君。殷人漸文，思親彌深，故既葬畢始致事還君。
周人極文，悲哀至甚，故卒哭而致事。』知周卒哭致事者，以喪之大事有三：
殯也，葬也，卒哭也。夏既殯，殷既葬，後代漸遠。以此推之，故知周卒哭
也。」頁619。

〔註50〕案：《周禮》，卷二〈天官・大宰〉：「歲終，則令百官府各正其治，受其會，
聽其致事，而詔王廢置。」賈公彥疏曰：「百官致其治功狀與冢宰，聽斷其所
置之功狀文書，而詔告於王。有功者置之，進其爵；有罪者廢之，退其爵也。」

孔穎達則以本節乃「論君不奪孝子情之事」。〔註51〕很清楚地，若夏以既殯去職，殷以既葬去職，周以卒哭去職，這都與人情有違，禮有所謂「卒哭成事」〔註52〕之節，既已卒哭成事，其喪稍漸，於既葬卒哭之後再行去職，這似乎顯得本末倒置。「去職」當以「聞喪」為節自請解職，何待既殯、既葬、卒哭之後？顯然這是一大錯誤的解讀，誠乃鄭玄為儒士喪主權之主張也，而非《禮記・曾子問》孔夏問答之事實也。當然我得合理懷疑，《禮記・曾子問》一節乃後人或漢人增纂，孔子何來引述「《記》曰：『君子不奪人之親，亦不可奪親也。』此之謂乎！」誠乃不倫不類，有違歷史之真實也（當然，從公除制度來看，《禮記》誠非一時一地一人之作，後人增纂之鑿痕甚可見也，詳後公除簡表）；而鄭玄此注則是自我作古，氏曰：「二者：恕也（君子不奪人之親），孝也（亦不可奪親也）。」〔註53〕事實上，周人並不以三年為喪，而是以既葬卒哭則除服從吉，並且杜預更提出周人乃「一從士喪」，以「既葬」、「卒哭」同月，並且「諸侯之喪」大抵「去五以三」（《禮記》以大夫士三月而葬，《左傳》乃以大夫三、士逾月而葬，詳第三章第二節）短喪急葬乃成風氣。

此外，再就證於《禮記・喪大記》：

> 君既葬，王政入於國，既卒哭而服王事；大夫、士既葬，公政入於家，既卒哭，弁絰帶，金革之事无辟也。〔註54〕

很清楚地，有二大要點：第一，古制不以「三年」為喪。第二，周制不以「卒哭」為節。依《禮記・喪大記》周制公除乃以「既葬」為節（與殷制同），諸侯五月、大夫士三月，變服以吊，因此王政入於國，公政入於家，逮「卒哭」則成事從吉，回歸一般常態，因此金革之事無避，為臣者應請纓從戎，委質效命。此事鄭玄則以「權禮」釋之，氏曰：「此權禮也。弁絰帶者，變喪服而

頁61、〈小宰〉、〈大司徒〉、〈小司徒〉、〈鄉大夫〉、〈黨正〉等。《禮記》，卷一〈曲禮上〉：「大夫七十而致事。」頁20、卷二十八〈內則〉：「七十不俟朝，……七十致政。凡自七十以上，唯衰麻為喪。」頁854。黃以周：《禮書通故》，第十《喪禮通故五》：「林喬蔭云：『致事與致仕，音近義遠，不得混而一之。』以周案：《曲禮》：『大夫七十而致事』，明致事即致仕也。」頁545。

〔註51〕《禮記》，卷十九〈曾子問〉，頁619。

〔註52〕《禮記》，卷九〈檀弓下〉：「葬日虞，弗忍一日離也。是日也，以虞易奠。卒哭曰成事。是日也，以吉祭易喪祭。明日，祔於祖父。其變而之吉祭也。」鄭玄注：「虞，喪祭也。既虞之後，卒哭而祭，其辭蓋曰『哀薦成事』，成祭事也。祭以吉為成。」頁273～274。卷十〈檀弓下〉：「虞而立尸，有几筵，卒哭而諱，生事畢而鬼事始已。自寢門至於庫門。」頁308。

〔註53〕《禮記》，卷十九〈曾子問〉，頁619。

〔註54〕《禮記》，卷四十五〈喪大記〉，頁1272。

吊服，輕，可以即事也。」〔註55〕正因如此，鄭玄基於尊經的立場，以卒哭則可即事爲國，故以既葬爲權禮，而非常道也。這就可以用來解釋「昔者魯公伯禽有爲爲之」——母喪，卒哭而服王事的理由，鄭玄曰：「伯禽，周公子，封於魯。有徐戎作難，喪卒哭而征之，急王事也。」〔註56〕顯見「既卒哭」則成事從吉，沒有吉凶相干的問題，或者因喪從戎的咒詛禁忌與出師不吉的疑慮，誠可說明春秋不以三年爲喪，而以既葬卒哭公除，銷假還赴君命。

　　要之，在家事、國事、天下事的天人秩序之中，家事親親之恩始終委屈於國事尊尊之義，爲君絕父，忍喪逆志，這從《禮記》文本記載不一的情形中可知終喪遂服之難也。這一情況到了東漢章帝《白虎通》之官定會議的決議文中，親恩則見伸張（詳後）。

【《禮記》公除簡表】

《禮記》	斬衰三年	齊衰期年	大功九月	小功六月	緦麻三月
〈王制〉	三年	三月	三月	略	略
	「父母之喪，三年不從政；齊衰、大功之喪，三月不從政。」				
〈禮運〉	期	略	略	略	略
	「三年之喪與新有昏者，期不使者。」				
〈雜記下〉	祥（三年）〔註57〕	卒哭 諸侯絕期 大夫五月 士　三月	既葬 大夫三月 士　三月	既殯 大夫三日 士　三日	既殯 大夫絕緦 士　三日
	「三年之喪，祥而從政。期之喪，卒哭而從政。九月之喪，既葬而從政。小功、緦之喪，既殯而從政。」				
〈曾子問〉	（夏）既殯 （商）既葬 （周）卒哭 〔註58〕	略	略	略	略
	「夏后氏三年之喪，既殯而致事；殷人，既葬而致事。」				

〔註55〕《禮記》，卷四十五〈喪大記〉，頁1272。
〔註56〕《禮記》，卷十九〈曾子問〉，頁619。《尚書》，卷二十〈費誓〉，頁660～667。
〔註57〕《禮記》，卷六十三〈喪服四制〉：「父母之喪，衰冠、繩纓、菅屨，三日而食粥，三月而沐，期十三月而練冠，三年而祥。」頁1676。
〔註58〕陳立：《公羊義疏》，卷四十四，宣公元年：「同浦堂校云：『按皇氏疏，則周人卒哭致事是鄭君從夏殷推而知之，當是注文。』」頁369。案：皇侃以「周人卒哭致事」乃鄭玄臆斷所致，非經文之義，但何休援以爲說，以注《公羊》也。

〈喪大記〉	既葬/卒哭	略	略	略	略
	「君既葬，王政入於國；既卒哭而服王事。大夫、士既葬，公政入於家；既卒哭，弁絰帶，金革之事无辟也。」				

二、「爲君絕父」二——漢儒「越紼助喪」、「越紼助祭」之問題討論

《春秋》文公九年有「越紼助喪」的討論、《禮記・王制》有所謂「越紼助祭」之條例，前者是關乎諸侯奔王喪的問題（詳本章第一節），後者則是臣子助祭於王事的問題，這兩件事漢儒都有一番討論。

（一）「越紼助喪」

首先就《春秋》文公九年「二月，叔孫得臣如京師。辛丑，葬襄王。」〔註59〕一事說起。

《公羊》曰：「王者不書葬，此何以書？不及時書，過時書，我有往則書。」何休注曰：「謂使大夫往也，惡文公不自往，故書葬，以起大夫會之。」〔註60〕這個說法和《左傳》南轅北轍，杜預曰：「卿共葬事，禮也。」〔註61〕顯見，《公羊》主張「諸侯親葬」，而《左傳》則主張「遣卿共葬」，其因，杜預《春秋釋例》說之甚詳。〔註62〕事實上，若要求天下諸侯共奔王喪，誠如杜預所

〔註59〕《左傳》，卷十九上，文公九年，頁525。

〔註60〕《公羊》，卷十三，文公九年，頁293。又卷二，隱公三年曰：「天王崩，諸侯之主也。」何休注曰：「時天王崩，魯隱往奔喪，尹氏儐贊諸侯……。」徐彥疏曰：「魯隱奔喪而不書者，蓋以得其常故也。若遣大夫則書之，即文九年。」頁38。案：《公羊》以諸侯必奔王喪，不可遣卿共葬。

〔註61〕《左傳》，卷十九上，文公九年，頁525。《穀梁》，卷十一，文公九年，范甯注曰：「王室微弱，諸侯無復往會葬。」、楊士勛疏曰：「魯不會葬，則無由得書。而云王室微弱諸侯無復往會葬者，天子志崩不志葬，而又書日，是不葬之辭，故知諸侯無復往會葬也。」頁171。

〔註62〕《左傳》，卷十九上，文公九年，孔穎達正義引杜預《春秋釋例》曰：「萬國之數至眾，封疆之守至重，故天王之喪，卿弔，卿會葬，諸侯不親行也。修服於其國，卿共弔送之禮。既葬，卒哭而除凶，魯侯無故，而穆伯如周弔焉。此天子崩，諸侯遣卿弔送之經傳也。」頁525。清・皮錫瑞：《駁五經異義疏證》（《續修四庫全書》經部第一七一・群經總義類，上海，上海古籍，1995），卷六，駁六曰：「錫瑞案：杜預言諸侯不奔大喪，以飾其短喪之邪說，謬不待言。然攷異義許（慎）鄭（玄）所云，則漢時爲左氏說者，已謂諸侯不奔大喪，不自杜預始矣。左氏說晚出，本無師說，祇通於劉歆，集解於杜預，二人皆不忠不孝之尤者，故多戾經蔑禮之言，名爲左氏之說，並非左氏之意。」頁200。

言，確有其空國越境之不妥與困難，所以《白虎通》會議中針對這一問題，也提出明確的方針，《白虎通・崩薨》曰：

> 王者崩，諸侯悉奔喪何？臣子悲哀慟怛，無不欲觀君父之柩，盡悲哀者也。又爲天子守藩，不可頓空也。故分爲三部，有始死先奔者，有得中來盡其哀者，有得會喪奉送君者。七月之間，諸侯有在京師親供臣子之事者，有號泣悲哀奔走道路者，有居其國哭痛思慕，竭盡所供以助喪事者。是四海之內咸悲，臣下若喪考妣之義也。葬有會者，親疏遠近盡至，親親之義也。童子諸侯不朝而來奔喪者何？明臣子於其君父非有老少也。亦因喪質，無般旋之禮，但盡悲哀而已。〔註63〕

以二點說明：一，「諸侯奔喪」，沒有強制必須奔喪，以國土安全來考量奔喪之必要性，因而爲鞏固天下大權與安定天下秩序，則有三種情況：「來奔助喪」、「不奔在國」、「既殯而奔」。二，「諸侯會葬」，不論諸侯老少，有喪無喪，都得來朝會葬，因此諸侯得「越喪會葬」，以盡其臣子之義。

當然，這件事在兩漢所引起的討論並非純粹針對諸侯親行送葬與否的問題，而是君親二喪之衝突性的問題，〔註64〕誠如白虎通官定條例中要求童子諸侯，越喪會葬，以盡臣義，此一「先君後親」、「爲君絕父」的君主思想，許慎《五經異義》如是說：

> 《公羊》說天王喪，赴者至，諸侯哭，雖有父母之喪，越紼而行事，葬畢，乃還。《左傳》說王喪，赴者至，諸侯既哭，問故，遂服斬衰，使上卿弔，上卿會葬。經書叔孫得臣如京師葬襄王，以爲得禮。
>
> 〔註65〕

很清楚地，「《左傳》尊親」（重宗廟，古文家），故聞王喪則遣上卿弔唁會葬，

〔註63〕《白虎通》，卷十一〈崩薨・諸侯奔大喪〉，頁537～538。

〔註64〕劉向：《說苑》，見趙善詒：《說苑疏證》（上海，華東師範大學，1995），卷十九〈脩文〉：「齊宣王問田過曰：『吾聞儒者喪親三年，喪君三年，君與父孰重？』田過對曰：『殆不如父重。』王忿然怒曰：『然則何爲去親而事君？』田過對曰：『非君之土地，無以處吾親；非君之祿，無以養吾親；非君之爵位，無以尊顯吾親。受之君，致之親。凡事君，所以爲親也。』宣王邑邑而無以應。」頁578～579。亦見漢・韓嬰：《韓詩外傳》，見許維遹：《韓詩外傳集釋》（北京：中華書局，1980）卷七第一章，頁237～238。

〔註65〕陳壽祺：《五經異義疏證》，卷下，頁120。或見《禮記》，卷十二〈王制〉，孔穎達正義引，頁380。

己則爲父母遂服終喪，所以主張不因王喪廢親，此乃「爲父絕君」之義也；而「《公羊》尊王」（重郊天，今文家），故聞王喪越紼而奔，迄葬畢乃還（禮以天子七月而葬，漢帝以逾月而葬），父母大體則因王喪而延宕未葬，不敢以卑廢尊。《禮記·喪大記》有言曰：「公之喪，大夫俟練，士卒哭而歸。」〔註66〕孔穎達以此乃爲非正君之禮，大夫協助公喪直到舉行練祭（十一月練）始歸、士則於卒哭（諸侯七月）而歸；如果是對於正君而言，其哀更重，故《禮記·雜記上》以：「大夫次於公館以終喪，士練而歸。」〔註67〕大夫恩祿於國君，故助喪守孝迄於三年喪終始歸、士則練祭十一月而歸。這就是「策名委質」〔註68〕之義也，質命於君，視君若父，故二斬之喪，以君父之恩義乃重於親父之生養，〔註69〕故《禮記·雜記上》曰：「其國有君喪，不敢受弔。」孔穎達以：「此謂國有君喪，而臣又有親喪，則不敢受他國賓來弔也。以義斷恩，哀痛主於君，不私於親也。」〔註70〕這種爲君絕賓，避君厭父的喪儀，是一種霸權主義的思維與教化，但這就是帝王南面之術。所以，義服之斬先於恩服之斬，故大夫終喪三年而歸，士練十一月而歸，「爲君絕父」、「先君後親」，此乃《公羊》喪教之大義也。

又《公羊》「尊王助喪」、「爲君絕父」之主張，亦見於隱公三年：「三月，庚戌，天王崩。」傳曰：

> 何以不書葬？天子記崩不記葬，必其時也。諸侯記卒記葬，有天子存，不得必其時也。〔註71〕

〔註66〕《禮記》，卷四十五〈喪大記〉，頁1274。
〔註67〕《禮記》，卷四十〈雜記上〉，頁1158。
〔註68〕《左傳》，卷十五，僖公二十三年：「對曰：『子之能仕，父教之忠，古之制也。策名，委質，貳乃辟也。』」杜預注曰：「名書所臣之策，屈膝而君事之，則不可以貳。辟，罪也。」頁408。
〔註69〕《禮記》，卷六十三〈喪服四制〉：「門內之治，恩揜義；門外之治，義斷恩。資於事父以事君，而敬同，貴貴尊尊，義之大者也。故爲君亦斬衰三年，以義制者也。」頁1973。《禮記》，卷五十一〈坊記〉：「子云：『孝以事君，弟以事長，示民不貳也。……喪父三年，喪君三年，示民不疑也。父母在，不敢有其身，不敢私其財，示民有上下也。故天子四海之內無客禮，莫敢爲主焉。故君適其臣，升自阼階，即位於堂，示民不敢有其室也。』」頁1414。案：父在則己不敢專，但君在則父不敢專也，故君臨臣家，以主人身分升自阼階，即位登堂，所謂普天之下莫非王臣也，故父之尊不敵君之至尊也，因此，門內之治，依然以君爲主也。
〔註70〕《禮記》，卷四十一〈雜記上〉，鄭玄注曰：「辟其痛傷己之親如君。」頁1193。
〔註71〕《公羊》，卷二，隱公元年，頁36。

《公羊》以諸侯必須「越紼助喪」，暫捨親喪，故經以天子「記崩不記葬」，表示天子「葬必得時」，不可緩亦不可急也（因此，文公九年經書葬襄王，則刺魯遣卿而文公無故卻不奔喪）；然諸侯何以「記卒記葬」，此乃表示諸侯恩祿於天子，王喪則奔，葬可緩也，先進王事而後進親事，故傳以諸侯之葬「不得必其時也」。何休注曰：「設有王后崩，當越紼而奔喪，不得必其時，故恩祿之。」〔註72〕何氏以王后崩與天子崩位尊同體，故縱使天后崩，諸侯亦須「越紼助喪」，先葬王后，而後葬己親，故亦不得必其時也。

再看其他例子，《五經異義》云：

　　諸侯有妾母喪，得出朝會不？《春秋公羊》說：妾子爲諸侯，不敢
　　以妾母之喪而廢事天子，大國出朝會，禮也，魯宣公如齊，有妾母
　　之喪，經書善之。《左氏》說云：妾子爲君，當尊其母，有三年之喪，
　　而出朝會，非禮也，故譏魯宣公。〔註73〕

上述二例，許慎多從《左氏》之說（鄭玄駁之，從《公羊》說），〔註74〕主張魯宣公必須爲母三年，臣君有喪，王不呼其門三年，以遂其服，順其志也；又庶子立爲君，爵命母以尊高之，故得爲母三年，不以緦服。但《公羊》仍以一貫之立場——「尊王廢親」，不以卑廢尊，因此，主張魯宣公徵王事以出朝會，禮也；又妾母緦服，子立爲君亦不爵命母，故不以三年。〔註75〕

另外，再看《穀梁》，定公元年曰：

　　……未殯，雖有天子之命猶不敢，況臨臣乎？周人有喪，魯人有喪。
　　周人弔，魯人不弔。周人曰：「固吾臣也，使人可也。」魯人曰：「吾
　　君也，親之者也，使大夫則不可也。」故周人弔，魯人不弔，以其
　　下成、康爲未久也。君，至尊也，去父之殯而往弔猶不敢，況未殯
　　而臨諸臣乎？〔註76〕

昭公三十二年十二月薨於乾侯（二十九年出奔乾侯），死於境外卻不得歸葬，於定公元年六月癸亥始得歸殯，迄秋七月癸巳而葬。因此，傳稱「況未殯而

〔註72〕同上注。
〔註73〕陳壽祺：《五經異義疏證》，卷下，頁119。
〔註74〕同上注，頁119～120。另外許慎《五經異義》亦曰：「衛輒拒父，《公羊》以爲孝子不父命辭王父之命，許拒其父。《左氏》以爲子而拒父，悖德逆倫，大惡也。」見陳壽祺：《五經異義疏證》，卷下，頁125。
〔註75〕同上注，頁117～118。
〔註76〕《穀梁》，卷十九，定公元年，頁316。

臨諸臣乎」，意謂昭公未殯，定公不得即位，故昭公歸殯之後，第六日戊辰始即位朝諸侯。〔註 77〕但這並非本例的重點所在，重點在於：王喪與君喪，王事與君喪二者衝突時，如何取決？《穀梁》以：一，「未殯，雖有天子之命猶不敢」；二，「去父之殯而往弔猶不敢」，因己有三年斬衰君喪之哀，故魯人不使大夫弔王喪，以親親之恩廢尊尊之義也（當然，親親尊尊乃相對性之言，對魯大夫來說，魯君親親也，周王尊尊也，二喪衝突時，則不以尊廢卑、以義廢親）。

然而，這個作法和思維，在《白虎通》的官定會議中顯然是經過一番討論的，其決議文中則明定，《白虎通·喪服》曰：

> 諸侯爲天子斬衰三年何？普天之下，莫非王土，率土之賓，莫非王臣。臣之於君，猶子之於父，明至尊臣子之義也。《喪服經》：「諸侯爲天子斬衰三年。」……禮，庶人爲國君服齊衰三月。王者崩，京師之民喪三月何？民賤而王貴，故恩淺，故三月而已。〔註 78〕

漢文帝遺制短喪，諸侯群臣三十六日則除服從吉，國中百姓服王喪亦不過三日。〔註 79〕但白虎通會議中則明訂諸侯爲天子以斬衰三年，又京師百姓爲天子服齊衰三月，尊崇《喪服經》說，亦見其獨立於《儀禮》之外，而成爲白虎通官定會議中訂定服喪制度之準則。一改前朝漢文舊制，復禮從周，重喪主義的喪教思想已然掀起喪主權之意識與權利的抬頭。尤其是帝王以一喪主身分制令要求諸侯服斬三年，京師百姓守喪三月，因而這一社會倫理制度的建立，是奠基於先天下後國家，有土斯有民的先後觀念上，與先秦齊家治國平天下的社會組織與國家型態是不同的。所以說，政府一方面嚴格要求臣子

〔註 77〕 同上注，頁 315～316。
〔註 78〕 《白虎通》，卷十一〈喪服·諸侯爲天子/庶人爲君〉，頁 504～506。
〔註 79〕 《漢書》，卷四〈文帝本紀〉：「其令天下吏民，令到，出臨三日，皆釋服。無禁取婦，嫁女、祠祀、飲酒、食肉。……殿中當臨者，皆以旦夕各十五舉音，禮畢罷，非旦夕臨時，禁無得擅哭。以下，服大紅十五日，小紅十四日，纖七日，釋服。它不在令中者，皆以此令類從事。布告天下，使明知朕意。」頁 132。秦蕙田：《五禮通考》，卷二五二〈凶禮七·喪禮〉引范祖禹曰：「君喪三年，古未之改，漢文率情變禮，雖欲自損以便人，而不知使人入於異類也。自是以後，民不知戴君之義，而嗣君遂亦不爲三年之服。唐之人主鮮能謹於禮者，故有公除而議昏，亮陰而舉樂，忘父子之親，故不可矣！然如漢文之制，志寧之議，是亦有父子而無君臣也，爲國家者，必務革漢文之薄制，遵三代之隆禮，教天下士大夫，以方喪三年，則眾著於君臣之義也。」頁 142（冊）-218。

爲君父服斬三年，一方面亦准許「凶服不入公門」，有喪不朝，但卻嚴令禁止爲父告假終喪三年（詳後），這以尊廢親的君主思想，正是實踐《公羊》大一統的歷程之一。〔註80〕因此，《喪服經》在此成爲東漢帝王統治教化之彝倫法典，透過喪服制度的建立，更確立了君臣之父子關係、恩義關係與親尊之關係，這三位一體之關係，共構了一代王朝之社會體制與天下秩序。

回歸《穀梁》定公元年例，劉向《五經通義》則云：

> 凡奔喪者，近者先聞先還，遠者後聞後還。諸侯未葬，嗣子聞天子崩，不奔喪。王者制禮，緣人心而爲之節文，孝子之（思）〔恩〕，不忍去棺柩，故不使奔也。〔註81〕

劉向之意在於：天王有喪，必當奔喪，但父喪在殯，不奔王喪，待葬而後奔，所謂先來後到，先私事後王事。但更有甚者，《禮記·服問》曰：「世子不爲天子服。」鄭玄注曰：「遠嫌也。不服，與畿外之民同也。」孔穎達正義曰：「此明諸侯世子有繼世之道，所以遠嫌，不爲天子服也。」〔註82〕所謂「遠嫌」乃意謂世子與天子之親疏關係，因恩義疏遠故不服──此乃「爲父絕君」之主張也，實與劉向「諸侯未葬，嗣子聞天子崩，不奔喪」──「先父後君」的主張有別。這大抵成了東漢士家大族爲爭取三年丁艱的權利根基，《禮記·雜記下》有云：「君子不奪人之喪，亦不可奪喪也。」鄭玄注曰：「重喪禮也。」孔穎達亦曰：「不奪人喪，恕也。不奪己喪，孝也。」〔註83〕劉向此說，一伸喪主權也，或也爲成帝綏和二年（三月成帝已崩），六月王太皇太后詔令：「博士弟子父母死，予寧三年」有關，〔註84〕而東漢亦曾二度（安帝、桓帝）詔令行喪三年，但事隔幾年便難於行事而禁止（詳後）。當然，《左傳》、《穀梁》所主張的「爲父絕君」（先父後君）的喪教思想是否危及君權統治與尊卑秩序，

〔註80〕陳壽祺：《五經異義疏證》，卷下：「白虎通曰：王者崩，諸侯悉奔喪何？……又曰：諸侯有親喪，聞天子崩，奔喪者何屈巳，親親猶尊尊之義也。春秋傳曰：天子記崩不記葬者，必其時葬也，諸侯記葬，不必有時，諸侯爲有天子喪，尚奔，不得必以時葬也。據公羊說，言諸侯奔大喪之禮，莫詳於此。」頁121。

〔註81〕《通典》，卷八十〈禮四十·凶二·奔大喪〉，頁1116。或見陳壽祺：《五經異義疏證》，卷下，頁120。亦詳黃以周：《禮書通故》，第十〈喪禮通故五〉，頁531。

〔註82〕《禮記》，卷五十七〈服問〉，頁1541～1547。

〔註83〕《禮記》，卷四十二〈雜記下〉，頁1200。

〔註84〕《漢書》，卷十一〈哀帝本紀〉，頁336。

這迫使帝王必須嚴謹地思考「忠、孝」;「君、父」所存在的衝突性問題,這一問題,東漢白虎通官定會議中,〈喪服〉一節的議題討論與決議文則有其權衡之道,因而創造了安帝詔令大臣行喪三年的契機(詳後)。

(二)「越紼助祭」───→「緦不祭」之問題討論

《禮記・王制》明白指出:「喪三年不祭,唯祭天地社稷,爲越紼而行事。」〔註 85〕這是透過祀權以正天子之名位而產生的君權觀,因此天子喪,嗣君必須越紼親行天地社祭之祭;此外,諸侯、大夫都得來朝助祭,若有親喪亦必須「越紼」、「越喪」而助祭,這是上自天子下至大夫,一體適用的禮則(詳第二章第一節、第四章第二節),也是嗣君行使其天子祀權命令之考驗。

但是,孔子說過「緦不祭,又何助於人?」〔註 86〕這句話引起諸多之誤解,釐清問題有三:一,「喪主」身分。二,「不祭」之義。三,「祭」義所指。二、三點已於第二章第一節及本章第一節討論過,「不祭」乃謂「不與祭」,而非「廢祭」之謂也,即喪主不參與祭祀。又「祭」乃指「吉祭」也,有喪不與祭,吉凶不相干故也。因此,我們得透過各家注疏以還原當初孔子所指稱的身分別是指「士喪禮」而言,才能確立所謂「緦不祭,又何助於人」的正確說法。《禮記・曾子問》曰:

> 曾子問曰:「相識,有喪服可以與於祭乎?」孔子曰:「緦不祭,又
> 何助於人?」〔註87〕

由於這話已說得明白,因此鄭玄不另贅言,孔穎達正義說:「言身有緦服,尙不得自祭己家宗廟,何得助於他人祭乎?」〔註88〕依此說乃指「吉祭」而言,基於吉凶不相干的禮則,故身有緦服則不得參與己家宗廟之吉祭,又何況是越喪助祭他人呢?清儒孫希旦《禮記集解》也認爲是如此的。〔註 89〕但北朝熊安生則認爲:「身有緦服,則不得自爲父母虞祔卒哭祭。」熊氏的意思,孔穎達作了解釋和演繹:

> 此謂同宮緦,則士爲妾有子及大夫爲貴妾,是同宮緦者。若大夫士
> 有齊衰、大功、小功、緦麻同宮,則亦不祭。若異宮則殯後得祭。

〔註85〕《禮記》,卷十二〈王制〉,頁 376～377。
〔註86〕《禮記》,卷十八〈曾子問〉,頁 580。
〔註87〕《禮記》,十八〈曾子問〉,頁 580。
〔註88〕同上注,鄭玄注曰:「問己有喪服,可以助所識者祭否?」頁 581。
〔註89〕孫希旦:《禮記集解》,卷十八〈曾子問〉,頁 517。

故〈雜記〉曰：「父母之喪將祭，而兄弟死，既殯而祭。若同宮，則雖臣妾，葬而後祭。……雖虞、祔亦然。」天子諸侯臣妾死於宮中，雖無服亦不得爲父母虞祔卒哭祭也。天子諸侯適子死，斬衰既練乃祭。天子諸侯爲適孫適婦，則既殯乃祭，以異宮故也。〔註90〕

緦服祭或不祭，這是以「同宮」、「異宮」之親疏來決定，兄弟雖是手足血緣之親，但異宮而居，反而不如同宮之妾來得親暱，故有同宮之情，爲之制服緦麻，哀喪三月，喪主不得與祭也。因此，假設二喪（父母先喪、兄弟後喪）衝突時，兄弟既殯之後則可與於父母之喪祭；但若二喪（父母先喪、同宮後喪）衝突時，縱使恩情如父如母之喪祭：虞祔卒哭祭，亦不得與祭，待既葬而後祭也。如上所述，《禮記》以大夫士庶人俱以三月而葬；《左傳》以大夫三月，士庶人逾月而葬；又漢文以後，帝王逾月便葬，士庶人更以速葬爲節，不月而葬。〔註91〕故以「同宮緦，葬而後祭」來說，誠無廢祭三月之理。然而，熊安生乃遵循兩晉以來「同宮緦，廢祭三月」（不以「葬而後祭」爲節）的主張，並且認爲這是上自天子下至士庶人的禮則；但事實上，禮以「天子諸侯絕期，大夫絕緦」，因此，必須奉守三月不祭者，乃士庶人也。

其次，就證《禮記・曾子問》曰：

曾子問曰：「大夫之祭，鼎俎既陳，籩豆既設，不得成禮，廢者幾？」孔子曰：「九。」請問之，曰：「天子崩、后之喪、君薨、夫人之喪、君之大廟火、日食、三年之喪、齊衰、大功，皆廢。外喪自齊衰以下，行也。其齊衰之祭也，尸入，三飯，不侑，酳不酢而已矣。大功，酳而已矣。小功、緦，室中之事而已矣。士之所以異者，緦不祭。所祭，於死者無服，則祭。」〔註92〕

顯然地，曾子所問的是：「吉祭」，意謂：大夫宗廟祭祀將行，祭器與牲品皆已鋪設完成，只等祭主與尸主入位，如果此時傳來以下的消息或狀況者，如何應對，孔子分之於二類：一，「廢祭」，即終止祭祀，廢祭以助喪，如：天

〔註90〕《禮記》，十八〈曾子問〉，頁581。四十二〈雜記下〉，頁1198。

〔註91〕《梁書》，卷二十五〈徐勉傳〉：「時人問喪事，多不遵禮，朝終夕殯，相尚以速。勉上疏曰：『禮記問喪云：「三日而後斂者，以俟其生；三日而不生，亦不生矣。」自頃以來，不遵斯制。送終之禮，殯以暮日，潤屋豪家，乃或半晷，衣衾棺槨，以速爲榮，親戚徒隸，各念休反。……請自今士庶，宜悉依古，三日大斂。如有不奉，加以糾繩。』詔可其奏。」頁378～379。

〔註92〕《禮記》，十九〈曾子問〉，頁597。

子崩、后之喪、君薨、夫人之喪、君之大廟火、日食。二,「不與祭」,此指「助祭者」,因喪廢祭,如身有三年、齊衰、大功之居喪者,則不得參與祭祀,但小功、緦麻因服輕,故大夫得越喪助祭。孔子另外再加以補述,以外喪齊衰及以下(如世父母、叔父母服,異門而居則祭),則不廢祭,必須親自參與宗廟大祭,所以只有斬衰服不得與祭,並且依其喪之輕重(齊衰、大功、小功、緦麻),雖祭,但祭祀之禮則因喪省殺,不盡其禮。

本節鄭玄注省,孔穎達正義則以大夫自大功以上則因喪廢祭,這對象是指「喪主」而言,但我認爲這是指「助祭者」,因爲孔子說得很清楚:「所祭,於死者無服,則祭」,禮有所謂支子不祭,大夫亦未必爲適子,大夫亦有二斬之喪,故孔子言:「士之所以異者,緦不祭」,這是承上述曾子問而來的問題,孔子進行了補充說明,好讓曾子更加明白自己的主張。所以士之所以與大夫不同,是因爲士之爲知識階層,爲民之首也,有起民之表率,敦良風俗的作用,因此要求士必須爲緦麻以上之親盡哀,所謂「喪不貳事」,〔註93〕這亦是孔子以喪爲教的理想之一,故士因喪則廢,不與助祭,君三年亦不呼其門也。

另外,再證之於《五經異義》曰:

> 大鴻臚眭生說:諸侯踰年即位乃奔天子喪。春秋之義,未踰年君死,不成以人君禮言,王者未加其禮,故諸侯亦不得供其禮於王者,相報也。〔註94〕

「眭生」,陳壽祺認爲並非是西漢昭帝時的《公羊》大師「眭孟」,而是東漢光武帝時傳孟氏《易》的「洼丹」。〔註95〕洼丹此言以「君臣」關係乃「相報」之關係,是一種相對性之關係,其主張與孟子之君臣觀是一致的。因此,依洼丹說,王進爵於我,我亦爲其王臣也,故有報服之義也,若無君臣之關係,則無服相報也。這一說法確實動搖了董仲舒以來「三綱」——「君爲臣綱」之思想,這一維繫天下秩序的綱政體制出現了以「家父之恩」掩「君父之義」的思考模式。顯然洼丹之說,已然開啟士大夫之家族意識與國家意識的衝突

〔註93〕《禮記》,卷十二〈王制〉,頁379。

〔註94〕陳壽祺:《五經異義疏證》,卷下,頁121。

〔註95〕案:陳壽祺:《五經異義疏證》曰:「漢公羊春秋大師眭孟本傳及儒林傳皆云符節令,此云大鴻臚未詳。攷異義,公羊說:諸侯奔大喪,越紼而行。而此引眭生說:諸侯踰年即位乃奔大喪,與公羊異,則非眭孟也。後漢有洼丹,世傳孟氏易,建武十一年爲大鴻臚。豈眭與注之誤與?」頁121。《後漢書》,卷七十九上〈洼丹傳〉,頁2551。

與頡頑之問題思考。故在漢季鄭玄也一反「尊王卑臣」的立場，針對洼丹說的這席話表示贊同而反駁許慎說，[註96] 鄭氏曰：

> 《孝經》資於事父以事君，言能為人子乃能為人臣也。〈服問〉：「嗣子不為天子服」，此則嫌欲速不一於父也。〈喪服四制〉曰：「門內之治恩掩義，門外之治義斷恩。」此言在父則為父，在君則為君也。《春秋》莊三十二年子般卒，時父未葬也，子者繫於父之稱，則當從門內之治恩掩義，禮者，在於所處，此何以私廢公，何以卑廢尊。[註97]

鄭玄以子般為例，莊公三十二年八月薨，停殯待葬，其子般於冬十月為權臣公子慶父所弒，故以不成君之禮葬之。從這案例來說，子般未踰年故未即位，當然不得以君稱之，而天子亦未及以公禮加之，所以鄭玄認為：一，未成君而死的子般乃繫之於莊公，故門內之治恩掩義；二，未踰年則未即位，不成君禮，故〈服問〉以「嗣子不為天子服」而為父服斬，也就是說：踰年即位，已成嗣君，故為天子服斬而奔。這是鄭玄的主張和對經典的解說。要之，以踰年即位成君則為天子，未踰年以子稱故為父也。

　　無獨有偶的是，何休亦一反《公羊》「越紼而行」的主張，取洼丹「君臣相報」說而去董仲舒「君為臣綱」的《公羊》教義，在其昭公十五的注文當中誠可證之。

　　所以最後，我們再證之《公羊》昭公十五年：「君有事於廟，聞大夫之喪，去樂，卒事。大夫聞君之喪，攝主而往。」[註98] 何休對「大夫聞君之喪，攝主而往」的解釋是：

> 主，謂己主祭者。臣聞君之喪，義不可以不即行，故使兄弟若宗人，攝行主事，而往，不廢祭者，古禮也。古有分土無分民，**大夫不世**，己父未必為今君臣也。《孝經》曰：「資於事父以事君，而敬同。」
> [註99]

何休認為大夫以適子之身分主祭宗廟，當君薨之消息傳來，大夫有委質奔喪之義，不得不以兄弟或族之長老代為行事，不廢自家宗廟大祭，這與孔子聞

[註96] 陳壽祺：《五經異義疏證》，卷下：「謹案：禮不得以私廢公，卑廢尊，如禮得奔喪。今以私喪廢奔天子之喪，非也。又人臣之義，不得校計天子未加禮於我，亦執之不加禮也，眭生之說非也。」頁 121。
[註97] 同上注，頁 121～122。
[註98] 《公羊》，卷二十三，昭公二十三年，頁 504。
[註99] 《公羊》，卷二十三，昭公二十三年，頁 504。

君薨則廢祭的主張南轅北轍。事實上，何休前後的說詞甚見矛盾，隱公元年，何休如是說：「設有王后崩，當越紼而奔喪，不得必其時，故恩祿之。」〔註100〕何氏以王后崩與天子崩位尊同體，故縱使天后崩，諸侯亦須「越紼助喪」，先葬王后，而後葬己親，故亦不得必其時也；這奉守了《公羊》之教義。但他的想法到了後期注解本例時，卻有了改變，這與他身處黨錮之禍的處境有絕對之關係，因而對所謂君薨的這件事，僅以奔喪報其君臣之義，而東漢家族意識之崛起，也是何休以一時代之禮情生意於經傳之中，所以主張大夫攝主而往，不因君喪而廢祭宗廟，以家事為重，不為君絕父也（詳第四章第二節，昭十五年魯大夫叔弓卒例）。

三、「為親絕君」——「緦不祭」之重喪文化的形成

承上述，「緦不祭」乃儒士喪禮教育之儀則，故《儀禮》凶禮中唯見〈士喪禮〉、〈既夕禮〉、〈士虞禮〉，透過這一完整地記錄以教育儒士從始死、既殯、既葬、既虞而卒哭成事的每一治喪階段與程序步驟，是一嚴死送終的生命教育，得由儒士來實踐並推行這一生命禮儀以成文化內蘊。因此，從《儀禮》的生命禮儀教育來看，雖可類推上達天子之喪儀，但服以節情制哀，誠非一體適用於天子、諸侯、大夫這三大權力階層，故春秋以「既葬卒哭」為喪哀之節，並以「天子諸侯絕期」、「大夫絕緦」為喪服之則；士則服緦，所以，士緦不祭，以重喪也。

然而，這一作法與思維，下逮東漢則有不一樣之思考（詳後），尤其是魏晉以後更以此「士喪禮」為上下一體適用之原則，力圖伸張喪主之哀權，此乃源自於對《儀禮‧喪服傳‧緦麻章》：「有死於宮中者，則為之三月不舉祭，因是以服緦也。」〔註101〕的誤解所致，以致於賈公彥作《疏》甚見晉儒之影響，氏曰：「云有死宮中者，縱是臣僕死於宮中，亦三月不舉祭，……有死即廢祭者，不欲聞凶人故也。」〔註102〕當然這一荒謬的解讀，晉儒已見，如東晉穆帝時博士孫欽曰：「禮，有死宮中，闕一時之祀。又按魏高堂隆議，平原公主薨，二月春祀，不宜闕祭。臣聞伯叔父……，天子諸侯則降而不服，於四時之祭無闕廢，禮也。……且宮中有死者，三月不舉祭，傳發

〔註100〕《公羊》，卷二，隱公元年，頁36。
〔註101〕《儀禮》，卷三十三〈喪服傳‧緦麻章〉，頁725。
〔註102〕同上注。

於緦麻三月之章，天子諸侯周大功，皆降而不服。何緦麻之有乎！誠亦儒者之迷誤也。」〔註103〕依孫欽所言，顯然魏晉帝王講禮重情，故對緦麻三月之親喪，廢祭三月示哀，故有高堂隆等上奏阻止，不因輕喪而廢宗廟之重也。當然，天子諸侯若因有死宮中便執緦而服，可謂永無吉日，這一謬論是顯而易見的，然而這是東漢明帝以來重喪思想演進之結果，漢末蔡邕的這席話足以證之：

> 竊見南郊齋戒，未嘗有廢，至於它祀，輒興異議。豈南郊卑而它祀尊哉？……禮，妻妾產者，齋則不入側室之門，無廢祭之文也。所謂宮中有卒，三月不祭者，謂士庶人數堵之室，共處其中耳，豈謂皇居之曠，臣妾之眾哉？自今齋制宜如故典，庶荅風霆災妖之異。〔註104〕

蔡邕的話要點有三：一，「南郊大典」，天子「越喪行郊」；但「宗廟祭祀」，因喪而廢，「俟吉則祭」（詳本章第一節）。二，「同宮緦，廢祭三月」乃「士喪禮」，並非一體適用於天子。又皇宮人數之眾，宗廟乃內祭之大者，若是同宮而廢祭，則永無親祭之日也。天子乃承祀宗廟之祭主，豈可因輕喪而廢祭，因此，主張天子不應該「拘信小故，以虧大典」〔註105〕——因同宮緦喪而廢祭宗廟，這是不對的，亦是錯誤的解讀。三，「同宮緦，廢祭三月」之「士喪禮」，於漢末已一體適用於天子之禮則，因此蔡邕力圖矯枉，不廢宗廟大典。換句話說：「緦不祭」之禮則在漢末已然成型，並且是由「士喪禮」轉變成「天子喪禮」之禮則，更精確地說是：上自天子下至士庶，緦不祭，亦不助於人也。

　　白虎觀官定會議尚未召開之前，宣帝曾詔令：「人從軍屯及給事縣官者，大父母死未滿三月，皆勿徭，令得送葬。」〔註106〕宣帝之德惠僅及於兵役者與縣役者，父母死得廢事三月（廢事百日），但這一政令於光武帝建光年間而絕此告寧之典。〔註107〕又成帝綏和二年（B.C.7 年，三月，成帝崩）六月河間王劉良為太后服喪三年受到朝廷的褒獎之後，王太皇太后則詔令：「博士弟

〔註103〕《通典》，卷五十二〈禮十二・吉十一・旁親喪不廢祭議〉，頁 747。另詳同卷〈喪廢祭議〉，頁 745～747、〈緦不祭議〉，頁 748。
〔註104〕《後漢書》，卷六十下〈蔡邕傳〉，頁 1993～1994。
〔註105〕同上注，頁 1993。
〔註106〕《後漢書》，卷四十六〈陳忠傳〉，頁 1560。
〔註107〕同上注。

子父母死，予寧三年」〔註108〕這是首開漢世爲父母終喪三年之彝詔，以國家高等教育作一示範與表率，故其實施對象是「博士及弟子」，而諸臣皆不得遂志，既葬公除，其例見諸「翟方進」，《後漢書・荀爽傳》曰：

> 昔丞相翟方進，以自備宰相，而不敢踰制。至遭母憂，三十六日而除。〔註109〕

自文帝以日易月，三年大喪三十六日而除，故翟方進第三十七日起則公除致事，不得伸己之哀權也。又章帝初年戊己校尉耿恭，戮力抵抗匈奴，因戰火未熄不得奔母喪，抗戰結束後，追行母服，但章帝則詔使五官中郎將馬嚴齎牛酒釋服，奪情不令其追服。〔註110〕

　　然而，在章帝建初四年（A.D.79 年）白虎觀官定會議召開之後，這一狀況便有了改變，但唯「大夫階層」（萬石、中二千石、二千石、比二千石）之政府高級高官不得因喪廢事外，其餘已得到政府准允行喪三年。《白虎通・喪服・私喪公事重輕》曰：

> ① 曾子問曰：「君薨既殯，而臣有父母之喪，則如之何？」孔子曰：「歸居於家，有殷事則之君所，朝夕否。」曰：「君既啓，而臣有父母之喪，則如之何？」孔子曰：「歸哭，而反送君。」曰：「君未殯，而臣有父母之喪，則如之何？」孔子曰：「反於君所，有殷事則歸，朝夕否。夫室老行事，士則子孫行事。大夫內子，有殷事亦之君所，朝夕否。」諸侯有親喪，聞天子崩，奔喪者何？屈己。親親猶尊尊之義也。《春秋傳》曰：「天子記崩不記葬者，必其時葬也。諸侯記葬，不必有時。」諸侯爲有天子喪尚奔，不得必以其時葬也。

> ② 大夫使受命而出，聞父母之喪，非君命不反者，蓋重君也。故《春秋傳》曰：「大夫以君命出，聞喪，徐行不反。」諸侯朝，而有私喪得還何？凶服不入公門。君不呼之義也。凶服不敢入公門者，明尊朝廷，吉凶不相干。故《周官》曰：「凶服不入公門。」〈曲禮〉曰：「居喪不言樂，祭事不言凶，公庭不言婦女。」《論

〔註108〕《漢書》，卷十一〈成帝本紀〉：「河間王良喪太后三年，爲宗室儀表，益封萬戶。又曰：……博士弟子父母死，予寧三年。」頁336。

〔註109〕《後漢書》，卷六十二〈荀爽傳〉，李賢注〔九〕引《前書》：「翟方進爲丞相，遭後母憂，行服三十六日起視事，曰：『不敢踰國制也。』」頁2051～2052。

〔註110〕《後漢書》，卷十九〈耿恭傳〉，頁723。

語》曰：「子於是日哭，則不歌。」

③ 臣下有大喪，不呼其門者，使得終其孝道，成其大禮。故《春秋
傳》曰：「古者臣有大喪，君三年不呼其門。」有喪不朝，吉凶
不相干，不奪孝子之恩也。太廟火，日食，后之喪，雨霑服失容，
並廢朝。〔註111〕

全文可分由三段與三大階層來解讀。

第一段：①以曾子三問起筆，由士及於大夫，並推演至諸侯，以見先進
王事後進親事之倫理關係與國家秩序。曾子問一，以君既殯（天子停殯七月、
諸侯五月）則無事，若有父母喪則歸居於家，朝夕奠與初一十五薦新之奠祭
（殷事）則返回君所。曾子問二，君既啓殯則有事，若有父母喪則先奔喪歸
哭，而後再折返送君入葬（古人之於葬所非一日可即，故臣子可先返家歸哭）。
曾子問三，君未殯則有事，若有父母喪則歸殯父母（庶人一日而殯，故父母
若爲庶人則殯日短，故先殯而後殯君。若君殯在即，盧植以先殯君再殯父母。
〔註112〕），殯後即刻返回君所，有父母殷事則歸，朝夕奠祭不回，且大夫之嫡
妻亦須與夫共留於君所助喪。父母治喪之事，大夫之家則有請室老攝事；士
人則請子孫行事。曾子問以士及於大夫階層，對於諸侯階層來說，聞天子喪，
必須屈己廢親即奔王喪，並且先葬天王而後葬親也，親葬之事必有延緩，故
諸侯不得以時而葬，尊王降親之故也。

第二段：②以二種狀況設問，一爲大夫受命出使而聞父母喪，大夫必須
爲君絕父，不得歸哭奔喪，以國事爲重；唯君令返乃奔。一爲諸侯朝天子而
聞父母喪，諸侯應旋即返國奔喪，廢朝觀禮，以凶服不入公門，君不呼之故
也。然春秋宋子會於葵邱，陳子會於溫，以君父之喪而出會王事，此乃不廢
王命與王事也。〔註113〕故白虎通之官定會議已然有其新制，親諸侯令其奔喪
以示哀也。

第三段：③准允臣下（我認爲是「千石以下」官員）有三年大喪者，君
不呼其門，臣亦不朝，終其孝道，以吉凶不相干，不奪孝子之恩也。

要之，白虎通決議文之喪教總綱乃以《公羊》教義申明「尊王掩親」之
政治倫理，故當二喪衝突時，則以先君後親，爲君絕父爲其主義思想。而在

〔註111〕《白虎通》，卷十一〈喪服・私喪公事重輕〉，頁526～530。

〔註112〕《禮記》，卷十九〈曾子問〉，孔穎達正義引，頁600。

〔註113〕《白虎通》，卷十一〈喪服・私喪公事重輕〉，頁528。

總綱之下則有三大細目：一，諸侯聞親喪當廢朝而奔，爲父絕君也。二，大夫受命出疆不得即奔，唯君命之，爲君絕父也。三，士，凡三年大喪以遂其丁艱之志，爲父絕君也。顯見，白虎通的官定會議所架構出來的政治型態是以「公卿大夫」爲其政治主幹，是東漢政府之核心官僚，因此大夫之於天子與天下，乃其股肱，國之體也。何休、杜預之春秋傳注悉有此說，何氏更主張「卿喪廢祭」以示哀也；杜氏則以「卿喪廢樂」以示哀也（詳第四章第二節，昭十五年魯大夫叔弓卒例）。

而在白虎通官定會議之後，安帝元初三年（A.D.116年）冬十一月丙戌詔曰：「初聽大臣、二千石、刺史行三年喪。」所謂「大臣」，竊以爲乃太傅、三公（太尉、司空、司徒）、將軍等袞袞諸公；「二千石」職屬乃太常、光祿勳、中郎將、太僕，……等秩「中二千石、二千石、比二千石」諸卿大夫；「刺史」二千石乃十二州之監察御史。〔註114〕這意謂著：凡二千石以上之公卿大夫，〔註115〕俱可因父母之喪而終喪順志，告假三年。這是一項創造歷史的德政，也是喪主權得到徹底伸張的一大歷史見證，正式宣告重喪時代的來臨，並且是由政府詔令行喪三年，這一由上而下，上達天子下至庶民的三年之通喪，所形成的教育意義乃一種文化底蘊，這一文化底蘊是儒家喪禮教育的徹底實踐與產生的影響。

然而五年後，永寧中（A.D.120～121年），太子少傅（二千石）桓焉，「以母憂自乞，聽以大夫行喪」，但一踰年，安帝便詔使者「賜牛酒，奪服」，即拜光祿大夫（比二千石），遷太常（中二千石）。〔註116〕已見奪情逆志，卿大夫不得終喪三年的憾事。下逮建光元年（A.D.121年）冬十一月，庚子詔曰：「復斷大臣二千石以上服三年喪。」〔註117〕本詔以秩二千石以上之公卿大夫必須既葬公除致事，不得依舊詔行事，而秩二千石以下之官員則不在此列，得伸孝子之志也。

漢末，桓帝永興二年（A.D.154年）二月，辛丑詔曰：「初聽刺史、二千

〔註114〕《後漢書》，卷二十四~二十八〈百官一~五〉，頁3555～3638。

〔註115〕《漢書》，卷十九上〈百官公卿表〉，顏師古注曰：「漢制，三公號稱萬石，其俸月各三百五十斛穀。其稱中二千石者月各百八十斛，二千石者百二十斛，比二千石者百斛。」頁721。

〔註116〕《後漢書》，卷三十七〈桓焉傳〉，頁1257。

〔註117〕《後漢書》，卷五〈孝安帝紀〉，頁226、234。或詳《後漢書》，卷四十六〈陳忠傳〉，頁1560～1561。

石行三年喪服。」二年後，永壽二年（A.D.156 年）春，正月詔曰：「初聽中官得行三年服。」李賢注以「中官」乃「常侍以下」（比二千石以下），意謂內官太監亦得行喪三年。又三年後，延熹二年（A.D.159 年）三月詔曰：「復斷刺史、二千石行三年喪。」〔註118〕桓帝六年內三下詔書，永興二年以刺史與二千石諸官皆可行喪三年，但六年後，延熹二年又詔聽復斷，奪服逆志，不得終喪；永壽二年更允詔中官常侍以下，即秩「比二千石以下」諸內官得為父母行喪三年，唯秩二千石以上之公卿大夫不得遂志。對此，延熹九年（A.D.166 年）荀爽上奏曰：

> 漢制使天下誦孝經，選吏舉孝廉。夫喪親自盡，孝之終也。**今之公卿及二千石，三年之喪，不得即去**，殆非所以增崇孝道而克稱火德者。往者孝文勞謙，行過乎儉，故有遺詔以日易月。此當時之宜，不可貫之萬世。古今之制雖有損益，而諒闇之禮未嘗改移，以示天下莫遺其親。**今公卿群寮皆政教所瞻，而父母之喪不得奔赴**。夫仁義之行，自上而始；敦厚之俗，以應乎下。……古者大喪三年不呼其門，所以崇國厚俗篤化之道也。事失宜正，過勿憚改。天下通喪，可如舊禮。〔註119〕

按此所謂「通喪」乃謂「三年大喪」；「舊禮」乃謂「安帝元初故事」（元初三年冬十一月丙戌詔，初聽大臣、二千石、刺史行三年喪。或見下表）。荀氏之言已顯示儒家以喪為教之道德教化的成型，故要求一個以身作則，上行下效的政府，同時也為公卿大夫一伸孝子之哀權也。

　　然而，此一喪教思想，下逮晉武帝，（魏咸熙二年十二月南郊易鼎，改元泰始元年，A.D.265 年）（咸熙二年八月辛卯）因父喪哀重，依禮既葬除服，仍堅持深衣素冠，心喪三年，同年十二月，乙亥詔曰：「諸將吏遭三年喪，遣寧終喪。」此令僅限「諸將吏」，不限品秩，可告寧三年。二年後，泰始三年（A.D.267 年），三月，戊寅詔曰：「初令二千石得終三年喪。」此乃復行東漢安帝元初三年之故事，並於九年後，大晉江山已定，太康七年（A.D.286 年），十二月又詔：「始制大臣聽終喪三年。」〔註120〕至此，凡朝廷公卿大臣皆得以行喪三年，喪主權及孝子哀權都獲得了伸張。可以說：為父母終喪三年，先

〔註118〕《後漢書》，卷七〈孝桓帝紀〉，頁 299、302、304。
〔註119〕《後漢書》，卷六十二〈荀爽傳〉，頁 2051～2052。
〔註120〕《晉書》，卷三〈武帝本紀〉，頁 53、55、77。

父後君，為父絕君之制度，已然確立，並且是儒家喪教理想的徹底實踐，天子諸侯大夫行喪，「一於士喪禮」──「士總不祭」、「終喪三年」之理想的完成與實踐，更將中國喪教禮學史推向一文化高峰，大放異彩，影響後世既深且鉅也。

【漢帝詔聽行喪三年簡表】（附晉武帝終喪三詔）

●禁喪三年　○終喪三年

		諸公萬石	諸卿中二千石	刺史、二千石	比二千石	千石	比千石	六百石	比六百石
成帝	綏和二年 BC.7	●	●	●	●	●	●	●	博士弟子
章帝	建初四年 AD.7	●	●	●	●	○	○	○	○
安帝	元初三年 AD.116	○	○	○	○	○	○	○	○
	建光元年 AD.121	●	●	●	●	○	○	○	○
桓帝	永興二年 AD.154	●	●	○	○	○	○	○	○
	永壽二年 AD.156	●	●	●	○	○	○	○	○
	延熹二年 AD.159	●	●	●	○	○	○	○	○
晉武帝	泰始元年 AD.265	冬十二月，乙亥詔曰：「諸將吏遭三年喪，遣寧終喪。」案：僅限「諸將吏」，不限品秩。							
	泰始三年 AD.267	●	●	○	○	○	○	○	○
	太康七年 AD.286	○	○	○	○	○	○	○	○

綜上，可由四個面向作一結論，一，實踐面：行喪三年乃孝子必然之行，上至天子下迄士庶皆然；二，理論面：禮「士總不祭」已成上下一體之通則，凡同宮總則廢祭三月示哀，祭事不廢，攝主行事；三，社會面：放情越禮成為社會之情調，故王衍曰：「聖人忘情，最下不及情。然則情之所鍾，正在我輩。」；〔註121〕四，政治面：以喪為教，移孝作忠，慨允先父後君，家族意識與喪主權力的抬頭。

〔註121〕《晉書》，卷四十三〈王衍傳〉，頁3652。

第三節　喪主權之伸張二──凶事鹵簿與喪贈文化的形成

對於帝王來說，亦有其不可乘載之傷痛，故三代以「諒闇三年」作為孝子哀喪之期限，聖人緣情制禮，寄以三年，喪主得由喪哀之悲慟漸次淡泊以為思念之想望，因此「三年不言」誠然是給予喪主一聊慰傷口之時間。但這一療傷止痛的權利，至東漢始得實踐。這原由必須從明帝變禮啟新的主張說起。

東漢明帝一改祖宗舊法，前朝規章，廢大駕鹵簿於南郊祀天，僅以法駕；大駕唯用於上陵謁廟與母親大行。很顯然地，自漢成帝建郊於長安，雖幾經周折，終於王莽而塵埃落定，或因近郊之故，明帝則降郊天鹵簿儀一等，僅以法駕，而祭地、明堂、宗廟更僅以小駕。如果從這個角度來觀察，明帝上陵謁見父廟用大駕、生母陰太后大行用大駕，這都是開前朝之所未見──大駕鹵簿用於凶事喪葬──這是秦制駕儀以來，第一次將出行的鹵簿駕儀運用於凶事喪葬之中。更有甚者，明帝為了尊母，更以最高駕次「大駕鹵簿」送行「太后女主」，並且為了區分用駕之性質，始有「吉事鹵簿」與「凶事鹵簿」之分。章帝之世，更首開凶事鹵簿「喪贈」大臣「耿秉」，送終之威儀顯赫當時，備極哀榮。

春秋大臣之喪，以「廢樂示哀」作為對大臣家門的尊敬，但到了東漢明帝首開凶事鹵簿駕儀之後，送行乃以「備極哀榮」為最高之禮敬，並且是一大身分的象徵，如其生時出行之炫赫當道。這一作法，自此改變中國人對「送終」的態度與觀念：「哀戚」→「哀榮」；這一思維的改變乃延續至死後世界，因而東漢墓葬中所發現的鹵簿出行圖壁畫，正是「備極哀榮」觀念的彰顯，影響後世至深且鉅。

本節僅就二大方向作一討論：一，明帝設吉凶鹵簿──生給與喪贈鼓吹之風起。先就周禮「攝盛」之美意談起，以見天子尊臣之禮；而此風或與明帝以來喪贈與生給鼓吹導從，備其出入之威儀有關，而這一使其「備極殊榮」與「備極哀榮」的生死威儀，在六朝達到最高峰。二，鼓吹贈賜與論議彙編。擬透《全上古三代秦漢三國六朝文》與漢晉諸史為觀察，究其源流，以見喪贈鼓吹（凶事鹵簿）所引起的社會效應與送葬之模式與思考。

一、明帝設吉凶鹵簿——生給與喪贈鼓吹之風起

（一）「攝盛」之濫觴

何謂「攝盛」？《周禮‧巾車》、《儀禮‧士昏禮》、《儀禮‧既夕禮》中提到凡士於迎親，其所乘車由無飾的「棧車」越級為有漆飾的「墨車」、衣服亦由「玄端服」越級為「爵弁服」，[註122] 而士之妻，亦如之，皆得受大夫禮[註123]；於葬禮，士之奠祭原用「特牲三鼎」，今奠祭則可用「少牢五鼎」，得同於大夫禮。《儀禮‧既夕禮》，鄭玄注曰：

> 士禮，特牲三鼎，盛葬奠加一等，用少牢。」[註124]

賈公彥疏曰：

> 「『盛葬奠加一等，用少牢也』者，以其常祭用特牲，今大遣奠與大
> 夫常祭用少牢，同是盛此葬奠，故加一等用少牢也。……少牢五鼎，
> 大夫之常事；此葬奠，士攝之奠用少牢，五鼎。」[註125]

禮經中所記載的唯有「士」在「非常儀」[註126] 的狀況下，如：「迎親」、「喪祭」，因士卑之故，悉得踰越等級，以「大夫禮」行之，此乃經解家所倡言的「攝盛」。我認為東漢以來「喪贈鼓吹」之風乃濫觴於中國古禮「攝盛」的好意，這是源於人情的溫暖與寬容，無不希望殯葬風光威儀，因為「死亡」乃「非常事」，越級設儀，得到了皇帝的允許與發揚，更是對喪主表示其最高的禮敬與哀悼。

就喪贈來看，東漢四例（詳下表）都可謂之「攝盛」，明帝對生母陰太后、安帝對和熹鄧太后、桓帝對生母孝崇匽皇后，都是以「天子大駕鹵簿」送葬；

[註122]《儀禮》，卷四〈士昏禮〉：「主人爵弁，……乘墨車，從車二乘。」賈公彥疏曰：「今爵弁用助祭之服親迎，一為攝盛。」、「墨車，漆車也。」、「士卑無飾，雖有漆，不得名墨車，故唯以棧車為名。士乘墨車，攝盛也者。」、「大夫已下有貳車，士無貳車，此有者，亦是攝也。」頁72～73。《周禮》，卷二十七〈巾車〉：「若五等諸侯迎親，皆乘所賜路。以其士親迎，攝盛乘大夫車，則大夫已上，尊則尊矣，不可更攝盛。」頁834。

[註123]《周禮》，卷二十七〈巾車〉，賈公彥疏：「女御與大夫妻同乘墨車；士之妻攝盛亦乘墨車。」頁846。

[註124]《儀禮》，卷三十九〈既夕禮〉，頁748。

[註125] 同上注，頁749。

[註126]《禮記》，卷四十一〈雜記上〉，孔穎達正義引鄭玄云：「親迎雖亦己之事，攝盛服爾，非常著之服。所以親迎攝盛服者，以親迎配偶，一時之極，故許其攝盛服。」頁1181。

章帝給功臣耿秉以列侯威儀送葬之；靈帝對其師楊賜，以「法駕鹵簿」送葬之，悉開後漢「攝盛」之風，此非踰級可謂，而是隨皇帝一片心意而下詔給贈。因此，《通典・職官十一》曰：「靈帝數以車騎過拜嬖臣及贈亡人。」注引應劭曰：「美號加于頑凶，印綬污于腐尸，虧國家之舊，傷琥武之重。昔年有睹被髮之祥，知其為戎。今假號雲集，不亦宜乎？」〔註127〕意指靈帝最喜歡以「車騎將軍」贈賜嬖臣與亡人，所以這只是一個美爵，人總樂於炫耀自己諸多的頭銜，即使是假號無給職，無實權亦無妨，至少美其名。祭文以隱惡揚善，墓誌銘亦旌善表行，凡死者已矣，唯美善是念。因此，古有攝盛以成人之美，今則承此風尚，愈加流行，亦愈失其美意。

（二）生給與喪贈鼓吹之風起

自東漢以來，皇帝贈給的內容，比起前朝來說則多了兩項喪贈：一，「及葬，給鼓吹」，位尊大者則給賜前後二部鼓吹導從。二，「挽歌□部」，乃始於東晉桓溫之喪贈，這是前代所未曾納入的贈物。當然，並非所有宗室、大臣的喪贈都有「鼓吹」、「挽歌」，大凡都是贈爵、給賻以治喪，故凡得到的喪家，送葬的排場鼓吹警蹕導從，正能彰顯其尊榮顯赫的身份地位，這就是「鹵簿駕儀」。何謂「鹵簿」？應劭《漢官儀》：

> 天子車駕次第謂之鹵簿。有大駕、法駕、小駕。〔註128〕

《通典・鹵簿》曰：

> 漢制，乘輿大駕，備車千乘，騎萬匹，屬車八十一乘，公卿奉引，太僕〔御〕，大將軍參乘，祀天於甘泉用之。後漢明帝上原陵，大喪并因前代為大駕，用八十一。祀天南郊則法駕，用三十六乘，河南尹、執金吾、洛陽令奉引，……。祀地、明堂、宗廟尤省，謂之小駕，每出，太僕奉駕。〔註129〕

《後漢書・輿服上》曰：

> 乘輿大駕，公卿奉引，太僕御，大將軍參乘。屬車八十一乘，備千乘萬騎。西都行祠天郊，甘泉備之。官有其注，名曰甘泉鹵簿。東都唯大行乃大駕。大駕，太僕校駕；法駕，黃門令校駕。〔註130〕

〔註127〕《通典》，卷二十九〈職官十一〉，頁416。
〔註128〕《後漢書》，卷十〈孝崇匽皇后〉，注引《漢官儀》，頁442。
〔註129〕《通典》，卷六十六〈禮二十六・嘉十一〉，頁949～950。
〔註130〕《後漢書》，志第二十九〈輿服上〉，頁3648～3649。

綜上，要點有三：一，鹵簿原屬天子車駕的陣仗，依其出行目的而隆殺有別。西漢唯甘泉祀天則大駕；東漢南郊祀天則降以法駕，祀地、明堂、宗廟則小駕。二，東漢明帝，唯上陵謁廟與母親陰太后大行用大駕（杜佑未言明，實乃指光烈陰太后的葬儀），故「東都唯大行乃大駕」。三，至東漢明帝以後，大駕鹵簿已非「天子」之專屬，已正式用於「女主大喪」，如：光烈陰太后、和熹鄧太后、孝崇匽太后，三位太后已享有天子之尊的「大行鹵簿駕儀」。而次一等的「法駕鹵簿」，靈帝更用於業師楊賜之喪，特殊其榮也。故鹵簿駕儀已經徹底鬆綁，杜佑曰：「後漢太皇太后、皇太后、皇后法駕。」〔註131〕、《後漢書・輿服上》亦曰：「諸侯王法駕，官屬傅相以下，皆備鹵簿。」、「列侯，家丞、庶子導從。若會耕祠，主縣假給辟車鮮明卒，備其威儀。導從事畢，皆罷所假。」〔註132〕可證：東漢，凡「太皇太后、太后、皇后、諸侯王」都有法駕鹵簿，並且喪葬亦比照辦理，故史書不書常例，唯殊禮尊崇之特例載之。「列侯」雖沒有鹵簿，但可以申請，以備威儀。凡有鹵簿者，生事用之稱「吉事鹵簿」、喪事用之稱「凶事鹵簿」，乃「事死猶生」之理。以下就吉凶鹵簿儀作一簡要的說明。

1、吉事鹵簿：出行儀仗

臣子行路儀杖的排場，《漢書・敘傳》記載秦末班壹：「以財雄邊，出入弋獵，旌旗鼓吹。」〔註133〕班壹在秦始皇朝末期，以旌旗導從「鼓吹奏樂」彰顯身份地位與財勢，並且雄霸邊疆的作法，顯然是大開臣子鼓吹導從與出行儀仗的風氣，當然班壹的作法是一種僭越體制的作法，趁亂而目無王法。

東漢光武帝建武十三年詔廢楚王英，其於遷徙路上仍使「伎人奴婢鼓吹悉從，得乘輜軿，持兵弩，行道射獵，極意自娛。」〔註134〕實不改其諸侯王本色，依然故我，仍舊風光，毫無廢位削爵之狼狽模樣。

三國時代，吳國：「士燮兄弟並為列郡，雄長一州，偏在萬里，威尊無上，出入鳴鍾磬，備具威儀，笳簫鼓吹，車騎滿道。」〔註135〕、又晉武帝時，汝

〔註131〕《通典》，卷六十五〈禮二十五・嘉十・皇太后皇后車輅〉，頁936。
〔註132〕《後漢書》，卷二十九〈輿服上〉，頁3651。
〔註133〕《漢書》，卷一○○〈敘傳〉，頁4197～4198。
〔註134〕《後漢書》，卷四十二〈楚王英傳〉：「(光武帝建武)十三年，……乃廢英，徙丹陽涇縣，賜湯沐邑五百戶。遣大鴻臚持節護送，使伎人奴婢工技鼓吹悉從，得乘輜軿，持兵弩，行道射獵，極意自娛。男女為侯主者，食邑如故，楚太后勿上璽綬，留住楚宮。」頁1429。
〔註135〕《三國志》，卷四十九〈士燮傳〉，頁1192。

南王亮三兄弟爲伏妃侍從「持節鼓吹，震耀洛濱」，武帝登陵雲臺望見，曰：
「伏妃可謂富貴矣。」〔註136〕這些例子無不是誇競出行陣仗的威儀與浩大。
而擁有更大威儀的鹵簿，悉爲諸臣之夢想，亦爲勾心鬥角的物件，這在南朝
逐次加溫，《宋書·王華》可資參考：

> 華性尚物，不欲人在己前，邵性豪，每行來常引夾轂，華出入乘牽
> 車，從者不過二三以矯之。嘗於城內相逢，華陽不知是邵，謂左右：
> 「此鹵簿甚盛，必是殿下出行。」乃下牽車，立於道側，及邵至乃
> 驚。邵白服登城，爲華所糾，坐被徵，華代爲司馬、南郡太守，行
> 府州事。〔註137〕

這個例子顯示：二人因出入儀仗而彼此較勁，王華不服輸，也頓時感到沒面
子，因故糾舉張邵，讓他付出慘痛的代價。另一方面，張邵出行的陣仗，王
華以爲是「殿下出行」的鹵簿儀仗，可見，僭越天子之儀，「自設鹵簿」恐怕
非張邵一人。另外，《南齊書·百官》曰：

> 今（御史）中丞則職無不察，專道而行，驣輻禁呵，加以聲色，武
> 將相逢，輒致侵犯，若有鹵簿，至相毆擊。〔註138〕

《南齊書·孔稚圭傳》曰：

> 不樂世務，居宅盛營山水，憑机獨酌，傍無雜事。門庭之內，草萊
> 不剪，中有蛙鳴，或問之曰：「欲爲陳蕃乎？」稚珪笑曰：「我以此
> 當兩部鼓吹，何必期效仲舉。」〔註139〕

《梁書·呂僧珍傳》曰：

> 表求拜墓，高祖欲榮之，使爲本州，乃授持節、平北將軍、南兗州
> 刺史，……姊適于氏，住在市西，小屋臨路，與列肆雜處，僧珍常
> 導從鹵簿到其宅，不以爲恥。〔註140〕

《梁書·王僧孺傳》曰：

> 僧孺幼貧，……道遇（御史）中丞鹵簿，驅迫溝中。及是拜日，引

〔註136〕《晉書》，卷五十九〈汝南王亮〉：「咸寧初，以扶風池陽四千一百戶爲太妃伏
　　　　氏湯沐邑，置家令丞僕，後改食南郡枝江。太妃嘗有小疾，被於洛水，亮兄
　　　　弟三人侍從，並持節鼓吹，震耀洛濱。武帝登陵雲臺望見，曰：「伏妃可謂富
　　　　貴矣。」頁1591。
〔註137〕《宋書》，卷六十三〈王華〉，頁1676。
〔註138〕《南齊書》，卷十六〈百官〉，頁324。
〔註139〕《南齊書》，卷四十八〈孔稚圭傳〉，頁840。
〔註140〕《梁書》，卷十一〈呂僧珍傳〉，頁213。

驅清道，悲感不自勝。〔註141〕

上述四例，可證明南朝人：一，無不以「鼓吹導從」爲其尊榮的象徵，當然孔秩圭戲謔的話語中，更顯見「兩部鼓吹」的隆盛。二，「鹵簿儀」的設置，已下放到「御史中丞（二品）」、呂僧珍「南兗州刺史（三品）、平北將軍（二品）」呂僧珍平北將軍乃美爵實務爲南兗州刺史，因此，下至齊梁時代，三品官員以上可有鹵簿儀。這下開唐朝凡「四品」以上官員，悉備鹵簿，吉凶一也。〔註142〕

2、凶事鹵簿：喪葬鼓吹樂隊的形成

在今天的喪儀中，凡送葬必有「鼓吹樂隊」前導，這些人穿的是「吉服」，而非「喪服」，這是一種吉凶相混的情況。《禮記・喪服四制》：「夫禮吉凶異道，不得相干，取之陰陽也。」、〈郊特牲〉：「樂由陽來者也，禮由陰作者。」〔註143〕故喪本陰事凶禮，樂乃陽事吉禮，彼此是不得相干，更不可交雜而用之，否則凶，則不純凶；吉，則不純吉，實紊亂哀樂之情，故禮文以「喪不舉樂」，以稱哀情爲其準的。今日「吉服鼓吹」前導的葬儀，是如何由「喪不舉樂」的規範下逐次的滲入到喪儀中，成爲今日送葬中必備的前導隊伍。西漢「周勃」的例子可說最早，《漢書・周勃》曰：

勃以織薄曲爲生，常以吹簫給喪事。〔註144〕

顏師古注：「吹簫以樂喪賓，若樂人也。」〔註145〕本例可以說明：漢初便有喪葬奏樂之習，且有娛樂性質之疑。文中可知，周勃於養蠶繅絲爲生，並以兼差給喪吹簫，以樂喪賓，行之有年。這是周勃的行業，興於民間，是不是就可說民間也有鼓吹樂隊以資葬儀，文獻有限，實不敢遽斷。但漢晉以來之誇競之風與則厚葬風氣關係更切。《後漢書・孝安帝紀》：

永初元年，秋九月庚午，詔三公明申舊令，禁奢侈，無作浮巧之物，殫財厚葬。……丁丑，詔曰：「自今長吏被考竟未報，**自非父母喪無故輒去職者**，劇縣十歲、平縣五歲以上，乃得次用。壬午，詔太僕、少府減黃門鼓吹，以補羽林士。」〔註146〕

〔註141〕《梁書》，卷三十三〈王僧孺傳〉，頁470。

〔註142〕《大唐開元禮》，卷二〈序例中〉，詳頁20～28。

〔註143〕《禮記》，卷六十三〈喪服四制〉，頁1672、卷二十五〈郊特牲〉，頁776。《史記》，卷二十四〈樂書第二〉曰：「聖人作樂以應天，作禮以配地。」頁423。

〔註144〕《漢書》，卷四○〈周勃傳〉，頁2050。

〔註145〕同上注。

〔註146〕《後漢書》，卷五〈孝安帝紀〉，頁207～208。

安帝連下數詔以禁止厚葬，並勒令臣屬除了父母大喪之外，其餘不得無故去職，否則祭出的是禁錮的懲罰。壬午詔書看似與前二詔不相關，但「黃門鼓吹」乃「鹵簿駕儀」中的一環，今日裁員縮編，應是安帝想起示範作用而採取的動作。然而風氣一開，禁止很難。

下逮南朝，更有此風，劉韞找人畫其出行鹵簿圖，《宋書・宗室》曰：

> 以有宣城之勳，特爲太宗所寵。在湘州及雍州，使善畫者圖其出行鹵簿羽儀，常自披玩。嘗以此圖示征西將軍蔡興宗，興宗戲之，陽若不解畫者，指韞形象問曰：「此何人而在轝上？」韞曰：「此正是我。」其庸鄙如此。〔註147〕

史傳說他「庸鄙」，並在「湘州」、「雍州」使善畫者圖其出行鹵簿羽儀，劉韞前後任職於湘、雍刺史，依此推敲：鹵簿圖應有二幅，且爲「凶事鹵簿」，畫卷應當不小，否則「披玩」無趣，又何以顯其優寵貴胄之威儀呢？周一良先生指出：「封建統治者生時以鹵簿炫耀成風，然當時尚難有大幅帛或紙供繪製出行圖之用，故多在死後墓室壁畫中以此爲裝飾，自漢代已然。」武梁祠畫像有出游鹵簿圖。和林格爾東漢墓中壁畫有出行圖多幅，其榜題爲『使持節護烏桓校尉』。圖中有人物一百二十餘，馬一百二十餘匹，車十餘輛。」並言「繪製出行鹵簿圖畫以自炫耀，南北朝以後成爲風習。」〔註148〕對照上述與上表，確實如此，因爲鹵簿儀已非天子或者皇室所得專，至唐凡四品官，及內命婦皆有此儀，故大臣喜歡披玩鹵簿圖或者誇競以顯富貴，都不足爲奇。

再談漢魏鹵簿葬禮鼓吹前導者的衣服，應從吉？從凶？的問題，《晉書・禮中》：

> 漢魏故事，將葬，設吉凶鹵簿，皆以鼓吹。新禮以禮無吉駕導從之文，臣子不宜釋其衰麻以服玄黃，除吉駕鹵簿。又凶事無樂，遏密八音，除凶服之鼓吹。〔註149〕

新禮對漢魏舊儀，有所因革，認爲鼓吹前導，本屬吉駕，非凶駕，故應著吉服，以應「凶事無樂」的準則，如孫毓：「今之吉駕，亦象生之義，凶服可除，

〔註147〕《宋書》，卷五十一〈宗室〉，頁 1466。
〔註148〕周一良：《魏晉南北朝史札記》（北京：中華書局，1985），「鹵簿圖」，頁 165～166。
〔註149〕《晉書》，卷二〇〈禮中〉，頁 626。

鼓吹吉服，可設而不作。」（詳下表）孫毓認爲鼓吹是吉駕前導，是生人所用，生死異途，不該混同，因此，鼓吹前導之凶事鹵簿不廢，則以吉服，但不鼓吹，以避作樂之嫌。這建議是折衷作法，並不得到認可，摯虞之議，武帝詔從之：

> 漢魏故事，將葬設吉凶鹵簿，皆有鼓吹。新禮，無吉駕導從之文，臣子不宜釋齊縗麻，……宜定新禮，設吉駕導從如舊，其凶服鼓吹宜除。〔註150〕

摯虞爲了論證吉駕鼓吹的正當性並與經典無違，則援引三例作證：一，葬有祥車曠左，則今之容車。二，《春秋傳》，鄭大夫公孫蠆卒，天子追賜大路，使以行。三，葬有橐車乘車，以載生之服。以上，皆不唯載柩，兼有吉駕之明文也。〔註151〕所以鼓吹隊伍當穿吉服，不得穿凶服前導，故曰：「既設吉駕，則宜有導從，以象平生之容，明不致死之義」。摯虞不僅認爲應有鼓吹前導，輓歌亦應有之，稱「歌」亦無礙其哀痛，於禮亦無所嫌疑，因輓歌本以摧創之聲爲主，如《詩》稱「君子作歌，惟以告哀」。實際上，用於葬儀的挽歌，於東漢靈帝時期，已廣爲流行，《全後漢文·風俗通義》曰：

> 靈帝時，京師賓婚嘉會，皆作魁櫑，酒酣之後，續以挽歌。魁櫑，喪家之樂；挽歌，執紼相偶和之者。〔註152〕

此與《通典·散樂》所言一致：「窟礧子，亦曰魁礧子，作偶人以戲，善歌舞，本喪樂也。漢末始用于嘉會。北齊后主高緯尤所好。高麗之國亦有之，今閭市盛行焉。」〔註153〕杜佑的記載應源自於應劭。應劭的話相當重要，它說明了靈帝時期的三點要事，一，以凶作吉，忘哀作樂，因此，居喪未必有哀情，作樂亦可。二，吉凶相雜，「魁櫑，喪家之樂；挽歌，執紼相偶和之者」成爲「賓婚嘉會」喜用的樂曲，時人以聽喪樂輓歌爲趣。三，喪樂：「魁櫑戲曲」的出現，傀儡戲曲於今猶存。這是風行草偃的結果，影響最深遠的是「吉凶相雜」的情況，一改「喪（凶）事無樂」的古訓。所以摯虞之議，最後得到武帝的認同，而定制了。

〔註150〕同上注。
〔註151〕同上注。
〔註152〕《全後漢文》，卷四十一〈風俗通義〉，頁697。
〔註153〕《通典》，卷一四六〈樂六·散樂〉，頁1966。

　　綜上所述，摯虞制晉儀，始有「鼓吹吉服」以「凶駕導從」之儀，這個儀節與今日送葬是一樣的；而「喪贈挽歌」依文獻顯示，乃由東晉開始成爲喪贈內容之一。其成俗之因，德藻曰：「達官追贈，須表恩榮，有吉凶簿，恐由此義，私家放斆，因以成俗。」〔註154〕可作註腳。

二、鼓吹贈賜與論議彙編

　　鹵簿儀仗在東漢明帝時已備吉凶道路威儀，至章帝時期業已首開喪贈大臣之例，贈給的目的乃爲出行者警蹕道路之用，但其令人著迷之處則是在於儀隊中備有鼓吹，鼓吹之聲響徹雲霄，愈加彰顯煊赫的朝廷命官之身分，故兩晉以來大臣們競相爭寵，邀賞給賜。章帝以來如耿秉僅賜前導鼓吹，但靈帝時期楊震位居三公與帝師之身分，故享有前後鼓吹二部之莫大哀榮，羨煞後世。下逮大唐開元禮修訂之時，四品朝官皆得備之，以示尊榮。這一給贈之風氣的形成，擬以《全上古三代秦漢三國六朝文》與漢晉諸史爲觀察。

朝代	卷數	篇名	賜贈者	受贈者	軍給／功給	文給／其他	喪贈／國喪	摘要	頁碼
					三代、秦，悉無此贈。				
前漢	85	《後漢書·東夷高句驪》	武帝	高句驪		賜賓		武帝滅朝鮮，以高句驪爲縣，使屬玄菟，賜鼓吹伎人。其俗淫，皆絜淨自憙，暮夜男女群聚爲倡樂。	2813
全後漢文	3	〈陰太后晏駕詔〉〔註155〕	明帝	陰太后		宗室	國喪：大駕鹵簿	柩將發于殿，群臣百官陪位，黃門鼓吹三通，鳴鐘鼓，天子舉哀，女侍史官三百人，皆著素，參以白素，引棺挽歌，下殿就車。太后魂車，鸞路，青羽蓋，駟馬，龍旂九旒，前有方相，鳳凰車，大將軍妻參乘，太僕妻御，〔女騎夾轂〕悉道。公卿百官如天子郊鹵簿儀。	489
後漢書	19	《後漢書·耿秉傳》	章帝	耿秉			喪贈	（永元三年卒）賜以朱棺、玉衣，將作大匠穿冢，假鼓吹，五營騎士三百餘人送葬。	718
	47	《後漢書·班超傳》	章帝	班超	軍給			（建初）八年,拜超爲將兵長史,假鼓吹幢麾。〔註156〕	1577

〔註154〕《陳書》，卷十六〈劉師知傳〉，頁231。
〔註155〕《後漢書》，志第六〈禮儀下〉，注引丁孚《漢儀》亦同，頁3151。
〔註156〕顏師古注引《古今樂錄》曰：「橫吹，胡樂也。張騫入西域，傳其法於長安，唯得摩訶兜勒一曲，李延年因之更造新聲二十八解，乘輿以爲武樂，後漢以給邊將，萬人將軍得之。」顏師古按：「橫吹、麾幢皆大將軍所有，超非大將，

後漢書	志6	《後漢書·禮儀下》	和帝	和熹鄧太后		國喪：大駕鹵簿	丁孚《漢儀》：後和熹鄧后葬，案以爲儀（以光烈陰太后葬儀），自此皆降損於前事。	3151
	85	《後漢書·東夷傳》	順帝	夫餘國	娛賓		順帝永和元年，其王來朝京師，帝作黃門鼓吹，角抵戲以遣之。	2812
	54	《後漢書·楊賜傳》	靈帝	楊賜		喪贈：法駕	（中平二年九月薨）天子素服，三日不臨朝，贈東園梓器襚服，……贈司空驃騎將軍印綬。及葬，又使侍御史持節送葬，蘭臺令史十人發羽林騎輕車介士，前後鼓吹，又勑驃騎將軍官屬司空法駕，送至舊塋，公卿以下會葬。〔註157〕	1785
	10	《後漢書·孝崇匽皇后》	桓帝	孝崇匽皇后		國喪：大駕鹵簿	（元嘉二年崩），中謁者僕射黠護喪事，侍御史護大駕鹵簿，詔安平王豹、何閒王建、渤海王悝，長社、益陽二長公主，與諸侯三百里內者，及中二千石、令、長、相，皆會葬。	442
	志24	《後漢書·百官一》	桓帝	梁冀	軍給		《梁冀別傳》曰：「元嘉二年，又加冀禮儀。大將軍朝，到端門若龍門，謁者將引，增掾屬、舍人、令史、官騎、鼓吹各十人。」〔註158〕	3564
	志23	《後漢書·郡國五》	獻帝	交州七郡	軍給		王範《交廣春秋》曰：「建安十五年治番禺縣。詔書以州邊遠，使持節，并七郡皆授鼓吹，以重威鎮。」〔註159〕	3533
全三國文	3	〈鼓吹令〉	武帝		軍給		孤所以能常以少兵敵眾者，常念增戰士忽餘事，是以往者有鼓吹而使步行，爲戰士愛馬也，不樂多署吏，爲戰士愛糧也。	1067
	63	〈給周瑜鼓吹令〉	孫策	周瑜	功給		前在丹陽，發眾及船糧，以濟大事，論德籌功，此未足以報者也。	1393
三國志	2	《魏書·文帝本紀》	文帝	陳群、司馬懿	軍給		《魏略》載詔曰：「其以尚書令潁鄉侯陳群爲鎮軍大將軍，尚書僕射西鄉侯司馬懿爲撫軍大將軍，……皆假節鼓吹，給中軍兵騎六百人。」	85

故言假。」頁1578。

〔註157〕顏師古注引《續漢志》：「三公，列侯車，倚，鹿伏熊，黑轓，朱班輪，鹿文飛軨，九游降龍。騎吏四人，皆帶劍持棨戟爲前列，三百石長導從，置門下五吏，賊曹、功曹皆帶劍車道，主簿、主記兩車爲從。」頁1786。

〔註158〕《後漢書》，志第二十四〈百官一〉，顏師古注引《梁冀別傳》，頁3464。

〔註159〕顏師古注引王範《交廣春秋》，頁3533。另《晉書》，卷十五〈地理下〉亦載：「交州，……（建安）十五年，移居番禺，詔以邊州使持節，郡給鼓吹，以重城鎮，加以九錫六佾之舞。」頁465。

30	《魏書·鮮卑傳》	明帝	歸泥		賜賓	帝遣驍騎將軍秦朗征之，歸泥叛比能，將其部眾降，拜歸義王，賜幢麾、曲蓋、鼓吹。	836
35	《蜀書·諸葛亮傳》	先主	諸葛亮	軍給		章武三年春，亮率眾南征：(詔賜亮金鈇鉞一具，曲蓋一，前後羽葆鼓吹各一部，虎賁六十人，事在《亮集》。)〔註160〕	920
54	《吳書·周瑜傳》	孫策	周瑜	功給		《江表傳》曰：「策又給瑜鼓吹，為治館舍，贈賜莫與為比。策令曰：『……如前在丹楊，發眾及船糧以濟大事，論德酬功，此未足以報者。』」〔註161〕	1260
54	《吳書·呂蒙傳》	孫權	呂蒙	功給		《江表傳》曰：「禽羽之功，子明謀也，……乃增給步騎鼓吹，敕選虎威將軍官屬，并南郡、廬江二郡威儀。拜畢還營，兵馬導從，前後鼓吹，光耀于路。」〔註162〕	1280
55	《吳書·周泰傳》	孫權	周泰	功給		《江表傳》曰：「卿吾之功臣，孤當與卿同榮辱，等休戚。……即敕以己常所用御幘青縑蓋賜之。坐罷，住駕，使泰以兵馬導從出，鳴鼓角作鼓吹。」〔註163〕	1288
64	《吳書·諸葛恪傳》	孫權	諸葛恪	軍給		權拜恪撫越將軍，領丹楊太守，授棨戟武騎三百。拜畢，命恪備威儀，作鼓吹，導引歸家。	1431
2	〈下羅憲詔〉	武帝	羅憲（蜀將）		賓臣	憲(蜀將)忠烈果毅，有才識器幹，可給鼓吹。(領武陵太守)	1476
3	〈詔賈充都督秦涼〉		賈充	軍給		其以充為使持節都督秦涼二州諸軍事，侍中車騎將軍如故，假羽葆鼓吹給第一。	1483
5	〈聽陳騫留京城詔〉		陳騫	軍給		今聽留京城，以前太尉府為大司馬府，增置祭酒二人，帳下司馬官騎大軍鼓吹皆如前。……有給乘輿輦出入殿中，加鼓吹，如漢蕭何故事。	1489
5	〈進馬隆為宣威將軍詔〉		馬隆	軍給		隆以偏師寡眾，奮不顧難，冒險能濟。其假節宣威將軍，加赤幢曲蓋鼓吹。	1491
6	〈齊王攸之國詔〉		齊王攸	軍給	宗室	其以為大司馬都督青州諸軍事，侍中如故，假節將本營千人親騎帳下司馬大車皆如舊，增鼓吹一部。	1494
6	〈許司空衛瓘致仕詔〉		衛瓘		致仕	進位太保，以公就第，給親兵百人，……及大車官騎麾蓋鼓吹諸威儀。	1497

左側欄：三國志、全晉文

〔註160〕《三國志》，卷三十五〈諸葛亮傳〉，裴松之注引，頁920。
〔註161〕同上注，裴松之注引《江表傳》，頁1260。
〔註162〕同上注，頁1280。
〔註163〕同上注，頁1288。

全晉文	8	〈聽丹陽王導不用鼓蓋令〉	元帝	王導		文給	導德重勳高，孤所深倚，誠宜表彰殊禮，…宜順雅志，式允開塞之機。	1510
	11	〈以會稽王昱為丞相錄尚書事詔〉	廢帝	會稽王昱		文給	其以為丞相錄尚書事，……給羽葆鼓吹，班劍六十人。	1522
	19	王導〈遷丹陽太守上牋〉		今者，臨郡不問賢愚豪賤，皆加重號，輒有鼓蓋。動見相準，時有不得者，或為恥辱。	1564			
	28	王渾〈請賜綦母倪鼓吹表〉		綦母倪	功給		昔伐蜀有功，斬牙門數人，便加鼓吹，至于滅一國而有未得鼓吹者。臣愚昧，請聖詔賜倪鼓吹。	1619
	67	孫毓〈東宮鼓吹議〉		鼓吹者，蓋古之軍聲，振旅獻捷之樂也。施于時事不當，後因以為制，用之期會，用之道路，焉所以顯德明功。	1848			
	67	孫毓〈駁卞粹武帝喪禮議〉		尚書顧命，成王新崩，文物權用吉禮，卜家占宅朝服，推此無不吉服也。又巾車飾遣車及葬，執蓋從方相玄衣裳，此鹵簿所從出也。今之吉駕，亦象生之義，凶服可除，鼓吹吉服，可設而不作。	1848			
	76	摯虞〈吉駕導從議〉		漢魏故事，將葬設吉凶鹵簿，皆有鼓吹。新禮，無吉駕導從之文，臣子不宜釋齊縗麻，……宜定新禮，設吉駕導從如舊，其凶服鼓吹宜除。	1900			
	86	賀循〈上表言車騎大將軍未葬不應作鼓吹〉		鼓吹之興，雖本為軍之凱樂，有金革之音，于宮廷發明大節，以此為盛，與樂實同。案禮于貴臣，比卒哭不舉樂。今車騎未葬，不宜作也。	1967			
晉書	1	《晉書·宣帝本紀》	魏齊王芳	司馬懿	軍給	殊禮	（嘉平）二年春二月，天子命帝立廟於洛陽，……增官騎百人，鼓吹十四人。	19
	3	《晉書·武帝本紀》	武帝	山陽公國	軍給		（泰始四年）二月庚子，增置山陽公國相、郎中令、陵令、雜工宰人、鼓吹車馬各有差。	56
	9	《晉書·簡文帝本紀》	廢帝	簡文帝：司馬昱		殊禮	（廢帝）太和元年，進位丞相、錄尚書事，……劍履上殿，給羽葆鼓吹班劍六十人。	220
	10	《晉書·恭帝本紀》	恭帝	桓振	軍給		拜大司馬，領司徒，加殊禮。義熙五年，置左右長史、司馬，……加羽葆鼓吹。	267
	33	《晉書·石苞傳》	武帝	石苞	功給		武帝踐阼，遷大司馬，進封樂陵郡公，加侍中，羽葆鼓吹。	1001
						喪贈	泰始八年薨。帝發哀于朝堂，賜祕器……。及葬，給節幢、麾、曲蓋、追鋒車、鼓吹、介士、大車，皆如魏司空陳泰故事。	1003
	35	《晉書·陳騫傳》	武帝	陳騫		致仕	（咸寧三年）帳下司馬官騎、大車、鼓吹皆如前……。又給乘輿輦，出入殿中加鼓吹，如漢蕭何故事。	1036
	36	《晉書·衛瓘傳》	武帝	衛瓘		文給	（太康初）又領太子少傅，加千兵百騎鼓吹之府。	1057

晉書							致仕	（太康末）進位太保，以公就第，……及大車、官騎、麾蓋、鼓吹諸威儀，一如舊典。	1059
	37	《晉書·安平獻王傳》	武帝	司馬孚		宗室	喪贈	泰始八年薨，帝於太極東堂舉哀三日。……及葬，給鑾輅輕車，介士武賁百人，吉凶導從二千餘人，前後鼓吹，配饗太廟。	1085
	37	《晉書·義陽成王傳》	武帝	司馬望		宗室		進位太尉，中領軍如故。……又增置官騎十人，并前三十，假羽葆鼓吹。	1086
	38	《晉書·平原王傳》	武帝	司馬榦		宗室		武帝踐阼，封平原王，邑萬一千三百戶，給鼓吹、駙馬二匹，加侍中之服。	1119
	38	《晉書·扶風王傳》	武帝	司馬駿	功給	宗室		其年（咸寧初）入朝，徙封扶風王，以氐戶在國界者增封，給羽葆、鼓吹。	1125
	38	《晉書·齊王攸傳》	武帝	司馬攸	軍給	宗室		武帝踐阼，封齊王。……轉鎮軍將軍，加侍中，羽葆、鼓吹，行太子少傅。	1132
	38	《晉書·齊王攸傳》	武帝	司馬攸	軍給	宗室		爲大司馬，都督青州諸軍事，侍中如故，假節，將本營千人，親騎帳下司馬大車皆如舊，增鼓吹一部。	1134
	40	《晉書·賈充傳》	武帝	賈充	軍給			以充爲使持節、都督秦涼二州諸軍事，侍中、車騎將軍如故，假羽葆、鼓吹，給第一駙馬。	1168
					軍給			伐吳之役，詔充爲使持節、假黃鉞、大都督，總統六師，給羽葆、鼓吹、緹幢、兵萬人、騎二千。	1169
							喪贈	太康三年四月薨，……大鴻臚護喪事，假節鉞、前後部羽葆、鼓吹、緹麾，大路、鑾路、轀輬車、帳下司馬大車，椎斧文衣武賁、輕車介士。葬禮依霍光及安平獻王故事。	1170
	45	《晉書·郭奕傳》	武帝	郭奕	軍給			咸寧初，遷雍州刺史、鷹揚將軍，尋假赤幢曲蓋、鼓吹。	1289
	48	《晉書·向雄傳》	武帝	向雄	軍給			泰始中，累遷秦州刺史，假赤幢、曲蓋、鼓吹，賜錢二十萬．	1336
	57	《晉書·羅憲傳》	武帝	羅憲		賓臣		泰始初入朝，詔曰：「憲（蜀將）忠烈果毅，有才策器幹，可給鼓吹．」又賜山玄玉佩劍。	1552
	57	《晉書·滕脩傳》	武帝	滕脩		賓臣		詔以脩（吳將）爲安南將軍，廣州牧、持節，都督如故，封武當侯，加鼓吹，委以南方事。	1553
	57	《晉書·馬隆傳》	武帝	馬隆	功給			隆以偏師寡眾，奮不顧難，冒險能濟，其假節、宣威將軍，加赤幢、曲蓋、鼓吹。	1555

	57	《晉書·張光傳》	惠帝	張光	功給		梁王（肜）表光「處絕圍之地，有耿恭之忠，宜加甄賞，以明獎勵」。於是擢授新平太守，加鼓吹。	1564
	58	《晉書·周訪傳》	元帝	周訪	軍給		帝以訪爲振武將軍，尋陽太守，加鼓吹、曲蓋。	1579
	59	《晉書·司馬祐傳》（汝南王亮孫司馬祐）	惠帝	司馬祐	軍給		（東海王）越征汲桑，表留祐領兵三千守許昌，加鼓吹、麾旗。	1593
	64	《晉書·武陵威王傳》	穆帝	司馬晞		殊禮	太和初，加羽葆鼓吹，入朝不趨，贊拜不名，劍履上殿。固讓。	1727
	64	《晉書·會稽文孝王傳》	孝武帝	司馬道子		殊禮	公卿又奏：「宜進位丞相、揚州牧、假黃鉞，羽葆鼓吹。」並讓不受。	1732
晉書	65	《晉書·王導傳》	明帝	王導	文給		進位太保，司徒如故，劍履上殿，入朝不趨讚拜不名。固讓。（明）帝崩，導復與庾亮等同受遺詔，共輔幼主，是爲成帝。加羽葆鼓吹，班劍二十人。	1750
						喪贈	咸康五年薨，時年六十四。帝舉哀於朝堂三日，遣大鴻臚持節監護喪事，贈襚之禮，一依漢博陸侯及安平獻王故事。及葬，給九游轀輬車、黃屋左纛、前後羽葆鼓吹、武賁班劍百人，中興名臣莫與爲比。	1753
	66	《晉書·陶侃傳》	元帝	陶侃	軍給		帝見之，大悅，命臻爲參軍，加侃奮威將軍，假赤幢曲蓋軺車、鼓吹。	1770
					功給		侃旋江陵，尋以爲侍中、太尉，加羽葆鼓吹，改封長沙郡公，邑三千戶，賜絹八千匹，加都督交、廣、寧七州軍事。	1775
	79	《晉書·謝尚傳》	庾翼	謝尚		賭注	安西將軍庾翼鎭武昌，尚數詣翼諮謀軍事。嘗與翼共射，翼曰：「卿若破的，當以鼓吹相賞。」尚應聲中之，翼即以其副鼓吹給之。	2070
			康帝	謝尚	功給		時苻健將楊平戍許昌，尚遣兵襲破之，徵授給事中，賜軺車、鼓吹。	2071
	79	《晉書·謝石傳》	孝武帝	謝石		致仕	石乞依故尙書令王彪之例，於府綜攝，詔聽之。疾篤，進位開府儀同三司，加鼓吹，未拜，卒。	2089
	85	《晉書·劉毅傳》	安帝	劉毅	功給		以匡復功，封南平郡開國公，兼都督宣城軍事，給鼓吹一部。	2207
	85	《晉書·何無忌傳》	安帝	何無忌	功給		遷會稽內史，督江東五郡軍事，持節、將軍如故，給鼓吹一部。	2215
	98	《晉書·王敦傳》	元帝	王敦		殊禮	帝愈忌憚之。俄加敦羽葆鼓吹，增從侍中郎、掾屬、舍人各二人。	2557

		元帝	王敦	殊禮	以敦爲丞相、江州牧，進爵武昌郡公，邑萬戶，使太常荀崧就拜，又加羽葆鼓吹，並僞讓不受。	2560
晉書	98	《晉書·桓溫傳》 哀帝	桓溫	軍給	尋加羽葆鼓吹，置左右長史、司馬、從事中郎四人。受鼓吹，餘皆辭。	2574～5
		孝武帝	桓溫	殊禮	復遣謝安徵溫入輔，加前部羽葆鼓吹，武賁六十人，溫讓不受。	2579
				喪贈	及葬，一依太宰安平獻王、漢大將軍霍光故事，賜九旒鸞輅，黃屋左纛，轀輬車，挽歌二部，羽葆鼓吹，武賁班劍百人，優冊即前南郡公增七千五百戶。	2580
	99	《晉書·桓玄傳》 安帝	桓玄	矯詔	矯詔加己總百揆，侍中、都督中外諸軍事、丞相、錄尚書事、揚州牧，領徐州刺史，又加假黃鉞、羽葆鼓吹、班劍二十人。	2590

三、生給例：給賜鼓吹樂分析

（一）兩漢分析

1、軍功給例

依上表，軍給例子在漢朝似乎只有三例，但這樣說，是錯誤的。依《後漢書·百官一》：「將軍，不常置。比公者四：第一大將軍，次驃騎將軍，次車騎將軍，次衛將軍。又有前、後、左、右將軍。……長史、司馬皆一人，千石。……又賜官騎三十人，及鼓吹。」〔註164〕應劭《漢官儀》：「鼓吹二十人，非常員。」〔註165〕實可證實，東漢凡：大將軍，驃騎將軍，車騎將軍，衛將軍及前、後、左、右將軍，皆有官騎三十人與鼓吹二十人（一部）的軍容，此乃常例，故史傳不書，而班超「假鼓吹」一事，東漢肅宗建初八年始發先例：「拜超爲將兵長史，假鼓吹幢麾」顏師古按：「橫吹、麾幢皆大將軍所有，超非大將，故言假。」〔註166〕由於班超只是將軍職下附屬的長史，並沒有資格領受鼓吹幢麾，因此顏師古因其資格不符，而認爲肅宗只是「假借」

〔註164〕《後漢書》，志第二十四〈百官一〉，頁3563～3564。注引蔡質《漢儀》曰：「漢興，置大將軍、驃騎，位次丞相，車騎、衛將軍、左、右、前、後，皆金紫，位次上卿。典京師兵衛，四夷屯警。」頁3563。另《通典》，卷二十九〈職官十一〉亦曰：「後漢大將軍、驃騎將軍，車騎將軍，衛將軍，有長史一人，司馬一人，……又賜官騎四十人及鼓吹。」頁415。案：二者差別在於「官騎」數量一爲三十人，一爲四十人。

〔註165〕《後漢書》，志第二十四〈百官一〉，顏師古注引應劭《漢官儀》，頁3564。

〔註166〕《後漢書》，卷四十七〈班超傳〉，頁1578。

之，以宣揚武威，這個說法是成立的。當時，烏孫國蠢蠢欲動，班超上言建請遣使招慰，故拜班超爲將兵長史，假鼓吹幢麾，並以徐幹爲軍司馬，更別遣李邑護送烏孫使者。〔註167〕因此針對護送外賓到訪中國之旅，大漢帝國所擺出來的陣仗是不能減省的，故而「假鼓吹幢麾」於班超，乃權宜作法，目的在於宣揚國威。

　　在順帝與獻帝時期各給出一例：一給梁冀、一給交州七郡，目的在「以重威鎮」這是符合軍給的實情，故不贅述。梁冀乃順帝至桓帝時權傾朝野的椒房國戚，拜大將軍，毒鴆質帝，稱有周公之功。依漢官儀：大將軍，本來就有二十人的鼓吹樂隊，桓帝於元嘉元年「欲崇殊典」：賜以入朝不趨，劍履上殿，謁讚不名，禮儀比蕭何，並加給鼓吹十人，以增軍儀。梁冀與妻孫壽「張羽蓋，飾以金銀，游觀第內，多從倡伎，鳴鍾吹管，酣謳竟路．或連繼日夜，以騁娛恣。」〔註168〕也並非偶一爲之，史稱：「在位二十餘年，窮極滿盛，威行內外，百僚側目，莫敢違命，天子恭己而不得有所親豫。」〔註169〕值得注意的是：給賜鼓吹，是「殊典」內容之一，並且鼓吹非僅用在軍儀，亦被用在道路與娛樂。

2、賜賓（兩漢～兩晉）

　　漢武帝滅朝鮮，以高句驪爲其郡縣，而賜其鼓吹、伎人。這是最早的一則記載，以「樂」、「伎」賜賓，可惜的是，文獻並沒記載武帝所賞賜的伎樂有多少？因而，武帝是否因應其「俗淫」、「暮夜男女群聚倡樂」的風俗而給與恰當的禮物，抑或挾以中原音樂懷柔化夷的政治考量，誠屬推測。東漢順帝永和元年，對來朝的夫餘國國王，展現皇家御用的黃門鼓吹樂與角抵戲以娛樂佳賓，李賢注引《前書》：「是時（光武帝）名倡皆集黃門」，〔註170〕可說海內最傑出的音樂家、歌唱家、舞蹈家都爲皇家所御用，因此此次的娛賓，實有宣揚國威與歌舞升平的意味存在。

　　兩漢所開創的「賜賓」、「娛賓」例，魏明帝亦用在鮮卑將領：歸泥，率眾歸順中國的賞賜上，一如有功來朝的諸侯一般，賜以「幢麾、曲蓋、鼓吹」的軍儀。以上這三例都是對海外的招降與與宣威之用，在晉武帝時期，則給

〔註167〕同上注，頁1577。
〔註168〕《後漢書》，卷三十四〈梁統傳〉附〈梁冀傳〉，頁1182。
〔註169〕同上注，頁1185。
〔註170〕《後漢書》，卷二○〈祭遵傳〉，李賢注引，頁741。

出兩個投誠的例子，一為蜀將：羅憲；一為吳將：滕脩。一如將軍軍儀，竊謂之「賓臣」，是很特別的給賜例。

（二）三國分析

從三國給例看來，被載錄史傳的無不是軍功顯赫的三國將領，魏文帝給賜：陳群、司馬懿：「皆假節鼓吹，給中軍兵騎六百人」；蜀國先主劉備唯給：諸葛亮，作為帥軍出征，「前後羽葆鼓吹」的軍容、而吳國孫策給賜：周瑜，共二次，並謂之「論德酬功，此未足以報」、孫權則給出三例：呂蒙、周泰、諸葛恪。

在孫權的給例當中，必須注意一個現象：鼓吹樂已成為將領自身威儀與光耀的表徵。呂蒙進位拜畢還營時「兵馬導從，前後鼓吹，光耀於路」、周泰以功受賞，孫權使以「兵馬導從出，鳴鼓角作鼓吹」、諸葛恪拜畢，孫權亦命其「備威儀，作鼓吹，導引歸家」，這吳國三元大將，都在孫權時代，孫權曾觀魏武軍儀後，大作鼓吹還營〔註171〕，這是一種揚威氣勢，藉由「鼓吹振，聲激越，簪厲天」〔註172〕警眾並且昭告之，當然又何嘗不是「功成作樂」、「好大喜功」的炫耀心態作祟，此舉，成了兩晉南朝誇競之風的指標。

在這個指標下，三國人為了鼓吹而紛爭掠奪的情形已經上演，尤以吳國最烈，施但「取孫和陵上鼓吹曲蓋」〔註173〕、孫策「與周瑜率二萬人步襲皖城，即克之，得術百工及鼓吹部曲三萬餘人」〔註174〕、蜀國劉封「封與達忿爭不和，封尋奪達鼓吹。」〔註175〕可見鼓吹是戰爭掠奪中的一個重要標的物。

（三）兩晉分析

兩晉時代開創了鼓吹給賜的新局，不僅軍功給例暴增，大賞宗室，連「文臣」都予以賞賜，更甚者，連「致仕」都給鼓吹，以資榮退。另外，「移鼎」

〔註171〕《宋書》，卷十九〈樂一〉，頁559。
〔註172〕《後漢書》，卷四〇〈班固傳〉，頁1348。
〔註173〕《三國志》，卷四十八〈孫皓傳〉曰：「皓庶弟永安侯謙出烏程，取孫和陵上鼓吹曲蓋。比至建業，萬餘人。丁固、諸葛靚逆之於牛屯，大戰，但等敗走‧獲謙，謙自殺。」頁1166。
〔註174〕《三國志》，卷四十六〈孫策傳〉，注引《江表傳》：「策被詔敕，與司空曹公、……自與周瑜率二萬人步襲皖城，即克之，得術百工及鼓吹部曲三萬餘人。」，頁1108。
〔註175〕《三國志》，卷四〇〈劉封傳〉曰：「封與達忿爭不和，封尋奪達鼓吹‧達既懼罪，又忿恚封，遂表辭先主，率所領降魏。」頁991。

前加崇之殊禮中，亦多了一物：鼓吹，這是從魏主齊王芳開例給賜司馬懿的，晉世以來已成爲慣例。

1、軍功給例

軍功給例部分，其軍給、功給的分界並不明確，並且大賞於宗室、貴臣，沈約便批評：「魏晉世給鼓吹甚輕，牙門都將五校，悉有鼓吹。……今則甚重矣。」〔註176〕由於文獻所限，曹魏一朝是否如此輕給，難以求證，但透過上表，卻也證實此沈約的批評是對的，但其回護宋世：「今則甚重矣」是明顯的，對照上表，乃不實之說（詳後，南朝分析），晉世對此輕給的作法，已有批評聲浪，以王導與孫毓爲代表：

> 王導〈遷丹陽太守上牋〉：今者，臨郡不問賢愚豪賤，皆加重號，輒有鼓蓋。動見相準，時有不得者，或爲恥辱。〔註177〕

> 孫毓〈東宮鼓吹議〉：鼓吹者，蓋古之軍聲，振旅獻捷之樂也。施于時事不當，後因以爲制，用之期會，用之道路，焉所以顯德明功。
> 〔註178〕

王導的批評有三點，悉爲事實：一，濫加重號、二，輕給鼓（吹）曲（蓋）、三，競誇之風起。孫毓的批評在於「鼓吹」，浮泛濫用於道路中，原屬軍儀獻捷的鼓吹雅樂，已大剌剌的在道路中喧騰作響，爲的僅是彰顯誇耀某人的顯貴。這是有例證的，《晉書·汝南王亮傳》：

> 咸寧初，以扶風池陽四千一百戶爲太妃伏氏湯沐邑，……太妃嘗有小疾，亮兄弟三人侍從，並持節鼓吹，震耀洛濱。武帝登陵雲臺望見，曰：「伏妃可謂富貴矣。」〔註179〕

孫毓乃武帝時人，武帝在位期間，存之史料者有「十六例」，不可謂少。針對本例，伏妃出行，是以「軍儀」（持節鼓吹）的排場侍候，鼓吹震耀洛濱，透過武帝之口，鼓吹陣容正是富貴最佳的表徵。

2、文給、致仕給例

晉世乃首開文臣與致仕的給賜，在文給方面有二例：西晉武帝給：衛瓘；東晉明帝給：王導。太康初，衛瓘「領太子少傅，加千兵百騎鼓吹之府」，此

〔註176〕《宋書》，卷十九〈樂一〉，頁559。
〔註177〕《全晉文》，卷十九〈王導傳〉，頁1564。
〔註178〕同上注，卷六十七〈孫毓傳〉，頁1848。
〔註179〕《晉書》，卷五十九〈汝南王亮傳〉，頁1591。

不可不謂之「攝盛」之禮，已經超越少傅〔註180〕所應有的儀仗隊伍，實有「鹵簿」的規模（詳後）。而王導則奉明帝遺詔輔政，故給之。

在致仕方面有三例：晉武帝給：陳騫、衛瓘；東晉孝武帝給：謝石。其中衛瓘並非眞的致仕還第，而是素與楊駿生隙，唯恐有難，故告老遜位，「進位太保，以公就第，……鼓吹諸威儀，一如舊典」。〔註181〕而謝石亦如是，與王恭不和而求去，「進位開府儀同三司，加鼓吹」。〔註182〕如此致仕還第的方式，可說是「光榮身退」，給足了老臣面子，這是前朝所未有的待遇。

四、喪贈例：葬給鼓吹樂分析

（一）兩漢分析

在兩晉南朝所追述的喪贈前例當中，西漢：「霍光」、東漢：「東平憲王」，其葬禮是被比照辦理的。西晉賈充死：「葬禮依霍光及（晉）安平獻王故事」、齊豫章文獻王死：「葬送儀依東平王故事」、陳衡陽獻王死：「一依漢東平憲王、齊豫章文獻王故事」（悉詳上表），然查史傳，並無「喪贈鼓吹」一事〔註183〕。今日見於史料的僅有東漢五例：明帝給光烈陰太后、安帝給和熹鄧太后、桓帝給生母孝崇匽太后、章帝給大臣耿秉、靈帝給大臣楊賜。

1、太后葬儀

漢明帝時光烈陰太后崩，《後漢書・禮儀下》注引丁孚《漢儀》曰：

> 永平七年，陰太后崩，晏駕詔曰：「柩將發于殿，群臣百官陪位，黃門鼓吹三通，鳴鐘鼓，天子舉哀。女侍史官三百人皆著素，參以白素，引棺挽歌，下殿就車，黃門宦者引以出宮省。太后魂車，鸞路，青羽蓋，駟馬，龍旂九斿，前有方相，鳳凰車，大將軍妻參乘，太僕妻御，〔女騎夾轂〕悉道。公卿百官如天子郊鹵簿儀。」〔註184〕

〔註180〕《晉書》，卷二十四〈職官〉曰：「太子太傅、少傅，皆古官也。泰始三年，武帝始建官，各置一人，尚未詹事，官事無大小，皆由二傅，並有功曹、主簿、五官。太傅中二千石，少傅二千石，……武帝以後以儲副體尊，遂命諸公居之，以本位重故或行或領。」頁 742。

〔註181〕《晉書》，卷三十六〈衛瓘傳〉，頁 1059。

〔註182〕《晉書》，卷七十九〈謝石傳〉，頁 2088～2089。

〔註183〕《漢書》，卷六十八〈霍光傳〉，頁 2948、東平獻王劉蒼，《後漢書》，卷四十二〈光武十王〉，頁 1441。

〔註184〕《後漢書》，志第六〈禮儀下〉注引丁孚《漢儀》，頁 3151。

何謂「公卿百官如天子郊鹵簿儀」？《後漢書・輿服上》：「乘輿大駕，公卿奉引，太僕御，大將軍參乘。屬車八十一乘，備千乘萬騎。西都行祠天郊，甘泉備之。官有其注，名曰甘泉鹵簿。東都唯大行乃大駕」因此，對照上文，陰太后的葬儀，是比照「西都天子甘泉鹵簿、東都大行鹵簿」，簡而言之，就是比照「天子大駕鹵簿儀」辦理，故由大將軍妻、太僕妻前導校駕，這是漢世以來第一例。《周禮・鼓人》：「大喪，則詔大僕鼓。」鄭注：「始崩及窆時也。」賈公彥疏：「案大僕職云：『大喪，戒鼓，傳達于四方，窆亦如之。』」〔註185〕「窆」乃下棺入葬之儀，亦戒鼓；然在鹵簿儀中，由於送葬隊伍高達「千乘萬騎」之多，因此會有「鹵簿官以黃麾麾之，鼓吹振作，警蹕如常。」，〔註186〕故「黃門鼓吹」則成了一種號令，「三通」則禮成啓行，實比《周禮》多了一道戒鼓之儀。

本例證實了東漢葬儀中「鼓吹前導」的送葬儀節，丁孚《漢儀》提到：「後和熹鄧后葬，案以爲儀，自此皆降損於前事。」〔註187〕也就是說，東漢唯陰太后與和熹鄧后、桓帝的生母：孝崇匽皇后（丁孚未提到）三人的葬儀，是完全比照皇帝大行鹵簿，其餘后葬，悉無此「攝盛之儀」（詳下文）。葬儀如此隆盛，乃因明帝不敢有辱先帝（光武皇帝）夜夢所託〔註188〕，對陰太后敬愛有加之故；而鄧太后，以女主稱制終身，至死方休，在位二十年，〔註189〕安帝豈敢殆慢其喪儀，故其隆盛如天子儀，實屬必然；而桓帝之生母匽太后，乃因骨肉之親，故攝盛之。

2、大臣葬儀

文獻顯示，東漢乃首開大臣喪贈鼓吹之儀，一由章帝給：耿秉、一由靈帝給：楊賜。耿秉乃明章二帝時期，重要的伐北匈奴的將領，幾次大破北匈奴軍，史載：「秉性勇壯而簡易於事，軍行常自被甲在前」，故「士卒皆樂爲死」、且死訊傳抵匈奴，竟「舉國號哭，或至黎面流血」。〔註190〕本例是以「假鼓吹，五營騎士三百餘人送葬」，暫時借用，其比照的威儀是「列侯」身份：

〔註185〕《周禮》，卷十二〈地官・鼓人〉，頁377。
〔註186〕《通典》，卷八十六〈禮四十六・凶八・葬儀〉，頁1215。
〔註187〕《後漢書》，志第六〈禮儀下〉，注引丁孚《漢儀》，頁3151。
〔註188〕《後漢書》，卷一〇〈皇后紀〉曰：「明帝性孝愛，十七年正月，當謁原陵，夜夢先帝，太后如平生歡。既寤，悲不能寐。」頁407。
〔註189〕同上注，頁430。
〔註190〕《後漢書》，卷十九〈耿弇傳〉附〈耿秉傳〉，頁718。

「列侯，家丞，庶子導從。若會耕祠，主縣假給辟車鮮明卒，備其威儀。導從事畢，皆罷所假。」〔註191〕但在耿秉的給賜中，另有一項「將作大匠穿冢」：「將作大匠，掌修作宗廟、路寢、宮室、陵園木土之功，并樹桐梓之類列于道側。」注引胡廣曰：「古者列樹以表道，並以為林囿。」〔註192〕足以表示漢室對這位光祿勳〔註193〕耿秉身後，給賜園林及送葬時的風光場面：「賜以朱棺、玉衣，將作大匠穿冢，假鼓吹，五營騎士三百餘人送葬。」可說是給極了功臣殊榮。

　　另外一位「楊賜」，乃靈帝之師，死時靈帝詔策：「禮設殊等，物有服章，追位特進，贈司空驃騎將軍印綬」所謂「特進」注引《漢雜事》：「諸侯功德優盛，朝廷所敬異，賜位特進，在三公下。」〔註194〕，因此葬時，便盛以「法駕」送之：「勑驃騎將軍官屬司空法駕，公卿以下會葬」，這確是比照諸侯王、皇太皇太后、皇太后、皇后的鹵簿駕儀（詳下文：吉事鹵簿），這也是東漢首創以「鹵簿駕儀」，是「天子大行大駕」之下的次高規格「法駕」儀，寵遇一個大臣，諸侯王亦不過此也。

（二）三國分析

　　就文獻資料顯示，三國並無「喪贈鼓吹」用例。但就出土文獻中倒有一名為「堆塑五聯罐」可作參考。本罐出土於一一九四年浙江省松陽縣赤壽鄉擇子山，今為松陽縣博物館所館藏：「罐分上下二層，上層作成五罐，中罐大，周圍四個小罐將肩部分隔成四面，其中一面設祭台，台前子孫在沈痛中哀悼，另外三面是奏哀樂的俑，生動地反應了三國東吳厚葬的情景。」（見附圖一）。

（三）兩晉分析

　　兩晉的喪贈給例中，清一色的是功臣與輔政大臣，晉歷十四帝一百五十六年〔註195〕，亦只有五例，喪贈鼓吹樂，可謂謹慎。五例分別是：武帝給：石苞、安平獻王司馬孚、賈充；東晉成帝給：王導；孝武帝給：桓溫。

〔註191〕《後漢書》，卷二十九〈輿服上〉，頁3652。
〔註192〕《後漢書》，卷二十五〈百官四〉，頁3610。
〔註193〕《後漢書》，卷二十五〈百官二〉：「光祿勳，卿一人，中二千石。本注曰：掌宿衛宮殿門戶，典謁署郎更直執戟，宿衛門戶，考其德行而進退之。郊祀之事，掌三獻。丞一人，比千石。」頁3574。
〔註194〕《後漢書》，卷五十四〈楊震傳〉》附〈楊賜傳〉，頁1785～1786。
〔註195〕《歷代名人年譜》，〈卷一・晉〉，頁135。

西晉石苞「及葬，給節、麾、幢、曲蓋、追鋒車、鼓吹、介士、大車，皆如魏司空陳泰故事。」陳泰死於景元元年，高貴鄉公被弒，遂嘔血而薨〔註196〕，然史料未載其葬儀，石苞葬儀又比照辦理，實難遽斷必如是。在司馬孚部分，因爲宗室之故，其「吉凶導從二千餘人，前後鼓吹，配饗太廟」依照的是諸侯王的葬儀：「法駕鹵簿」，故有前後部鼓吹導從之。而晉世功臣也是國戚的賈充，則「葬禮依霍光及安平獻王故事」，霍光葬儀「鼓吹樂」無考，但司馬孚則以法駕鹵簿儀送葬，賈充因之。此不可不謂隆盛，一如靈帝給楊賜的葬儀一般，都超越了其名位的喪儀，當謂之「攝盛」。

在東晉的贈例中，王導葬儀：「給九游轀輬車、黃屋左纛、前後羽葆鼓吹，武賁班劍百人，中興名臣莫與爲比。」由漢至宋，依《宋書》所載：「葬以殊禮者，皆大輅黃屋，載轀輬車。」享此殊禮者，依次有：漢：霍光、晉：安平王、齊王、賈充、王導、謝安、宋：江夏王。然何謂「轀輬車」？漢制：「大行載轀輬車」〔註197〕這是皇帝大行載棺的禮車，很清楚的上述七人，皆享有「天子大行轀輬車」的殊禮待遇，其攝盛程度非「踰級」可喻。桓溫的贈例是沈約疏漏的案例，與前七人的葬儀比較，桓溫葬儀也是以轀輬車載棺，儀隊中亦贈與：虎賁班劍百人，前後部鼓吹。然此則多贈了一項：「挽歌二部」，這也是文獻中的首例；當然「挽歌」於戰國時代便有，只是用於「喪贈」這是第一例。

綜上，本文僅就兩漢至兩晉之史料文獻作一蒐集，掛一漏萬，在所難免。透過上表的彙整與分析，至少可以爲我們釐清一個事實：東漢明帝唯將大駕鹵簿用於上陵謁祭父廟與母親大行之駕儀，而國之大祭，南郊祭天則改以次等法駕鹵簿。這一鹵簿駕儀的改變與主張，是一個重大思想的改變，對明帝來說，父母大喪之悲慟是不可承載之大哀，唯有大駕鹵簿得以炫煌於天下，以彰顯父母之大功大德。並且，在父母同體的思考下，太后女主也同時享有了與天子至尊的大行鹵簿，因此，爲母亦得以三年。又鹵簿儀仗中，吹得震天嘎響，顯赫於道路的鼓吹樂隊，在章帝之世業已作爲皇帝用來「喪贈大臣」

〔註196〕《三國志》，卷二十二〈陳群傳〉附〈陳泰傳〉，頁641～642。

〔註197〕《宋書》，卷十八〈禮五〉：「漢制，大行載轀輬車，四輪。其飾如金根，加施組連璧，交絡，四角金龍首銜璧，垂五采，析羽流蘇，前後雲氣畫帷裳，墟文畫曲蕃，長與車等。」頁501。金根車：「古曰桑根車，秦曰金根車也。漢因秦之舊，亦爲乘輿，所謂乘殷之路者也。禮論與駕議曰：『周則玉輅最尊，漢之金根，亦周之玉路也。』」，頁494。

以「備極哀榮」之禮敬，不論對喪主或亡者來說，都是家門無上的榮耀和身分地位的象徵，一改《禮經》與《春秋》卿喪「廢樂示哀」的作法。自此以後，生給與喪贈鼓吹之風氣大開，至兩晉已成為一種慣例，迄於大唐始建四品官以上鹵簿駕儀制度，事死如生，攝盛以殊其榮也。

【漢晉生給與喪贈簡表彙編】

	軍功（宗室）	文給	致仕	喪贈（宗室）	其他	備　註
西漢	0	0	0	0	賜賓 1	略
東漢	3	0	0	5（3）	娛賓 1	1. 首開「喪贈鼓吹」例、以黃門鼓吹娛賓、並給賜邊鎮鼓吹樂，以備軍儀、給賜權臣鼓吹樂，以為重典。 2. 給賜權臣：梁冀，鼓吹樂，成為移鼎殊禮之必要項目。 3. 首開「太后大行鹵簿儀」：陰太后、和熹鄧太后、孝崇匽太后。 4. 首開「大臣喪贈鼓吹」：及葬，給鼓吹樂：耿秉、楊賜。 5. 首開最高規格「法駕鹵簿儀」為「大臣」楊賜送葬。
三國	8	0	0	0	賜賓 1 移鼎殊禮 1	略
兩晉	20（5）	4（1）	2	5（1）	移鼎殊禮 5 賭注 1 賓臣 2 矯詔 1	1. 首開大臣載棺以天子大行「輼輬車」並「前後部鼓吹」以送葬的殊禮：賈充、王導、謝安、桓溫。 2. 首開「喪贈大臣挽歌」例：孝武帝喪贈桓溫。 3. 首開鼓吹賭注用例。

【附圖一】五聯罐，穀倉、魂瓶、魂亭〔註198〕

堆塑五聯罐

罐分上下二層，上層作成五罐，中罐大，周圍四個小罐將肩部分隔成四面，其中一面設祭台，台前子孫在沉痛中哀悼，另外三面是奏哀樂的俑，生動地反映了三國東吳厚葬的情景。灰胎，施青黃色透明釉。1194 年浙江省松陽縣赤壽鄉擇子山出土。松陽縣博物館收藏。

三國　高 28.5 口徑 12.5 底徑 17 釐米

〔註198〕巫鴻：《禮儀中的美術》，〈早期中國藝術中的佛教因素〉（2～3 世紀），詳頁320～330。

第七章　祀權困境──「四海困窮，天祿永終」之史鑑官箴

中國政論慣以「以古說今」，這就是所謂的「歷史意識」──史以為鑑，其目的在於鑑往知來，謹於興衰之變。開天闢地以來，何朝無有災荒饑饉，天以此威權考驗著天子之智慧與仁德，正如荀子〈天論〉所言，堯舜因之成聖，桀紂因之為暴。〔註1〕災荒固所難免，但成事在人，祚位之永終，抑或永長，在人不在天。因此，本節擬以三個方向作一論述：

一，《論語・堯曰》：「四海困窮，天祿永終」之史鑑夙典。以三個子題作討論：（一）史鑑之惕厲：以社稷神主因災受責廢祀為鑑，以惕厲帝王，孟子以「民為貴，社稷次之，君為輕」顯示三者之關係，由於社稷神主乃人鬼受祀，因此其祀位與君位誠乃脣齒相依，湯大旱七年而變置社稷是其證也。稷主農柱終因佑民無功而遭廢祀，淪為鬼道，社主句龍神威大顯，終保社主祀位，湯亦建社存之，無敢有廢，這就是《禮記・曲禮下》云：「凡祭，有其廢之，莫敢舉也（廢柱）；有其舉之，莫敢廢也（存社）」之理也。（二）典範在夙昔：以三王為典，禹有十年水、湯有七年旱、周國有大饑，禹、湯以身作禱，為民前鋒，周伯以身作則，視民如傷，布澤天下，承天受命。三王成聖之路所淬煉而出的智慧與慈悲，諸子政論乃引為災省應天之典，永垂後世。因此，三王成聖之路，何以成典，擬究原委。（三）究天人之際：《詩經・大雅・雲漢》。國有大故，凶荒年饑是否應該廢祭以息生民？抑或舉祭以求神恕，

〔註1〕《荀子》，卷十一〈天論〉，頁533。

−389−

重回和諧之天人秩序？這是宗教與巫俗思維的兩種應天之策，亦是君權意志與天權意志之兩相頡頏，如何取得平衡而不失衡，乃一應天垂統之智慧與治政安民之謀略也。〈雲漢〉之章乃周宣王遭旱肆虐之史錄，在屢禱無果之下，其見星升行而自強不息之精神誠爲後世典範，擬析論之。

二，《禮記・孔子閒居》：「凡民有喪，匍匐救之」之史法官箴。本節亦以三個子題作討論。（一）「無服之喪」學說的建立。孔子以仁說儒，在五服親喪制度之外，尚有一至哀大喪，是跨越血親藩籬的服制，孔子謂之「無服之喪」。這一學說的起源與提倡是建立於儒家以「若喪」之思維解讀天災的屬性——凶禮・喪，儒家政論以此責君恤民，並爲史法官箴以檢視一朝德政。（二）「大侵之禮」道德的規範。這是繼無服之喪之人道關懷而提出的社會道德觀，在歲凶不濟的時局裡，本規範主要落實在中國三大權力階層——天子、諸侯、大夫，國家體制雖有階級禮紀之別，但歲凶人類之生存乃一體之命，故範此生活細行以期發揮民胞物與之大我精神與飢溺共濟之仁。（三）《春秋》、《禮記》旱例舉隅——「大旱若喪」思維的建立。儒家以「若喪」之思維解讀天災的屬性，並爲此凶喪之悲舉哀三日，以悼念無辜百姓，這一做法是極具宗教性與哲理性，一改殷商巫詛犧牲之激情與腥羶。這中間思想與風俗的轉化，關鍵在於諸子之建言與君臣之問對，這些歷史案例的累積最終是決定了一個時代或一個國家之應天思維與災眚作法，其中又以孔子與諸公之問對最具影響力。

三，《左傳》成公五年：「晉哭梁山崩」之史辭演繹。擬以二個子題作討論：（一）「梁山崩」之三《傳》解讀。（二）「史辭」源流：此「哭梁山崩」事件之所以影響後世成爲一大條例，是因爲自然災害所建立起來的「史辭典範」（六事罪己，下罪己詔）。晉君率眾臣次郊「哭」的這個動作，顯然已經透露出中國理性思維時代的來臨，但天變可畏，故哭以示喪，正式開啓中國「下詔罪己」的內省政治。當然中國如何由一巫風時代走入一理性文明的時代，祈雨原由「暴巫」、「暴君」（殺死國王）→「素服」（以喪示哀）、「史辭」（下罪己詔），祭牲亦由人牲→牲畜→責君，此間孔子仁道學說的建立與影響，必然是扭轉此一巫風的至大關鍵，此一過程是本節將進行討論的重點。

第一節　《論語・堯曰》：「四海困窮，天祿永終」之史鑑夙典

　　每一朝代都有其無可迴避的自然災害，但不是每一個君王都能有其最佳的應天對策，以撫恤災民心靈。因此一個王朝的興衰存亡，事實上都是因為巨大的天災與人禍交錯而種下其敗因。這就是帝堯何以「四海困窮，天祿永終」這八字箴言惕屬帝舜，帝舜再將此八字官箴作為禪讓之文誥惕屬大禹。爾後這八字官箴則成為禪讓易鼎之歷史大鑑，永訓後人。〔註2〕

　　從歷史文獻的記載來看，禹有十年水、湯有七年旱、〔註3〕周境內大饑，對於受命起新的王權來說，都是面臨著無比艱難的淬煉與試驗。受命以承天之應，起新以定天下秩序，成者為聖，敗者為暴，《論語・堯曰》：「四海困窮，天祿永終」誠乃歷史恆律，三代聖王之崛起，自然是憑藉其這張「成聖」的票根走進了歷史的關口。其成聖之路是什麼？如何應天弭咎，協和天下，永成範典。本節擬以三點作一討論：一，史鑑之惕屬：以社稷二主因災廢祀為前導，究其毀祀變置之事件始末與巫術思維，最後又何以存社易柱，建亡國之社以惕後世君王，社稷與國主之權力關係因災而見。二，典範在夙昔：以三代聖王弭災應咎為例，究其承天受命，身先士卒，為民作犧，淬煉成聖，終保社稷之大勇與大為的慈悲與智慧。三，究天人之際──《詩經・大雅・雲漢》，時窮物竭，牲幣盡舉，無奈昊天、先王俱無所動，宣王仰天見星升行不息而思自強惕屬之感悟，一場毀滅性的天災衝撞出人類鬥志和君權意志，中興少主，其應天之策與態度誠然重新界定了人在天地之間的地位與價值。

〔註2〕朱熹：《四書章句集注・論語集注》，卷十〈堯曰〉：「堯曰：『咨，爾舜！天之曆數在爾躬。允執其中。四海困窮，天祿永終。』舜亦以命禹。」朱熹集注曰：「四海之人困窮，則君祿亦永絕矣，戒之也。」頁193。程樹德：《論語集解》，卷三十九〈堯曰〉：「閻潛丘云：四海困窮是儆辭，天祿永終是勉辭。……則永終二字原非惡詞。故漢魏用經語者班彪〈王命論〉云：『福祚流於子孫，天祿其永終矣。』雋不疑謂：『暴勝之日，樹功揚名，永終天祿。』〈韋賢傳〉匡衡曰：『其道應天，故天祿永終。』靈帝立皇后詔曰：『無替朕命，永終天祿。』凡用此語無不以永長為辭。自新莽以後，魏晉五代皆用堯曰作禪位之冊。……以天祿永終繼困窮之後，為卻位絕天之辭。」頁1167。氏書引清・焦袁熙：《此木軒四書說》：「四海困窮，天祿永終。千萬世鼎革之故盡於此，天之立君以為民也，自古未有民窮而國不亂亡者，而所以困窮之故，則由於人主一心，此大學平天下章，所以反覆叮嚀，垂為炯鑑也。」頁1169。

〔註3〕案：或言禹水五年、七年、九年、十年，或言湯旱五年、七年、九年。文亦詳《墨子》，卷一〈七患〉，頁28、《論衡》，卷五〈感虛〉，頁245～246。

一、史鑑之惕厲

《老子》第七十八章云：

> 受國之垢，是謂社稷主；受國不祥，是謂天下王。

河上公解曰：

> 君能受國垢濁者，若江海不逆小流，則能長保其社稷，爲一國君主
> 也。君能引過自與，代民受不祥之殃，則可以王有天下。〔註4〕

河上公的解釋顯然是從人文思想發展之後的國家意識作一解釋。我們習慣以「社稷」借代「國家」，因此「社稷之主」就是「一國君主」，但這是第二義，而非第一義，也絕對不是原始社會之眞實情況；但這也顯示了二者必有其絕對性的宗教與權力之關係。〔註5〕

我認爲巫術時代的先民供奉社稷二主以爲國家土地之守護神，因此國家災難發生時祂有絕對之必要揮發神力爲民解難，故曰「受國之垢，是謂社稷主」；而古代國王誠乃一國之大巫，因具有呼風喚雨使五穀豐收之法力而被百姓擁護爲王，王之所以爲王，其天職與聖性就是爲民作犧，以身爲禱，故曰「受國不祥，是謂天下王」。這樣的原始思維透過民族學與人類學的調查紀錄誠可爲證；事實上在先秦諸子的文獻中，仍可一窺究竟，例如：孟子。《孟子・盡心下》清楚地說道：「犧牲既成，粢盛既潔，祭祀以時，然而旱乾水溢，則變置社稷。」趙岐注曰：「犧牲已成肥腯，粱稻已成絜精，祭祀社稷，常以春秋之時，然而其國有旱乾水溢之災，則得毀社稷而更置之。」〔註6〕孟子很清

〔註4〕《老子》，見王淮：《老子探義》（台北：臺灣商務印書館，1990），第七十八章，頁289。

〔註5〕魏建震：《先秦社祀研究》（北京：人民出版社，2008），第六章〈社祀之社會功能研究〉：「王權從其產生之日，便披上了神祕的外衣與神聖的光環。這種神祕外衣與神聖光環的來源，與社祭祀密切相關。社稷之靈的保佑，常被視爲國君即位的根本，《公羊傳・僖公十一年》：『吾賴社稷之靈，吾國已有君矣』，即爲這種觀念的反映。在中國早期國家的政權更替中，對社神的祭祀成爲新政權執掌國家權力的必要條件。商代夏，商湯『作夏社』，開始對夏社進行祭祀。周滅商，周武王祭祀商社，並在商社舉行了即位儀式，夏商周時的社神，是一個被各族普遍接受的公共崇拜，不同的部族執掌政權，對社神的崇拜並沒有發生變化。朝代更替或新國君即位時舉行社祀儀式，支持其行爲的宗教心理便是社神對王權的佑助。」頁258。

〔註6〕《孟子》，卷十四上〈盡心下〉，頁388。孫奭疏曰：「犧牲既成以肥腯，粢盛既成以精絜，祭祀又及春秋祈報之時，然而其國尚有旱乾水溢之災，則社稷無功以及民，亦在所更立有功於民者爲之也，是民又有貴於社稷也。此孟子所以自解民爲貴，社稷次之，君爲輕之敘也。云社稷者，蓋先王立五土之神，

楚地告訴我們：社稷二主受人民四時之供奉，但在國有旱乾水溢之災的時候卻不能大顯神威守護百姓，在彼此互惠的結構關係上，失去了信賴，因此百姓失望地並且無情地將社稷二主變置毀祀，以期待更有神威法力的新主入祀。緣於此說，我們有必要追查社稷二主遭到變置的歷史案例及其事發經過。

（一）佑民無功──廢柱易祀

《禮記·祭法》所云：

> 夫聖王之制祭祀也，法施於民則祀之，以死勤事則祀之，以勞定國則祀之，能御大菑則祀之，能捍大患則祀之。是故厲山氏之有天下也，其子曰農，能殖百穀，夏之衰也，周棄繼之，故祀以爲稷。共工氏之霸九州也，其子曰后土，能平九州，故祀以爲社。〔註7〕

〈祭法〉說得很清楚，古代先民除了祭祀自然神之外，對於人鬼受祀的情況，則有五種類型：「法施於民」、「以死勤事」、「以勞定國」、「能御大菑」、「能捍大患」。總而言之，這五類受祀者都是人類史上偉大之英雄，其功德恩澤布在人間，百姓念其德澤，建祠安主，四時香火不輟。而農柱因能殖百穀，以死勤事，故祀以爲稷主；而后土則能治水患平九州，故祀以爲社主。所以，社稷二主誠乃死後受祀的人類英雄，但農柱最後何以落得廢祀毀廟，易主而祀，淪爲鬼道呢？這件事說來與湯七年大旱有關，明白地說：農柱因佑民無功，以致天下饑饉薦臻，五穀不收，故湯以「問罪」之方式，下令廢祀，易主周棄。

《史記·殷本紀》載：「湯既勝夏，欲遷其社，不可，作夏社。」〔註8〕太史公言簡，難得其詳；東漢應劭所云略詳：「（湯）遭大旱七年，明德以薦，而旱不止，故遷社，以棄代爲稷。欲遷句龍，德莫能繼，故作夏社，說不可

祀以爲社：立五穀之神，祀以爲稷。以古推之，自顓帝以來，用句龍爲社，柱爲稷。及湯之旱，以棄易其柱。是亦知社稷之變置，又有見於湯之時然也。」頁388。亦補宋朱熹《集注》：「祭祀不失禮，而土穀之神不能爲民禦災捍患，則毀其壇墠而更置之，亦年不順成，八蜡不通之意，是社稷雖重於君而輕於民也。」、宋·黎靖德編：《朱子語類》（北京：中華書局，2004）卷六十一，〈民爲貴章〉：「伊川云：『句龍配食於社，棄配食於稷。始以其有功於水土，故祀之；今以其水旱，故易之。』夫二神之功，萬世所賴；旱乾水溢，一時之災。以一時之災，而遽忘萬世之功，可乎？」曰：「『變置社稷』，非是易其人而祀之也。伊川之說也，蓋言遷社稷壇場於他處耳。」頁1458。

〔註7〕《禮記》，卷四十六，〈祭法〉，頁1307。

〔註8〕《史記》，卷三〈殷本紀〉，頁51。

遷之義也。」；〔註9〕鄭玄的說詞更見發明，氏曰：

> 犧牲既成，粢盛既潔，祭以其時，而旱暵水溢，則變置社稷。當湯
> 代桀之時，旱致災，明法以薦而猶旱，至七年，故湯遷柱而以周棄
> 代之；欲遷句龍，以無可繼之者，於是故止。〔註10〕

鄭玄與應劭言論頗爲近似，當爲東漢人一致的觀點。鄭氏之言可由三點觀察與延伸：一，興師救旱：依《呂氏春秋·愼大》載：「商涸旱，湯猶發師，以信伊尹之盟。」〔註11〕呂氏言商國大旱在伐桀之前（鄭玄則以受命易鼎之後致旱七年），因此意欲放手一搏，與伊尹聯手，爲商國的災荒尋找活路，而發動戰爭以獲取最便捷而豐厚的資源與權力，商王屢次遷都，顯示土地貧瘠與糧食不足對王權的威脅。二，「興師」與「致雨」、「致旱」的巫術觀：《左傳》僖公十九年曰：「秋，衛人伐邢，以報菟圃之役。於是衛大旱，卜有事於山川，不吉。甯莊子曰：『昔周飢，克殷而年豐。今邢方無道，諸侯無伯，天其或者欲使衛討邢乎？』從之，師興而雨。」〔註12〕弗雷澤《金枝》云：「血被認爲可代表雨，而羽毛則代表雲。」〔註13〕故中國旱暵而舞雩，炊（郊）天亦以血降神。然一體二面，「興師」可行雲降雨，亦有大旱之咎，這也就是季札觀湯樂而有慙德之嘆。〔註14〕更要注意的是，甯莊子以「周飢，克殷而年豐」，此與「商涸旱，湯猶發師」其旱飢的處境與解決方法是如出一轍的。三，代夏而王，旱象不減反增，連七年大旱，而有變置社稷之舉，此謂將原神主毀棄不祀，改以他主入祀，但最終應劭、鄭玄以社主句龍「德莫能繼」、「無可繼之者」，故止（詳後）；而稷主「農柱」則被「周棄」取代，自此柱遷祀廢，淪爲鬼道。

弗雷澤《金枝》對各民族進行調查，因旱而將其神主毀棄的例子屢見不鮮，亦提及中國：

〔註9〕《漢書》，卷二十五上〈郊祀志上〉，顏師古注引，頁1193。

〔註10〕《周禮》，卷十八〈春官·大宗伯〉，賈公彥疏引，頁538。

〔註11〕《呂氏春秋》，見陳奇猷：《呂氏春秋校釋》（台北：華正書局，1988），卷十五〈愼大〉，頁844。

〔註12〕《左傳》，卷十四，僖公十九年，頁394～395。

〔註13〕英·弗雷澤：《金枝》（J.G. Frazer, The Golden Bough: A Study in Magic and Religion，汪培基譯，台北：桂冠圖書，2004），第五章〈巫術控制天氣〉，頁99。

〔註14〕《左傳》，卷三十九，襄公二十九年：「見舞〈韶濩〉者，曰：『聖人之弘也，而猶有慙德，聖人之難也。』」杜預注曰：「慙於始伐。」頁1106～1107。楊伯峻：《春秋左傳注》曰：「季札或以商湯伐紂爲以下犯上，故云『猶有慙德』而表不滿。」頁1165。

中國人擅長於影響天界的法術。當需要下雨時，他們用紙或木頭製
作一條巨龍來象徵雨神，並列隊帶牠到處轉遊。但如果沒有雨水降
落，這條假龍就被詛咒和撕碎。在另外場合，他們恫嚇和鞭打這位
雨神，如果他還不降下雨水，他們有時就公開廢黜牠的神位。〔註15〕
弗雷澤以一八八八年四月廣東水災為例，將龍王爺的塑像鎖押起來整整五
天，結果是：雨停了，龍王爺也得救自由了。弗雷澤另以亞洲為例，如：日
本的一個村莊，土地守護神對人民長久的禱告充耳不聞時，人們便推倒它的
偶像，一面高聲咒罵，一面將它的頭朝下扔進一塊發臭的稻田裡。〔註16〕泰
國暹羅人需要雨水時，他們把神像放在驕陽下；若要祈求天晴，就將廟頂掀
開讓雨水澆淋神像。〔註17〕東南亞一帶的撣族人在稻子被乾旱烤焦時就把佛
像浸入水中。〔註18〕歐洲的尼科西亞、巴勒莫、卡爾塔尼塞塔、利卡塔、科
洛布雷斯、卡彭特拉斯、聖龐斯、聖詹斯、明格列利亞……等，在求雨不成
的狀況下，盛怒地以恫嚇的口吻詛咒並將神像浸入水中作勢淹死牠，或將其
鞭打、隨意毀棄等。〔註19〕顯見，歐亞民族對神靈的敬畏與憤怒，其心態是
相同的：有求必應則祀，無應則廢。

　　因此，正如《禮記・祭法》所云：「是故厲山氏之有天下也，其子曰農，
能殖百穀，夏之衰也，周棄繼之，故祀以為稷。共工氏之霸九州也，其子曰
后土，能平九州，故祀以為社。」〔註20〕很清楚地，農柱與后土乃因功受祀
之人鬼，曾經因功受享，亦必然因無功而廢。所謂「夏之衰也」，乃指湯滅桀，
代夏而王，這也就是說：農柱被廢的時間是與夏俱盡，夏亡柱廢，乃因旱魃
肆虐，五穀不登而遭湯廢置。易言之，「為民消災」是諸鬼功烈神威的考驗，
考驗其神威的轉折點亦在於天災的發生與解決。北魏房景遠的一段話，正可
說明中國「神無永祀不毀」的現象：

　　　湯克桀，欲遷夏社為不可；武王滅紂，以亳社為亡國之誡，曰：神無
　　　定方，唯人為主，道協無為，天地是依，棄德弗崇，百靈更祀。〔註21〕

〔註15〕弗雷澤：《金枝》，第五章〈巫術控制天氣〉，頁110。
〔註16〕同上注，頁110。
〔註17〕同上注，頁111。
〔註18〕同上注，頁114。
〔註19〕同上注，頁110～115。
〔註20〕《禮記》，卷四十六〈祭法〉，頁1307。
〔註21〕《魏書》（北齊・魏收撰，北京：中華書局，1997），卷四十三〈房法壽傳〉，
　　　頁979。

足見，神格的升降與榮辱，悉與其庇佑子民法力相關，法力不足禳伏天災國難，便遭百姓毀廟棄祀，或替換神主，諺云：「泥菩薩過江，自身難保」或也道出神明難爲。〔註22〕這就說明了：湯因大旱不止，五穀不收，塗炭生靈，而遷怒社稷二主；這一舉動大抵與弗雷澤所述雷同，唯以棄代柱，故曰「遷柱由旱」。〔註23〕《國語》、《帝王世紀》都以農柱就是眾所熟悉的神農氏，廢祀於湯旱，故《禮記‧祭法》孔穎達正義言：「夏末，湯遭大旱七年，欲變置社稷，故廢農祀棄。」〔註24〕究其發源，《孟子‧盡心下》業已述及：「犧牲既成，粢盛既潔，祭祀以時，然而旱乾水溢，則變置社稷」，趙岐注曰：「犧牲已成肥腯，粱稻已成絜精，祭祀社稷，常以春秋之時，然而其國有旱乾水溢之災，則得毀社稷而更置之。」〔註25〕孟子之言若不經由上述民族學的舉

〔註22〕 日‧白川靜：《中國古代文化》（加地伸行、范月嬌合譯，台北：文津，1983）：「洪水神（禹、台駘、女媧、共工、蚩尤），起源於各部族之神，因農耕共同體集團成立時作爲守護靈，故神祇由是生焉。因此，這些神祇原應是地域之神，可是，隨著部族的消長，神祇權威亦有所消長。……在神信仰的世界裡亦如此地產生上下階層者，是由於在現實的部族世界中顯示著階層關係的反映之故。」頁29。

〔註23〕 《周禮》，卷十八〈春官‧大宗伯〉賈公彥疏曰：「案〈祭法〉云：『屬山氏之有天下也，其子曰農，農殖百穀。夏之衰也，周棄繼之，故祀以爲稷。』若然，稷祀棄實在湯時。云夏之衰者，遷柱由旱，欲見旱從夏起，故據夏而言也。」頁538。

〔註24〕 《禮記》，卷四十六〈祭法〉：「烈山氏之有天下也，其子曰農，能殖百穀。夏之衰也，周棄繼之，故祀爲以爲稷。」頁1307。孔穎達正義：「農謂屬山氏後世子孫名柱，能殖百穀，故《國語》云：『神農之名柱，作農官，因名農』是也。」頁1308。正義又曰：「屬山氏，炎帝也，起於屬山者，案《帝王世紀》云：『神農氏本起於烈山，或時稱之神農，即炎帝也。』」頁1309。按：柱乃神農也，於商湯大旱之時，廢祀不舉。

〔註25〕 《孟子》，卷十四上〈盡心下〉，頁388。孫奭疏曰：「犧牲既成以肥腯，粢盛既成以精絜，祭祀又及春秋祈報之時，然而其國尚有旱乾水溢之災，則社稷無功以及民，亦在所更立有功於民者爲之也，是民又有貴於社稷也。此孟子所以自解民爲貴，社稷次之，君爲輕之敘也。云社稷者，蓋先王立五土之神，祀以爲社：立五穀之神，祀以爲稷。以古推之，自顓帝以來，用句龍爲社，柱爲稷。及湯之旱，以棄易其柱。是亦知社稷之變置，又有見於湯之時然也。」頁388。亦補宋朱熹《集注》：「祭祀不失禮，而土穀之神不能爲民禦災捍患，則毀其壇壝而更置之，亦年不順成，八蜡不通之意，是社稷雖重於君而輕於民也。」《朱子語類》，卷六十一〈民爲貴章〉：「伊川云：『句龍配食於社，棄配食於稷。始以其有功於水土，故祀之：今以其水旱，故易之。』夫二神之功，萬世所賴；旱乾水溢，一時之災。以一時之災，而遽忘萬世之功，可乎？」曰：「『變置社稷』，非是易其人而祀之也。伊川之說也，蓋言遷社稷壇場於他處耳。」頁1458。

證，或難明瞭掌握恭奉神靈的決定權，祀與不祀，乃民議定，故孟子以「民為貴，社稷次之，君為輕」，認為「人民」、「社稷」（神主）與「君權」三者乃存亡相繫，榮辱與共，以此鑑戒後世君王，因為社稷神主都可任憑替換毀祀，何況是一國之君，君王若是無法為民消災解厄，他將如同社稷二主一樣遭到唾棄與廢位的命運，誠如《申鑒・雜言上》所云：「人主承天命以養民者，民存則社稷存，民亡則社稷亡，故重民者所以重社稷而承天命也。」〔註26〕言已至此，為君者不可不惕。

　　孟子的話透露一個訊息：迄至戰國時代，在儒士的思維裡，依然認為社稷神主必須為救災不力受到廢祀變置的處罰，而這誠乃一巫術咒詛之法，卻為孟子保留於書中。當然，「變置」這一作法，極可能僅是一種交感巫術上的禳災手段，透過脅迫搗毀的方式逼使神主顯靈。〔註27〕因此，當百姓身處困頓大厄，仍竭盡所能恭奉祭祀，神靈倘無動於衷，不能恤民之哀，救民之苦，民怨高張，社稷神主的下場就是──「變置」，廢祭不舉，因為人民認為祂已經失去護民的神力，再也毋須恭奉一尊白吃白喝的尸主；尊貴功高如神農大帝「農柱」都可因天旱而廢祀，何況其他小神！顧炎武《日知錄・古今神祠》如是說：

> 水經注引吳猛語廬山神之言，謂神道之事亦有換轉。昔夫子答宰我黃帝之問，謂生而民得其利百年，死而民畏其神百年，亡而民用其教百年。故曰黃帝三百年。烈山氏之子曰柱，食于稷，湯遷之而祀棄。以帝王神聖且然，則其他人鬼之屬又可知矣。〔註28〕

〔註26〕漢・荀悅：《申鑒》，見張濤、傅根清譯注：《申鑒、中論選譯》（台北：錦繡，1992），頁81。

〔註27〕晉・張華：《博物志》（台北：臺灣中華書局，1978），卷第五：「止雨祝曰：天生五穀以養人民，今天雨不止，用傷五穀如何如何。靈而不幸，殺牲以賽神，靈雨不止，鳴鼓攻之，朱綠繩縈而脅之。」頁三。按：「攻之」、「脅之」都是一種「作勢恫嚇」的手段，但若天雨不止（不下），在激進份子的鼓譟下，恐怕神主也跟著遭殃，得為這場災害付出「不靈不佑」的代價。臺灣簽賭風氣昌盛，四處求神拜佛供奉問明牌，不問陰陽不問正邪，或偷財神、土地公等想一求發財夢但最終神明不靈驗而將神像丟棄搗毀的新聞屢見不鮮，古今誠然相去毫釐。

〔註28〕顧炎武：《日知錄》（原抄本日知錄，台北：文史哲，1979），卷三十〈古今神祠〉，頁875。按：孔子答宰我一段，文見《大戴禮記》（清・王聘珍：《大戴禮記解詁》，北京：中華書局，2004），卷七〈五帝德〉：「宰我問於孔子曰：『昔者予聞諸榮伊令，黃帝三百年。請問黃帝者人邪？抑非人邪？何以至於三百年乎？』……生而民得其利百年，死而民畏其神百年，亡而畏其教百年，故

這是十分現實的人性寫照，人類之共同始祖──黃帝，其威烈亦不過三百年，社稷位尊悉可廢黜，又遑論其他小神呢？此例中國亦見實錄，如梁武帝時期，《南史·曹景宗》載：「先是旱甚，詔祈蔣帝神求雨，十旬不降。帝怒，命載荻欲焚蔣廟并神影。爾日開朗，欲起火，當神上忽有雲如纜，倏忽驟雨如寫，臺中宮殿皆自振動。」〔註29〕又唐肅宗乾元二年旱事薦臻，縉雲縣令李陽冰如是祈雨曰：「城隍神祀典無之，吳越有之。風俗水旱疾疫，必禱焉。有唐乾元二年秋七月不雨，八月既望，縉雲縣令李陽冰躬祈於神，與神約曰：『五日不雨，將焚其廟』及期而雨。」〔註30〕李陽冰揚言毀廟廢祀，威脅神主，這種激烈與決裂的手段，最終達到了效果，受難的神主擺脫了咒罵挾制，重獲人們的膜拜。然而，倘若天災再起荼害百姓，神明要是不能再次顯靈救苦救難，確有再被脅迫和廢黜的可能，實在不能久安其位的。〔註31〕

曰三百年。」頁117～119。

〔註29〕《南史》（唐·李延壽撰，北京：中華書局，1997），卷五十五〈曹景宗傳〉，頁1356。亦見清·顧炎武：《日知錄》，卷三十〈古今神祠〉：「梁武帝時旱甚，詔祈蔣帝神，十旬不雨。帝怒，命載荻欲焚其廟。將起火，當神上忽有雲如纜，倏忽驟雨如瀉。室中宮殿皆自振動。帝懼，馳詔追停。少時還靜。自此帝畏信遂深。」頁874；宋·李昉：《太平御覽》（石家莊：河北教育，1994），卷四十一〈地部六·蔣山〉：「梁書曰：武帝時，旱甚，詔於蔣山神求雨，十旬不降。帝怒，命載荻焚廟并其神影。白日開朗，將起火，當神上忽有雲如傘蓋，須臾聚雨臺中，宮殿皆自震動。帝詔使停。」頁359。

〔註30〕清·董浩等編：《全唐文》（北京：中華書局，1985），卷四百三十七〈李陽冰·縉雲縣城隍神記〉，頁4461。又胡新生：《中國古代巫術》（濟南：山東人民，1999）認爲：「求雨之所以要點火焚柴，董仲舒所謂「開山淵，積薪而燔之」，……由此推測，「積薪而燔」寓有懲罰山神之意。先秦人認爲久旱不雨的原因之一是山川之神作怪，……殷人『舞』河岳，『取』河岳，齊人認爲大旱『崇在高山廣水』都是這種觀念的反映。」頁302。《左傳》昭公十六年載鄭國大旱，屠擊等人「斬桑山之木」，亦是想通過懲罰山神逼它降雨。又唐·段成式：《酉陽雜俎》（台北：漢京，1983），卷十四〈諾皋記上〉：「太原郡東有崖山，天旱，土人常燒此山以求雨。俗傳崖山神取河伯女，故河伯見火必降雨求之。」頁130。

〔註31〕德·馬克斯·韋伯：《儒教與道教》（Max Weber：Konfuzianismus und Taoismus，洪天富譯，南京：江蘇人民，2008），第一章〈城市、諸侯與神明〉提到：「他（皇帝）有時承認那些被證明有效的神靈，對它們頂禮膜拜，還授予它們封號與官階，有時又會廢黜它們。只有被證明是具有神性的神靈，才是合法的，須知，皇帝對災難是要負責的。也有這樣的情況，要是某一神靈通過簽（Los-Orakel）的神示或其他的指示引起一次失敗了的行動，也會給它帶來恥辱。1455年，有位皇帝（按：1455年乃明代宗景泰六年）就曾公開對蔡山之神加以非難斥責。在其他情況下，也會停止對鬼神的祭祀與供奉。根據司馬

當然，君王若不這麼要脅恐嚇，下一個「變置」的必然是自己，地位及生命或恐不保，《論語・堯曰》：「四海困窮，天祿永終」正是描述這種境況；馬克斯・韋伯（Max Weber）說得十分清楚：「最初，人類採用一種原始互惠的辦法和這些鬼神打交道，以如此這般的儀式供奉來換取如此這般的善行。如果一名守護神享盡品德高尚的人們的一切供奉而卻無法保護後者，那麼他就會被更換，因為只有被證明是真正強有力的神靈才值得崇拜。這種更換歷史上的確常有發生，特別是皇帝。」〔註32〕這也就是前引《老子》：「受國之垢，是謂社稷主；受國不祥，是謂天下王」的道理所在；又《左傳》昭公三十二年，史墨亦對趙簡子曰：「社稷無常奉，君臣無常位，自古以然。故詩曰：『高岸為谷，深谷為陵』。」〔註33〕這話更是深刻了，史墨將社稷神主與君臣名位作一類比，除了其使命攸關之外，更是脣亡齒寒，榮辱與共，能保社稷則君位可保，社稷若亡君位亦亡，這也就是先秦諸子何以「社稷」借代「君主」之原因了，這就是「社稷」的第二義，而其原始本義──社主、稷主，則為君主所取代，成為國家之代名詞。因是之故，當天災肆虐，百姓無所憑依，饑饉薦臻，一國之主若無能解決，最終是要（或被逼著）走上──死亡或「以身獻祭」一途，以謝天下（詳後：典範在夙昔）。

（二）國亡毀社──夏社之愓

《禮記・檀弓下》曰：「古之侵伐者，不斬祀；不殺厲；不獲二毛」，鄭玄：「祀，神位，有屋樹者。厲，疫病。二毛，鬢髮斑白」。〔註34〕意謂往古滅人之國，不擄掠鬢髮斑駁的老人；不殺身染疫病者，怕透過刀劍上的血液擴大傳染反而促使自己軍隊染病敗亡；對於勝國祖靈之神主，存祀不毀，但屋其樹，以絕天地陰陽，斷其祖靈神威。這正可以解釋：為什麼湯滅桀後，未廢有夏社主，直到天旱薦臻逮及七年始興遷社毀祀的念頭。除了上文業已論及「旱暵水溢，變置社稷」之肇端之外；這裡，尚有二點問題可以提出討論：一，古之侵伐，不斬祀，但屋其樹。二，「夏社」之性質與形制。

遷所寫的秦始皇傳記，偉大的皇帝中的那位「理性主義者」和帝國統一者秦始皇，就曾為了懲罰一個妨礙他上山的山神，而將山上的樹木砍伐殆盡。」頁33～34。

〔註32〕馬克斯・韋伯：《儒教與道教》，第一章〈城市、諸侯與神明〉，頁33。

〔註33〕《左傳》，卷五十三，昭公三十二年，頁1528。

〔註34〕《禮記》，卷九〈檀弓下〉，頁286。

1、古之侵伐，不斬祀，但屋其樹

孔穎達以「斬樹木壞宮室曰伐」，〔註35〕應該思考是：何以戰爭滅國必「斬樹木」？斬什麼樹？此樹有何意義或象徵？又何以滅國要「屋樹」？諸等動作必然有所寓意和作用。「樹」顯然是一種符碼；絕非單純而隨意地指稱一棵樹或一片廣袤的樹林，或任意地用些樹來蓋個什麼聚眾合議的建築，而在國滅後被搗毀砍伐而已矣。解決這個問題必須從「樹」之於「社」的角度切入。《魏書・劉芳傳》談及「社稷無樹」的問題，其疏曰：

> 《周禮・小司徒職》云：「掌設王之社壝，爲畿封而樹之。」……又《論語》曰：「哀公問社於宰我，宰我對曰：夏后氏以松，殷人以柏，周人以栗。」是乃土地之所宜也。《白虎通》云：「社稷所以有樹，何也？尊而識之也，使民望即敬之，又所以表功也。」……然則，稷亦有樹明矣也。又《五經通義》云：「天子太社、王社，諸侯國社、侯社。制度奈何？曰：社皆有垣無屋，樹其中以木，有木者土，主生萬物，萬物莫善於木，故樹木也。」……又見諸家禮圖，社稷圖皆畫爲樹，唯誡社、誡稷無樹。〔註36〕

劉氏有「劉石經」之美稱，〔註37〕這席話無疑是珍貴而翔實的，爲我們應證了「樹」與「社」的關係。第一，社稷俱以樹表之，並以土地所宜之樹表之，三代不同。第二，封土爲社，樹以表道，乃國土疆界之符碼標誌。第三，將土神（后土）的崇拜寓之於樹，因土廣難盡，土生木，故樹之爲社；事實上，社樹乃社神之神主。第四，「社稷」之「有樹」、「無樹」乃「國之存亡」的象徵，有樹則存，無樹則亡。要之，「社皆有垣無屋，樹其中以木，有木者土，主生萬物，萬物莫善於木，故樹木也」、「諸家禮圖，社稷圖皆畫爲樹，唯誡社、誡稷無樹」實乃劉氏疏文中最精闢的兩段文字。筆者就此相關文獻作一補述，《禮記・檀弓上》云：

> 國亡大縣邑，公、卿、大夫、士皆厭冠，哭於大廟三日，君不舉；或曰，君舉，而哭於后土。〔註38〕

〔註35〕 同上注，孔穎達正義引《穀梁傳》曰：「苞人民歐牛馬曰侵，斬樹木壞宮室曰伐。」頁286。

〔註36〕 《魏書》（北齊・魏收撰，北京：中華書局，1997），卷五十五〈劉芳傳〉，頁1225～1226。

〔註37〕 同上注：「昔漢世造三字石經於太學，學者文字不正，多往質焉・芳音義明辨，疑者皆往詢訪，故時人號爲劉石經。」頁1219。

〔註38〕 《禮記》，卷八〈檀弓上〉，頁250～251。

鄭玄以：「厭冠」，今之「喪冠」；「后土」，「社」也。孔穎達以「不舉」為「不舉樂」也；庾蔚之則以「殺牲盛饌曰舉」，故「君不舉饌」也。〔註39〕意謂：軍敗城陷，君臣頭戴喪冠以喪禮儀式，或哭於太廟三日，君臣均不舉樂（饌）；或曰君臣可舉樂（饌），但哭於社。何以亡邑哭於「太廟」或哭於「后土」？《禮記》是將古代兩種哀眚國殤之祭并錄於一？還是「太廟」與「后土」本來就是屬於同一祭主？

　　先民為祈穀豐收對「生殖器」產生崇拜乃是事實，古人以土地、樹木具有生殖的能力，而王之所為王，必然擁有這樣的神性，馬克斯·韋伯《儒教與道教》說：「皇帝也必須通過軍事上的勝利（至少得避免慘敗），更重要的是必須確保收成的好天氣與國內秩序的穩定來證明自己神秘的神性。……這樣，中國的君主首先是一位大祭司；他其實是古代巫術信仰中的『祈雨師』，只不過被賦予倫理的意義罷了。」〔註40〕「王」字的象形是否為「牡器」，這有不同說法，〔註41〕但王與土地農稼的生產和雨水之關係，自來就是確定「王者」權力與神性的重要依據，而這個思維與期待同樣是適用於社稷神主（詳前）。「土」、「木」之關係，以弗雷澤《金枝·樹神崇拜》作一參證：

　　　　樹木是被看作有生命的精靈，它能夠行雲降雨，能使陽光普照，六
　　　　畜興旺，婦女多子。〔註42〕

「木」能興風作雨，膚潤土地，生養萬物，中國亦見記載，如《錄異傳》：「秦文公時，雍南山有大梓樹，文公伐之，輒有大風雨。」〔註43〕又《左傳》昭公十六年：「九月大雩，旱也。鄭大旱，使屠擊、祝款、豎柎，有事于桑山，斬其木，不雨。子產曰：『有事於山，蓺山林也。而斬其木，其罪大矣』。」〔註44〕

〔註39〕　同上注，孔穎達正義引，頁251。
〔註40〕　馬克斯·韋伯：《儒教與道教》，第一章〈城市、諸侯與神明〉，頁35。
〔註41〕　《甲骨文字詁林》字第3246「王」字，吳其昌、林澐先生認為「王乃斧鉞之形」。吳其昌《金文名家疏證·兵器編》云：「王之本義為斧，故斧，武器，用以征服天下，故引伸之，凡征服天下者稱王，斧形即王字，故繪斧於宸」頁3271引；王澐〈說王〉云：「王字本象斧鉞形，而斧鉞本為軍事統帥權的象徵物，這有利于說明中國古代世襲而握有最高權力的王，也是以軍事首長為其前身的」、「在斧鉞作為王權的象徵物之前，它本是軍事民主制時期軍事酋長的權杖。」頁3276引。
〔註42〕　弗雷澤：《金枝》，第九章〈樹神崇拜〉，頁177～180。
〔註43〕　《史記》，卷五〈秦本紀〉，張守節正義引，頁86。
〔註44〕　《左傳》，卷四十七，昭公十六年，頁1355～1356。竹添光鴻：《左傳會箋》，第二十三，昭十六，箋曰：「斬木蓋俗習，及暴尪之類。不知木水母也，今欲

三子以為「斬桑山之木」就能激怒樹神引來大風雨，然而卻犯了大罪，反而助長旱象，這或可理解商湯禱旱於「桑林之社」的原因。事實上，「桑林之社」乃「喪林之社」也，這是祭祀人鬼的林地，也正是湯建「夏社」的地方（詳後），〔註45〕因為中國人將死者葬之於林，亦做「木主」以棲神，好讓鬼魂寄身於樹頭上，使其有所憑依。再看其他民族的記載，《金枝・樹神崇拜》：

> 有時人們相信死人的鬼魂依附在樹的身上。澳大利亞中部的狄埃利部落把某些樹看得非常神聖，認為是他們的祖輩化生的，因此談到這些樹的時候，非常尊敬，並且注意不許砍伐或焚燒它們。……菲律賓群島上的土人相信他們祖先的鬼魂就住在某些樹裡，因此不加採伐。……伊格諾羅特人的每個村莊都有自己的神樹，據說村人祖先的靈魂都住在那裡，所以都向樹獻祭，如果對樹做出任何傷害，全村必將遭遇不幸。如果樹被砍倒，村莊和全體村人就無可倖免地要遭毀滅。中國自上古以來便流傳一種習俗，在墳地植樹以安死者的魂魄，免其遺體腐爛。因松柏四季長青，千年不朽，所以墳地四周多種松柏。墳地樹木的榮枯，反映著死者魂魄的安否。中國西南苗族人聚居地區每個村莊村口都有一棵神樹，村裡居民相信他們最早祖先的靈魂就住在其中，並且左右著他們的命運。〔註46〕

因此，卜辭「土」字乃「社」字，古文從木為「杜」；〔註47〕經解以「冢土」為「大社」，說明「冢」（墳墓、子宮）與「社」（泥土）、杜（建木）之關

請其子，而斬其母，失道甚矣，故罪之。」頁1579。按：名山大樹可興風雨亦可止風雨之巫俗信仰是十分深入民心的，相關民俗記載可見晉・干寶：《搜神記》（北京：中華書局，1979），卷十八：「廬江龍舒縣陸亭，流水邊有一大樹，高數十丈，常有黃鳥數千枚巢其上。時久旱，長老共相謂曰：『彼樹常有黃氣，或有神靈，可以祈雨。』因以酒脯往。亭中有寡婦李憲者，夜起，室中忽見一婦人著繡衣，自稱曰：『我樹神黃祖也，能興雲雨，以汝性潔，佐汝為生。朝來父老皆欲祈雨，吾已求之於帝，明日日中大雨。』至期果雨。遂為立祠。」頁217。弗雷澤：《金枝》，第九章〈樹神崇拜〉亦載：「……一大群婦女都請求立陶宛君主制止他（基督傳教士）的言論（砍掉他們的神聖樹叢）。他們聲言，他要摧毀的是她們賴以獲得陽光雨露的神的住宅。阿薩姆邦的曼德里人以為如果採伐了神樹叢中一棵樹，惹得林中之神生氣了，就不降雨。」頁177。

〔註45〕 詳拙論：〈「夏社」源流疏證〉，見：呂培成、徐衛民編：《司馬遷與史記論集》（西安：陝西人民，2007），頁456〜483。

〔註46〕 弗雷澤：《金枝》，第九章〈樹神崇拜〉，頁174。

〔註47〕 于省吾：《甲骨文字詁林》，字第1211「土」字，頁1183。

係。〔註48〕祖先靈魂居於樹中，此一信仰，普遍存在於眾多民族當中，中
國亦見。中國於人死後入葬於土，封土建樹，葬畢引靈安神於「木主」，「木
主」以「桑」、以「栗」、以「柏」、以「松」，所謂「虞主用桑，練主用栗」
也；〔註49〕說明了祖靈所居之木在於「所宜之樹」也，如松、柏、桑、栗、
梓等（梓宮，皇帝之棺木；桑梓，故鄉之代稱〔註50〕）。又《禮記外傳》曰：

〔註48〕《詩經》，卷十六〈大雅‧綿〉：「乃立冢土，戎醜攸行。」毛傳云：「冢，大。
　　　　戎，大。醜，眾也。冢土，大社也。起大事，動大眾，必先有事乎社而後出，
　　　　謂之宜。美大王之社，遂為大社也。」孔穎達正義曰：「郊特牲云：『所以神
　　　　地之道也。』禮運云：『命降於社之謂殽地。』是社為土之神也。冢既為大，
　　　　土為社主，故知『冢土，大社』也。」頁989～990。魏建震：《先秦社祀研究》
　　　　則有不同於傳疏的解釋，魏先生認為：「從冢字之形、聲訓釋看，冢之含義當
　　　　為高、大，高墳與山頂，只是表現其高大含義的實物之一。冢土之冢，其含
　　　　義也為高大之義，土為社之主，冢土為社之高大之主。社之最為原始的型態
　　　　為土主，人們常常將社建成高大土丘之形，或建在高大土丘之上，一些高丘
　　　　遂有社名。周大王所建之冢土，即以高大土丘為社，此社不是禮書所載王為
　　　　百姓所建之大社。」頁108。按：冢土，固為立於大丘上的社祠，然中國土葬
　　　　亦起高墳，宛如躺臥在大地上腹部隆起的孕婦，引證美‧馬麗加‧金芭塔絲：
　　　　《活著的女神》（Marija Gimbutas, The Living Goddesses: Religion in Pre-
　　　　Patriarchal Europe，葉舒憲等譯，桂林：廣西師範大學，2008），第三章〈墳
　　　　墓與子宮〉所觀察的：「子宮構成了古歐洲最有影響力的喪葬主題之一。在古
　　　　歐洲人關於生命統一體的循環觀中，新的生命經過一個出生、生命、死亡、
　　　　再生的螺旋形模式，從死亡孕育而來。古歐洲的墳墓同時是一個子宮，新生
　　　　命由此產生。……地面是紅色的石灰石與泥土的混合體，這可能代表著生命
　　　　的鮮血。很多古歐洲的墳墓包含了一個狹長的中央通道，這條通道可能代表
　　　　著產道。」（頁78）這席言論，放在中國喪葬文化來看，並非不妥，透過文化
　　　　的比較，人類潛意識中的集體無意識，便清楚地開展在我們眼前。因此，我
　　　　認為覆土為冢，封土建樹，乃中國人對祖靈棲於樹頭以期肉體再生的信仰，
　　　　因此透過墳墓埋葬的儀式彷彿通過大地子宮的孕育，如植物穿過細長而黑暗
　　　　的甬道破土而出，生命重生，死生不息的創造了整個自然生命體系。
〔註49〕《公羊》，卷十三，文公二年傳曰：「虞主用桑，練主用栗。」徐彥疏曰：「用
　　　　桑者，取其名，與其麤觕，所以副孝子之心。」、「期年練祭也，埋虞主於兩
　　　　階之間，易用栗也。夏后氏以松，殷人以柏，周人以栗。松猶容也，想見其
　　　　容貌而事之，主人正之意也。柏猶迫也，親而不遠，主地正之意也。栗猶戰
　　　　栗，謹敬貌，主天正之意也。《禮‧士虞記》：『桑主不文，吉主皆刻而諡之，
　　　　蓋為禘祫時別昭穆也。』虞主三代同者，用意尚麤觕，未暇別也。」頁277
　　　　～278。
〔註50〕顧炎武：《日知錄》，卷三十二〈桑梓〉：「陳琳為袁紹檄云，梁孝王先帝母弟，
　　　　墳陵尊顯，松柏桑梓，猶宜肅恭。胡三省通鑑註，桑梓謂其故鄉，祖父之所
　　　　樹者。」頁946～947。按：桑梓謂其故鄉，祖父之所樹者，乃意謂松柏桑梓
　　　　乃樹於墳陵之木或作為棺槨之木，誠為父祖神靈之所憑藉歸依之處也。

「廟主用木者，木落歸本，有始終之義。」〔註51〕以木能棲神存神，就在於「木落歸本」，歸本於土也，又土生木，泥土乃一切生命之源，女媧搏土造人，人死塵歸塵，土歸土，腐朽的肉體進入黑暗的地底裡，如進入母親的子宮，等待孕育重生，這足以釐清：中國先民乃以「土」（后土、社神、男神）、「地」（子宮、高禖、女神）為二神。「土」受日月天雨得其養分供養地母，故曰「有斯土則有斯民」，縱有磽确大地，亦無民能居，唯沃土以養民，乃成部落家國；〔註52〕「地」為母親之子宮，萬物得復以孕生，人死葬埋入土，通過黑暗大地，再度進入母親子宮，由死復生，如植物破土而生，植物之大者乃木也，因此林木成了先祖靈魂依託之處，進而頂禮膜拜，並藉此神木參天與祖靈溝通，以祈庇佑。然而，後世將「土」、「地」二神混一，「土地」由此並稱，雌雄同體，成為一神。〔註53〕不過，中國人「葬於郊野」、「樹木於墳」的時代

〔註51〕《太平御覽》，卷五百三十一〈禮儀部十·神主〉，頁211引。

〔註52〕魏建震：《先秦社祀研究》（北京：人民出版社，2008），第三章〈先秦時期社祀型態研究〉云：「西周分封的主要內容，是土地與人民，周王對受封者授民受疆土。其授疆土的儀式，是將象徵土地的土塊授予被封者。被封者回封國後，用此土塊建立象徵國家領土與主權的社。」頁112。授土建國的分封制度可見《逸周書》，見黃懷信等：《逸周書彙校集注》（上海：上海古籍，2008）卷五〈作雒解第四十八〉：「乃設兆丘於南郊，以上帝配，配□后稷，日月星辰，先王皆與食。諸受命於周，乃建大社於周中。其壝東青土、南赤土、西白土、北驪土、中央疊黃土。將建諸侯，鑿取其方一面之土，苞以黃土，苴以白茅，以為土封，故曰受則土於周室。」頁533～535。

〔註53〕盧曉輝：《地母之歌：中國彩陶與岩畫的生死母題》（上海：上海文化，2001）曰：「列維·斯特勞斯認為在神話中人類誕生於大地是普遍的特徵。當人類從大地深處出現時，他們不會走路或者只能笨拙地行走。普比羅人（the Pueblo）神話中的暮鸚鵡（Muyingwu）引導人類出現，地下的蘇美克里（Shumaikoli）卻是一個跛子。夸扣特爾人（the Kwakiutl）中的柯斯基摩人（the Koskimo）被地下怪物特斯亞基希（Tsiakish）吞食，當他們返回大地表面時，他們跛著腳向前或踉踉蹌蹌地前行。這和智斗地生的斯芬克斯而又『腫腳』的俄狄浦斯神話是類似的。」頁94。按：《荀子·非相》曰：「禹跳湯偏。」楊倞注引《尸子》曰：「禹之勞，十年不窺其家，手不爪，脛不生毛，偏枯之病，步不相過，人曰禹步。」歷史與神話中大禹亦是個「跛腳」的人，故後巫家稱「巫步」為「禹步」，顯然對大禹「跛腳」走路的怪模怪樣賦予了一種巫術儀式。但若順著神話思維，這何嘗不是與西方的蘇美克里、斯芬克斯、俄狄浦斯諸土地神話一樣。中國以后土為社，屬陰祀，凡春秋時祭、國有大故或軍旅諸事皆以祀社；社又有高禖生殖之崇拜，因此天子於孟春之月以御后妃於社；又社以血祀，以血行其灌禮，紅色沃土則象徵著母親生殖時的鮮血，可推擬中國人對大禹神話、宗教、政治上的文本建構，大禹（句龍）乃土神，萬物悉從泥土獲得生養，萬物亦悉從地母，大地黑暗的子宮中破土而出，動物之

必然比「木主」的製作年代更加遠古而悠久，將祖靈迎回祖廟供奉祭祀，是禮樂文化表現的產物。〔註54〕對於遠古，蓋可如是說：人死則棄或葬於山林，而林深之處乃鬼魂所居之地也，《詩經‧擊鼓》曰：「于以求之，于林之下」，〔註55〕便是說明這樣的情況。在文化較明，周公制禮作樂，制訂朝儀，始將祖魂從郊外無定祀迎回都城建廟受以常祀，自此「土」、「祖」之祀則一分為二，〔註56〕后土社祀仍行於郊外，宗廟祭祀則在都城內，成為政教之中心；而「木主」的供奉、材質、尺度、形制也都有了階級上嚴格的規定。〔註57〕

　　顯然，木主以棲魂安神，土主以藏魄歸根；〔註58〕土司者乃后土，祀以為社，各代各地以其「所宜之樹」，樹木其中，以為社神。事實上，「社樹」不過是象徵「后土神主」的一個符碼，並非后土本身；而樹之於各地的社神，亦僅僅是其分身罷了。「后土」以「人鬼」受祀，魂靈歸位於樹，故以社樹受享，這是將無形無體的靈魂透過「社樹」轉為具象實體的神主，

初生就像植物歪曲的莖足，踉蹌跛足，如土神大禹句龍一般，我們都是土地出生的嬰孩，因此如我們先祖父親一般跛足而後學會挺立。要之，中國先民的的確確是將泥土（后土、社神、男神）與大地（子宮、高禖、女神）二分，而後世混「土」、「地」二神為一，反而錯亂了我們對「社」的解讀。

〔註54〕　《易經》，見李學勤主編：《十三經注疏‧周易正義》（魏‧王弼注，唐‧孔穎達疏，北京：北京大學，2004），卷八〈繫辭下〉：「古之葬者厚衣之以薪，葬之中野，不封不樹，喪期無數。後世聖人易之以棺槨。」頁302。按：上古不封不樹，進而封土建樹，而文獻上首次出現「木主」一詞，乃周武王伐紂載文王木主同行，《論語》，卷五〈公冶長〉，邢昺疏曰：「西伯卒，武王載木主，號為文王，東伐紂。」頁67。

〔註55〕　《詩經》，卷二〈邶風‧擊鼓〉，頁130。

〔註56〕　案：亦可就證於凌純聲：〈中國祖廟的起源〉，《中央研究院民族學研究所集刊》，第七期（1959.03）：社祭乃源自於初民的門希爾（Menhir）及多爾門（Dolmen）崇拜，即陰陽性器的崇拜，其后社、祖分家，才有社祭與祖先祭祀的區別。頁158～159。

〔註57〕　案：木主的定制。《太平御覽》，卷五百三十一〈禮儀部十‧神主〉曰：「人君既葬之後，日中虞祭，即作木主以存神。廟主用木者，木落歸本，有始終之義。天子廟主長尺二寸，諸侯一尺。四向孔穴，午達相通。葬後孝子心目無所睹，故用以主其神也。」頁211。

〔註58〕　《周禮》，卷二十二〈春官‧冢人〉：「凡祭墓，為尸。」頁671。楊寬：《中國古代陵寢制度史》（上海：人民出版，2008）認為「祭墓為尸」，不是祭墓主，而是為了掘地造墓而祭祀后土之神；不是像祭祖那樣以子孫為尸，而是以掌管墓地的『冢人』為『尸』。賈公彥疏也說：『是墓新成，祭后土。』」頁108。按：造墓葬尸，得先行祭過后土，方能葬尸入土以安之，顯然，后土「主生」亦「主死」，生死乃一循環往復，如同葉落歸根，化泥入土，以俟重生。

接受祭祀，故人知其神靈之所在，自然不敢冒犯。《博物志》的這則記載，可以說明：

> 子路與子夏至一社，其樹有鳥，子路搏而取之，社神牽攣不得去，
> 子貢說之乃止。〔註59〕

《淮南子·說林訓》說道：「侮人之鬼者，過社而搖其枝。」〔註60〕子路顯然是嚴重地冒犯了社主，因為社樹乃社神神主之位，無問自取地抓走一隻小鳥，這是社神的所有物，更攀爬在社神的身上，恐怕已比「侮人之鬼」、「過社搖枝」還恣意妄為，沒有比這樣的冒犯更大膽的了。後經子貢「說禱以祭，責之以辭」，〔註61〕社神方才「消氣放人」，結束了子路動彈不得的驚惶恐懼。「社樹有靈」的這件事，民間數有傳說，如《漢書·眭宏傳》：「昌邑有枯社木臥復生。」；同書〈五行志〉亦載：「建昭五年，兗州刺史浩賞禁民私所自立社。山陽槖茅鄉社有大槐，吏伐斷之，其夜槐復立其故處。」〔註62〕昌邑倒臥枯竭幾死的社木，如今萌芽重生，正預示昌邑王劉賀可能復辟之兆，社木之生枯蠹臥乃象徵王者權力之興衰；又槖茅鄉被縣吏砍斷身首移位的無頭社樹，卻在一夜之間神奇的身首歸位，像似沒發生過的事一樣，但這一切都在百姓的見證與驚呼中，相信了社樹無遠弗屆的神威，當然，也更確立了百姓對社主神木的信仰與崇拜。

因此，割城亡邑，君王率群臣哭於大社（冢土），咎省自己守護不力，愧對先祖桑梓；當然一旦亡國，則毀社滅祖，社樹被敵人砍倒，就是讓社主祖靈無所憑依，如失根的飄萍，流浪無祀的野鬼，野鬼作厲，則因為無祀而祟，因此凶災荒年之時，這些野鬼便受到豐厚的祭祀，這個觀念從「夏社」來看會更加清楚。

〔註59〕《博物志》，卷八，頁一。

〔註60〕《淮南子》，卷十七〈說林訓〉，頁1232。

〔註61〕詳拙論：〈湯說演繹〉，《慈濟大學人文社會科學學刊》，第六期（2007.06），頁61～92。

〔註62〕《漢書》，卷七十五〈眭弘傳〉載：「是時昌邑有枯社木臥復生，又上林苑中大柳樹斷枯臥地，亦自立生，有蟲食樹葉成文字，曰「公孫病已立」，孟（眭弘之字）推春秋之意，以為『石柳皆陰類，下民之象，泰山者岱宗之嶽，王者易姓告代之處。今大石自立，僵柳復起，非人力所為，此當有從匹夫為天子者。枯社木復生，故廢之家公孫氏當復興者也。」頁3153～3154。同書，卷二十七中之下，〈五行志〉，頁1413。另見宋·徐天麟：《西漢會要》（上海：上海人民出版社，1977）卷十一，〈禮五·雜錄〉，頁109。

2、「夏社」之性質與形制

所謂「毀社」，意謂：砍倒社神神主憑依的社樹，以示亡國，因此國亡毀社，如誡社無樹也。「遷社」，乃指替換后土以其他人鬼來取代其社主的祀位，如湯旱欲遷，因佑民無功。二者意義和作法本是不同，但到了湯旱七年則有了改變。

湯廢柱祀棄，懲罰農柱佑民無功，農柱因此淪落鬼道，成了無祀的野鬼，如此廢祀之鬼，絕非孤例。商湯以前，凡國亡毀社祖靈必然遭到無情地毀棄，〔註63〕《左傳》僖公十年說道：「神不歆非類，民不祀非族」，〔註64〕所以湯遷句龍在於毀夏后氏的族神，句龍非商之族類，故湯廢祀之。《尚書・商書・湯誓》曰：「湯既勝夏，欲遷其社，不可，作夏社。」〔註65〕前引應劭認為其「不可」（遷社，廢祀社主）的原因在於「德莫能繼」、鄭玄則以「無可繼之者」，因而作罷，但顯然這是由其平治水土的功業德澤來看，事實上我認為這是句龍神威大顯，促使旱象加劇，嚇得商湯趕緊找來史卜問問息怒的方式，卜曰：「祀以人牲」，〔註66〕湯迫於形勢只好斷己髮爪為牲，禱於桑林，說罪

〔註63〕 張光直：《美術・神話與祭祀》（郭淨、陳星譯，台北：稻鄉，1993）：「據顧祖禹（1624~1680年）的統計，夏禹時代有萬餘國；到建立殷商的成湯時，存者三千餘國；至滅商的周武王時期，尚餘一千八百國；東周初年（公元前771年），存一千二百國；迄春秋末年（公元前481年），僅剩下百餘國，而可稱大國者唯十四。」頁15。清・顧祖禹：《讀史方輿紀要》（北京：中華，2005），卷一〈歷代州域形式一〉：「（左）傳（哀七年）稱禹會諸侯於塗山，執玉帛者萬國。成湯受命，其存者三千餘國。武王觀兵，有千八百國。東遷之初尚存千二百國，迄獲麟之末，二百四十二年，諸侯更相吞滅，其見於春秋經、傳者，凡百有餘國，而會盟征伐，章章可紀者，約十四君。」頁9。按：依顧氏統計顯見三代至春秋末年亡國者不計其數，廢其祀者亦不計其數，社主之祀，乃起自三代；諸方國社主因此廢祀淪為野鬼者實為常態，這也就是《禮記》卷十二〈王制〉云：「天子諸侯，祭因國之在其地而無主後者。」（頁387）為了避免野鬼作厲，天子諸侯對於境內廢祀的神主也一併納入祭典當中，有如今天的中元普渡。

〔註64〕 《左傳》，卷十三，僖公十年，頁363。

〔註65〕 《尚書》，卷八〈商書・湯誓〉，230。

〔註66〕 《尚書大傳》，見王闓運：《尚書大傳補注》（百部叢書集成七十九輯，台北：藝文印書館，1966）：「湯代桀之後，大旱七年，史卜曰：當以人為禱。湯乃翦髮斷爪，自以為牲，禱於桑林之社。」頁2-a。《藝文類聚》，卷十二〈帝王部二・殷成湯〉：「湯自伐桀後，大旱七年，殷史卜曰：『當以人禱』。湯曰：『吾所為請雨者民也，若必以人禱，吾請自當。』遂齋戒，剪髮斷爪，以己為牲，禱於桑林之社。言未已而大雨，方數千里。」頁222。

責躬，始建「夏社」，這才平息了句龍之怒。〔註67〕這是文獻上「廢社不可」最早且具體的案例。

我們要注意的是今唯「有夏社主」：句龍（大禹）被存祀了下來，與往代各部族的社主有著截然不同的命運，七年大旱結束後，後世再也不敢蔑視祂巨大的神威，對其神主輕舉妄動，這更形成春秋家：「簡宗廟，廢祭祀，則水不潤下」之鐵律，各朝無不率由舊章，未敢廢置，強化了人們對有夏社主句龍的信仰。句龍之祀既不可廢，湯且建「夏社」存祀，事實上，已開啓了各朝為勝國者建社──「亡國之社」的發端；究其濫觴，乃始於「商湯」，而非「周武」。〔註68〕

商湯建「夏社」以祀句龍，和周武建「亳社」以祀殷祖，兩者同樣是為勝國者建社，但其建地（湯建郊外桑林，周武建於都城）與建築形制俱有不同。文獻完整地紀錄「亳社」的形制，可見於《禮記・郊特牲》：「喪國之社屋之，不受天陽也；亳社北牖，使陰明也。」、〔註69〕《公羊》哀公四年：「亡國之社蓋揜之，揜其上而柴其下。」〔註70〕柴下奄上乃架空使之隔離地氣，加蓋屋頂使之隔離天陽，並以四牆屋社四面，如在藩籬囚牢之中，唯開北牖，使之永在黑暗的世界之中。顯見，亳社是一「木製的」、「四面的」、「架空的」、「蓋頂的」〔註71〕屋子，藉以「屋之」、「棧之」、「塞其三面，唯開北牖」的方式示誡諸國，故亦曰「誡社」，並用以厭鎮勝國之祖先神。這種作法在湯時還未見（文獻無徵），而是源自周武王建亳社時，始將社祭分之為三：「太社」、「王社」、「亳社」。與「亳社」相對照的則是「太社」：「必受霜露風雨，以達天地之氣也」，〔註72〕在這一左一右，一陰一陽，一暗一明，一凶一吉，一亡一興的春秋時祭當中，勝國神靈其神雖存，卻永受囚禁屈辱，形制複雜，思

〔註67〕 詳拙論：〈湯說演繹〉，《慈濟大學人文社會科學學刊》，第六期（2007.06），頁61～92、〈湯大旱「翳髮斷爪」之巫詛解讀〉，安平秋、趙生群等編：《史記論叢・第四集》，蘭州：甘肅人民，2008），頁191～199。

〔註68〕 詳拙論：〈「夏社」源流疏證〉，見呂培成、徐衛民主編：《司馬遷與史記論集第八輯》（西安：陝西人民，2007），頁456～483。

〔註69〕 《禮記》，卷二十五〈郊特牲〉，頁788。

〔註70〕 《公羊》，卷二十七，哀公四年，頁599。

〔註71〕 伊利亞德（耶律亞德）：《聖與俗──宗教的本質》，第一章〈神聖空間與建構世界的神聖性〉：「最古老的聖殿是露天的，或者在屋頂上穿鑿一個洞──亦即『穹窿之眼』，象徵從一個層面穿越至另一個層面，與超越界的共融交往。」頁107。

〔註72〕 《禮記》，卷二十五〈郊特牲〉，頁788。

維縝密，是周文的色彩，而非殷制。〔註73〕

　　相對的，殷商部落民族的作法是比較粗率而簡易的，孔穎達釋「斬樹木壞宮室曰伐」，樹木乃祖靈所居之地，房屋乃人類屏蔽之處，正如前引弗雷澤《金枝》：「伊格諾羅特人的每個村莊都有自己的神樹，據說村人祖先的靈魂都住在那裡，所以都向樹獻祭，如果對樹做出任何傷害，全村必將遭遇不幸。如果樹被砍倒，村莊和全體村人就無可倖免地要遭毀滅。」〔註74〕這種對祖靈所棲身的「樹木被砍倒」的恐懼和中國「誡社稷無樹」的思維情愫是一樣的。因此禮家以「無樹」作爲「亡國誡社」的符碼，晉世阮修亦云：「若社爲樹，伐樹則社亡。」〔註75〕顯然，這是比較遠古而單純的作法和思維。「夏社」之形制，文獻無徵，但從鄭玄解釋「不斬祀：祀，神位，有屋樹者。」的作法來推測，確實是與「亳社」之複雜極具巧思的形制不同，「屋樹」的作法顯得更古老與原始些，這從孔穎達「斬樹木壞宮室曰伐」的解釋中看得十分清楚。因此，我認爲「夏社」乃以「屋樹」的形制建社，也就是說：社樹被砍成爲無頭樹，唯存半截樹身，以示不斬草除根；又屋樹以祀，蓋用物遮其樹頭，不使生長，祖靈雖仍受享，但威力已然折損，周制並用此「屋之」方式以厭鎮勝國之神威，遂成定制。

　　我必須說：後代社祀后土句龍，句龍乃有夏先祖大禹之神話形象，於湯旱滅國遷社時神威大顯，以致商湯建夏社說禱以祀，句龍則由有夏祖先神的區域性質成爲無遠弗屆跨部族的自然神，而原夏社所祀，或僅爲祖先神的意義了。而後世之太社、王社，所祀之神主乃后土句龍這位自然神而非有夏人鬼。這可以弭平馬融、王肅以后土爲「人鬼」（先公）、鄭玄以爲「地祇」（自然神）的紛爭；〔註76〕亦可說明郭先生以「土」（社）爲「且」（祖）的解釋了。

〔註73〕《周禮》，卷二十六〈春官・喪祝〉：「掌勝國邑之社稷之祝號，以祭祀禱祠焉」頁804。

〔註74〕弗雷澤：《金枝》，第九章〈樹神崇拜〉，頁174。

〔註75〕隋・杜台卿《玉燭寶典》（百部叢書集成七五，古逸叢書第六函，台北：藝文，1966），卷二〈二月仲春第二〉，頁28引。

〔註76〕案：「土地」一詞，既非「連綿詞」，亦非「偏正式」，而是一「併聯式」的構詞。因此，我認爲「社祀」有二：一祀「地祇」乃祀「地母、高禖」也；一祀「后土」，乃祀「土神、句龍（大禹）」。二祀「神主」、「祀地」、「執掌」等都是有分別的，後世混一故也。主張「后土非地祇」，駁斥鄭玄之說者，以晉儒王肅《聖證論》與鄭玄門生之問難交鋒，最見理據。又見秦蕙田：《五禮通考》，卷三十七〈吉禮・方丘祭地〉引元人黃澤：「殷革夏，周革殷，皆屋其社，是辱之也；旱干水溢則變置社稷，是責之也。王者父事天，母事地，豈

對於「不斬祀」的概念思維，李宗侗先生提供一新的思考路徑：

> 首領既爲宇宙中心的動力，他不止對全團負責，他且將對所有的團員負責，各團的禁忌（禮）皆須遵行。周王之所以用四代樂的起因想亦由於這類觀念。〔註77〕

誠然可證亡國之社有其存祀之必要，不僅存其社主亦存其享神之樂舞，懼怕被其神靈報復，故不敢遽然廢之；當然爲了統治各部族，四代禮儀及樂舞確確實實地代表了往代氏族之祖靈，藉此禮樂號召與挾制這些強大的祖靈，進而吸收同化這些祖靈，自能統治其子民，使其臣服，成爲我之族類，便是形成一個龐大的國家體制所應有的政治結構，也正是民族融合所逐次成型的大文化圈，此乃「王化政體」，高壓與懷柔，刑德並濟，排他與同化的政治過程與手段，這在「亡國之社」的建置與祭儀中是一清二楚的。

綜上所述，本節主要探討「四海困窮，天祿永終」之史鑑，如老子所云：「受國之垢，是謂社稷主；受國不祥，是謂天下王」，「社稷神主」與「君主權位」之關係誠乃脣亡齒寒，這由商湯「廢柱遷社」一事，及孟子「民爲貴，社稷次之，君爲輕」之政論足可爲證。由於「社稷」神主都是以「人鬼」受享，生前有功死後受祠爲神，百姓供奉神明的目的無不希望藉由其神力保佑自己免於一切災難。事實上，宗教崇拜是一種供需與利益關係下的產物，因此，當受難者耗盡一切資源滿足神靈的需要，或哀求哭喊以喚醒神明惻隱憐憫，抑或咒罵揚言作勢恐嚇，卻再也無法從供養的神祠中獲取一定的利益與保障時，神明就要落難了，硬逼著嗷嗷百姓的苦難，以致於得爲這場災害付出代價。此時百姓再也不願當個代罪羔羊，沉默的聲音不見了，激進噪鬧地憤而要找出一個罪魁禍首來承擔，這擔事者——不是神靈，就是君王自身，所謂「受國之垢，是謂社稷主；受國不祥，是謂天下王」若不能如此，史有明訓：「四海困窮，天祿永終」也。總結上述，有四點再申：

一，「廢柱」是因爲「老了無能」被廢：這證明了神明之位、靈、祀，都非永久不敗，究其原因，大抵與「時」（時間、年紀）相切。《東漢會要》以

有可責可辱之理？則社非祭地明矣。」頁135（冊）-952。黃澤確實看見了「社稷」所承擔的二件重責大任：一，國家興亡；二，水旱天災。國家無事社稷便無事，神木自可長青呼吸著，享受人們的獻祭；國家有事社稷便不保，神木被砍斷，不得呼吸，人們不再祭祀，成了無頭樹；這也就是「社稷」成爲「國家」代名詞的原因，二者脣齒相依也。

〔註77〕李宗侗：《中國古代社會史》，第五章〈政權逐漸的集中〉，頁131。

「至殷，以柱久遠」作為廢柱的註腳；馬克斯‧韋伯提出古羅馬「60 回橋」議事年紀的限定；又禮以「五世親盡」而毀廟，因為血緣疏遠了，關係不親了，都證明了時間的久遠與能力、決斷力、生命力、神力、法力都有極大的關連。因此，對於這些老神明與老祖宗的供奉，便有了「廢祀遷毀」的思維產生。天體的運轉需要新血活力，四時告訴大地子民，就像深秋的肅殺，秋老物盡，落葉歸根，牠們回到大地母親的子宮（泥土）等待重生，當春天再來，萬物更始，死而復生。「柱」以農耕之功受享，現在因為牠老了法力盡失，無法再讓穀物豐收，只有更新牠改祀年輕的「棄」，大地才有浴火重生的機會，因此，大地需要的是新血活力而非陳舊老物。這個觀念的最終發展就是：與時遷移——如：農柱、五世親盡。

　　二，「遷社」句龍老而彌堅，始終強悍：這與農柱老了無能的情況是相反的，同樣是白髮老人，但不是每個老人都會被時間淘汰，這是頑固的老頭兒——句龍（大禹）。從大禹治水以致偏枯，卻依然能遍行天下，劃定九州，序名列物，縱使死了三百年（黃帝威烈三百年，顧炎武引孔子語），依然能超越三百年的威烈，「遷社」之舉觸怒其神威大顯，嚇得湯王以身說禱，罪躬責己，留下中國現存最早的一篇史辭：〈湯說〉（〈夏社〉），也成為歷代君王面對天災必下詔罪己的經典範本（詳本章第三節）同時，更迫使商湯建社以祀有夏祖神，打破不祀非我族類的舊俗，反而以一種懷柔的方式將敵方祖靈納為己有並嚴加監控，這也就是「亡國之社」（夏社）興建的起因，後有周武建亳社以存大商祖靈。因此這個觀念的最終發展是：大禹從區域性的祖先神變成了自然神，後世再也沒有人敢遷毀牠的神祠，怕有更大的災難降臨——存祀不毀，如句龍（后土）、亡國之社。這就是《禮記‧曲禮下》：「凡祭，有其廢之，不敢舉也（廢柱）；有其舉之，莫敢廢也（存社）」其現實意義之所在。

　　三，「社」、「祖」本是同源，都是祖先神的意義。古人將屍骨葬於中野，認為樹林是祖先神主的依歸之處，而「社主」（杜主、土主、木主）的建置設祀就在此深林密境，故燕有祖澤、宋有桑林、楚有雲夢、齊有社稷，仍保有夏商土俗。史稱三代各有其所宜之木，除了用以表其區域疆界之外，更是代表「祖靈威烈」所及之地。因此，亡國則「社稷無樹」，便是這個道理；當祖靈憑依的神木被砍倒其威烈便消失了，也宣告這個部落或民族已然滅亡，因為他們徹底地失去了祖靈的保護，生者成了飄萍，亡靈成了野鬼。宗廟制度的設立，是神社由外向內的遷徙，隨著王朝都城的興建與封土定都而來的，

周制設於都城，一改殷制中野的舊俗，連同亡國之社──亳社（殷商祖靈）也一併遷入了王城。宗廟與社稷自此一分爲二，「宗廟」祭祀先祖，「社稷」祭祀句龍（土神）、周棄（穀神），與「郊天」成爲王朝三大祭典，並爲國家三大政教中心。

四，「君權」、「地權」（社稷）與「天權」（災異）三權頡頏。古俗社稷神主因乾旱水溢隨時都有廢祀的危機，想要長治久安得要大顯神威，當然君王有必然如此，若不能解決百姓的災難，擔民所苦，忍辱含垢，身先士卒，就走不過這條成聖之路，就無法應證自己的神聖與血統。顯然，「天權」（管子語）是宰制一切最高的權力，只有祂施以獎懲，沒有誰足以要脅祂與之抗衡，所以天以大災顯現祂至上的權威。當然，自從荀子〈天論〉大張旗鼓的打擊天權神威，促使人權（君權）意識的崛起，秦始皇就此站上了君權的最高峰，天威盡爲他所用於於一人之身。迄至董仲舒，重新提出了天權以抵制無限上綱的君權，因此，要帝王以天爲父，以地爲母，以己爲子，自稱「天子」。這說明了：「郊天」、「祀社」（大社）的唯一祭主是天子本人。宗教權力講求「阼位」（東階），這是宣示帝王政權爲天認證之正統性與神聖性的唯一途徑。所以董仲舒大唱「喪不廢郊」的理論，從此「君權神授」再也不是帝國神話而是帝制主義的綱本。

二、典範在夙昔

（一）禹十年水──禹病偏枯，身解陽盱

鯀治水九年而無其功，舜因是降罪殛殺於羽山，並命其子禹接下這燙手山芋的治水大業。〔註 78〕禹水或言五年、七年、九年、十年，但無論是幾年洪澇水患，都證明了鯀因治水失敗慘遭殛殺，禹則因「身解陽盱」，爲民作犧，代巫說解，終得河圖，治水成功，救民於難，並在后稷、商契、皋陶等俊傑中脫穎而出，受禪天下，成爲天下主，威令山川。〔註 79〕

大禹之非凡智慧與能耐，於傳世文獻中著實增添了幾分神話色彩。文獻記載「禹病偏枯」，其治水除了得到河伯之河圖寶典之助外，更是因其自身所擁有的法術力量所致，故後世巫界以其爲「巫宗」仿效其「禹步」之法，穿山入林，魑魅魍魎，圖籍聽令。這是相當有趣的巫說，但也證明了大禹對兆

〔註78〕《史記》，卷二〈夏本紀〉，頁36。
〔註79〕同上注。

民之貢獻與英雄之不朽。以下擬以二點討論：一，禹誓說己，身解陽盱。二，以身爲度，巫宗禹步。

1、禹誓說己，身解陽盱

我們或許可加以思考：后稷教民五穀、商契作五教、皋陶作五刑，這些功業卻遠不及治水之厚澤於民。由於治水之智慧勞苦，〔註80〕非凡人所及，因此大禹成了人類不朽之英雄，死而受祠，而其治水之神蹟則幻化爲句龍這一神話性的人物，成爲跨部族的社神以主后土。〔註81〕當然，這是歷史與神話的融合，基於對一個空前絕後的偉大英雄人物之崇拜心理所致。在現實的世界中，治理水患是何其艱難之事，中國人一向以「河伯娶妻」作爲平息洪水的消極方法，卻也是被認爲有效之方法，此一巫詛法術迄至春秋戰國時代依然是一大治水之法；但大禹治水不以嫁女——女巫作嫁，而是以己爲牲——「代巫說解」，祈求河伯息怒，以利平章水流。

《墨子・兼愛下》云：

> 且不唯禹誓爲然，雖湯說即亦猶是也。〔註82〕

《淮南子・修務訓》亦曰：

> 禹之爲水，以身解於陽盱之河；湯旱，以身禱於桑山之林。〔註83〕

《墨子》、《淮南子》二文顯然將禹湯之水旱類比成文，文中提到：「禹誓」、「湯說」；「身解」、「身禱」，互文見義。高誘注曰：「解，禱以身爲質。」〔註84〕此謂：大禹治水乃「以己爲誓」；商湯弭旱則「以己爲說」，故《淮南子》言簡意賅的以「身解」、「身禱」來解讀禹湯爲治水旱所付出的偉大情操；事實上，這是一種殘忍的巫術，以人作牲，獻祭神靈，「誓」、「說」則是這一獻祭作犧之巫詛儀式也。何以言之？

在戰國楚墓〈魯邦大旱〉一簡中，孔子答哀公（十五年）救旱之問：

〔註80〕《荀子》，卷三〈非相〉曰：「禹跳湯偏」；楊倞注引《尸子》曰：「禹之勞，十年不窺其家，手不爪，脛不生毛，偏枯之病，步不相過，人曰禹步。」頁205。

〔註81〕《淮南子》，卷十三〈氾論訓〉：「禹勞天下，而死爲社。后稷作稼穡，而死爲稷。」頁985。

〔註82〕《墨子》，見清・孫詒讓：《墨子閒詁》（北京：中華書局，2001），卷四〈兼愛下〉注引《御覽》八十三引《帝王世紀》載此文作「告於上天后土」，疑此「后」下亦脫「土」字，頁122。

〔註83〕《淮南子》，卷十九〈修務訓〉，頁1317。

〔註84〕同上注。

> 邦大旱，毋乃失諸型（刑）與惠（德）乎？……庶民知敓（說）之
> 事鬼也，不知型（刑）與惠（德），女（汝）毋蔑珪璧幣帛於山川。
> 〔註85〕

本簡提及一個關鍵語彙「庶民知敓（說）之事」，顯然「敓（說）」作「名詞」
之用，考諸《周禮・春官・大祝》：「掌六祈，以同鬼神示，……五曰攻，六
曰說。」鄭玄注曰：「祈，謂爲有災變，呼告神以求福。」〔註86〕故「敓（說）」
祭誠乃「六祈」之一，屬「非常祀」，有別於時祭「常祀」之禮。另孫詒讓：
「《淮南子・泰族訓》云：『雩兌而請雨』宋本許注云：『兌，說也。則請雨亦
有說矣』。」〔註87〕考「兌、敓、說」乃同一字諧聲通假，〔註88〕古韻部同在
「定」紐「月」部；〔註89〕且「說」與「誓」二字並爲「定」紐「月」部，
同列宋本《廣韻》「祭第十三」。〔註90〕

今《尚書》中，並無名爲〈禹誓〉的篇章傳世，墨子所舉「禹誓」乃討
伐有苗，告天與戒眾之誓辭，其「軍旅誓師」之義，顯而易見，亦是眾所熟
悉的解釋。〔註91〕但對「誓」義，孔穎達則提出另解，《尚書・甘誓》正義：

> 「將戰先誓」，誓是臨戰時也。甘誓、牧誓、費誓皆取誓地爲名，湯
> 誓舉其王號，泰誓不言「武誓」者，皆史官不同，故立名有異耳。
> 泰誓未戰而誓，故別爲之名。秦誓自悔而誓，非爲戰誓，自約其心，
> 故舉其國名。〔註92〕

孔氏認爲若爲「軍旅誓師」必以「誓地」爲名，而「湯誓」卻以「王號」名
之、「秦誓」則以「國別」名之，因此懷疑「誓」辭應有一類如「自悔而誓，
非爲戰誓」，同卷孔氏正義曰：

〔註85〕參讀本。
〔註86〕《周禮》，卷二十五〈春官・大祝〉，頁775。
〔註87〕清・孫詒讓：《周禮正義》，（《清人注疏十三經》，北京：中華書局，1998），
　　　　卷四十九〈春官・大祝〉，頁1986。
〔註88〕詳馬承源：〈魯邦大旱〉，頁206。
〔註89〕陳新雄古韻三十二部，見竺家寧：《聲韻學》（台北：五南圖書公司，1992），
　　　　頁522引。另參宋・陳彭年等重修：《宋本廣韻》（台北：黎明文化事業，1992），
　　　　頁380～381。
〔註90〕同上注，「說」字，頁376、「誓」字，頁377。
〔註91〕《墨子》，卷四〈兼愛下〉：「雖禹誓即亦猶是也。禹曰：『濟濟有眾，咸聽朕
　　　　言，非惟小子敢行稱亂，蠢茲有苗，用天之罰，若予既率爾群對諸群以征有
　　　　苗。』」頁121。
〔註92〕《尚書》，卷七〈夏書・甘誓〉，頁207。

　　禮將祭而號令齊百官，亦謂之誓。周禮太宰云：祀五帝則掌百官之

誓戒。〔註93〕

顯見「誓」尚有第二義，《論衡・感虛》黃暉注曰：「誓，告於神也。……『湯

誓』，即湯於桑林禱辭也。」、徐時棟更指明：「尚書湯誓有二：一爲伐桀，是

爲今文；一爲禱旱，錯見於古文。梅氏竊取古書，以綴湯誥，而禱旱之誓湮

矣！」〔註94〕黃氏認爲〈湯誓〉，即湯於桑林之禱辭。若此言可採，徐氏之說

可信，那麼〈湯說〉、〈湯誓〉必是同一篇，而「說」、「誓」乃諧聲通假所致；

也就是說：「禹誓」、「湯說」乃「自悔而誓」之禱文，故以「王號」名之，乃

見王犧作牲，告神請禱。

　　可證，前引《淮南子・修務訓》：「禹之爲水，以身解於陽盱之河；湯旱，

以身禱於桑山之林。」高誘注曰：「解，禱以身爲質。」、何寧引《穆天子傳》

云：「陽紆（盱）之山，河伯無夷之所都居。」，《尚書中候》載堯使禹治水：

「帝曰：『出爾命圖乃天。禹臨河觀，有白面長人首魚身，出曰：吾河精也。

表曰：文命治滛水，臣河圖去入淵』。」〔註95〕若將上引三例作一串聯，蓋可

證明：禹爲了平治洪水大患，拜祭河伯，於陽盱作禱，最大誠意，莫重於「以

人爲牲」，即以最高執事者「獻祭」之，而這必是一場敬愼齋戒的祈禱求福的

儀式，也是一種透過犧牲尋求通靈解厄的途徑，而夏禹、商湯或許正扮演一

個「巫長」的角色。緯書將禹神格化，河伯獻上河圖，使禹掌握了治水的方

針與導引的路徑，開通龍門天塹，平治水土，而這在思想家與經學家的注解

中，將此歸功他「以身爲質」的大勇與誠敬，故《淮南子》將此「禹爲水」、

「湯爲旱」對比成文，突顯聖人唯憂百姓困窮的仁心。然而這無不是藉由夏

禹、商湯解災的殘忍巫術，逐次轉入爲歷史教化的經典例證，並且是相當成

功的例證。今〈禹誓〉（禹以身解於陽盱之河）之禱文湮滅，唯〈湯說〉片段

存之，先秦諸子藉以發揚王道，春秋「史辭」以六過自責，誠乃源於此也（詳

本章第三節）。

　　2、以身為度，巫宗禹步

　　神話與歷史是錯雜著發展的，也是閱讀經史文獻中怡人心目的斷面，遙

〔註93〕同上注，頁 206。

〔註94〕《論衡》，見黃暉：《論衡校釋》（北京：中華書局，2006），卷五〈感虛〉，頁

　　　　246。

〔註95〕安居香山、中村璋八輯：《緯書集成》（北京：河北人民，1994），頁 406。

想先祖面對天災與自然力量強大的威脅，「英雄」不僅是史傳的要角，更是神話最精彩的一環。「大禹治水」的文獻則是神與人錯雜的一章，太史公《史記・夏本紀》記載夏禹：「聲爲律，身爲度，稱以出。」唐人司馬貞索隱則曰：

> 禹聲音應鐘律。
>
> 今巫猶稱禹步。
>
> 又一解云：上文聲與律爲律度，則權衡亦出於其身，故稱以出也。
> 〔註96〕

司馬貞對本段三句的注解保存其神話本色，於兩漢盛傳的「土龍致雨」之法，多方文獻顯示都與「夏禹」有關。禹平治水土，依《楚辭》、《拾遺記》、《周髀算經》所載：禹靠的是應龍以尾畫地；靠的是伏羲所賜的「玉簡」，其「長一尺二寸，使度量天地」因此地平天成，九州定敍，而且「數之所由生」亦自此而起，司馬貞索隱亦以權衡制度出自于大禹治水。而傳言以「禹步吹律」便可號召龍蛇，興雲作雨以解大旱。〔註97〕「聲律」爲何具有號召的巫術作用，經史學家，如：司馬遷、班固、王充、鄭玄、孔穎達、司馬貞等，悉視爲神秘法器，藉此得以通乎鬼神，號令鬼魅萬獸，改變時氣。司馬貞更以禹的聲音與音樂的鐘律是相應諧的，並將「巫」與「禹步」畫上等號，這是一段十分有趣並保留了原始神話材料的注解。本節擬以兩個問題進行談論：一，何謂「禹步」？二，「鑄鼎象物」之巫詛解讀。

（1）「禹步」之義

關於「禹步」，注解家有二說：一指禹走路之樣態，其體偏枯，足不相過故也，如《荀子》、《尸子》、《呂氏春秋》、皇甫謐《帝王世紀》、葛洪《抱朴子》主之。一指「禳災之官」，「步」與「巫」同，如揚雄《法言》、劉師培《法言補釋》主之。

《荀子・非相》曰：「禹跳湯偏」，楊倞注引《尸子》：「禹之勞，十年不窺其家，手不爪，脛不生毛，偏枯之病，步不相過，人曰禹步。」又引《呂氏春秋》：「禹通水浚川，顏色黎黑，步不相過。」〔註98〕這是先秦以來一致的看法，

〔註96〕《史記》，卷二〈夏本紀〉，頁36。

〔註97〕《論衡》，卷十六〈亂龍〉，注引孫曰：「劉昭《續禮儀志注》引桓譚《新論》云：『劉歆致雨，具作土龍，吹律，及諸方術，無不備設。譚問：『求雨所以爲土龍，何也？』曰：『龍見者，輒有風雨興起，以送迎之，故緣其象類而爲之。』」頁695。

〔註98〕《荀子》，卷三〈非相〉，頁205。

因其偏枯之病，一腿無法使力，因此步不相過。這是腳的殘疾，以致步伐怪奇，《抱朴子》〈登涉〉、〈仙藥〉各載錄「禹步法」，二文略異，今擇〈仙藥〉審之：

> 禹步法：前舉左，右過左，左就右。次舉右，左過右，右就左。次舉右，右過左，左就右。如此三步，當滿二丈一尺，後有九跡。〔註99〕

葛洪之說，煞有其事，然前朝未見，無文可證；卻顯見禹步的怪模怪樣，治水英雄走路的姿態，非比尋常，因此「神奇」，此為榮格所謂的「原型」（archetype）意象。後世巫者模仿其走路姿態，以為自己是禹的化身，如同你戴上獅子的獸皮，你就是一頭獅子，得以混同於獅群當中；又祭典儀式，如儺祭穿戴魌頭鬼面者，便那神靈的化身，如臺灣八家將、寒單爺，更有江湖術士，以為一身濟公活佛的扮像，自己便是濟公活佛，當然戲劇演員亦都如此的，其道理是一樣的：原型與化身。這情形揚雄倒看得很清楚，《法言・重黎》曰：「昔者姒氏治水土，而巫步多禹；扁鵲，盧人也，而醫多盧。」〔註100〕這話提出二點訊息，一，指出對原型意象的模仿：如果你是「巫」、「步」、「醫」，就得是打著「禹步」、「扁鵲」的招牌，最高明的說辭是自己就是他們的化身或轉世，因此處處有禹步蹤跡，處處有人自稱扁鵲，〔註101〕這一現象古今如一，信仰者亦比比皆是。二，由揚雄對比成文的句法來看，「巫」、「步」、「醫」乃「職屬」之謂也。劉師培《法言補釋》認為：「巫、步皆為官名。周禮夏官校人：『冬祭馬步』……洪範五行傳云：『帝令大禹步於上帝。』此禳除災害名為步祭之證也。由是掌禳除災害之祭者，其官亦謂之步。」又言：「蓋巫主降神，步掌禳物，因禹有降神除物之奇，故後之為巫、步之官者，遂多托大禹之說。」〔註102〕劉氏之說，深具思考價值。張秉權認為：「『禹步』就是『巫

〔註99〕《抱朴子》，見陳飛龍：《抱朴子內篇今註今譯》（台北：商務印書館，2001）中記錄了兩種「禹步法」，一見於〈登涉第十七〉：「禹步法：正立，右足在前，左足在後，次復前右足，以左足從右足并，是一步也。次復前右足，次前左足，以右足從左足并，是二步也。次復前右足，以左足從右足并，是三步也。如此，禹步之道畢矣。凡作天下百術，皆宜知禹步。」頁685～686。另見於〈仙藥第十一〉已詳上引文，頁467。
〔註100〕《法言》，卷十三〈重黎〉，頁317。
〔註101〕《史記》，卷一百五〈扁鵲倉公列傳〉：「扁鵲者，勃海郡鄭人也，姓秦氏，名越人。……為醫或在齊，或在趙，在趙者名扁鵲。」張守節正義曰：「黃帝八十一難序云，秦越人，與軒轅時扁鵲相類，似號之為扁鵲，又家於盧國，因命之曰盧醫也。」（頁1112）顯見，「扁鵲」上起黃帝至戰國皆有其身影，其原型意象則是「神醫」，故神醫者都可名為扁鵲。
〔註102〕《法言》，附錄二〈劉師培法言補釋〉，頁622。

步』等，都是古之王者系由群巫之長演變而爲政治領袖的例證。」〔註103〕以史學角度看，這是神話歷史化，或歷史神話化交錯中，所產生的有趣現象；若以巫術時代看，鯀禹或本爲「司巫之長」，而鯀治水失敗與被殺，這在弗雷澤《金枝》對各民族的調查發現中，「殺巫」乃常態。〔註104〕而禹的成功，則爲其取得最高權力：移鼎禪讓。基於對英雄的崇拜，「禹步」，則爲後世群巫方士奉爲圭臬，藉此號令龍蛇興雲作雨，不僅能往來峻谷深山，更能入川出林，鬼物絲毫不能入體傷身，故葛洪云：「凡作天下百術，皆宜知禹步。」〔註105〕顯見，大禹不僅是一代受命起新之聖王，亦是因功受祀的厥偉英雄，更是方士眼中的「大巫」，其法力無邊得以絕地天通，號令群物，興風作雨，故爲巫界所宗。

（2）「鑄鼎象物」之巫詛解讀

何以「巫步多禹」？今所謂「巫步」誠乃「禹步」也。巫者藉由模擬「禹步」以施法驅魔，禳災解厄，而一旦掌握其精髓就有了「巫術魔法」，得以號令群獸或深入險境而無傷，甚至是「巫長」晉身「王權」的英雄徑路。大禹平治水土，定序九州，其「鑄鼎象物」之舉，將魑魅魍魎圖列簿籍，這對人民來往川澤山林起著護身的作用，因此穿山入林時，施以禹步，便可來去自如，這一後世傳說的魔幻法術，促使大禹成爲──巫界宗師。《左傳》宣公三年曰：

> 昔夏之方有德也，遠方圖物，貢金九牧，鑄鼎象物，百物而爲之備，
> 使民知神、奸。故民入川澤山林，不逢不若，魑魅魍魎，莫能逢之。
> 用能協於上下，以承天休。〔註106〕

大禹「鑄鼎象物」，將所有山林川澤之魑魅魍魎一概圖列名之，並昭告群生；這像極了一張畫有符咒以鎮壓鬼雄的平安符，更像極了一本生物百科被建檔在《山海經》圖書中。《山海經》與圖文的成書，正是一本鬼魅的索引，是禹鑄鼎象物之大全，故郝懿行認爲：「禹作司空，灑沈澹災，燒不暇撋，濡不給扰，身執藥垂，以爲民先。爰有禹貢，複著此經。尋山脈川，周覽無垠，中

〔註103〕張秉權：〈殷商的祭祀與巫術〉，《中國上古史待定稿》，中央研究院歷史語言研究所中國上古史編輯委員會，頁478。
〔註104〕弗雷澤：《金枝》，第六章〈巫師與國王〉，頁127〜137。
〔註105〕《抱朴子》，〈登涉〉，頁277。
〔註106〕《左傳》，卷二十一，宣公三年，頁602〜603。

述怪變，俾民不眩。」〔註107〕因此，山海經與其圖成，人民入山出林能避鬼魅之害，全身而退，因其「鬼名」、「鬼形」、「鬼性」被掌握，魔障殆盡。可以說凡魑魅魍魎等精物皆一網成擒亦無所遁形。這是一種「名字禁忌」的巫術作用，弗雷澤《金枝・禁忌的詞彙》云：

> 原始人悄悄地隱藏起自己的真名，是害怕巫術以它來為害於人。他們認為他們的神名也必須保守秘密，如被其它神祇甚至凡人知道了就要以符水禁咒來驅遣它們。……神的真名同他的神力不可分割的聯繫在一起。據信誰只要佔有了真名，誰就能占有神或人的真正實體，並且能迫使他服從自己就像奴隸服從主子一樣。〔註108〕

對名字的禁忌，除了發生在人類的身上：「巫術容易透過名字，猶如透過頭髮指甲及人身其它任何部位為害於人」，其實鬼神亦有此忌，因此，一旦被識破真名並掌握，對此神鬼亦無須生畏，反而得乖乖臣服，聽人使喚。此一禁忌，中國人亦奉守不二，鄭玄《儀禮・士冠禮》注曰：「名者，質，所受於父母。」〔註109〕又《史記・仲尼弟子列傳》曰：「儒服委質」，司馬貞索隱：「服虔注左傳：古者始仕，必先書其名於策，委死之質於君，然後為臣。」〔註110〕故只有在「父母」與「君」前方得「稱名」，因為生命是父母給你的，移孝作忠，故稱臣的同時，業將生命委質其君了。葉師國良對中國人「稱字不稱名」之儀，業有論述，文中指出：此儀實乃對巫術害人的畏懼心理所致，故為保護性命安全，不以真名稱之，而以假名：「字」稱之，後學則以為敬之故稱字也。〔註111〕

　　禹定九州，《尚書・呂刑》曰：「禹平水土，主名山川」，孔安國傳曰：「禹治洪水，山川無名者主名之。」、孔穎達正義曰：「山川與天地並生，民應先與作名。但禹治水，萬事改新，古老既死，其名或滅。故當時無名者，禹皆主名之。」〔註112〕由二孔傳疏顯見，「山川之名」由「禹」定，不論舊名改新名，抑或未名而名之者，禹都掌握著「定名」的大權，也就是說：天地物名，

〔註107〕清・郝懿行：〈山海經箋疏敘〉，見袁珂：《山海經校注》（台北：里仁書局，2004），頁484。

〔註108〕弗雷澤：《金枝》，第二十二章〈禁忌的詞彙〉，頁386～388。

〔註109〕《儀禮》，卷三〈士冠禮〉：「冠而字之，敬其名也。」頁55。

〔註110〕《史記》，卷〈仲尼弟子列傳〉，頁856。

〔註111〕葉師國良：〈冠笄之禮中取字的意義及其與先秦禮制的關係〉，見《漢族成年禮及其相關問題研究》（台北：大安，2004），頁1～13。

〔註112〕《尚書》，卷十九〈呂刑〉，頁636～637。

重新定序，命名乃禹。山川群神如此，何況魑魅鬼物，悉聽令大禹，《宋朝事實類苑‧典禮音律三》云：「詳其禹鼎，不止圖山川鬼神，猛鷙之物，抑又每州民戶地裡寬狹，皆可知也。」〔註113〕鑄鼎象物，實是一種王權對神權的宣示作用，也是安民與治民、威民的統一令，因此戶籍名冊乃民政之第一要務，也是一統江山的第一要務，蕭何入咸陽，則高明的爲劉邦掌握了天下戶籍「名冊」，同時也宣告了劉漢時代的來臨，《史記‧蕭相國世家》曰：「漢王所以具知天下阨塞戶口多少強弱之處，民所疾苦者，以何具得秦圖書也。」〔註114〕這何嘗不是來自禹「鑄鼎象物」的啓示。

（二）湯七年旱——翦髮斷爪，說禱桑林

或言湯因旱舉兵伐夏，或曰湯克夏致旱七年，無論哪種說法，商湯都面臨了嚴峻的考驗。若是第一種狀況，湯舉兵伐夏必然是一大險招，成者爲王，敗者爲寇，唯有置之死地而後生；若是第二種狀況，更是對於新受命的王權產生莫大之威脅與不信任，如何消災解厄成了湯權的試金石。

《尚書大傳》載：「湯代桀之後，大旱七年，史卜曰：當以人爲禱。湯乃翦髮斷爪，自以爲牲，禱於桑林之社。」、〔註115〕東漢應劭亦云：「（湯）遭大旱七年，明德以薦，而旱不止，故遷社，以棄代爲稷。欲遷句龍，德莫能繼，故作夏社，說不可遷之義也。」〔註116〕史卜「以人爲禱」之言正可作爲「說不可遷之義」之「說」字的釋義，故《墨子‧兼愛下》云：「且不唯禹誓爲然，雖湯說亦猶是也」。〔註117〕在上述中業已言及「（禹）誓」、「（湯）說」以「王號」名之，則示以王作犧，責己告神，故謂之「自悔而誓」，乃「誓」、「說」之義也，在祭祀類別中屬於非常祀，唯有故則祈之，屬於六祈之一也。因此，從商湯禱旱，翦髮斷爪，說於桑林一事看來，擬以二點分析：一，說禮用牲，

〔註113〕宋‧江少虞：《宋朝事實類苑》（上海：上海古籍，1981），卷二〇〈典禮音律三〉，頁244。

〔註114〕《史記》，卷〈蕭相國世家〉曰：「沛公至咸陽，諸將皆爭走金帛財物府分之，何獨先入收秦丞相御史律令圖書藏之。沛公爲漢王，以何爲丞相，項王與諸侯屠燒咸陽而去。漢王所以具知天下阨塞戶口多少強弱之處，民之疾苦者，以何具得秦圖書也。」頁775。

〔註115〕《尚書大傳》，見王闓運：《尚書大傳補注》（百部叢書集成第七十九，台北：藝文印書館，1966）頁2-a。

〔註116〕《漢書》，卷二十五上〈郊祀志上〉，顏師古注引，頁1193。

〔註117〕《墨子》，見清‧孫詒讓：《墨子閒詁》（北京：中華書局，2001），卷四〈兼愛下〉，頁122。

史辭以禱。二，「翳髮斷爪」之巫詛解讀。

1、說禮用牲，史辭以禱

「說」既爲「六祈」之一，屬於祈禱求福的儀式，而其儀式內容，當如前引〈兼愛下〉：「以身爲犧牲，以祠說于上帝鬼神」、《尚書大傳》：「史卜曰：當以人爲禱。」〔註118〕的「用牲」之儀，迄至春秋時期《左傳》莊公二十五年曰：「凡天災，有幣無牲。」〔註119〕下至東漢鄭玄亦曰：「攻說用幣而已」、「攻說，則以辭責之」〔註120〕此間必有轉化，其轉化脈絡，值得研究（詳本章第二節）。禹誓於陽盱之河及湯說於桑林之社，是否俱以「用幣」？雖春秋災眚，亦禮以「祝幣」（祝陳玉幣），但一概而論，恐失其眞，寧闕。本節僅討論「說禮用牲」這一問題，我認爲：「說」禮亦「用牲」，並且是由「以人爲牲」逐次轉化爲「以畜爲牲」。

（1）社用血祭

商湯以身禱於「桑林之社」，後世仍循此血祭祭社，《周禮・大宗伯》：「以血祭祭社稷」，〔註121〕鄭玄認爲：「國中之神，莫貴于社」，且「社主陰，陰主殺」，〔註122〕並不是沒有根據的，依《春秋》僖公十九年：「夏，邾婁人執鄫子，用之。」《左傳》明載：「夏，宋公使邾文公用鄫子于次睢之社，欲以屬東夷。」〔註123〕三傳注疏唯獨杜預對此事的注解是：「蓋殺人而用祭」，實與眾家分歧。〔註124〕此一洞見確實是符合商、周王朝社祭用人的情況，今人楊

〔註118〕《尚書大傳》曰：「湯代桀之後，大旱七年，史卜曰：當以人爲禱。湯乃翳髮斷爪，自以爲牲，而禱于桑林之社，而大雨至，方數千里。」，頁2-a。

〔註119〕《左傳》，莊公二十五年，頁232。

〔註120〕《周禮》，卷二十五〈春官・大祝〉，頁775。

〔註121〕《周禮》，卷十八〈春官・大宗伯〉，頁563。

〔註122〕《禮記》，卷二十五〈郊特牲〉：「社祭土而主陰氣」鄭玄注曰：「國中之神，莫貴于社。」孔穎達正義曰：「山林、川澤、丘陵、墳衍、原隰，謂之五土，社者，祭五土之總神也。地秉陰，故社之祭，主於陰氣也。」，頁685。《尚書》，卷七〈夏書・甘誓〉，頁207。

〔註123〕楊伯峻：《春秋左傳注》（台北：漢京文化事業，年未詳），僖公十九年，頁380～381。傅亞庶：《中國上古祭祀文化》（長春：東北師範大學，1999）：「楊伯峻注：『以地理考之，（次睢）當在今江蘇銅山縣附近』因此，這次睢之社與商文化中的銅山灣人祭遺存應當有些關係。春秋時期，大部分諸侯國祭社都已不用人，上述人祭現象的發生，是東夷舊地以人祭社習俗的流變。」頁388～389。

〔註124〕清・陳立：《公羊義疏》（清人十三經，北京：中華書局，1998），僖公十九年，頁280引。

伯峻舉證歷歷，以佐杜氏說：

> 用之者，謂殺之以祭于社也，書法與昭十一年「楚師滅蔡，執蔡世
> 子有以歸，用之」同。用義與「用牲于社」之用同。……《孟子・
> 梁惠王上》言釁鐘，明謂「吾不忍見其觳觫而就死地」，則殺之可知。
> 釁禮尚且殺牲，祭禮斷無不殺牲之理，《周禮・小子》：「掌珥于社稷」，
> 鄭眾云：「珥社稷，以牲頭祭也」，得其義也。〔註125〕

楊氏點出一個關鍵字「用」，並謂殺人以祭，殺牲以祭，皆謂之「用」。〔註126〕
宋國乃殷商後裔，必然傳承祖宗古法，湯王既「以身祀社」，也顯示絕非特例，
只是王者身分尊貴，有別於一般人牲，故先秦諸子倡言之。另昭公十年《左
傳》更言之確鑿，印證自古以來「用人祭社」的事實可能極其普遍：「秋七月，
平子伐莒，取郠，獻俘，始用人于亳社。」楊氏注曰：「僅謂祀亳社始用人，
非謂祀社始用人也。」〔註127〕也就是說：「以人祀社」其來有自，非始於此也。
然而何為「亳社」？為何獻俘於此？孫希旦《禮記集解》云：「亳社」乃「薄
社」，為一「喪國之社」，「薄」乃殷之舊都，武王滅殷後，使各諸侯國立之，
以為戒鑑，〔註128〕故《白虎通》稱「亡國之社」為「誡社」也。〔註129〕因此
將戰俘獻祭亳社，其宣示國威與血債血償的心態，與湯旱史卜言：以人禱於
桑林（夏社）意義是一樣的。若考殷商甲骨文字，相關字例，不在少數（詳
本章第二節）。

弗雷澤《金枝・巫師與國王》中的記載，蓋可參證：

> 在非洲，國王如果求雨失敗便常被流放或被殺死。……在烏蘇庫馬，

〔註125〕楊伯峻：《春秋左傳注》，僖公十九年，頁380。

〔註126〕同上注，頁381。

〔註127〕同上注，昭公十年，頁1318。

〔註128〕孫希旦：《禮記集解》，卷二十五〈郊特牲〉：「天子大社，必受霜露風雨，以
達天地之氣也。是故喪國之社屋之，不受天陽也。薄社北牖，使陰明也。」
孫氏云：「喪國之社，即亳社也。薄、亳通，殷之舊都也。武王滅殷，班其社
於諸侯，使各立之，以為鑑戒。《穀梁傳》云：『亡國之社，以為廟屏，戒。』
謂立之於廟門之外，以為屏蔽，使人君見之而之戒懼也。薄社屋其上，使不
得受風雨霜露之陽氣也。又塞其三面，惟開北牖，使其陰方偏明，所以通其
陰而絕其陽也。陽主生而陰主殺，亡國之社如此，以其無事乎生物，而但用
以示誡也。」頁685～686。

〔註129〕《白虎通》，卷三〈誡社〉：「王者諸侯必有誡社者何？示有存亡也。明為善者
得之，為惡者失之。……禮曰：『亡國之社稷，必以為宗廟屏』，是賤之也。」
頁86～87。

雨和蝗蟲是這個蘇丹政權的主要問題。他也必須懂得如何求雨和驅
趕蝗蟲。假如他和他的巫醫都未能完成這個任務，當災難來臨之時
他的整個生存都處於危險之中。……在尼羅河上游的拉圖卡人，每
逢莊稼乾枯而酋長的一切取努力都已被證明無效時，人們便在夜裡
對他群起而攻之，搶走他的所有財產，把他趕走，還常常殺死他。……
在古埃及，不但神聖的國王由於作物欠收要受到譴責，連那些聖獸
也得對這種自然災害負責。當長期乾旱、瘟疫和其他災害降臨時，
祭司就在深夜恐嚇聖獸。但如果災難仍不休止，他們就殺死它
們。……朝鮮在雨水太多或太少致使作物歉收時，國王就要受到責
怪。有人主張必須廢黜他，另一些人則認為必須殺死他。〔註130〕

這些來自各民族的記載不勝枚舉，朝鮮文化受中國影響深遠，或可藉以說明
商湯政權的動搖。由於國王的權力是來自「食物」，掌握食物的來源、生產與
分配，因此要確保這些賴以生存的物種不死，「水」便是萬有生命的源頭。事
實上，國王肩負著「控制與召喚雨水」的重任，因為國王本身即是一個「大
巫」，〔註131〕所以當他失去神性與法力，再也無法成功的祈求雨水時，他便同
時地失去他的地位及所有一切，甚至於——生命。〔註132〕《三國志・東夷傳》

〔註130〕 弗雷澤：《金枝》，第六章〈巫師與國王〉，頁131～132。
〔註131〕 案：學者陳夢家、李宗侗、張光直俱認為「商湯乃王巫」，詳見張光直：《美
術・神話與祭祀》（郭淨、陳星譯，台北：稻鄉，1993），第三章〈巫現與政
治〉：「甲骨文中，常有商王卜問風雨、祭祀、征伐或田狩的記載。又有『王
果曰：……』的文句，均與天氣、疆域或災異、疾病之事有關。據卜辭所記，
唯一握有預言權的便是商王。此外，卜辭中還有商王舞蹈求雨和占夢的內容。
所有這些，既是商王的活動，也是巫師的活動。它表明：商王即是巫師。」
頁40～41。書注4引陳夢家、李宗侗、楊間奎諸位先生亦都認為「帝王就是
巫的首領」，其中楊先生更指明了重、黎神話的特徵是：「國王們斷絕了天人
的交通，壟斷了交通上帝的大權。」頁50。李宗侗：《中國古代社會史》第
五章〈政權的逐漸集中〉，第二節〈君及官吏皆出自巫〉：「王即是巫，……不
止君出於巫，即等差化後的官吏亦多出自於巫。」頁118～119。馬克斯・韋
伯：《儒教與道教》，第一章〈城市、諸侯與神明〉亦說道：「皇帝也必須通過
軍事上的勝利（至少得避免慘敗）更重要的是必須確保收成的好天氣與國內
秩序的穩定來證明自己神秘的神性。……這樣，中國的君主首先是一位大祭
司：他其實是古代巫術信仰中的「祈雨師」，只不過被賦予倫理的意義罷了。」
頁35。
〔註132〕 馬克斯・韋伯：《儒教與道教》，第一章〈城市、諸侯與神明〉說道：「中國的
君主是憑藉古老天牲的神性進行統治的，也就是說，他通過他所實施的計畫
來證明他是『天子』，並且是天所確認的統治者。如果他不能造福於人民，那

記載鄰國扶餘之舊俗，或可就證中國古俗：

> 舊夫餘俗，水旱不調，五穀不熟，輒歸咎於王，或言當易，或言當殺。〔註133〕

又李宗侗《中國古代社會史》中的一段記錄，亦足茲參酌：

> 在赫費（Hervey）群島有一次大饑饉，教士（即吾人所謂的巫）宣稱王的職位若讓給另一人，食物當能重新豐收。據威廉生（Williamson）按語：『所以王須讓位者，因其無力管理天時，或無能力以影響神，所以食物不能豐收。』在包瑪他島（Paumata）亦有同類的信仰，人民以爲饑饉生自首領處理事物的錯誤。在法第那島（Fotuna），王能使暴風雨停止，無雨時能求雨，能使樹生長而使果實熟，能使病人痊癒。在伊斯特群島（Easter）首領能使食物蕃生，可以使神保護種植的食物，首領既有此種能力則其原出自巫可知。〔註134〕

「四海困窮，天祿永終」八個字，孔子是講得隱晦含蓄，透過上述引證，蓋可揭示「政權」與「神權」，在在都敵不過人民的吶喊與憤怒，何以孟子敢言：「民爲貴，社稷次之，君爲輕」，孔子亦警惕有國者：「君者舟也，庶人者水也。水則載舟，水則覆舟」〔註135〕其眞意在此，上天才是眞正的權力主，透過人民的哀嚎將其威權傳達諸神與君臣。這個事實，《管子‧山權數》說得最爲直接：「天以時爲權；地以財爲權；人以力爲權；王以令爲權。失天之權，則人地之權亡。」〔註136〕意謂「人權」、「地權」來自「天權」。因此，天災肆虐，「王權」是屬於解救民命的英雄，中國人崇拜「英雄」，也因爲崇拜故有期待與失望，諸此人鬼受享，自可隨時迎立與更替。商湯變置社稷，其中「后

> 麼他就缺乏神性。例如，若是河水決堤，或祈雨祭祀後仍未降雨，那麼很顯然——也是經典所明白教誨的——皇帝並不具有上天所要求的那些神性品質。此時皇帝就必須爲其本身的罪過公開懺悔，直至近代仍如此。……如果認罪也不見效，皇帝就得準備退位，在過去，這可能還意味著以身殉祭。」頁36。

〔註133〕《三國志》，卷三十〈東夷傳‧夫餘〉，頁842。
〔註134〕李宗侗：《中國古代社會史》，第五章〈政權的逐漸集中〉，頁119。
〔註135〕《荀子》，卷二十〈哀公〉，頁848。
〔註136〕《管子》，見黎翔鳳：《管子校注》（北京：中華書局，2004），卷二十二〈山權數〉載管子與齊桓公之問對，管子曰：「天以時爲權；地以財爲權；人以力爲權；王以令爲權。失天之權，則人地之權亡。」頁1300。

土」：「句龍」，便是人類英雄「大禹」的神格形象。〔註137〕夏民祭祀祂，湯要廢黜祂，反而遭到更慘絕的大旱，甫定的政權備受考驗。殷商祈雨「用巫」、「用女」、「用羌」例證不尟，以「人牲烄祭」禳災，其中「用巫」或不無可能是用「王巫」烄之，商湯「自以爲牲」烄天祀社就是證明。《尚書大傳》載：「湯代桀之後，大旱七年，史卜曰：當以人爲禱。湯乃翦髮斷爪，自以爲牲，禱於桑林之社。」〔註138〕湯以「王巫」的身分烄天說禱，藉由髮爪的巫詛魔力號召神靈，並以髮爪作爲生命的替代物與神靈進行一樁黑色交易，目的在於讓大地重生，以自己的生命與氣場，在神助之下重新調和宇宙秩序，讓天雨滋養並喚醒地母生殖的本能，這就是巫術時代王者具備的本能與肩負的責任。

　　在巫術領政的時代裡，這種因災而廢除國王權力或者殺害他以更新血輪，讓大地重生的巫術心理，李宗侗先生《中國古代社會史》的研究可作一參考：

> 非洲尚有殺耄君的典禮，他們以爲首領既是宇宙的中心動力，他就應當身體永遠健全，他略有衰弱必影響及全世界。……我疑心堯之舉舜，舜之舉禹，禹之舉益，皆與此有關，堯舜禹何以皆生前舉堯舜益呢？這似即爲的避免殺耄君之舉。最初或曾有過這典禮，後減爲在首領既達某年齡時，須改舉青年人以自代，若此則不再殺耄君，只改由較青年的人執政，堯舜益之薦似即因此。〔註139〕

〔註137〕呂思勉、童書業：《古史辨──古史傳說統論》（台北：明倫，1970）第七冊第十四篇〈禹句龍與夏后后土〉，頁353～365。《淮南子》，卷十三〈氾論訓〉：「禹勞天下而死爲社，后稷做稼穡而死爲稷。」頁985。《史記》，卷二十八，〈封禪書〉：「自禹興而修社祀，后稷稼穡，故有稷祠，郊社所從來尚矣。」頁483。

〔註138〕《尚書大傳》，頁2-a。

〔註139〕李宗侗：《中國古代社會史》，第五章〈政權的逐漸集中〉，頁130～131。弗雷澤：《金枝》，第二十四章〈殺死神王〉：「（希盧克人）他們相信王的生命或精神是與整個國家的興旺相一致的，王如果病了或老了，牲口就要生病，停止繁殖，莊稼會在田裡爛掉，人會死於病的大流行。所以，在他們看來，消災的唯一辦法是在還健壯的時候就將他殺死，使他從先輩承的且還是精力充沛未被老病減弱的神靈再由他傳給他的繼承者。」頁402。美·亨利·富蘭克弗特：《王權與神祇》（KINGSHIP AND GODS，郭子林等譯，上海：上海三聯書店，2007），第二章〈理論基礎：孟菲斯神學〉：「根據科莫多人的說法，『……春古（酋長）的健康與整個社區的財富密切地結合在一起。一位健康而有力的春古意味著土地豐產、風調雨順、防止邪惡。』在往西部，朱昆人

李先生談到中國禪讓堯舜禹即是殺毫君（弗雷澤：殺死神王）的變體，當然這是演進後的結果，推其原可見：生靈塗炭的災害才是王者權力興衰與生命存亡的至大關鍵。將王者呼風喚雨溝通天地陰陽的魔法能力與王者體力所散發的氣場能量相提並論，劃上等號，這是先民從大自然的物理循環的經驗上發現的結果，因此人與自然有著不可切割之關係。應該說人的所有活動或能量都來自天地日月的存養，物老則衰，人亦爲萬物之一，無能避免，衰老便和死亡同觀，唯有青春才有活力與強大的能量，這才是大地和萬物的最佳狀態，因此人同樣進入了大自然的循環帶中。馬克斯·韋伯提及一個術語「60回橋」（Sexagenarios de ponte），乃指古羅馬的人民大會不將年滿 60 歲的人包括進來，而將他們推回橋的那一邊去，意爲年老的人已不中用，不再管事。〔註140〕誠如李先生的觀察，王者亦同樣地被要求年輕化，王老則必須遜位，並且早立儲君，《列子·楊朱》則曰：「（舜）及受堯之禪，年已長，智已衰。商鈞不才，禪位於禹。」〔註141〕同理：社稷神主以人鬼有功受享，因災佑民無功便遭廢祀，又禮以高祖「五世親盡」而毀，廢其神主，這都爲我們證實了——能力的「衰頹」與「時」相關。因是《東漢會要》一語中的：「至殷，以柱久遠」的初民思維。〔註142〕當然，依普遍律來說，人越老是越無能昏昧，所

部落的國王被説成是『Azaiwo（我們的高粱）、Afyewo（我們的野豆）、Asoiwo（我們的蠶豆）……因此，朱昆人的國王能夠控制雨和風。連續的乾旱或糟糕的收穫歸因於他的疏忽或者他的力量衰退，並且據此他被秘密的勒死。』」頁 46；第三章〈國王的位：荷魯斯〉：「像希盧克人部落這樣的一些部落，當國王可能要變成人類與眾神之間不完美的界線時，他們將毀滅國王：「國王不被允許有病或衰老，唯恐隨著國王力量的衰微，牛將生病，并不能保持牛群的發展，穀物將在田野中凋零，而且人類將遭受疾病的重創，而使曾經增加了數目的人口死去。」有一點已經被重複提到，那就是埃及人也殺掉他們的國王，並且是同樣的原因。」頁 64～65。

〔註140〕馬克斯·韋伯：《儒教與道教》，第五章〈士人階層〉，頁 121。

〔註141〕《列子》，見楊伯峻：《列子集釋》（北京：中華書局，1985）卷七〈楊朱〉，頁 231。

〔註142〕宋·徐天麟：《東漢會要》（北京：中華書局，1998），卷五〈禮三·社稷〉：「烈山氏之子曰柱，能殖百穀蔬，自夏以上，祀以爲稷。至殷，以柱久遠，而堯時棄爲后稷，亦殖百穀，故廢柱祀棄爲稷。大司農鄭玄説：古者官有大功，則配食其神，故句龍配食於社，棄配食於稷。」頁 41。按：東漢人認爲「柱」是因爲「年代久遠」之故，以致神力衰弱不濟，因此「廢柱祀棄」的目的是藉由「棄」這一新血輪，來帶動整個農作的新生。要之，年輕的氣血生命是整個自然界的期待，也是萬物生命最爲豐沛的時期：物老則衰，在萬物神靈進入衰老期之前，則將其替換或處死，更是見諸民族思維中的一共同觀念。

以「老毛」爲「耄」，〔註143〕「毛髮」乃生命力之象徵與替代物（詳後），〔註144〕毛髮老化，生命能量轉弱，一切機能進入衰退期，所謂：「耄期倦于勤」〔註145〕便是這個道理。

可見，人與神鬼都有共同的悲哀：衰老無能，力不從心！商湯確有此慮，大旱來自他取夏的決策，擴大了商國的飢荒，他當然得爲此事負責，所以他得親自上火線，以己爲牲作禱；幸運的是，天降甘雨，萬物重生，宇宙秩序回歸常態，國家政體也得以繼續且更加強大，因爲他通過了這條成聖之路，焠煉重生，成了眞正爲天所認證的王者。〔註146〕我認爲：這就是後世王者登基親行「郊天」（炆天）大禮之原因，〔註147〕透過儀式性的炆天象徵新王的誕生，焠煉重生一新的靈魂，一個具有神性的上天之子，這正是西漢王朝董仲舒極力推行的「天子正名」制度，提出「喪不避郊」，固化皇朝威權的主因（詳第四章第一節）。

〔註143〕《說文解字》，見清・段玉裁：《說文解字注》（台北：黎明文化，1991）「薹」：「年九十日薹，从老蒿省聲。」段注曰：「今作耄，从老省毛聲。……〈曲禮〉八十九十日耄。注云：耄，惛忘。引左傳老將知耄又及之，按其字亦作眊，亦作旄。」頁402。

〔註144〕詳拙論：〈湯大旱「翳髮斷爪」之巫詛解讀〉，見安平秋、趙生群等編：《史記論叢》，蘭州：甘肅人民，2008）頁191～199。

〔註145〕《尚書》，卷四〈大禹謨〉，孔安國傳曰：「八十、九十日耄，百年日期頤。」頁108。

〔註146〕馬克斯・韋伯：《儒教與道教》，第一章〈城市、諸侯與神明〉：「皇帝本身當然也具有神性。這種統治的整體結構是從中國人所熟悉的政治現實出發的。皇帝也必須通過他的神性品質證明他是由上天委任的統治者。……神性的品質本來是可以喪失的：英雄或巫師可能會被他的神靈或上帝「拋棄」。神性的品質似乎只有通過一再顯現的奇蹟或英雄行爲才能獲得保證。至少，英雄或巫師必須通過自己的行爲證明他具有神性的品質。……英雄的強大力量被認爲是一種神秘的稟賦，相當於狹義的「巫術力量」，如乞雨、巫術治病和其他超常的技藝。」頁34。

〔註147〕《漢書》，卷二十五下，〈郊祀志下〉：「時，大將軍霍光輔政，上共己正南面，非宗廟之祀不出。十二年，乃下詔曰：『蓋聞天子尊事天地，修祀山川，古今通禮也。間者，上帝之祠闕而不親十有餘年，朕甚懼焉。朕親飭躬齋戒，親奉祀，爲百姓蒙嘉氣，獲豐年焉。』明年正月，上始幸甘泉。」頁1248。按：王莽亦以郊天作爲宣告政權的手段，卷九十九上，本傳：「居攝元年正月，莽祀上帝於南郊，迎春於東郊……，聽政事，侍旁記疏言行。」（頁14082）云云可見，宣帝登基後十餘年皆未曾「親郊主祭」，因霍光受命輔政，卻獨攬國家政權，宣帝似乎藉此「親郊」下詔宣示自己才是「上天之子」，「主祭者」在他而非有他事者，細玩之，實有「親政」的宣示意義。

（2）以辭責之

從《墨子・兼愛下》引文來看：

> 且不唯禹誓爲然，雖湯説即亦猶是也。湯曰：「惟予小子履，敢用玄
> 牡，告於上天后（土），今天大旱，即當朕身履，有善不敢蔽，有罪
> 不敢赦，簡在帝心。萬方有罪，即當朕身，朕身有罪，無及萬方。」
> 即此言湯貴爲天子，富有天下，然且不憚以身爲犧牲，以祠説于上
> 帝鬼神。〔註148〕

「湯曰」一段乃其禱辭（史辭），爲六辭之一，鄭司農曰：「禱，謂禱於天地、
社稷、宗廟，主爲其辭也。」〔註149〕這是符合湯禱於社的情況，湯王哀民之
喪，罪己作禱，透過諸子多方宣揚，在此確立其聖君形象。本辭亦散及《國
語・周語》、《論語・堯曰》、《呂氏春秋・順民》等文獻，〔註150〕另有荀子「六
過自責」的推波助瀾，湯王救旱「用人」的焦點逐次被轉移，《荀子・大略》
曰：

> 湯旱而禱曰：政不節與？使民疾與？何以不雨，至斯極也；宮室榮
> 與？女謁盛與？何以不雨，至斯極也；苞苴行與？讒夫昌與？何以
> 不雨，至斯極也！〔註151〕

此六過，皆從政治、民生、財政上作反省，並對主事者自身的私慾、廉能、
用人上提出檢討，因此，天災的產生被視爲：政失所致，故君主應之以謙恭
責讓。此類記載漢人劉向《說苑・君道》、何休《公羊傳注》承之，諸此文獻，
徹底顛覆並且成功塑造「仁者在位」通過上天考驗的聖者形象，舜如是；禹
如是；湯亦是（詳本章第三節）。惟湯以滅桀的殺戮方式，遭大旱之罪，功成
作樂，樂以歌德，德若不美，興樂必有所災見，晉平公德薄卻要求師曠奏〈清
角〉則引來「晉國大旱，赤地三年」的代價，〔註152〕湯王能否以本例推之，

〔註148〕《墨子》，卷四〈兼愛下〉，頁 122～123。
〔註149〕《周禮》，卷二十五〈春官・大祝〉：「作六辭，以通上下親疏遠近。一曰祠，
　　　　二曰命，三曰誥，四曰會，五曰禱，六曰誄。」頁 777。
〔註150〕《國語》〈周語〉、《論語》〈堯曰〉、《呂氏春秋》〈順民〉：「余一人有罪，無及
　　　　萬夫。萬夫有罪，在余一人。無以一人之不敏，使上帝鬼神傷民之命。」頁
　　　　479。
〔註151〕《荀子》，卷十九〈大略〉，頁 794。
〔註152〕《史記》，卷二十四〈樂書〉：「平公大喜，起而爲師曠壽，反坐，問曰：『音
　　　　無此最悲乎？』師曠曰：『有，昔者黃帝以大合鬼神，今君德義薄，不足以聽
　　　　之，聽之將敗。』平公曰：『寡人老矣，所好者音也，願遂聞之。』師曠不得

延陵季子於魯觀樂，見舞〈韶濩〉者，曰：「聖人之弘也，而猶有慙德。」〔註153〕已見對湯王以武力興師伐桀之微詞也。

2、「翳髮斷爪」之巫詛解讀

湯「翳其髮爪」，作牲禱旱，此乃一「祈雨巫術」也。「髮爪」於古代巫詛之意義與作用在於：頭髮乃人之「physical soul」、是人的「power-place」，「用髮」獻祭神靈，如同獻祭了人的生命，因為頭髮乃一個人之「生命」與「權力」的替代物、象徵物，美國人類學家 E. Washburn Hopkins（愛德華・霍布金斯）於其 *Origin and Evolution of Religion*（《宗教之源流與變革》）書中說道：

> Hairs is offered in sacrifices, according to the usual explanation, as a representative or substitute of oneself, ...just as a finger is offered as a substitute for the life. ...The underlying principle is that the hair in itself is a seat of power, a power-place, one of the physical souls known to savages。〔註154〕

由於，「髮」、「爪」悉於人死後繼續生長，顯示人之靈魂生命的存在與不朽不滅，因此先民以「髮」乃人元魂之所，亦為死後靈魂之歸處，為怕元魂為惡靈入侵危害己身，「頭髮」於原始社會進行的儀式與行為中是充滿禁忌的；尤以「剪髮」之影響，其於遠古巫風中所引起的作用，蓋得與我國商湯以「翳髮斷爪，自以為牲」獻祭祈雨的巫詛儀式並觀，互證其義。因此，本節擬以

已，援琴而鼓之，一奏之，有白雲從西北起；再奏之，大風至而雨隨之，飛廊瓦，左右皆奔走・平公恐懼，伏於廊屋之閒・晉國大旱，赤地三年。」頁435。另《論衡》，〈感虛〉：「傳書言：師曠奏〈白雪〉之曲，而神物下降，風雨暴至，平公因癃病，晉國赤地。或言：師曠奏〈清角〉一曲，一奏之，有雲從西北起，再奏之，大風至，大雨隨至，裂帷幕。破俎豆，墮廊瓦，坐者散走，平公恐懼，伏乎廊室，晉國大旱，赤地三年，平公癃病。」、「清角之音乃：「木音也，故致風雨，如木為風，雨與風俱。」，頁 233～234。

〔註153〕《左傳》，襄公二十九年，頁 1165。
〔註154〕美・E. Washburn Hopkins, Origin and Evolution of Religion, (YALE UNIVERSITY PRESS, 1923) CHAPTER IX THE SOUL, pp.116～118。江紹原：《髮鬚爪──關於它們的風俗》（上海：上海文藝，1987）將「physical soul」一詞譯作「質魂」，筆者認為非常精確適切，故援用之，頁5；事實上，筆者因有幸閱讀江先生大作，得以一窺霍氏之豐厚的民俗文獻，獲益匪淺。另外霍氏亦言及：「We have here a survival of the belief that the hair is one of the physical life-seats (or souls) of savage psychology, as that belief is found over various parts of the earth.」p.115。按：將頭髮或毛髮視為人之肉體生命之所在地或活動處，此一信仰於世界各地俱有發現。

三點述之，以示湯王以髮爪祈雨禳災之巫詛作用與象徵：一，祈雨巫術；二，人之「質魂」（physical soul）；三，「權力」象徵。

（1）祈雨巫術

商移夏鼎招致七年大旱，商湯變置社稷，其中「后土」：「句龍」，便是人類英雄「大禹」的神格形象。〔註155〕夏民祭祀祂，湯要廢黜祂，反而遭到更慘絕的大旱，甫定的政權備受考驗。殷商祈雨「用巫」、「用女」、「用羌」例證不尠，〔註156〕以「人牲炆祭」禳災，其中「用巫」或不無可能是用「王巫」炆之，商湯「自以爲牲」炆天祭社就是一證，《呂氏春秋・順民》載：

> 昔者湯克夏而正天下，天大旱，五年不收，……於是翦其髮，磨其手，以身爲犧牲，用祈福於上帝。〔註157〕

《淮南子》：

> 湯時，大旱七年，卜，用人祀天。湯曰：我本卜祭爲民，豈呼自當之。乃使人積薪，翦髮及爪，自潔，居柴上，將自焚以祭天。〔註158〕

《尚書大傳》：

> 湯代桀之後，大旱七年，史卜曰：當以人爲禱。湯乃翦髮斷爪，自以爲牲，禱於桑林之社，而大雨至，方數千里。〔註159〕

〔註155〕詳拙論：《〈史記・夏本紀〉：「聲爲律，身爲度，稱以出」司馬貞索隱淺釋》，安平秋主編：《史記論叢》第三集（西安：陝西人民教育，2006），頁 149～158。

〔註156〕詳拙論：〈湯說演繹〉，《慈濟大學人文社會科學學刊》，第六期（2007.06），頁 61～92。

〔註157〕陳奇猷：《呂氏春秋校釋》（台北：華正書局，1988）卷九〈順民〉，頁 479。

〔註158〕《昭明文選》（台北：藝文印書館，1991），張衡〈思玄賦〉注引，頁 223。後世求雨如商湯故事者，可見於《後漢書》，卷八十一〈獨行列傳・諒輔〉：「時夏大旱，太守自出祈禱山川，連日而無所降，輔乃自暴庭中，慷慨祝曰：『輔爲股肱，不能納諫盡忠，薦賢退惡，和調陰陽，承順天意，至令天地之氣隔絕，萬物焦枯，百姓喁喁，無所訴苦，咎盡在輔。」頁 2694。《水經注》，見後魏・酈道元注、楊守敬等疏：《水經注疏》（江蘇：江蘇古籍，1989）卷二十一〈汝水〉引〈桂陽先賢畫讚〉：「臨武張熹，字季智，爲平興令。時天大旱，熹躬禱雩，未獲嘉應，乃積薪自焚。主簿侯崇，小吏張化，從熹焚焉。火既燎，天靈感應，即澍雨。」頁 1785～1786。

〔註159〕王闓運：《尚書大傳補注》（台北：藝文印書館，1966），頁 2-a。文獻亦見《帝王世紀》（晉・皇甫謐，上海：上海商務，1936）載：「湯恣伐桀後，大旱七年，洛川竭，……殷史卜曰：『當以人禱。』湯曰：『吾所爲請雨者民也，若必以人禱，吾請自當。』遂齋戒，翦髮斷爪，以己爲牲，禱於桑林之社曰唯予小子履，敢用玄牡，告予上天后土，萬方有罪，罪在朕躬，朕躬有罪，無

對這段殘存歷史的解讀，或以商湯斷其「髮爪爲牲」；或以斷其「髮爪自潔」，以作爲「祈雨法器」。事實上，二種觀點誠可並存，並無衝突矛盾。在巫術時代，髮爪乃人之靈魂、生命，因此，商湯以髮爪獻祭，非常尋之事也；若說剪其髮爪作爲自潔齋戒以禳災之程序，不如說是一種禳災的媒介物。髮爪於古代醫俗中，確實是具有療效的，商湯作爲一大王巫，其髮爪著實更具巫術魔力，故執以厭勝旱魃。然而，湯王獻祭髮爪，誠有損身危命之虞，故非到此饑饉薦臻慘烈之地，王巫絕不以己身作禱。

在古代巫俗中，髮爪作爲「求雨符咒」之用，藉此與神靈溝通，這個信仰乃廣存於各民族中，弗雷澤《金枝‧禁忌的物》載之甚夥，今撿擇其要，以見其實：

> 人們相信剪下或梳下頭髮還會擾亂天氣招致下雨、降雹、轟雷閃電。在紐西蘭人們剪頭髮時要念一種防止雷電的咒語。在蒂羅爾，人們以爲巫婆利用剪下來或梳下來的頭髮製造冰雹和雷雨。……羅馬人似乎也抱有與此相似的看法，他們有一句箴言說，船上的人只有暴風雨來臨時才能理髮剪指甲，因爲災禍已經發生了，其他時間誰也不得理髮或剪指甲。西非的奇多姆人或瓊巴人的摩尼（Mani）死後，人們總是成群的跑到他的屍體旁邊去拔他的頭髮、牙齒和指甲，留作求雨的符咒。〔註160〕

又霍布金斯載及玻里尼西亞人（Polynesian）對頭髮的禁忌與產生雷電的作用：

> It is taboo to touch the hair of Polynesian priests and kings because of the danger of their power as well as the danger to them, and when cut there must be ceremonies to obviate the danger. It is only as power that hair can produce thunder and lightning.〔註161〕

及萬方，無以一人之不敏，使上帝鬼神傷民之命。」頁19；又此文獻蓋源自《墨子》，見孫詒讓：《墨子閒詁》（北京：中華書局，2001）頁122～123。

〔註160〕弗雷澤：《金枝》，第二十一章〈禁忌的物〉，頁350～351。

〔註161〕E. Washburn Hopkins, Origin and Evolution of Religion, CHAPTER Ⅸ THE SOUL, p.124. 霍布金斯對各民族之觀察，在〈THE SOUL〉一章中，有大量的文獻紀錄，他說：「The chief soul-place are the eye, blood, hair, and the organs showing great vital power.」（p.112）因此各自針對這些，如眼睛、血、頭髮、以及其他器官象徵人的靈魂與生命，紀錄甚爲周詳，尤以「頭髮」一節，可補弗雷澤文獻之罅漏，詳頁115～128。

文中提到觸摸國王或祭司的頭髮，將產生危險，而這危險乃來自國王與祭司本身頭髮所具有的能量，這能量將產生雷雨、閃電，而對他們及自身亦產生致命的危險，因此要消除此一危險則需舉祭禳災。顯然，他民族視髮爪爲雷電風雨之符咒，髮爪本身即具有龐大的能量，是與大自然進行交感巫術的法器。湯斷其髮爪，自潔齋戒，以髮爪爲「求雨符咒」，藉此髮爪所得以產生的雷電作用，以交感巫術揮雲致雨。孔穎達《尚書‧無逸》正義曰：「詛祝，謂告神明令加殃咎也。」〔註162〕荀子言商湯禱旱以「六事自責」，〔註163〕蓋可見其巫詛轉嫁之事實，由湯王一肩扛下所有天咎之罪，故其「髮爪」乃與神溝通之介物，亦是生命的質押品（詳後）。再據江紹原先生《髮鬚爪——關於它們的風俗》之調查：「光緒三年亢旱，喧傳妖人翦髮。每逢欲雨，往往落下紙錢即止。」〔註164〕此例爲妖人斷髮招雨，卻又施其妖術以止雨；高國藩綜觀《中國巫術史》言：「巫師在施術時必須剪去頭髮，削剪指甲，洗淨身體，鋪起柴草，並坐在柴草之上，裝作要燒活巫師來求雨，正在這關鍵時刻，必感應了天而落下雨來。」〔註165〕姑且不論其祈雨得否，蓋可見「大旱不雨」與「髮爪致雨」，並以髮爪爲「巫詛媒介」之儀式信仰，此巫俗尚見於晚清，如上引江氏光緒三年例也。

（2）人之「質魂」（physical soul）

商湯斷其髮爪爲牲，看似無奇，一點也不壯烈果敢，因爲今日哪個人不剪頭髮、不剪指甲的；然而，在巫術時代，這事並非尋常。事實上，中國人將「髮爪」視爲「生命」，由「髡刑」、「耐刑」的判決便見一端；又佛家亦供有「髮爪塔」；〔註166〕李時珍《本草綱目》稱「髮乃血餘」；〔註167〕弗雷澤《金枝》則提到斐濟群島拉摩西人酋長每次理髮之後總要吃一個人以爲防範，且

〔註162〕《尚書》，卷十六〈無逸〉，頁516。

〔註163〕《荀子》，卷十九〈大略〉：「湯旱而禱曰：政不節與？使民疾與？何以不雨，至斯極也；宮室榮與？女謁盛與？何以不雨，至斯極也；苞苴行與？讒夫昌與？何以不雨，至斯極也！」頁794。

〔註164〕江紹原：《髮鬚爪——關於它們的風俗》，頁26。

〔註165〕高國藩：《中國巫術史》（上海：三聯書店，1999），頁101。

〔註166〕清‧嚴可均：《上古三代秦漢三國六朝文》（北京：中華書局，1999），《全梁文‧卷七十三‧興福論》：「昔優填初刻栴檀，波斯始鑄金質，皆現寫眞容，工圖妙相故能流光動瑞，避席施虔，爰至髮爪兩塔，衣影二臺，皆是如來在世。」頁.3392。

〔註167〕李時珍「髮乃血餘」之說，見江紹原《髮鬚爪——關於它們的風俗》，頁22引。

有一個氏族專門提供這樣的人犧；〔註168〕又西非人認爲「頭髮是被看作個人的神祇居住之處」，而托拉加人、卡羅‧巴塔克人都認爲頭髮是「魂魄」隱蔽之所，〔註169〕同樣的，Hopkins, *Origin and Evolution of Religion* 記載 Ashanti（西非迦納群島人）劊子手在執行死刑時，則將自己的頭髮編繞於頸，爲的是怕死者的亡魂侵害自己的元魂反遭報復；〔註170〕並且於其他民族中，如印度（Hindu）、Dacotah Indians、〔註171〕婆羅門（Brahman）、中國等，都有例可循，修行者將頭髮視爲靈魂與生命能量之所，害怕其元魂爲惡鬼所奪，故將其餘頭髮剔除，僅留下長長的髮辮，或編成頭髻，並將髮辮繞頸的目的是爲了保護元魂，防堵邪靈入侵。〔註172〕

在中國尚有他例補證，首先，以三條「髮」例證之：一，《三國演義》載曹操馬驚入麥田，自犯軍令，當斬首謝罪，曹操乃「割髮代首」自刑，以申其軍令；〔註173〕二，宋朝張君房《雲笈七籤》載：「凡梳頭及髮爪，

〔註168〕弗雷澤：《金枝》，第二十一章〈禁忌的物〉，頁348～349。E. Washburn Hopkins, Origin and Evolution of Religion, CHAPTER IX THE SOUL 亦提及："cutting the hair is usually inevitable at same time and then precautions a FiJi chief eats a man every time he has his hair cut, to make up for loss of vitality." p.127。

〔註169〕弗雷澤：《金枝》，第二十一章〈禁忌的物〉，頁348～349。

〔註170〕E. Washburn Hopkins, Origin and Evolution of Religion, CHAPTER IX THE SOUL: "Fear of spirits in hair may often be found. Ashanti executioners always had their hair done up in twists (Ellis, op.cit. p.256), ...as a precaution against the souls or ghosts of their victims entering the hair. The twist or braid keeps off spirits generally, as do knots, and for this reason the Hindus are very particular to wear in braids," p.124。

〔註171〕同上注："the hermits had to wear braided hair, and Hindu ascetics, like Dacotah Indians, shaved all the head except the topknot." p.125。

〔註172〕同上注，Hopkins: "Other tribes, however, shaved all except the topknot, practical considerations, among which figured probably the fear of spirit-entry, making them conserve the hair-strength in one long queue, as did the Chinese and the Brahman ascetics…The reason why hair is wound in a circle around the head is not merely because that is a convenient way of doing it up. The circle is a protection against spirits, and for the same reason in India the crown of hair is replaced by a crown of flowers..." p.123。

〔註173〕元‧羅貫中：《三國演義》（毛宗崗批評、饒彬校訂，台北：三民書局，1991）第十七回：「操使人遠近遍諭村人父老，及各處守境官吏曰：『吾奉天子明詔，出兵討逆，與民除害。方今麥熟之時，不得已而起兵，大小將校，凡過麥田，但有踐踏者，並皆斬首。軍法甚嚴，爾民勿得驚疑。』……操乘馬正行，忽田中驚起一鳩，那馬眼生，竄入麥中，踐壞了一大塊麥田。操隨呼行軍主簿，擬議自己踐麥之罪。……（操）乃以劍割自己之髮，擲於地曰：『割髮權代首。』使人以髮傳示三軍曰：『丞相踐麥，本當斬首號令，今割髮以代。』」頁110。

皆埋之，勿投水火，正爾拋擲，一則敬父母之遺體，二則有鳥曰鵂鶹取去，夜入人家取其髮爪，則傷魂。」〔註 174〕又 Hopkins 亦類及此俗：「hair when cut is kept from birds to prevent headache, and is buried, drowned, or burned to prevent adverse possession; unless there intervene the principle of resurrection, which makes a man keep his hair for future use.」〔註 175〕中國人梳髮或剪髮，需將髮爪掩埋，以防止有人藉此害命，而霍氏的這項言論，更加深我們對髮爪禁忌的瞭解，些許部落民族於剪髮時，需防止飛鳥將髮啣去，以避免頭疾，故將髮以埋、淹、燒的方式處理，以免惡靈害己；當然，頭髮也是人的靈魂所依居之處，因此，若爲了有朝一日需用髮以招魂，使肉體復活，則需將髮妥善保存，不予燒毀沈溺之。三，高國藩先生《中國巫術史》提到漢晉流行「狸髡千人得爲神」的傳說，數百人因此爲狸截髮而死。高先生言：「在古代巫師和篤信巫術的人看來，一個人或一個動物身上的毛髮等物，就是一個人或一只動物生命的一部份；而損害了這一部份，也就損害了一個人或一只動物的生命；一個人如捨棄自己的毛髮，也就等於捨棄自己的生命。」〔註 176〕誠然，對於頭髮乃人之生命的巫俗，Hopkins 亦大感驚奇地說：This is very mystical, but it suffices to show the identity of vital power and soul and hair:" In vital power, in soul, he thus [by establishing life in hair〕 establishes himself." 〔註 177〕要之，人之生命能量乃來自頭髮，頭髮乃人存在之本質；失去頭髮，人則喪失活著的力量，因其元魂已隨頭髮之喪失而喪失了。

其次，以三「爪」例證之：一，《史記·蒙恬列傳》載周成王病甚，周公

〔註 174〕宋·張君房：《雲笈七籤》（景印文淵閣四庫全書，台北：臺灣商務，1983）。
另參高國藩：《中國巫術史》引唐人劉恂《嶺表錄異》：「鵂鶹，即鵂也。爲鷃，皆可以聚諸鳥。畫日目無所見，夜則飛□蚊虻，乃鬼車之屬也。皆夜飛畫藏，或好食人指甲，則知吉凶，凶者輒鳴於屋上，其將有咎耳，故人除指甲，埋之户內，蓋此忌也。」頁399。

〔註 175〕E. Washburn Hopkins, Origin and Evolution of Religion, CHAPTER Ⅸ THE SOUL, p.117。

〔註 176〕參高國藩：《中國巫術史》，頁 144～145、214～215。高先生言：「在古代巫師和篤信巫術的人看來，一個人或一個動物身上的毛髮等物，就是一個人或一只動物生命的一部份；而損害了這一部份，也就損害了一個人或一只動物的生命；一個人如捨棄自己的毛髮，也就等於捨棄自己的生命。」頁104。

〔註 177〕E. Washburn Hopkins, Origin and Evolution of Religion, CHAPTER Ⅸ THE SOUL, p.125。

「自揃其爪以沈於河，曰：『王未有識，是旦執事。有罪殃，且受其不祥。』」
〔註178〕這是一種巫術魔法，周公藉以指爪（元魂）轉嫁病禍於己，以禳祓成
王病根。這在古人的思維中是深信不移的，因爲他們相信疾病是由於亡靈之
鬼魅作祟所致，故周公沈河以獻祭指爪，正是以己爲牲獻於河神；或以人類
學之父 Edward Burnett Tylor, *Primitive Culture*（愛德華・泰勒，《原始文化》）
所述參照：「We are now concerned, however, with the finger-offering, not as a
sacrifice to the dead, but as addressed to other deities.」。〔註179〕二，《韓非子・內
儲說上》載：「韓昭侯握爪而佯亡一爪，求之甚急，左右因割其爪而效之。」
韓昭侯佯裝一片指甲丟失了，何以左右慌張的「割其爪而效之」？Hopkins 引
述：「Wundt（*Mythus aud Religion*）has shown, regarded as seats of life, or
soul-places, and among these the nails and hair, which continue to grow after death,
are particularly apt to be taken as possessing soul-power.」〔註180〕Wundt（馮特）
認爲髮、爪之所以象徵一個人的生命與靈魂之處所，是因爲髮爪於人死亡後，
仍繼續生長之故，它更預示著擁有此人靈魂的權力，故斷髮、斷爪都是件不
得了的大事，因生命堪慮；韓昭侯亡爪一事，便是怕有人尋此斷爪施法害己，
故左右惶恐，個個斷爪示誠。〔註181〕三，《淮南子・兵畧訓》載：「將已受斧
鉞…臣辭而行。乃爪鬋，設明衣，鑿凶門而出。」高誘注曰：「鬋爪，送終之
禮，去手足爪。明衣，喪衣也。凶門，北出門也。將軍之出，以喪禮處之，
以其必死也。」〔註182〕霍氏亦言：「the hair is an offering of the hair-strength or
hair-soul as a substitute for the whole strength or soul, just as a finger is offered as
a substitute for the life.」〔註183〕獻祭髮之力與髮之魂，事實上，乃是獻祭人

〔註178〕《史記》，卷八十八〈蒙恬傳〉：「昔周成王初立，未離襁褓，周公旦負王以朝，
　　　　卒定天下，及成王有病甚殆，公旦自揃其爪以沈於河，曰：『王未有識，是旦
　　　　執事，有罪殃，旦受其不祥』乃書而藏之記府，可謂信矣。」頁 1021。
〔註179〕英・Edward Burnett Tylor, Primitive Culture： Researches into the Development
　　　　of Mythology, Philosophy, Religion, Art, and Custom (ROUTLEDGE / THOEMMES
　　　　PRESS,1994) CHAPTER ⅩⅧ RITES AND CEREMONIES, p.363。
〔註180〕E. Washburn Hopkins, Origin and Evolution of Religion, CHAPTER Ⅸ THE
　　　　SOUL, p.120。
〔註181〕《韓非子》，見陳奇猷：《韓非子校釋》（台北：漢京文化，1983）卷九〈內儲
　　　　說上〉，頁 564。
〔註182〕《淮南子》，卷十五〈兵畧訓〉，頁 1098～1099。另詳參高國藩：《中國巫術
　　　　史》頁 131、145。
〔註183〕E. Washburn Hopkins, Origin and Evolution of Religion, CHAPTER Ⅸ THE

之全部能量或靈魂，髮之獻祭如同爪之獻祭一般，俱爲生命之替代物。因此，中國將軍帶兵出國門，剪其手腳指甲，以誓效忠，征戰不回如置死地，死志明也，其以身（指甲）獻祭儀式是相當清楚的。

　　綜上，蓋可證明商湯斷其髮爪的意義正如他以自己的生命獻祭一般，故曰「翦髮斷爪，自以爲牲」，這是符合古人心理的，縱使沒將商湯燒死，但也已經折損了他的生命，或者這也足夠使他因此衰弱終致死亡（詳後），因爲透過巫覡的祈使湯已和上天達成交換條件：天降甘霖。因此，「髮爪」乃迫其履行這個承諾的物件，將此「質魂」質押給了神靈，祂隨時都可索你魂魄的。〔註 184〕

（3）「權力」象徵

　　巫俗中，頭髮亦爲「權力」之象徵物；商湯斷其髮，以「王巫」〔註 185〕的身份獻祭祈雨，或可說尊貴者之髮爪，其所帶有的魔法能量用以祓魔除魅之威力則越強大；至少先民認爲王乃有此巫術魔力，因此他決定了穀物的豐收、雨水的狀況。因此，身爲王巫的商湯自然得爲此大旱負責招雨，以其龐大的能力與神靈鬼魅溝通；若溝通無效，勢必得與神靈鬼魅對抗。法國學者 Lucien Levy-Bruhl（路先・列維－布留爾）《原始思維》載及 Ba-Ronga（巴隆

SOUL, p.116。

〔註 184〕 同上注："To ensure the validity of an oath on the Gold Coast of West Africa, a man may either "eat fetish " or, instead, deposit in the abode of the god by whom he has sworn the equivalent of his life, that is , a lock of hair. The reason can be only that in this way the god has possession of the man's life, and can punish him through his hair." pp.118～119。

〔註 185〕 英・Edward Burnett Tylor, Anthropology; an introduction to the study of man and civilization（愛德華・泰勒：《人類學——人及其文化研究》，連樹聲譯，上海：上海文藝，1993）說道：「在古代的大的宗教裡，強大的祭司階層是由知識份子——社會的教師和領導者組成的。」頁 343；亦見弗雷澤：《金枝》，第二章〈國王兼祭司〉，頁 17～19；第六章〈巫師與國王〉，頁 127～137；華人學者陳夢家、李宗侗、張光直俱認爲「商湯乃王巫」，詳見張光直：《美術・神話與祭祀》（郭淨、陳星譯，台北：稻鄉，1993）第三章〈巫覡與政治〉：「甲骨文中，常有商王卜問風雨、祭祀、征伐或田狩的記載。又有『王果曰：……』的文句，均與天氣、疆域或災異、疾病之事有關。據卜辭所記，唯一握有預言權的便是商王。此外，卜辭中還有商王舞蹈求雨和占夢的內容。所有這些，既是商王的活動，也是巫師的活動。它表明：商王即是巫師。」頁 40～41。書注 4 引陳夢家、李宗侗、楊間奎諸位先生亦都認爲「帝王就是巫的首領」，其中楊先生更指明了重、黎神話的特徵是：「國王們斷絕了天人的交通，壟斷了交通上帝的大權。」俱詳頁 50。

加人）：「舉行儀式的人手裡拿著他們的指甲、頭髮：這是一種奇怪的和驚人的與神交往的方法……，因此，我們可以理解死去的王的指甲頭髮在穆罕蒙巴（mhamaba）（一個表示任何種類的祭品或供物的詞，但它又是一種專用的東西）裡所起的那種作用了。」〔註186〕顯然「髮爪」不僅是一種與先王先祖溝通祈求的媒介物，執此髮爪以召喚先祖之靈前來，更是具有一種強大的巫術魔力，可以跨越時空的、靈界的法器，王巫則以此施法祝詛之。

　　在中國《儀禮・士喪禮》、《禮記・喪大記》俱載人死後將埋其髮爪，但原因目的是什麼？我國古代喪禮中，於浴尸之後，為死者剪理髮、爪、鬍鬚，〔註187〕並依其身份尊卑，而有不同的處理與保存方式，《禮記・喪大記》言：

　　　　君、大夫鬓爪，實于綠中；士，埋之。〔註188〕

鄭玄注：「綠當為角，聲之誤也。角中，謂棺內四隅也。鬓，亂髮也。將實爪、髮棺中，必為小囊盛之。」，孔穎達正義：「士賤，亦有物盛髮、爪而埋之。」〔註189〕由鄭、孔二氏的注疏來看，君與大夫因體尊之故，其髮爪以小囊裝之，置於棺木之四角，與尸入棺埋葬；而士卑身賤，不與尸入棺，而另沈埋於沐尸之水坎中。此儀目的，未詳其由，或可揣測其因有二：一，身體唯髮爪具有強大的再生能力，先人以此乃人之「質魂」，因此，死者不死，或藉此髮爪得以「死後復活」；〔註190〕並且，位尊者其相對的氣場能

〔註186〕法・列維－布留爾：《原始思維》（丁由譯，北京：商務印書館，1981），頁246～247。布氏又提到：「在巴隆加人的每個小氏族那裡，……有一件神聖的東西，它看起來可以說是各偶像，但實際上它根本不是偶像。它叫穆罕蒙巴（mhamaba）（一個表示任何種類的祭品或供物的詞，但它又是一種專用的東西）」此穆罕蒙巴（mhamaba）乃當領袖死的時候，把他的手足的指甲、頭髮和鬍鬚以及身體的可以保藏的所有部分剝下來，然後把它們跟他死的時候殺死的公牛的糞便摻和在一起。」頁245。

〔註187〕《禮記》，卷四十四〈喪大記〉：「管人汲，授御者。御者差沐于堂上。君沐粱，大夫沐稷，士沐粱。甸人為垼于西牆下，陶人出重鬲。管人受沐，乃煮之。甸人取所徹廟之西北厞薪，用爨之。管人授御者沐，乃沐。沐用瓦盤，挋用巾，如它日。小臣爪手翦須，濡濯棄于坎。」頁1256～1257。

〔註188〕同上注，頁1281。

〔註189〕同上注。

〔註190〕《後漢書》，〈志第六・禮儀下〉注引：「《周禮》駔珪、璋、璧、琮、琥、璜之渠眉，疏璧、琮以斂尸。……蓋取象方明神也。疏璧、琮者，通於天地。」頁3143。生者小心翼翼地剪下並葬埋爪髮，並藉由璧琮開通天地之法力，而祈使死者復生，於喪禮中其巫術思維可見；又今日生物科學之發達躍進，已能由頭髮中找到DNA，重新複製一個人已不成生物學上的問題了，因此，人死而復活，亦非不可能之任務。

量亦顯然勝於士庶，故得小心處理其身後仍具生長能力的髮爪之物。今假弗雷澤人類學上的調查，作一參考：「毛利人酋長剪下的頭髮非常小心地收集起來存放在鄰近的墓地裡」、「有時候保存身上剪下的頭髮指甲等物，並不是為了防止它們落到巫師手中，而是為了本人將來死後復活」。〔註 191〕二，對先祖之崇拜，以其象徵生命之物「髮爪」施行「招魂喚靈」之祖庇，中國棺槨以天圓地方上下設之，亦將亡君之髮爪置於四隅，乃象徵四方之時空觀念，先祖魂靈來去宇宙六合，因此，藉此埋葬方式以示其無所不在，無遠弗屆的神威。

因此，商湯翳其髮爪自潔，是以其「王巫」的身份進行召喚天地神靈與巫詛之儀式，中國人蓄髮蓄鬍，無故絕不輕翳其髮爪，「髡刑」、「耐刑」的判決；〔註 192〕迄至晚清西風東漸，中國人誓死不剪長髮，以捍衛生命的方式抵死不從，自可見其大端。霍氏在民族學的調查中，亦及 Crows 和 Blackfeet 部落民族乃以長髮為權力者所擁有，凡奴隸與女人則不准蓄長髮，〔註 193〕或以髮長最長者為王之例，霍氏言：

> The Indian regarded hair as a seat of power may be seen from the fact
> that certain tribes elected their chiefs according to the length of their hair,
> for example, the Crows and Blackfeet.〔註 194〕

雖然中國非必以髮長擇君，但從上引曹操「割髮代首」、韓昭侯「佯亡一爪」的例子來看，諸此袞袞王公，其髮爪不僅是其生命的替代物，亦顯然是「身份」的表徵，王公之氣場能量與凡庶自有差別，非等量齊觀，天賦帝王世系

〔註 191〕弗雷澤：《金枝》，頁 351、352。

〔註 192〕江紹原：《髮鬚爪──關於它們的風俗》提到：「髡的原意，似乎也是用髮作人的替代品；若求更確切的些，此處應說作人的替死品。」、「髡既然不痛苦，為什麼不但是刑，而且是一種不算輕微的刑？「耐」（段玉裁曰：按：耐之罪，輕於髡。髡者，翳髮也。不翳其髮，僅去須鬢，是曰『耐』）又何嘗痛苦，為何也是刑？」頁 80～81；「主要的真正目的，在傷他的魂。這似乎是換個法子去他的命，同流完他的血，鼻血（劓）、或精（宮），幾乎差不多。被髡或被耐的人，誰不知道，是不會因喪失毛髮而立刻死去的。但是讓我們息怒，他的第二生命卻被斷送了；他的鬚髮卻代替他死過了。」頁 84。

〔註 193〕E. Washburn Hopkins, Origin and Evolution of Religion, CHAPTER Ⅸ THE SOUL："(Herbert) Spencer showed, what is often ignored, that hair is offered the human dignitaries and its loss symbolizes loss of power, or, as he says, subordination. The sheared hair marks the person bereft of influence, the slave, often the woman." p.116。

〔註 194〕同上注，p.123。

的「權力」意義更是顯而易見的。要之，湯以王者身份剪髮爪獻祭後，將面臨的是生命力的轉弱，他將逐漸衰老，影響力、能力、精力也將因此逐漸消失，肉體生命已獻給祭主，或可說與神靈達成一樁「黑色交易」，而這就是一種巫詛轉嫁力量祈使的結果，周公剪爪沈河亦如是；這種巫詛力量且以 Hopkins 的話作一註腳：「In British Columbia, the reason given by the natives for the hair's weakness and loss; they will grow weak (old) if they cut it. In Ceram（希蘭島，印尼東部）, on the other side of the world, the reason given the same, that men whose hair is cut will grow enervated.」〔註195〕

綜上，商湯以王巫尊貴不凡的身份翳髮斷爪爲民祈雨，在巫俗時代，此乃生死之大事，髮爪乃人之精魂，是生命活力的泉源，因此剪下髮爪，一方面怕敵人趁虛奪此害命；一方面亦直接預示著自己的生命能量已經減弱，將逐漸消亡，此一儀式誠非今日剪髮剪甲之尋常可比；Hopkins 這席話可作一註腳：「Hair-cutting, however, is a serious matter, not only because someone may get possession of hair, but because of direct loss of vitality through the loss of hair.」〔註196〕

當然，從商湯斷其髮爪一事可證，髮爪乃人之質魂，如同物主之生命、靈魂，祈禱者透過此一髮爪媒介，召喚天地神靈百物並與之進行巫詛轉嫁以禳災解厄；因此，巫詛儀式必有「說辭」，湯以六事責己，實開我國帝王對應天裁，素衣減膳，罪在朕躬，無以萬方的聖王氣象（詳本章第三節）。〔註197〕

（三）周伯大饑──荒政十二，素服如喪

在《逸周書》中有兩篇關於文王救荒的文獻，一爲〈糴匡解〉，一爲〈大匡解〉。清儒潘振的解釋是：「買穀曰糴。匡，救也，方也。謂買穀賑民。此救災之方也。文王之所以修仁者，於此見矣，故次之以〈糴匡〉」、「大，大荒。明武必先固其本而後可動。民爲邦本，遭大荒而有救賑之方，故次之以〈大匡〉」。〔註198〕顯然，先有周大饑這一歷史性的災難發生，文王乃

〔註195〕同上注，p.117。
〔註196〕同上注，p.119。
〔註197〕鄭振鐸：《鄭振鐸全集》（石家莊：花山文藝，1998），卷三〈湯禱篇〉，頁576～603；或參拙論：〈湯說演繹〉，《慈濟大學人文社會科學學刊》，第六期（2007.06），頁61～92。
〔註198〕《逸周書》，卷一〈糴匡解〉，頁72、卷二〈大匡解〉，頁144。

緊急詔告方國與群臣獻策救荒，這便是「周饑克殷」的一大救荒決策與易鼎關鍵，〔註199〕此事載於〈大匡解〉。克殷之後，這場近乎動搖國本的災難促使了文王加強其內政的防範與救荒措施，因而有〈糴匡解〉的政令垂世，影響至今。

可以說：「周大饑」的歷史教訓，促使了《周禮》荒政十二條例的形成，而在《周禮》的諸多執掌中亦見相關眚禮、廢樂的條規，在在都與本文獻相切。因此，本例顯得格外重要，因為這是「無服之喪」具體條例成因之所在。

「周大饑」發生於商紂王三十五年（公元前1046年），〔註200〕周伯姬昌所在之程都發生大飢荒，周伯廣召三方牧長及群臣尋求解決的方法，並於詔文中緊急制定了荒年因應之禮，不僅從內政到外交的政務或宴會，上至周伯下至百姓的個人生活矩度都見規範，目的在於撙節國用，救荒為先。《逸周書·大匡解》載：

> 維周王宅程三年，遭天之大荒。作〈大匡〉，以詔牧其方。三州之侯咸率，王乃召冢卿、三老、三吏、大夫、百執事之人朝于大庭。問罷病之故、政事之失、刑罰之戾、哀樂之尤、賓客之盛、用度之費，及關市之征、山林之匱、田宅之荒、溝渠之害、怠惰之過、驕頑之虐、水旱之菑。……王既發命，入食不舉，百官質方，□不食饔。及期日，質明，王麻衣以朝，朝中無采衣。……以數度多少，省用。祈而不賓祭，服澣不制。車不雕飾，人不食肉，畜不食穀。國不鄉射，樂不牆合，牆屋有補無作。資農不敗務。非公卿不賓，賓不過具。哭不留日，登降一等。庶人不獨葬，伍有植，送往迎來亦如之。有不用命，有常不違。〔註201〕

〔註199〕《左傳》，卷十四，僖公十九年：「衛大旱，卜有事於山川，不吉。甯莊子曰：『昔周饑，克殷而年豐。今邢方無道，諸侯無伯，天其或者欲使衛討邢乎？』從之，師興而雨。」頁394〜395。弗雷澤：《金枝》，第五章，〈巫術控制天氣〉：「血即代表了雨水，而流血無疑將促使雨從天而降。在阿比西尼亞的愛格霍地區，人們為了求得雨水，習慣於在每年一月發動一場為期一周的村落與村落之間的血腥鬥爭。曼涅力克皇在一些年前曾廢除了這個習俗，然而當次年雨水不足而大眾呼聲又如此之高時，皇帝便不得不讓步允許恢復那種殘殺搏鬥。」頁100。
〔註200〕《逸周書》，卷二〈大匡解〉，頁144。
〔註201〕同上註，頁144〜164。

本節不就文中所形成的荒政條例作一解析，僅就其中對上位者自身與祭祀方面的要求作一提綱挈領。詔文中可見對君王自身的要求是：「麻衣以朝」（素服如喪）、「入食不舉」（去食舉樂）。對百官生活的要求是：「□不食饔」、〔註 202〕「人不食肉」、「車不雕飾」、「樂不牆合」（廢樂不作）、「牆屋有補無作」（大功不興，准繕不建）、「畜不食穀」（節穀養人）。國家祭祀方面：「祈而不賓祭」（眚禮而祭）、「服漱不制」（不制新服）。上述歲凶之年的矩度規範，在〈糴匡解〉中更有詳細的區分和界定，〈糴匡解〉曰：

> **成年，年穀足**，賓、祭以盛，大馴鍾絕，服美義淫，皂畜約制，供餘子務藝，宮室城廓修爲備，供有嘉菜，於是日滿。
>
> **年儉，穀不足**，賓、祭以中盛，樂唯鍾鼓，不服美，三牧五庫補攝，凡美不修，餘子務穡，於是糺秩。
>
> **年飢**，則勤而不賓，舉祭以薄，樂無鍾鼓，凡美禁，書（畜）不早（皂）群，車不雕攻，兵備不制，民利不淫，征當商旅，以救窮之，閘隨鄉，下鬻塾，分助有匡，以綏無者，於是救困。
>
> **大荒**，有禱無祭，國不稱樂，企（食）不滿壑，刑罰不脩，舍用振窮，君親巡方，卿參告糴，餘子倅運，開口同食，民不藏糧，曰有匡，俾民畜唯牛羊，於民大疾惑，殺一人無赦，男守疆，戎禁不出，五庫不膳，喪禮無度，祭以薄資，禮無樂，宮不幃，嫁娶不以時，賓旅設位有賜。〔註 203〕

爲了方便解讀起見，我分了四大段以利於相互對照。〈糴匡解〉將國家農作的豐歉情況區分爲四大時期：「成年」、「年儉」、「年飢」、「大荒」。

第一時期：「成年」，爲「年穀足」，此乃五穀豐收，民食充足。在《春秋》經傳中以「有年」、「豐年」、「大有年」、「大豐年」稱述之，如《穀梁》桓公三年：「五穀皆熟，爲有年也」、宣公十六年：「五穀大熟爲大有年」。〔註 204〕

〔註 202〕同上注，陳逢衡曰：「不食饔者，損祿也。《墨子・七患》：『歲饉則仕者大夫皆損祿五分之一，旱則損五分之二，凶則損五分之三，餽則損五分之四，饑大侵則盡無祿，稟食而已矣。』」頁 150。

〔註 203〕《逸周書》，卷一〈糴匡解〉，頁 72～84。

〔註 204〕《穀梁》，卷三，桓公三年，頁 39。卷十二，宣公十六年，頁 206。《公羊》，卷四，桓公三年：「有年何以書？以喜書也。大有年何以書？亦喜書也。此其曰有年何？僅有年也？彼其曰大有年何？問宣十六年也。大豐年也。僅有年，亦足以當喜乎？恃有年也。」頁 78。又《詩經》，卷十九之三，〈周頌・豐年〉，

因此，不論國家祭祀、賓禮宴會，或君王日常膳食、輿服、建造工程等一切舉作如常，豐美而不侈。

第二時期：「年儉」，為「穀不足」。大抵推估應是「人食三鬴」之中年，雖不豐食，但不至於發生糧荒搶食。〔註205〕《周禮·廩人》言：「凡萬民之食食者，人四鬴，上也；人三鬴，中也；人二鬴，下也。」〔註206〕一鬴乃「六斗四升」（768斤）；〔註207〕二鬴則為一石（斛）二斗八升（1536斤）；三鬴則是一石九斗二升（2304斤）；四鬴則是二石五斗六升（3072斤）。到底一個人平均月用米量是多少？《漢書·食貨志》以一人一月的用米量是「一石半」（1800斤）、賈公彥以一人日食「六升四」（76.8斤），以一升十二斤、一斤十六兩的算法計算，〔註208〕「每人每月」之說誠屬錯誤的看法，孔穎達以「人食不得滿二鬴之歲」說的則是一年的用米量，「每人每年」能否足食「二鬴」（1536斤，日食米4.21斤）才是合理。因此，孔氏之說是也，《漢書·食貨志》、賈公彥之說則非也。〔註209〕故於「年儉」之時，舉

孔穎達正義曰：「年之豐熟，必大有物。豐訓為大，故云：『豐年，大有之年』也。」頁1326。

〔註205〕《逸周書》，卷一〈糴匡解〉，潘振云：「年儉，中年也。中盛，視常數為少殺也。」陳逢衡云：「年儉，微歉之歲。中盛，則牲體不能如成年之備。」、朱右曾云：「儉，歉也。一穀不升謂之歉。不足，人不足四鬴也。」頁75。

〔註206〕《周禮》，卷十六〈地官·廩人〉：「掌九穀之數，以待國之匪頒、賙賜、稍食。以歲之上下數邦用，以知足否，以詔穀用，以治年之豐凶。凡萬民之食食者，人四鬴，上也；人三鬴，中也；人二鬴，下也。若食不能人二鬴，則令移邦就穀，詔王殺邦用。」頁501。

〔註207〕《周禮》，卷十六〈地官·廩人〉，賈公彥疏曰：「民食國家糧食者，人四鬴上也，上謂大豐年；人食三鬴中也，謂中豐年；人食二鬴下也，謂少儉年。此雖列三等之年，以中年是其常法。鬴當今六斗四升，即今給請亦然。」、「古今皆月月給請，故知此皆一月食米也。『六斗四升曰鬴』，昭公傳晏子辭。」頁501。

〔註208〕《漢書》，卷二十四上〈食貨志第四上〉，頁1125。《儀禮》，卷四十一〈既夕禮〉，賈公彥疏曰：「六斗四升曰鬴。三鬴為米一斛九斗二升，三十日之食，則日食米六升四，合於今日食米二溢（一溢二十兩）二升有餘，是不在於飽。」、「百二十斤曰石，則是一斛。若然，則十二斤為一升，……斤為十六兩，二斤為三十二兩。」頁779。

〔註209〕再引《論語·雍也》補證。〈雍也〉：「子華使於齊，冉子為其母請粟。子曰：『與之釜』馬曰：六斗四升曰釜。請益。曰：『與之庾』包曰：十六斗曰庾。冉子與之粟五秉。馬曰：十六斛曰秉，五秉合為八十斛。子曰：赤之適齊也，乘肥馬，衣輕裘，吾聞之也，君子周急，不繼富。鄭曰：非冉有與之太多。」頁71。按：子曰「與之釜」，一釜乃一鬴，六斗四升（768斤），一庾乃十六

凡國家祭祀、賓禮宴會雖如期舉行，但其禮容儀式都見減省，祭樂唯鍾鼓大樂，廢絲竹管弦之燕樂，而君王膳食、輿服、宮殿之制亦不得豐奢華麗，務以質樸爲尙，以應儉年。百官方面乃省其官俸之一二，以減省國家財政支出，並詔令其餘子務農，以增人力，同力救災，故曰「百官布而不修」、「糺秩」；〔註210〕《墨子・七患》亦曰：「歲饉，仕者則大夫以下皆損祿五分之一。旱，則損五分之二。凶，則損五分之三。餽，則損五分之四。饑，則盡無祿，稟食而已矣。」〔註211〕顯然，這樣的要求乃通古今之變，今日，國有大故外債高築，公務人員的減薪及人事的凍結都是挽救國難的決策之一。

　　第三時期：「年飢」，〔註212〕〈糴匡解〉未作解釋，但從其內容來看，大抵如《禮記・玉藻》「年不順成」之意。何謂「年不順成」？孔穎達不作正面解釋，而是這麼說：「人食不得滿二鬴之歲，若人食二鬴，則猶興土功。」（詳上）〔註213〕「猶興土功」者在年儉之時僅要求「凡美不修」但不禁土功，而在「年飢」之時，則曰「凡美禁」，意謂禁止所有修繕工程與建案。顯然，此時期乃指百姓一歲不能足食二鬴之糧，乏食嚴重，若足食二鬴，國君縱使猶興土功，仍不至於爲史家所譏；而今禁止所有建案與修繕，如此狀況誠乃「年飢」之時也。於此無年飢荒裡，國家祭祀：眚禮而不廢，不迎尸亦不作樂（廢鍾鼓祭樂），依制而省。〔註214〕賓禮宴會方面：因憂年饑，故不舉，不殺牲不

斗（1920斤），五秉八十斛（石）（96000斤）。若以一人一月最下之食二鬴來看，僅僅撐上半個月，乏食依然嚴重，這對公西赤的高堂老母而言絕非仁慈的給予，因此這個說法是錯誤的；一釜（鬴）之予，應是一季到半年的用米量，冄有覺得太少，向孔子請益希望多給一些，孔子追加到十六斗，近二千斤的米，這也夠其母生活一年有餘了，但冄有始終覺得太少，最後是自己慷慨地給了公西華的母親五秉的大米（五頓多的米，並非全用來給食，而是可以賣錢的，事實上，冄有是透過給米而賙濟公西華母一筆爲數可觀的生活費），所以孔子最後說：「君子周急不繼富」，指責了冄有大給八十斛的「繼富」行爲。

〔註210〕《逸周書》，卷一〈糴匡解〉，李兆洛曰：「糺秩，省百官之秩祿，義見《墨子》。」頁77。

〔註211〕《墨子》，卷一〈七患〉，頁26。

〔註212〕《逸周書》，卷一〈糴匡解〉，潘振云：「年饑，無年也。」、陳逢衡云：「年饑，比儉年又歉矣。《爾雅》：『穀不熟爲飢。』《穀梁・襄公二十四年傳》：『二穀不升謂之飢。』」頁77。

〔註213〕《禮記》，卷二十九〈玉藻〉，孔穎達正義，頁882。孫希旦：《禮記集解》，卷二十九〈玉藻〉：「氣不順則水旱至，物不成則饑饉生。」頁779。

〔註214〕《逸周書》，卷一〈糴匡解〉，陳逢衡云：「勤而不賓，蓋止修勞問之禮，而無燕飲之事也。舉祭以薄，則並中盛不能矣。」、朱右曾云：「禮皆從殺。」、孫

燕樂。〔註215〕君王膳食與服方面：食無樂、不服美、車不雕飾。賙賑方面：徵調富商巨賈捐助以紓困救窮。

第四時期：「大荒」，〔註216〕〈糴匡解〉並未解釋，但《韓詩外傳》有以下的定義：

> 一穀不升謂之嗛，二穀不升謂之饑，三穀不升謂之饉，四穀不升謂之荒，五穀不升謂之大侵。〔註217〕

「五穀不升」乃稱「大侵」，《穀梁傳》襄公二十四年的定義則大同小異：

> 五穀不升為大饑。一穀不升謂之嗛，二穀不升謂之饑，三穀不升謂之饉，四穀不升謂之康，五穀不升謂之大侵。〔註218〕

又《墨子‧七患》則曰：

> 一穀不收謂之饉，二穀不收謂之旱，三穀不收謂之凶，四穀不收謂之餽，五穀不收謂之饑。五穀不熟，謂之大侵。〔註219〕

二傳，《韓詩》稱「四穀不升」曰「荒」、「五穀不升」為「大荒」，《穀梁》則稱「康」、「大饑」或「大侵」，《墨子》則稱「餽」、「饑」或「大侵」，名雖異其實一也。這是用以陳述百姓之受難缺糧狀況的嚴峻性與急迫性，這就是「周大饑」的國境慘況。因此文王詔令百官省費減薪，並制訂諸多規範，如國家祭祀方面：「有禱無祭」，祭有常儀與常時以祀官方頒定之神主，然而在此非常時期則改以禱請的方式祈求萬方鬼神，故不用常祭（詳後）。〔註220〕喪禮方

詒讓云：「勤當讀為祈，即〈大匡解〉篇之『祈而不賓』也。」頁77。按：〈大匡解〉，潘振云：「繹則賓尸，不賓尸，殺禮也。」、陳逢衡云：「祈而不賓，不廢祭，不燕饗也，與〈糴匡〉勤而不賓同。」（頁161）。

〔註215〕《逸周書》，卷一〈糴匡解〉，俞樾云：「『賓舉』二字，傳寫誤倒。當作『年荒則勤而不舉，賓祭以薄』。勤之言憂勤也。《僖二年‧穀梁傳》：『不雨者，勤雨也。』……勤而不舉，言憂勤而不舉也。《周官‧膳夫職》：『王日一舉，鼎十有二，物皆有俎，以樂侑食。大喪則不舉，大荒則不舉，大札則不舉，天地有災則不舉，邦有大故則不舉。』然則年饑則勤而不舉，正合《周官》大荒不舉之義。賓祭以薄，言賓與祭皆從薄也。」頁77。

〔註216〕《逸周書》，卷一，〈糴匡解〉，孔晁云：「飢饉師旅為大荒也。」、陳逢衡曰：「大荒，五穀俱不收。」、朱右曾云：「四穀不升曰荒，五穀俱不升曰大荒。」頁79。按：朱氏之說乃引《韓詩外傳》而來。

〔註217〕《韓詩外傳》，見許維遹：《韓詩外傳集釋》（北京：中華書局，1980）卷八〈第十五章〉，頁287。

〔註218〕《穀梁傳》，卷十六，襄公二十四年，頁266。

〔註219〕《墨子》，卷一〈七患〉，頁25～26。

〔註220〕《逸周書》，卷一〈糴匡解〉，孫詒讓云：「此云有禱無祀者，謂唯有禱求而無

面：「喪禮無度，祭以薄資」，荒年百姓用度困難，盡哀爲尚，故速葬除服，喪祭以儉。〔註221〕膳食燕樂方面：「國不稱樂，企（食）不滿壑」〔註222〕、「禮無樂，賓旅設位有賜」，即食無鮮肉，禮無舉樂，減膳撤樂，招待外國使節亦僅問勞而不設宴。器物修繕方面：「五庫不膳」、「宮不幃」，〔註223〕國庫虛空禁止修繕等事，並且嚴禁宮人更舊佈新，能用則用，避免無謂的浪費。

　　由於這一事件對周國產生了極大的危害性，一場天災足以動搖國本，所謂「民惟邦本，本固邦寧」，〔註224〕邦本在民，飢荒致使百姓流離四方，乞活爲糧。《論語・堯曰》：「四海困窮，天祿永終」，這八字箴言何嘗不是對主事者極大的考驗和焠煉。周大饑而決定克殷伐紂，這是一大險招，但唯有透過戰爭的掠奪，才得以迅速而豐沛地補充境內的資源。姑且不論這一決策之功過，僅就文王的詔令來看，對今日的影響可說是既悠久而遠大。〈糴匡解〉如同今日我國的「緊急命令」，這是屬於「總統職權」，有其專有性與權威性，在國家面對重大災害時，總統緊急命令的頒佈就得以凍結國家所有財政支出，只爲全力救災，亦得以動員徵召凡政府所需之一切資源，不論是民間商界的強制捐助徵調或軍隊的徵召救難，或公務官員的減薪方案等，都是深植民心的一道命令。誠然，今日我國制訂的「緊急命令」，事實上，和〈糴匡解〉中文王頒佈的詔令確有雷同之處，不過在此立意與精神上廣加耙梳細目而使之法定化罷了。

報塞之祠也。其他祭祀，則仍舉而不廢，但禮較成年大殺，故下云祭以薄。若作無祭，則是大小祭祀咸廢不舉，與下文牴牾，義不可通矣。」頁79。按：孫說是也，從《詩經・雲漢》的紀錄來看，荒年祭祀是非常盛大而隆重的，所謂「祭」乃指常祀，「禱」則爲「非常祀」，前者用於尋常之時，祭祀國家官方認定的神明或先祖們，故有其常儀；但後者乃用於災害產生的非常時期，故以禱請的方式來祈求天地山川神明並及於所有原不在祭祀之列的鬼神，故曰歲凶索鬼神而祭之。二者非謂其禮容豐殺之別，而在於祭祀儀式與對象的不同，因此祭服或樂舞也會有所區別。

〔註221〕《逸周書》，卷一〈糴匡解〉，丁宗洛改「喪主儉而貴速，喪之祭用薄」、陳逢衡云：「喪禮無度，喪取盡哀，能殮能葬而已，不必盡制也。察（祭）以薄資，爲節用也。」頁82。

〔註222〕《逸周書》，卷一〈糴匡解〉，丁宗洛云：「『企』疑『食』訛。食不滿壑，猶言所食不得縱欲也。與〈大匡解〉『人不食肉』相同。」頁80。

〔註223〕《逸周書》，卷一〈糴匡解〉，于鬯云：「宮謂宮室，幃當指宮室中所用幃帳之屬。……蓋幃帳之屬易敝，必歲更製可知。大荒則不更製，故曰不幃也。」頁83。

〔註224〕《尚書》，卷七〈夏書・五子之歌〉，頁212。

三、究天人之際——《詩經·大雅·雲漢》

周宣王（B.C.828～782 年）位內發生大旱，遭旱時年或旱年多少，經傳無文，唯皇甫謐《帝王世紀》如是說：「宣王元年，不藉千畝，虢文公諫而不聽，天下大旱，二年不雨。至六年乃雨。」〔註225〕這麼說來，大旱發生時間在宣王二年至六年（B.C.827~823 年），旱年長達五年之久，其旱因則是因爲宣王「不藉千畝」、「諫而不聽」所致，連累千萬百姓爲之受苦離散，因此宣王當爲自己瀆職怠慢付出絕對的政治責任。但毛亨《詩序》卻如是說：「仍叔美宣王也。宣王承厲王之烈，內有撥亂之志，遇災而懼，側身修行，欲銷去之。天下喜於王化復行，百姓見憂，故作是詩也。」〔註226〕毛氏以淡然地口吻「遇災而懼」一語交代了這場災害，顯然毛亨與皇甫謐對這件事情的解讀不同，到底誰說得最符合歷史真相，〈雲漢〉一詩業已說得清楚。

（一）〈雲漢〉內文解讀

〈雲漢〉共八章，每章十句。爲解讀方便，以八段方式成文。

（一）倬彼雲漢，昭回于天。王曰於乎，何辜今之人！天降喪亂，饑饉薦臻。靡神不舉，靡愛斯牲。圭璧既卒，寧莫我聽！

（二）旱既大甚，蘊隆蟲蟲。不殄禋祀，自郊徂宮。上下奠瘞，靡神不宗。后稷不克，上帝不臨。耗斁下土，寧丁我躬！

（三）旱既太甚，則不可推。兢兢業業，如霆如雷。周余黎民，靡有孑遺。昊天上帝，則不我遺。胡不相畏？先祖于摧。

（四）旱既太甚，則不可沮。赫赫炎炎，云我無所。大命近止，靡瞻靡顧。群公先正，則不我助。父母先祖，胡寧忍予！

（五）旱既太甚，滌滌山川。旱魃爲虐，如惔如焚。我心憚暑，憂心如薰。群公先正，則不我聞。昊天上帝，寧俾我遯。

（六）旱既太甚，黽勉畏去。胡寧瘨我以旱？憯不知其故。祈年孔夙，方社不莫。昊天上帝，則不我虞。敬恭明神，宜無悔怒。

（七）旱既太甚，散無友紀，鞫哉庶正，疚哉冢宰。趣馬師氏，膳夫左右。靡人不周，無不能止。瞻卬昊天，云如何里！

〔註225〕《詩經》，卷十八〈大雅·雲漢〉，孔穎達正義引，頁 1193。

〔註226〕《詩經》，卷十八〈大雅·雲漢〉，頁 1192。

（八）瞻卬昊天，有嘒其星。大夫君子，昭假無贏。大命近止，無棄爾成！何求爲我，以戾庶正。瞻卬昊天，曷惠其寧！〔註227〕

第一章：宣王於夜仰視天河，望其徵候，大旱渴雨，然而雨氣不足，宣王慨嘆天降大旱，百姓饑饉流離，因我一人之不德，牽累天下無辜萬民。於今縱使遍祀所有神靈，用盡所有圭璧三牲，老天依舊了無回應，不聽我哀哀請求。

第二章：旱熱之氣，隆隆作響，烈焰般的氣息瀰漫整個國家，令人難以呼吸，而今不惜舉行大祭，從郊外到宗廟，絕無怠慢失禮，所有神靈百物都已行祭。然而我的先祖后稷卻不能與我精誠相感助我度過這一難關，上帝也不再紆尊降貴臨饗我的美食聽我的請求，我耗盡國家僅餘的餼廩，卻依然承受這樣的大旱之苦。

第三章：旱熱太甚，無法改變大旱對百姓的摧殘屠殺，對此慘烈的情景我怵目驚心，不敢絲毫懈怠，恐怖的氣息淹沒了整個國家，百姓相繼餓死，活著的人繼續忍受無食的痛苦。昊天上帝的威烈依然無情地虐殺所有周民，不教一人活命，而我的先祖們卻無能爲力的看著這一切發生，有周亡了，又要依靠誰來祭祀他們呢？（要脅祖先站出來捍衛子孫，否則有周亡了，他們必遭廢祀淪爲鬼道）

第四章：旱熱太甚，再也無法阻止炎炎日火的薰炙，人們苦不堪言，再也沒有庇蔭之所了，眾民之命將近死亡，老天竟無所視聽，無所顧念，沒有一點哀憐。而有德之群公，及先世長官百辟卿士們，卻狠心地不幫助我，令天降雨，而我的父母先祖，他們的聖德，應能動天，怎能棄我不顧，不使天雨？

第五章：旱熱太甚，山無草木，川無涓流，旱魃爲虐，而今草木燋枯，如此熱氣如灼爛之火，我心恐懼，憂心如火，彷彿爲火薰灼於己。然而群公先正，卻不再聆聽我哀哀請求，使天降雨，昊天上帝，卻讓我獨自面對天下人的指責，因我的不德，天不降雨，令我慚愧不已。

第六章：旱熱太甚，我便急於請禱，欲使旱魃息怒而去，天何曾病我以旱，曾不知爲政所失而致此害也。我祈豐年甚早，祭四方與社又不晚，昊天上帝卻不度知我心，我肅事明神如是，明神不應恨怒于我，我又何由當遭此旱也？

〔註227〕《詩經》，卷十八〈大雅・雲漢〉，頁1193～1205。

　　第七章：旱熱太甚，歲凶如此，而今餼祿不足，我的臣子們宜且離散，無復群臣朋友之綱紀，窮哉病哉，念此諸臣，始終勤於事而困於食，縱使如此，依然設法堅守崗位賙救每一個需要幫助的人民。我仰天泣訴：昊天上帝，爲何無法同我之憂，使天降雨？

　　第八章：我仰天見眾星順天而行，有感而勉群臣如星之升行不休，唯眾志成城，努力不懈，當有否極泰來之時，雖今眾民之命，將近死亡，但君臣團結一條心，永不言棄，必有活路，必有存在黑暗中的一絲希望。我仰天泣訴：昊天上帝，何時順我心意，順我所求，使天降雨？

　　綜上解釋，我們得到以下要點：一，歲凶索鬼神，無神不祭，不論官方的或者非官方的（淫祀或廢祀之神明百物），都成了祭祀的對象。二，祭祀之隆盛，非常祀可喻，不論三牲圭璧一概用上。三，當災害始終無法平息，人們的情緒從苦苦哀求到怨懟、遷怒祖先之袖手旁觀，最後則要脅祖先神位，廢祀淪爲鬼道。四，君王之不德與失政乃禍因之起，不替重臣或推諉他人他事，一肩扛起所有政治責任。五，面對如同世界末日之時窮慘境，（本詩最後一章）君王堅定的勉勵臣子不棄不餒，恪遵職守，以「人事可挽，天意聽之」的精神，展現人類堅忍不拔的生命力和大自然對抗的強大韌性，此乃人性意志的展現和君權意志的覺醒歷程。

　　二代相較，周宣王和商湯同樣都面對著強大旱災的侵襲，商湯以身作禱，爲民作犧，這是一種巫俗犧牲的作法和責任，至少從文獻的觀察是如此的；宣王雖遍祀群神無果，面對百姓慘烈的死況，最終得不到先祖上帝的憐愛而降雨，但他卻堅強的從人事的角度積極救災，這是人性意志的呼喚和覺醒，並向群臣信心喊話，恪遵職守，永不言棄，爲人類的命運共同掌舵，在絕路中找一線生機。因此，他不作無謂的巫俗犧牲，而是堅守他人君的責任，展現他無比的君權意志和人性意志。

　　回歸前題，皇甫謐的一席話雖無他文可徵，但從〈雲漢〉描述的用語來看，這場世紀大災難必然延續了好多年，以致整個王朝陷入於煉獄般的哀淒，這些慘不忍睹的詞彙諸如：「兢兢業業，如霆如雷。周余黎民，靡有孑遺」、「赫赫炎炎，云我無所。大命近止，靡瞻靡顧」、「旱既太甚，滌滌山川。旱魃爲虐，如惔如焚」等，在在描述了整個城市的空氣除了令人窒息沸騰的暑氣之外，更是枯骨蔽野的薰灼之氣，生靈塗炭，時窮之末日景象。因此，皇甫氏認爲宣王大旱五年，當可信也。

　　宣王面對五年大旱，屢屢祝禱昊天上帝與先祖群公，宣王對神靈之態度由詩中層迭轉折的情緒可見：戒慎恐懼→苦苦哀求→怨懟→遷怒→要脅→絕望→堅強，在絕望之下，試圖絕處逢生。在尋求昊天上帝自己圖騰遠祖的幫忙無果之後，亦試圖尋求近親祖先父母與群公先正的幫忙，藉此喚起他們對子孫的憐憫之心，亦試圖拿他們的神位祭祀作要脅卻都無果，得不到任何一絲一毫的回應與感應。正因百般地苦苦地尋求天助、人助無果之後，宣王仰天見星升行不息，終於有感，大夢初醒般地省悟了君子以自強不息的意志，當今唯有自助才是最終辦法──「人」的意識與價值從這場難以止息的浩劫中就此甦醒；這對日後以人本主義作為中心思想的儒學有其莫大的啟示作用。

（二）儀文與實踐──歲凶祭與不祭之策

　　《周禮·地官·大司徒》職曰：「以荒政十有二聚萬民，一曰散利，二曰薄征，三曰緩刑，四曰弛力，五曰舍禁，六曰去幾，七曰眚禮，八曰殺哀，九曰蕃樂，十曰多昏，十有一曰索鬼神，十有二曰除盜賊」。〔註228〕前六條與第十二條是關於財政刑法治安等制度性的開放與減稅減刑除暴安良等棘手的內政問題，而第八、十條則談到喪禮、嘉禮歲凶則不盡禮數，一切從簡貴速的非常性。其中談到「祭祀」之相關條例有三：第七條「眚禮」、第九條「蕃樂」（去樂）與第十一條「索鬼神」，但「眚禮」與「索鬼神」字面上看來是衝突相干的──眚禮以殺之，索鬼神以廣之；事實上，這是兩種不同的概念所致，以下便針對這兩種概念作一討論，以釐清歲凶祭與不祭或祭祀隆殺之問題。

　　但在討論本問題之前，我們必須分辨「常祀」、「非常祀」這兩個概念。中國祭禮依其祭祀對象、時節與目的，類分為二：一，常祀：神主祀等，官定在冊，依時而祀，禮有常數，〔註229〕以序孝敬之心，不為求福。二，非常祀：國遭大故，水旱凶荒，遍祀群神百物，或不在官定，或廢祀而興之者，無其時序，禮無常數，因事而告，主於求福。〔註230〕因此，荒政十二條例之「眚禮」、「蕃

〔註228〕《周禮》，卷十〈地官·大司徒〉，頁306。

〔註229〕《周禮》，卷十九〈春官·肆師〉：「大祀，用玉帛牲牷；立次祀，用牲幣；立小祀，用牲。」鄭司農云：「大祀，天地。次祀，日月星辰。小祀，司命已下。」鄭玄曰：「大祀又有宗廟。次祀又有社稷、五祀、五嶽。小祀又有司中、風師、雨師、山川、百物。」頁587

〔註230〕《禮記》，卷二十三〈禮器〉：「君子曰：祭祀不祈，不麾蚤，不樂葆大，不善嘉事，牲不及肥大，薦不美多品」。鄭玄注曰：「祭祀常禮，以序孝敬之心，當專一其志而已。禱祈有為言之，主於求福，豈禮之常也。」孔穎達正義曰：

樂」乃屬於「常祀」的論述範圍，而「索鬼神」乃屬「非常祀」之論述。

1、歲凶簡祀——眚禮以殺之（常祀）

先從「眚禮」來說，鄭司農（眾）曰：「眚禮，掌客職所謂凶荒殺禮者也。」〔註231〕依〈秋官·掌客〉職曰：「凡禮賓客，國新殺禮，凶荒殺禮，札喪殺禮，禍烖殺禮，在野在外殺禮。」〔註232〕若從前鄭，「殺禮」即「眚禮」，而所眚之禮乃「賓客之禮」，但這顯然未能盡全，因此鄭玄則曰：「眚禮，謂殺吉禮也。」〔註233〕二人各執一詞，若要講究，第八條「殺哀」（省凶禮也）、第十條「多昏」（不備禮而娶，昏者多也）〔註234〕都是殺禮的範圍之一。簡而言之，歲凶，凡吉、凶、軍、賓、嘉，五禮俱眚殺之，非唯賓客之禮或吉禮而已矣，二鄭說皆非也。

本節僅就「祭禮」方面來說，歲凶，時祭如常，唯眚禮以簡之，不盡備禮數，如祭器、祭牲、祭樂、賓尸等都各有所殺。《禮記·禮器》則有詳述：

> 故必舉其定國之數，以爲禮之大經。禮之大倫，以地廣狹。禮之厚薄，與年之上下。是故年雖大殺，眾不匡懼，則上之制禮也節矣，禮以時爲大，順次之，體次之，宜次之，稱次之。〔註235〕

依國土豐磽與百姓歲收之情況來訂定祭祀之禮數，這是說：祭祀之禮，乃依國土廣狹所出地物之多少而禮之，較之於大國與小國祭祀所出之祭器、祭牲之數因貢賦不一而有差等，因爲祭祀之本在於「忠信之誠」不在於「隆盛之美」。〔註236〕又土有肥磽，年有豐殺，常年則依禮數盡備之，荒年則殺之不盡數，故言「禮以時爲大」，乃依順天時之豐殺而行祭祀厚薄之禮，如此方能有所節度。此乃聖人制禮之用心，唯恤民養民爲先，因此縱使荒年亦不教人畏懼，而使民流散四方，這就是一個有爲政府必須爲百姓未雨

「祭祀不祈者，祈，求也。凡祭祀之禮，本爲感踐霜露思親，而宜設祭以存親耳，非爲就親祈福報也」，頁737～738。

〔註231〕《周禮》，卷十〈地官·大司徒〉，頁306。

〔註232〕《周禮》，卷三十八〈秋官·掌客〉，頁1228。

〔註233〕《周禮》，卷十〈地官·大司徒〉，頁306。

〔註234〕同上注。

〔註235〕《禮記》，卷二十三〈禮器〉，頁717～719。

〔註236〕同上注，〈禮器〉：「忠信，禮之本也。」頁717。卷二十三〈禮器〉：「君子曰：祭祀不祈，不麾蚤，不樂葆大，不善嘉事，牲不及肥大，薦不美多品。」頁737～738。卷七〈檀弓上〉：「祭禮，與其敬不足而禮有餘也，不若禮不足而敬有餘也。」頁214。

綢繆的大計。〔註237〕

　　誠然，宗廟時祭，中國三大權力階層在主祭自家祖宗上亦須有所降等，與民同戚，孔子以「凶年，祀以下牲」為祭祀原則。何謂「下牲」？鄭玄注曰：「下牲，少牢，若特豕、特豚也。」，孔穎達則說道：「天子、諸侯及天子大夫常祭用大牢，若凶年，降用少牢。諸侯之卿大夫常祭用少牢，降用特豕。士常祭用特豕，降用特豚。如此之類，皆為下牲也。」〔註238〕顯然，祖先在凶年不繼的時局裡亦必須與子孫同苦憂患，雖不廢祭祀，但唯眚禮降等，粗食淡飯。

　　再看看《逸周書・糴匡》所制訂的豐殺四等祀制：

　　　　成年年穀足，賓、祭以盛。年穀不足，賓、祭以中盛。年飢，則勤
　　　　而不賓，舉祭以薄。大荒，有禱無祭。〔註239〕

這四等祀制，乃依年穀之豐殺而訂定，四者間有一共同思維——不因荒年而廢行祭祀，唯視豐殺年景而殽之厚薄。〈糴匡〉說：年穀足，大有年百姓衣食充裕，祭祀則以隆盛為主，賓尸酬酢盡歡而去；年穀不足，百姓衣食有虞，祭祀減等以備不足，賓尸盡禮則去；年飢，百姓乏食不得盡飽，舉祭以薄，不盡禮數，憂民無食故不賓尸，無酬酢勸侑之禮；大荒，五穀不收，饑饉薦臻，有禱無祭，唯以禱請求福為目的，不以常祀之禮禮之（詳後，索鬼神）。

　　要之，歲凶不廢祭，常祀唯以眚禮尚簡為務，《禮記・王制》說得很明白：「祭，豐年不奢，凶年不儉。」〔註240〕這是孔子一以貫之的主張，不論是給齊景公、魯哀公的建議或是訴諸於寫本的建言都是一樣的（詳本章第二節）。

　　再就「蕃樂」來說，何謂「蕃樂」？何以「蕃樂」？以孔穎達的話來說：

　　　　祭事不懸，則有事但不懸樂耳。《穀梁傳》又曰：「大侵之禮，禱而

〔註237〕《禮記》，卷十二，〈王制〉：「喪三年不祭，唯祭天地社稷，為越紼而行事。喪用三年之仂。喪、祭用不足曰暴，有餘曰浩。祭，豐年不奢，凶年不儉。國無九年之蓄曰不足，無六年之蓄曰急，無三年之蓄曰國非其國也。三年耕，必有一年之食。九年耕，必有三年之食。以三年之通，雖有凶旱水溢，民無菜色，然後天子食，日舉以樂。」頁377。

〔註238〕《禮記》，卷四十三〈雜記下〉，頁1222。

〔註239〕《逸周書》，卷一〈糴匡解〉，頁72～80。

〔註240〕《禮記》，卷十二〈王制〉：「喪三年不祭，唯祭天地社稷，為越紼而行事。喪用三年之仂。喪、祭用不足曰暴，有餘曰浩。祭，豐年不奢，凶年不儉。國無九年之蓄曰不足，無六年之蓄曰急，無三年之蓄曰國非其國也。三年耕，必有一年之食。九年耕，必有三年之食。以三年之通，雖有凶旱水溢，民無菜色，然後天子食，日舉以樂。」頁377。

不祀。」然則此云祭者，正謂祈禱之祭，不用樂也。《司徒》荒政，
九曰「蕃樂」。杜子春云：「蕃謂藏樂器而不作。」是凶年吉事皆無
樂也。〔註241〕

祭祀用樂，依其祀等，祭樂（舞）亦有不同。〔註242〕但國家有故，歲凶年饑，
常祀之祭雖如常舉行，但祭儀中本該舉奏的祭樂則廢而不懸，意即取消祭樂
的演奏（祭舞亦是），以示國哀。因爲樂性屬吉爲陽，不宜在國喪（無服之喪）
中舉樂以歡，這在情感上與觀感上都是衝突的，故廢而不作。而此一動作，
相同的概念尚有「去樂」、「不懸（縣）」、「弛懸（縣）」、「不舉」、「樂不牆合」
等禮學用語。〔註243〕

　　要之，在儒家的觀念中，凡此凶荒栽眚都以「如喪」視之，因此在「喪
事無樂」、「吉凶相干」的原則下，諸禮一概去樂（舞）與民同哀。

2、歲凶遍祀——索鬼神以禱之（非常祀）

　　《禮記‧曲禮下》：「凡祭，有其廢之，莫敢舉也。有其舉之，莫敢廢也。
非其所祭而祭之，名曰『淫祀』，淫祀無福。」〔註244〕文中提到三種神主：一，
廢祀的神主（官定廢祠，不再行祭者，如：五世親盡而毀廟者、農柱、各郡
國神祠等）；二，官祀的神主（官方召定建祠受祭的諸路神主）；三，淫祀的

〔註241〕《詩經》，卷十八〈大雅‧雲漢〉，頁1203。
〔註242〕《周禮》，卷二十二〈春官‧大司樂〉：「乃分樂而序之，以祭，以享，以祀。
　　　　乃奏黃鍾，歌大呂，舞雲門，以祀天神。乃奏大蔟，歌應鍾，舞咸池，以祭
　　　　地示。乃奏姑洗，歌南呂，舞大韶，以祀四望。乃奏蕤賓，歌函鍾，舞大夏，
　　　　以祭山川。乃奏夷則，歌小呂，舞大濩，以享先妣。乃奏無射，歌夾鍾，舞
　　　　大武，以享先祖。」頁682～686。
〔註243〕按：去樂、弛懸（縣）、不舉、不懸（縣）、樂不牆合乃同實異名。《周禮》，
　　　　卷二十二，〈春官‧大司樂〉：「凡日月食，四鎮五嶽崩，大傀異裁，諸侯薨，
　　　　令去樂。大札、大凶、大裁、大臣死，凡國之大憂，令弛縣。」頁697～699。
　　　　卷四〈天官‧膳夫〉：「大喪則不舉，大荒則不舉，大札則不舉，天地有裁則
　　　　不舉，邦有大故則不舉。」賈公彥疏曰：「不舉者，謂不舉樂；此經數事不舉，
　　　　司農（鄭眾）亦謂不舉樂，故引以爲證。但此膳夫云不舉，在食科之中，不
　　　　舉即是不殺牲。引司農義在下者，不舉之中，含有不舉樂。」頁98～99。《禮
　　　　記》，卷四〈曲禮〉：「歲凶，祭祀不縣。」頁121。《逸周書》，卷二〈大匡解〉：
　　　　「祈而不賓祭，服漱不制。國不鄉射，樂不牆合。」陳逢衡注曰：「周禮小胥：
　　　　正樂縣之位，王宮縣。鄭司農曰：宮縣象宮室四面有牆，一名牆合。曲禮：
　　　　歲凶，祭祀不縣。」、丁宗洛云：「樂不牆合，猶言喪事無樂也。」頁160～
　　　　162。《周禮》，卷二十三〈春官‧小胥〉：「正樂縣之位，王宮縣，諸侯軒縣，
　　　　卿大夫判縣，士特縣。」頁712。
〔註244〕《禮記》，卷五〈曲禮下〉，頁155。

神主（如地方民間信仰所私自建祠祭祀者）。檢視一下「歲凶索鬼神」的原則，
誠如《周禮・地官・大司徒》賈公彥的解釋：

> 云『索鬼神，求廢祀而修之』者，年有凶災，鬼神不佑。經云索鬼
> 神，謂搜索鬼神而祭之，是求廢祀而修之。求廢祀而修之，即〈雲
> 漢〉之詩『靡神不舉』是也。〔註245〕

誠然，歲之所以凶災不斷，無法平息，必然是群鬼神靈百物在作亂，失去了
彼我和諧之秩序，因此，必須「求廢祀而修之」。鄭眾、賈公彥對此悉引〈雲
漢〉詩中之「靡神不舉」來解釋「索鬼神」的意思；事實上，比起「求廢祀
而修之」來說，「靡神不舉」的範圍是無限上綱的，並非僅索於廢祀的神主，
而是遍及諸路鬼神。因而我們可以說：〈曲禮下〉所引述的三種神主：「廢祀
者」、「官祀者」、「淫祀者」，必然都在官方求索遍祀之列。

　　面對這樣的凶災，如何索祀請禱，《周禮》載之不尟，如〈春官・肆師〉：
「若國大故，則令國人祭，歲時之祭祀亦如之」、〈春官・大祝〉：「國有大故、
天烖，彌祀社稷，禱祠」、〈春官・大宗伯〉：「國有大故，則旅上帝及四望」、
〈春官・小宗伯〉：「大烖，及執事禱祠于上下神示。凡天地大烖，類社稷宗
廟，則爲位」。〔註246〕這裡我們看得很清楚，官定之列者有：中央與地方諸社
稷、上帝、四望、宗廟，但這都非在其祭祀的時間舉祭，亦非以常祀之禮禮
之，故文說之以「旅」、「類」、「禱祠」等非常祀的用語，目的是要與常祀正
祭有別。

　　在此，要提出討論的是「禱祠」這一語彙，鄭玄的解釋是：「求福曰禱，
得求曰祠」、〔註247〕賈公彥則說得好：

> 但求福曰禱，禱（禮）輕。得求曰祠，祠禮重，則祠者依正祭之禮

〔註245〕《周禮》，卷十〈地官・大司徒〉，鄭司農注曰：「索鬼神，求廢祀而修之，〈雲
　　　　漢〉之詩所謂『靡神不舉，靡愛斯牲』者也。」頁306。

〔註246〕《周禮》，卷十九〈春官・肆師〉，鄭玄注：「大故，謂水旱凶荒。所令祭者，
　　　　社及榮酺。」頁597、卷二十五，〈春官・大祝〉，鄭玄注：「大故，兵寇也。
　　　　天烖，疫癘水旱也。彌猶遍也。徧祀社稷及諸所禱，既則祠之以報焉。」頁
　　　　790、卷十八，〈春官・大宗伯〉，鄭玄注：「故，謂凶烖。旅，陳也。陳其祭
　　　　事以祈焉，禮不如祀之禮備也。」、賈公彥疏曰：「此旅是祈禱之名，是以知
　　　　是凶烖。凶，謂年穀不熟。烖，謂水火也。……但祈謂祈請求福，得福，乃
　　　　祠賽之，祠賽則備而與正祭同也，故知禮不如祀之備也。」頁570、卷十九，
　　　　〈春官・小宗伯〉，鄭玄注：「執事，大祝及男巫、女巫也。求福曰禱，得
　　　　曰祠，謳曰『禱爾於上下神祇』。」頁583。

〔註247〕《周禮》，卷十九〈春官・小宗伯〉，頁583。

也。則禱禮輕者，雖依正禮，祭饌略少。〔註248〕

賈氏的解說有助於我們對「禱」、「祠」概念的釐清。「禱禮」以「求福」爲其
舉祭的目的，因此其儀不盡備，祭饌與正祭常祀爲少，因爲這是請願，神明
未必同意助其實現願望，故禮輕；而「祠禮」乃報賽之禮，禱請的願望得到
實現，因此酬神謝神，其禮則重，因爲這是還願。誠然，「禱祠之禮」好比「前
金後謝」，在人事方面如此，在神明方面亦如此。

此外，賈公彥又幫我們釐清了一個重大的問題，《周禮·地官·大司徒》：

> 案左氏莊二十五年傳云：「天災，有幣無牲。」此詩（雲漢）云「靡
> 愛斯牲」者，若天災之時，祈禱無牲，災成之後，即有牲體。〔註249〕

到底歲凶，索鬼神有牲無牲？孔子「祈以璧玉，祀以下牲」主張，鄭玄的解
讀是非常祀「祈禮用幣」，常祀則「祀以下牲」，但從齊景公與魯哀公的兩次
問災中（詳本章第二節），孔子並無「去牲」的說法，而從〈雲漢〉一詩的實
際施作上看來，「用牲」是事實，而且其用量是很大的，這就呼應賈氏所謂的
「災成之後，即有牲體」，意即：災害已造成人民的死亡，情況嚴峻，因此再
行禱請則有牲體以享神。這個說詞是可以被接受的，因爲這是最能解釋〈雲
漢〉「靡愛斯牲」——「用牲」的事實。因此，歲凶索鬼神不僅大量使用幣玉
祈禱請願，更用大量的牲畜以息諸路之怒。

最後，我們必須再思考這一問題：常祀有樂，祈禱無樂嗎？《周禮·春
官·大司樂》提到「六樂」（六代大樂，用於正祭常祀）再到「六變」之樂，
注疏以「蜡祭」乃「索鬼神而祭之」，〔註250〕並認爲這是歲末年終的報祭，屬
於常祀之正祭，因此，蜡祭索鬼神用「六變」之樂。〔註251〕但我認爲歲凶索
鬼神亦用此「六變」之樂，以聚合諸路神鬼百物；事實上，這「六變」之樂，
並非祭樂之常亦非祭樂之正，而是一種「巫樂」，方能召令上下四方諸靈百物。
〈禮記·郊特牲〉云：「四方年不順成，八蜡不通。順成之方，其蜡乃通。」
此謂：年終報祭是否能合聚百物歆享周徧，攸關著來年是否順成豐收，因此，

〔註248〕同上注，頁587。
〔註249〕《周禮》，卷十〈地官·大司徒〉，頁306。
〔註250〕《周禮》，卷二十二〈春官·大司樂〉：「凡六樂者，一變而致羽物及川澤之示，
再變而致贏物及山林之示，三變而致鱗物及丘陵之示，四變而致毛物及墳衍
之示，五變而致介物及土示，六變而致象物及天神。」鄭玄注曰：「變，猶更
也。樂成則更奏也。此謂大蜡索鬼神而致百物，六奏樂而禮畢。」頁687。
〔註251〕《周禮》，卷二十二〈春官·大司樂〉，頁687。

年不順成之方國，恐怕報祭有歉，才導致神靈百物為祟四方，損殺五穀。正因如此，歲凶之年，必須再度舉行「索鬼神」之祭，遍祀禱請，以息眾怒，而這「六變之樂」就是用來聚合諸靈百物的「魔幻巫樂」，彼我不同界，不興此樂，何以召之？

　　循此，我們回頭檢視商湯大旱七年禱於桑林的〈桑林〉殷樂到底是什麼音樂？皇甫謐認為〈桑林〉即〈大濩〉，同實異名，乃殷代之皇朝大樂，但此說已遭到孔穎達的駁正。〔註252〕孔穎達如是說：

> 湯以寬政治民，除其邪虐，言能覆護下民，使得其所，故名其樂為〈大濩〉。其曰〈桑林〉，先儒無說。唯《書傳》言，湯伐桀之後，大旱七年，史卜曰：「當以人為禱。」湯乃剪髮斷爪，自以為牲，而禱於桑林之社，而雨大至，方數千里。或可〔曰〕禱桑林以得雨，遂以〈桑林〉名其樂。〔註253〕

孔氏認為〈大濩〉乃商湯功成而作之殷代大樂，〈桑林〉是因湯禱旱於桑林所作之樂故稱之「桑林」，二樂雖然都是商湯時期所作的音樂，但其性質是迥然不同的。〈大濩〉乃功成告天之大樂，這與江山易主改朝換代是有關係的，《周禮》稱「六樂」，殷為〈大濩〉，而不以〈桑林〉可見。〔註254〕事實上，〈桑林〉乃祈雨桑林之巫樂，這與巫覡儀式是有關的，孔穎達的引述說得很清楚。

　　《左傳》，襄公十年載：

> 宋公享晉侯於楚丘，請以桑林，荀罃辭。荀偃士匄曰：「諸侯宋、魯，於是觀禮。魯有禘樂，賓、祭用之。宋以桑林享君，不亦可乎？」舞師題以旌夏，晉侯懼而退入於房。去旌，卒享而還。及著雍，疾。卜，桑林見。荀偃士匄欲奔請禱焉。〔註255〕

《左傳》紀錄了宋公強享晉悼公〈桑林〉以燕樂一事，荀罃辭謝宋公好意，

〔註252〕《左傳》，卷三十一，襄公十年，頁884。

〔註253〕同上注。

〔註254〕《周禮》，卷二十二〈春官・大司樂〉：「以樂舞教國子：舞雲門、大卷、大咸、大韶、大夏、大濩、大武。」鄭玄注曰：「此周所存六代之樂。黃帝曰雲門、大卷。……大咸，咸池，堯樂也。……大韶，舜樂也。大濩，湯樂也。……大武，武王樂也。」頁677。

〔註255〕《左傳》，卷三十一，襄公十年：「宋公享晉侯於楚丘。請以桑林。荀偃士匄曰：『諸侯宋、魯，於是觀禮。魯有禘樂，賓、祭用之。宋以桑林享君，不亦可乎？』舞師題以旌夏，晉侯懼而退入於房。去旌，卒享而還。及著雍，疾。卜，桑林見。荀偃士匄欲奔請禱焉。」頁884～886。

但荀偃士匄認爲諸侯國裡唯宋（殷後）、魯（周公之故）二國得以奏享天子大樂，魯國都能以「禘樂」燕享諸侯招待上賓，那宋公何以不能以〈桑林〉燕享晉公呢？因此，樂舞才開始，晉侯一見「舞師題以旌夏」（杜預曰：「旌夏非常，卒見之，人心偶有所畏」）便驚走退入於房，至國境大病不起，經卜問病凶，知「桑林見」，這話是什麼意思？竹添光鴻這麼說：

> 卜，桑林見。杜（預）云：祟見於卜兆。此蓋桑林之神爲祟，若桑
> 林專屬於樂，樂安得有祟乎？〔註256〕

竹添氏認爲如果〈桑林〉僅僅是一般樂舞而已，何以聞樂見舞而病，並且卜問結果是「桑林之神爲祟」，顯然，〈桑林〉大樂，並非一般祭樂或是燕樂，而是一種具有巫詛陣式的祈雨樂舞，故繪飾百物聳然而猙獰，嚇得晉公驚走病重，幾乎死絕，最後殺人獻祭以替死鬼受死，以嫁魅的方式消災解厄。〔註257〕

誠然，從此事看來，荀罃之所以辭〈桑林〉，固然深知〈桑林〉本非一般「祭樂」，如魯之「禘樂」，故可用於「禘祭」亦可用於「賓燕」。當然對於盛傳的〈桑林〉大樂，荀罃或想一睹其真面目，而不二辭，然舉樂的結果更證實了其爲「巫樂」的事實。文獻上也記載了其他巫樂，如〈清角〉（亦作〈白雪〉）。何謂〈清角〉？《論衡・感虛》曰：

> 夫清角何音之聲，而〔能〕致此？〔曰〕：「清角，木音也，故致風
> 而（雨），如木爲風，雨與風俱。」三尺之木，數絃之聲，感動天地，
> 何其神也？〔註258〕

又〈白雪〉何也？《淮南子・覽冥訓》高誘注曰：

> 白雪，太乙五十絃琴瑟樂名也。神物即神化之物，謂玄鶴之屬來至，
> **無頭鬼類操戈以舞也。**……唯聖君能御此異，使無災耳。平公德薄
> 不能堪，故篤病而大旱。……《封禪書》曰：「太帝使素女鼓五十弦
> 瑟，悲，帝禁不止，故破爲二十五弦。於是禱祀大一后土，始用樂
> 舞。」。〔註259〕

〔註256〕竹添光鴻：《左傳會箋》，第十五，襄公十年，頁1033。

〔註257〕《左傳》，卷三十一，襄公十年：「晉侯有間，以偪陽子歸，獻於武宮，謂之夷俘。」頁886。

〔註258〕《論衡》，卷五〈感虛〉，頁233～234。

〔註259〕《淮南子》，卷六〈覽冥訓〉：「昔者，師曠奏白雪之音，而神物爲之下降，風雨暴至，平公癃病，晉國赤地。」頁443。又《論衡》，卷五〈感虛〉載：「師曠清角一曲，一奏之，有白雲從西北起；再奏之，大風至，大雨隨之，裂帷幕，破俎豆，墮廊瓦。坐者散走，平公恐懼，伏乎廊室。晉國大旱，赤地三

〈清角〉爲「木音」，啓動此樂音，彷如神木能興風雨，召喚神鬼，感天動地；〈白雪〉乃太乙帝樂，爲「禱祀」大一后土所用的非常樂舞，因此樂奏則「玄鶴之屬來至，無頭鬼類操戈以舞也」，其音之悲，百物哀嚎，無頭鬼魅群魔亂舞，連太乙大帝都無法使素女終止演奏，只有破其弦，迫使群魔百物無音可隨。可想而知，此非一般帝王諸侯得以受享，師曠以平公德薄，建請他樂讌樂，但平公執意令奏，結果「晉國赤地」，和其父親（悼公，以桑林燕樂）一樣驚駭而病。不可否認，「音樂」（音頻）是具有「神聖性」、「神祕性」與「權威性」的，不可隨意啓動，尤以〈清角〉、〈白雪〉、〈桑林〉諸樂悉爲「祈雨巫樂」，用於祈雨祝號，若恣意於燕饗，非病則旱；太史公〈樂書〉有言：「夫樂不可妄興」，因爲「夫禮樂之極乎天而蟠乎地，行乎陰陽，而通乎鬼神」也；〔註260〕這絕對不是以巫爲史，而是一種人類感知的必然性。

　　要之，《周禮‧春官‧司巫》有言：「國大災，則率巫而造巫恒」、〈春官‧女巫〉：「凡邦大災，歌哭而請」、〈春官‧樂師〉鄭注：「旱暵以皇（舞）」、賈疏：「皇，雜五采羽如鳳皇色，持以舞」。〔註261〕何嘗不是在此大災凶荒之年，由大巫執事以率群巫「歌哭而請」，若旱則舞「皇舞」，顯然，一，祈禱之禮，亦以樂舞。二，祈禱必以「哀音」，如〈清角〉、〈白雪〉、〈桑林〉，故歌哭而請。三，歌若〈雲漢〉之歌，此乃「禱辭」故歌之，哭乃哀音之奏，如上引〈清角〉等巫樂（舞），目的在於感天動地，以交感巫覡陣式進行異界溝通。

　　綜上所述，有三點再申：

　　一，「王者居中如北辰」——君權意志與人本思想的覺醒。從〈雲漢〉條例中可以看出兩種勢力的消長和抗衡：天←→人。宣王費盡忠誠屢禱無果，面臨絕望的邊緣下，見星升行不息而感悟到人的意志與生存的權力。偌大的天地中，人如同星辰必有損落之時，時有流星群一閃而逝，但點點繁星千百年來依然閃耀於天，何嘗不是人間萬民的寫照，而那顆永在軸心的北辰何嘗

　　　　　年，平公癃病。」頁242。

〔註260〕《史記》卷二十四〈樂書第二〉，頁435、423。另詳拙論：〈夏社源流疏證〉，頁474～475。

〔註261〕《周禮》，卷十九〈春官‧司巫〉，頁808、卷十九〈春官‧女巫〉，頁812～813。《周禮》，卷二十三〈春官‧樂師〉：「凡舞，有帗舞，有羽舞，有皇舞、以旄舞，有干舞、有人舞。」鄭注曰：「旱暵以皇。」、賈公彥疏曰：「此六舞者，即小舞也。若天地宗廟正祭用大舞。即上分樂序之是也。此小舞，按舞師亦陳此小舞，云教皇舞，帥而舞旱暵之事，即皆據祈請時所用也。」頁701～702。

不是人間的君王，永遠擔負著宇宙天體的運行，北辰不滅，這片天星永遠升行不休。因此，人在黑暗中不免驚懼惶恐，但希望永遠存在於暗黑的甬洞之中，憑藉人的生存意志絕對看得見它。「王居天下之中」，如北辰的思維就此落實中國政論與宮廷建築之中。

二，歲凶不廢常祀，唯眚禮以殺之。歲凶除了不廢常祀，更廣加舉祭遍及百物或罷廢之祠，因此，《周禮・春官・肆師》如是說：「若國大故，則令國人祭，歲時之祭祀亦如之。」〔註262〕何以歲凶，百姓困於饑饉之中，不廢祭祀，依時而祭？顯然在周人心中，以「先進天事而後人事」爲其準則，神靈歆享則福來，觸怒神靈則凶見。中國人習慣食前祭祖，不專美膳，祭祀的態度就表現在飲食上面，自己餓肚子了，也不想讓祖先也跟著餓肚子，在困頓的荒年裡，不過是讓祖先少吃一點粗食一點，但心誠意足，故不廢時祭，唯廢樂殺禮以示哀。

三，歲凶索鬼神，興廢祀而舉之，宗教普渡觀念的緣起。由於醫療環境的惡劣，凡有天災地動，疫癘則生，如何消災解厄，回復正常和諧的天人秩序，人心思古，總是得回到巫俗的咒詛儀式以驅魔降妖，或媚事鬼神，故「靡神不舉，靡愛斯牲」竭盡其盛，目的無非是爲了安撫受苦受難的百姓心靈而必須如此，一種宗教式的心理治療與信仰於焉而生：畏天→敬天→順天→事天。

四，常祀用祭樂，「禱禮用巫樂」。正禮與變禮，常祀與非常祀在中國禮學的分界上是一清二楚的，因此，〈雲漢〉之歌乃「禱辭」，故歌之以達異界諸靈，禱請又何以「哭之」，祈雨巫樂乃屬「極哀之樂」、「大悲之音」，如〈清角〉、〈白雪〉、〈桑林〉諸樂（舞），目的在藉由交感巫詛之陣式以達感天動地，百物同哀而泣，而致興風作雨。

第二節　《禮記・孔子閒居》：「凡民有喪，匍匐救之」之史法官箴

中國人面對無數的自然災害，導致人民常處於「飢荒」的困境，路有餓殍，橫死溝壑，誠非孟子誇飾。《尚書・洪範》八政，爲政第一就是「食」、第二是「貨」，其次是「祀」；〔註263〕這樣的序列意謂著：人民乞活不易，農糧缺

〔註262〕《周禮》，卷十九，〈春官・肆師〉，頁597。
〔註263〕《尚書》，卷十二〈洪範〉：「八政，一曰食，二曰貨，三曰祀，四曰司空，五

乏的情況嚴重，「足食」也因此成了為政者的第一要務和政治理想。〔註264〕

孔子以仁道說儒，面對凶荒烖眚更以「無服之喪」恤民之苦，開啓大愛無私之宗教情懷，以「服喪之制」（國哭三日）替代「巫俗犧牲」，引領中國進入一理性內省的政治態度。因而本節擬以三個子目作一論述：一，「無服之喪」學說的建立：這一學說的建立，啓動了儒家人道救助與社會關懷之大愛思維，以仁政之為在於視民如傷，大災若喪，同舟共濟，與民同哀，因此，在親喪五服之外，更有國之大哀者，孔子乃謂之「無服之喪」也。二，「大侵之禮」道德的要求天子、諸侯、大夫、士之細行規範：這是繼無服之喪的社會關懷，進而要求的道德觀，這一道德觀的要求是基於一社會觀感與民胞物與的立場而建立的學說，對於中國四大階層之生活細行作了一確切的規範，但這並非訴諸制度或法律之強制性規章，而是基於一自我要求與為官之仁，因而循此「大侵之禮」誠可洞見一朝興衰與彝倫斁敗。三，《春秋》、《禮記》旱例舉隅——「大旱若喪」思維的建立：中國自從大禹治水成功之後，天災之烈乃旱災與蝗災，因此透過諸此事例可以了解儒家對天災的解讀是以「若喪」的思維作為應天之策，此乃發源於商湯禱旱「素車白馬布衣」、「湯說史辭」所樹立的聖君典範，其應天之咎（史辭咎己）與應天之策（以王作牲），更成為春秋諸公取法之對象；但周國大饑所建立的救荒機制更是帶領中國進入一理性的與積極的文明社會，不再愚昧的消極的以人牲獻祭，而是以「大旱若喪」——「徙市三日」，全國舉哀，禁屠三日的對反方式以恤民之苦，這說明了：從殷到周，中國已由一激情的巫俗獻祭進入一嚴肅的宗教關懷。

一、「無服之喪」學說的建立

儒家以「五服」制喪、定親疏，但在五服之外，尚有一種哀喪之情，更甚更急於五服，這就是孔子提出的——「無服之喪」。〔註265〕「無服之喪」是

日司徒，六曰司寇，七曰賓，八曰師。」孔穎達正義曰：「八政如此次者，人不食則死，食於人最急，故食為先也。有食又須衣貨為人之用，故貨為二也。所以得食貨，乃是明靈祐之，人當敬事鬼神，故祀為三也。」頁361。

〔註264〕詳拙論：〈漢晉《論語‧先進》注本——「孔子與點之志」疑問疏證〉（上），頁 13。《墨子》，卷一〈七患〉曰：「故倉者國之重也。食者國之寶也，兵者國之爪也，城者所以自守也，此三者國之具也。……民見凶饑則亡，此皆備不具之罪也。且夫食者，聖人之所寶也。故周書曰：『國無三年之食者，國非其國也；家無三年之食者，子非其子也。』此之謂國備。」頁29～30。

〔註265〕《日知錄》，卷六〈凶禮〉：「大宗伯以凶禮哀邦國之憂，其別有五，曰：死亡、

人道悲憫思維產生的最佳例證，以期通過制度的建立落實君王人道悲憫的關懷，這正是《禮記‧孔子閒居》中提到的「無服之喪」。文獻最早見於《詩經‧邶風‧谷風》：

> 凡民有喪，匍匐救之。箋云：匍匐，言盡力也。凡於民有凶禍之事，鄰里尚盡力往救之，況我（棄婦自言）於君子家（夫家）之事難易乎，固當黽勉。以疏喻親也。〔註266〕

《詩序》的解讀是：「《谷風》，刺夫婦失道也。衛人化其上，淫於新婚而棄其舊室，夫婦離絕，國俗傷敗焉。」〔註267〕顯見本詩「凡民有喪，匍匐救之」僅僅一句棄婦對狠夫不念舊恩的怨言，因此作了一個比方和比較。棄婦認爲縱使鄰居有難，常情下任誰都會心生惻隱憐憫而加以援助撫慰，然而曾經同衾共枕的夫婿，卻狠心地將她拋棄，連個鄰居都比不上。這首詩寫實而深刻，通古今之變。

　　然而，我們必須說：眞正將本句「凡民有喪，匍匐救之」從《詩經》裡獨立出來，賦予它人道悲憫的關懷與價值，落實成爲一大國家急難救助的因應政策與態度者，則是《禮記‧孔子閒居》這席師生精彩的對話：

> 子夏曰：「『五至』既得而聞之矣，敢問何謂三無？」孔子曰：「無聲之樂，無體之禮，無服之喪，此之謂『三無』。」子夏曰：「三無既得略而聞之矣，敢問何詩近之？」孔子曰：「『夙夜其命宥密』，無聲之樂也。『威儀逮逮，不可選也』，無體之禮也。『凡民有喪，匍匐救之』，無服之喪也。」〔註268〕

本文以孔子閒居，子夏侍起句，子夏趁此機會問老師怎樣才有資格叫做「民

凶札、禍裁、圍敗、寇亂。是古之所謂凶禮者，不但于死亡，而五服之外有非喪之喪者，緣是而起也。《記》曰：『年不順成，天子素服，乘素車、食無樂』。又曰：『年不順成，君衣布搢本』。《周書》曰：『大荒，王麻衣以朝，朝中無采衣』。此凶札之服也。……先王制服之方，固非一端而已，記有之曰：無服之喪，以蓄萬邦。杜氏通典，以賑撫諸州水旱蟲災，勞問諸王之疾苦，編于凶禮之首。」頁134～135。

〔註266〕《詩經》，卷二〈邶風‧谷風〉，頁150。
〔註267〕同上注，頁144。
〔註268〕《禮記》，卷五十一〈孔子閒居〉，鄭玄注曰：「詩讀其爲基，聲之誤也。基，謀也。密，靜也。言君夙夜謀爲政教以安民，則民樂之，此非有鐘鼓之聲也。逮逮，安和之貌也。言君之威儀，安和逮逮然，則民效之，此非有升降揖讓之禮也。救之，賙恤也，言君於民有喪，有以賙恤之，則民效之，此非有衰絰之服。」頁1393～1394。

之父母」？孔子以「五至三無」作一總綱回答，子夏不詳繼續追問所謂「五至」，子曰：「志之所至，詩亦至焉。詩之所至，禮亦至焉。禮之所至，樂亦至焉。樂之所至，哀亦至焉。哀樂相生。是故正明目而視之，不可得而見也。傾耳而聽之，不可得而聞也。志氣塞乎天地，此之謂『五至』。」﹝註269﹞所謂：詩志相生（季師從《上博二・民之父母》以第一至乃「物至」，指徹底了解天地萬物之理，當然包括人民之所欲，志也要跟著知道；完全了解天地萬物之理及人民的好惡之情，就是志至，《孟子・離婁》：「舜明於庶物，察於人倫。」與本簡說相近）、﹝註270﹞禮樂相生、哀樂相生也。作爲一個人民父母時時刻刻都要心念百姓之好惡，以此制定各種政策規定來導正人民，使之趨吉避凶，各遂所生。所以當自己居於廟堂之上宴享歡樂之時，心中更必須懷抱著百姓，唯有人民歡樂安康了，自己才能感到眞正的快樂，孟子所謂「獨樂樂，不如眾樂樂」、范仲淹亦言「先天下之憂而憂，後天下之樂而樂」、歐陽修〈醉翁亭記〉等都發揚了孔子本旨的眞意，孟、范、歐陽三子業已詮釋得十分精闢。

「三無」：「無聲之樂、無體之禮、無服之喪」﹝註271﹞更是孔子界定「民之父母」所應有的懷抱和態度。所謂「無聲之樂」，孔子以《詩經・周頌・昊天有成命》：「夙夜其（基）命宥密」此一詩句作一比喻。孔穎達的解釋是：「言文武早暮始信順天命，行寬弘仁靜之化。今此言以基爲謀，言早夜謀爲政教於國，民得寬和寧靜，民喜樂之。於是無鐘鼓之聲而民樂，故爲『無聲之樂』。」﹝註272﹞音樂必非僅限於聽得見的外在或人爲製作的有聲之樂，這些音樂不過是使人沈浸神迷的表演性音樂，眞正的音樂是來自百姓發自心底因爲快樂而手舞足蹈的笑語徒歌，比起絲竹之樂、鐘鼓之聲等娛樂性或儀式性的雅俗音樂來得更令人喜樂，是父母官眞正應該聽到的音樂，這就是孔子所謂的「無

﹝註269﹞同上注，頁 1393。詳季師旭昇：〈《上博二・民之父母》四論〉（第四屆國際中國古文字學研討會，香港中文大學中國語言及文學系，2003.10，頁 1～15）。季師認爲《上博上・民之父母》「五至」的簡文是「勿（物）詩禮樂哀」是對的，而《禮記・孔子閒居》、《孔子家語・論禮》「志詩禮樂哀」則是有問題的，並且與志氣說、心性論是無關的。

﹝註270﹞見季師文，頁 7。

﹝註271﹞同上注，季師說到：「『成王不敢康，夙夜基宥密』，意思是『成王不敢安逸，夙夜經營天命，寬和又慎密』，這就能達到『樂』的功能了。『威儀遲遲，不可選也』，意思是『我的威儀盛富而嫺雅，多得無法計算』，這就達到『禮』的功能了。『凡民有喪，匍匐救之』，意思是『所有鄰人有災難，我都會儘全力去救助』，這不就達到『喪』的功能了嗎！」頁9。

﹝註272﹞同上注，頁 1394。《詩經》，卷十九〈周頌・昊天有成命〉，頁 1297。

聲之樂」。

　　什麼是「無體之禮」？孔子以《詩・邶風・柏舟》之「威儀逮逮，不可選也」〔註273〕回答。毛亨傳曰：「君子望之儼然可畏，禮容俯仰各有威儀耳。逮逮，富而閑習也。物有其容，不可數也。」鄭玄箋云：「稱己威儀如此者，言己德備而不遇，所以慍也。」〔註274〕我想孔子以此爲說，並不在原詩「慍怒不遇」的情緒上，《論語・學而》說得很清楚：「人不知而不慍，不亦君子乎？」〔註275〕故鄭玄〈孔子閒居〉注曰：「逮逮，安和之貌也。言君之威儀，安和逮逮然，則民效之，此非有升降揖讓之禮也。」孔穎達以「行之在心，外無形狀，故稱無也。」〔註276〕因此，推測孔子「無體之禮」乃謂：君子德修才備，以兼善天下，雖未有遇，不怨不怒，獨善其身，而爲天下人之表率。

　　而「無服之喪」的意義呢？孔子以《詩經・谷風》「凡民有喪，匍匐救之」作解，這句話自此有了崇高的價值和社會意義，不再僅僅是一個棄婦的抱言怨語。孔夫子希望政府在面對百姓之凶災、疫病、飢荒等苦難時，除了全面啓動急難救助系統外，重要的是爲政者應懷抱著「視民如傷」的哀衿之心，苦民所苦，全力幫助百姓度過危難的時刻，不分親疏、不分階級、不分敵我、不分種族、不分國度，共同向苦難的人民伸出援手。因而進一步強調說：「無服之喪，內恕孔悲。無服之喪，施及四國。無服之喪，以畜萬邦；無服之喪，純德孔明；無服之喪，施及子孫」。〔註277〕儒家以五服制喪、定親疏，但在五服之外，尚有更甚於五服之哀喪者，孔子因此提出「無服之喪」的人道關懷。孔子生處的七十三年歲月中（B.C.551～479 年），僅僅是旱、蝗之災（中國前二大災害）便有十六次，災害發生率爲四點五，即平均四點五年就有一次大旱蝗災發生。其中昭公三年至二十六年（B.C.539～516 年）、哀公十二年至十五年（B.C.483～480 年）爲兩波災害的高峰。除此，君王就災情之問對便有三次：孔子三十六歲（B.C.516 年），孔子在齊，齊大旱，春饑，景公問之；

〔註273〕同上注，孔穎達正義曰：「『威儀逮逮，不可選』者，此《詩・邶風・柏舟》之篇，刺衛頃公之詩。言仁人不遇，其『威儀逮逮』然安和，不可選數。有威可畏，有儀可像，則民效之，非有升降揖讓之禮，故爲無體之禮也。」頁1394。《詩經》，卷二〈邶風・柏舟〉，頁 115。
〔註274〕同上注。
〔註275〕《論語》卷一〈學而〉，何晏注曰：「慍，怒也。凡人有所不知，君子不怒。」頁 2。
〔註276〕《禮記》，卷五十一〈孔子閒居〉，頁 1394。
〔註277〕同上注，頁 1394～1395。

孔子六十九歲（B.C.483 年），冬十二月蟊，季孫問之；孔子七十二歲（B.C.480
年），魯邦大旱，哀公問之。〔註278〕如是看來，孔子也是災害的受難者，他深
知這種荒年無糧的悲慘，因此政府的角色若不能有效地發揮，陷百姓於水深
火熱之中，確實不足也無資格成為民之父母，這就是「無服之喪」的大義與
精神。

顯然，孔子這席話是一種「態度」的呼籲、「仁我」的展現，倡導民胞物
與的大愛精神和人道關懷。事實上，面對災變時窮的這套緊急應變措施，周
政府確實制訂了一套完善的政策，這部政典大要乃——荒政十二條例，是隸
屬於「地官大司徒」的職責範圍。〔註279〕下逮清儒秦蕙田編纂的《五禮通考》
中更在「凶禮」中獨立出一部《荒禮》（共五卷，第二百四十六～二百五十卷）
與《札禮》、《裁禮》、《襘禮》、《唁禮》、《恤禮》、《問疾禮》（共一卷，第二百
五十一卷）；《喪禮》（共十一卷，第二百五十二～二百六十二卷）共成《凶禮》
之八大內容。〔註280〕而一部《荒禮》何嘗不是一部「無服之喪」的災難史，
誠乃聖人之所重也。

二、「大侵之禮」道德的要求：天子、諸侯、大夫、士之細行規範

《穀梁》襄公二十四年云：

> 五穀不升為大饑。一穀不升謂之嗛，二穀不升謂之饑，三穀不升謂
> 之饉，四穀不升謂之康，五穀不升謂之大侵。大侵之禮，君食不兼
> 味，臺榭不涂，弛侯，廷道不除，百官布而不制，鬼神禱而不祀，
> 此大侵之禮也。〔註281〕

《穀梁》定義了「嗛」（歉）、「饑」、「饉」、「康」、「大侵」（大饑）的五種乏
食狀況與程度，並且在此荒年歲凶的時期裡，制訂了所謂的「大侵之禮」；《韓
詩外傳》亦重而復之曰：「大侵之禮，君食不兼味，臺榭不飾，道路不除，百

〔註278〕詳拙論：〈漢晉《論語・先進》注本——「孔子與點之志」疑問疏證〉（上），
　　　　《孔孟月刊》第四十三卷第十一、二期（94.08）頁 11。
〔註279〕《周禮》，卷十，〈地官・大司徒〉：「以荒政十有二聚萬民，一曰散利，二曰
　　　　薄征，三曰緩刑，四曰弛力，五曰舍禁，六曰去幾，七曰眚禮，八曰殺哀，
　　　　九曰蕃樂，十曰多昏，十有一曰索鬼神，十有二曰除盜賊。」頁306。
〔註280〕《周禮》，卷十八，〈春官・大宗伯〉：「以凶禮哀邦國之憂，以喪禮哀死亡，
　　　　以荒禮哀凶札，以弔禮哀禍裁，以襘禮哀圍敗，以恤禮哀寇亂。」頁 543～
　　　　545。
〔註281〕《穀梁》，卷十六，襄公二十四年，頁 266。

官補而不制，鬼神禱而不祠，此大侵之禮也。《詩》曰：『我居御卒荒。』此之謂也。」〔註282〕這是首開《春秋》無服之喪的民本思想與人道關懷的價值體系，不讓《逸周書》、《周禮》、《禮記》獨美於前，而是能夠將「民食」置於國政之首，徹底地發揚了孔聖民胞物與的精神。當然墨子繼聖之精神，亦值得注意，《墨子·七患》曰：

> 歲饉，仕者則大夫以下皆損祿五分之一。旱，則損五分之二。凶，則損五分之三。饉，則損五分之四。饑，則盡無祿，稟食而已矣。故凶饑存乎國，人君徹鼎食五分之五，大夫徹縣，士不入學，君朝之衣不革制，諸侯之客，四鄰之使，雍食而不盛，徹驂騑，塗不芸，馬不食粟，婢妾不衣帛，此告不足之至也。〔註283〕

《穀梁》所示「大侵之禮」主要針對君王自身的生活細行作一要求，但《墨子》顯然有更細節的要求，依據災害農損程度的不同而約其各級貶損制度，這和《逸周書·糴匡解》交互呼應，若放諸《禮記》參照，此禮愈見其詳，並擴及政權四大階層：天子、諸侯、大夫、士，對於每一階層都有一細行規範，當然這些規範都是柔性的要求，並非以一他律的制度強迫其遵守，全憑一己恤民之心。

《禮記·玉藻》云：

> 年不順成，則天子素服，乘素車，食無樂。……至于八月不雨，君不舉。年不順成，君衣布搢本，關梁不租，山澤列而不賦，土功不興；大夫不得造車馬。〔註284〕

《禮記·曲禮下》云：

> 歲凶年穀不登，君膳不祭肺，馬不食穀，馳道不除，祭事不縣；大夫不食梁；士飲酒不樂。〔註285〕

《禮記·雜記下》云：

> 孔子曰：凶年則乘駑馬，祀用下牲。〔註286〕

雖說「大侵」（大荒）被定義爲「五穀不升」，而「年不順成」、「歲凶年穀不登」、「凶年」僅是抽象性的災害描述，若要窮究其實，恐怕也困難；但這並

〔註282〕《韓詩外傳》，卷八〈第十五章〉亦見「大侵之禮」，頁287。
〔註283〕《墨子》，卷一，〈七患〉，頁26～27。
〔註284〕《禮記》，卷二十九〈玉藻〉，頁877～882。
〔註285〕《禮記》，卷四〈曲禮下〉，頁119。
〔註286〕《禮記》，卷四十三〈雜記下〉，頁1222。

非求一個事實，而是從這些語彙中，我們感受到百姓飢餓無糧的生存困境，何妨以孔穎達所謂的「人食不得滿二鬴之歲」（詳上）作爲「年不順成」諸詞的定義，如此而見「大侵之禮」亦得擴及所謂「荒年」、「歲凶」等廣義性抽象性的指稱或描述。〔註287〕因此，歲凶之年這些上位者應如何體現恤民，苦民所苦的精神和態度，則在以下的細行規範中。

（一）對「天子」的要求

1，服制方面：「天子素服」〔註288〕。《周禮・春官・司服》言：「大札、大荒、大裁，素服。」〔註289〕在以上的狀況下，如：國家發生傳染疾病、饑荒、日月蝕地震等大規模的災害時，天子則變服改穿「素服」；何謂「素服」？孫希旦云：「素服，冠衣皆以素繒爲之也。」，〔註290〕而「繒之精白者曰縞」，故有「縞素」之謂，爲「凶喪」之象也；〔註291〕孫氏認爲天子素服是包含著「衣」、「冠」，衣帽都得改成白繒，天子的衣料一向以絲綢爲主，縱使改服面料依舊。〔註292〕事實上，「素服」並非喪服，故不在五服服制之中，而是「如

〔註287〕《詩經》，卷十八〈大雅・雲漢〉，孔穎達正義：「歲凶者，總辭，而其凶有大小，故《穀梁傳》又曰：『一穀不升謂之嗛，……』云云，皆是歲凶也。」頁1203。

〔註288〕《禮記》，卷二十九〈玉藻〉，孔穎達正義：「此由『年不順成』，則天子恒素服素車，食無樂也。若大災，則亦素服，故司服云『大札，大荒，大災，素服』。此是天子諸侯罪己之義，故素服。此素服者，謂素衣，故下文『諸侯年不順成，君衣布』，與此互文也。若其臣下，即不恒素服，唯助君禱請之時乃素耳。故〈司服〉云：『士服，玄端素端』。注云：素端者，爲札、荒，有所禱請也。」頁878。

〔註289〕《周禮》，卷二十一〈春官・司服〉，頁655。卷四〈膳夫〉，鄭玄注曰：「大荒，凶年。大札，疫癘也。天裁，日月晦食。地裁，崩動也。大故，寇戎之事。」、賈公彥疏曰：「春秋『天昏札瘥，民有疫癘，爲之不舉，自貶也。』」頁99。

〔註290〕孫希旦：《禮記集解》，卷二十九〈玉藻〉，頁779。

〔註291〕《後漢書》，卷六〈順帝紀〉：「（永建三年）秋七月丁酉，茂陵園寢災，帝縞素避正殿。」注引：「《爾雅》曰『縞，皓也』，繒之精白者曰縞。」頁255。《晉書》，卷二十七〈五行上・服妖〉：「魏武帝以天下凶荒，資財乏匱，始擬古皮弁，裁縑帛爲白帢，以易舊服。傅玄曰：『白乃軍容，非國容也。』干寶以爲：『縞素，凶喪之象也。』」頁822。

〔註292〕《儀禮》，卷二〈士冠禮〉，賈公彥疏曰：「經典云素者有三義：若以衣裳言素者，謂白繒也，即此文（素積）之等是也；畫繢言素者，謂白色，即《論語》云：『繢事後素』之等是也；器物無飾亦曰素，則〈檀弓〉云『莫以素器』之等是也。」頁23。

喪」之意，通常是在既葬除服之後，也就是卒哭成事後，改服素服以心喪三年，故不服采衣，采衣乃純吉的象徵，誠如鄭玄所言：「素服，於凶事爲吉，吉事爲凶，非喪服也。」〔註293〕由於國之大故，如大荒、大札、大裁等俱爲凶禮，其喪乃無服之喪也，不在五服服制之中，故以「素服」示哀，如喪考妣，以既葬變服後之素服爲服，以哀民喪。這是孔子提倡無服之喪本心之所在，災害固所難免，亦有人力之所不及，對於一個執政者能做的就是將心比心，做好撫卹與善後的工作，重啓百姓與國家的秩序。

2，車馬方面：「乘素車」、「車不雕飾」。何謂「素車」？《周禮・巾車》說天子之喪車有五：「木車」、「素車」、「藻車」、「駹車」、「漆車」。鄭玄以車服與喪期互義，故「木車，始遭喪所乘」、「素車，卒哭所乘」（天子九月卒哭）、「藻車，既練所乘」（十三月小祥）、「駹車，大祥所乘」（二十五月大祥）、「漆車，禫所乘」（二十七月禫祭）。〔註294〕由於喪中無飾，從素無文，至禫祭後純吉乃漆之以采，故孫希旦云：「素車，車不漆者。」〔註295〕「素車」的車制是：「棻蔽，犬幦素飾，小服皆素。」，鄭玄注曰：「以白土堊車也，蒲麻以爲蔽，其幦服以素繒爲緣。」、賈公彥疏曰：「禮之通例，素有二種。其義有色飾者，以素爲白土，義有以繒爲飾者，即以素爲繒。」〔註296〕可見：歲凶之年，天子不僅車駕以其「喪車五等」中的「素車」爲乘，〔註297〕其服制亦同「卒哭變服」以白繒緣飾的「素服」爲服，由此變服改乘以哀民喪，故孫詒讓曰：「玉藻云：年不順成，則天子乘素車。彼遇災變用喪禮，故與卒哭所乘車同。」〔註298〕這正是儒家政教思維下的恤民之道，視民如傷，災異若喪，奉天以敬也。

3，飲食方面：「食無樂」、「入食不舉」。這句話說得看似明白卻又模糊，

〔註293〕《禮記》，卷二十〈文王世子〉：「公素服不舉，爲之變。」鄭玄注曰：「素服，於凶事爲吉，於吉事爲凶，非喪服也。」君雖不服臣，卿大夫死，則皮弁錫衰以居，往吊當事則弁絰。」頁645。

〔註294〕《周禮》，卷二十七〈春官・巾車〉，頁847～851。

〔註295〕孫希旦：《禮記集解》，卷二十九〈玉藻〉，頁779。

〔註296〕《周禮》，卷二十七〈巾車〉，頁849。

〔註297〕按：《禮記》，卷二十六〈郊特牲〉（頁800）提到天子南郊祭天「乘素車」，此「素車」並非周制天子喪車之五等制，而是「殷路」，鄭玄認爲魯郊用殷制，故素車乃殷制之大路，祭天爲吉，貴其質樸，如祭器用陶匏，以象天地之性，因不藻飾，故稱素車也。

〔註298〕孫詒讓：《周禮正義》（第八冊），卷五十二〈春官・巾車〉，頁2175。

我們得先討論天子「食舉樂」的問題。《周禮・膳夫》言：「以樂侑食，膳夫授祭，品嘗食，王乃食。卒食，以樂徹于造。」〔註299〕顯見，天子不論用膳或者食畢撤膳都各有奏樂，〔註300〕但這是指「日食舉樂」？抑或「大食舉樂」？《周禮・大司樂》云：「王大食，三宥，皆令奏鍾鼓。」這似乎意謂著只有在初一、十五的大日裡，王大食太牢，故奏鍾鼓宥食，因此鄭玄注曰：「大食，朔月月半以樂宥食時也。宥猶勸也。」；但賈公彥則有不同看法，氏曰：「既言大食令奏，若凡常日食，則大司樂不令奏鍾鼓，亦有樂侑食矣。知日食有樂者，案膳夫云『以樂侑食』是常食也。」〔註301〕又孔穎達《禮記・玉藻》正義的說詞亦不同：「從『天子玉藻』至『食無樂』，此一節總論天子祭廟朝日，及日視朝，并饋食、牲牢、酒醴及動作之事，并明凶年貶降之禮。」〔註302〕綜上，三人的看法極其不同：鄭玄：朔望之食舉樂，以鍾鼓奏之；賈公彥：朔望舉鍾鼓樂，日食亦舉樂，但不知何樂；孔穎達：祭祀之食舉樂。也就是說：歲凶天子「食舉廢樂」，如鄭、賈二氏的看法；歲凶天子「祭事廢樂」，誠如〈曲禮〉的規範「祭事不懸」，這是孔氏的主張。誠然，祭事既廢宗廟的食舉樂，日常或大日天子之食舉樂亦必罷之。因此，筆者認為三家之說雖各有所執，實可兩兼，〈曲禮〉可證；事實上，「食舉樂」不僅用於祭祀，所謂「事死如事生」，因此帝王用膳舉樂侑食，乃是慣例，諸侯亦同（詳後）。〔註303〕

（二）對「諸侯」的要求

1，服制方面：「君衣布」、「王麻衣以朝，朝中無采衣」。周大饑，文王「麻衣以朝」，時周未克殷，仍是獨霸一方的諸侯，因此「麻衣」之服，乃諸侯之制也。然何謂「衣布」、「麻衣」？孔穎達認為君衣布衣和天子素服是互文見意，

〔註299〕《周禮》，卷四〈天官・膳夫〉，頁98。

〔註300〕同上注書，賈公彥疏曰：「但天子祭祀，歌〈雍〉以徹，徹食器之時樂章未聞也。」頁98。

〔註301〕《周禮》，卷二十二〈春官・大司樂〉，頁696～697。按：鄭玄與賈公彥看法甚有出入，賈氏認為王者日食亦用樂，而後代帝王亦奏「食舉樂」，以勸侑飲食。可證之於《禮記》，卷十二〈王制〉：「國無九年之蓄曰不足，無六年之蓄曰急，無三年之蓄曰國非其國也。三年耕，必有一年之食。九年耕，必有三年之食。以三年之通，雖有凶旱水溢，民無菜色，然後天子食，日舉以樂。」（頁377）賈說是符合歷史事實的。

〔註302〕《禮記》，卷二十九〈玉藻〉，頁872。

〔註303〕《周禮》，卷四〈天官・膳夫〉，賈公彥疏曰：「以樂侑食，即是〈王制〉云『天子食，日舉以樂』。案《論語・微子》云亞飯、三飯（飯）、四飯，鄭云皆舉食之樂。彼諸侯禮，尚有舉食之樂。明天子日食有舉食之樂可知。」頁97。

故引《春秋》閔公二年「狄入衛，後，衛文公大布之衣，大帛之冠。」此因為國之破亂，與凶年同，故衛文公服布衣帛冠以哀國喪。〔註304〕但這樣的解釋十分籠統，「素服」和「衣布」仍見差等。〔註305〕〈玉藻〉言諸侯夕服「深衣」，〔註306〕注疏家多以「深衣」就是「麻衣」，但仔細查考，二者稍有不同。孔穎達的看法是：「深衣即〈閒傳〉麻衣也，但制如深衣。緣之以布曰麻衣；緣之以素曰長衣；緣之以采曰深衣。」〔註307〕，〈閒傳〉云：「又期而大祥，素縞麻衣。」，鄭玄云：「麻衣，十五升，布亦深衣也。謂之『麻』者，純用布，無采飾也。」〔註308〕孔氏認為「麻衣」在製作上和「深衣」大抵相同，都是其白如雪的縞素，只是在衣服的車邊有了不同的變化，若是車邊以布者乃「麻衣」也；若是車邊以純素則為「長衣」；若是車邊以文采則是「深衣」。顯然，「深衣」是「吉服」，「麻衣」乃「凶服」也，然鄭玄以麻衣純用布，而非車邊緣之以布，但都為十五升的織布，是相當舒適的料子。〔註309〕我認為孔氏之說最為精準，《禮記・深衣》氏又曰：「深衣者，用十五升布，鍛濯灰治者，按〈雜記〉云『朝服十五升』，此深衣與朝服相類，故用十五升布鍛濯，謂打洗鍛濯，用灰治理，使和熟也。然則喪服麻衣，雖似深衣之制，不必鍛濯灰治，以其雜凶故也。」〔註310〕孔氏補足了我們對「深衣」和「麻衣」的疑惑，兩者除了製作工法不同之外，重要的是其性質不同（吉服、凶服）、場合不同（夕服、喪服）。這也就是為何歲凶之時，有國者被要求改服「麻衣」以示哀也。

〔註304〕《禮記》，卷二十九〈玉藻〉，頁 878、882。卷八〈檀弓上〉言：「國亡大縣邑，公、卿、大夫、士皆厭冠，哭於大廟三日，君不舉。或曰，君舉而哭於后土。」鄭玄注曰：「軍敗失地，以喪歸也。厭冠，今喪冠，其服未聞。」頁250～251。按：秦晉殽之戰，秦軍敗，秦伯素服郊次向師而哭，與此同也。

〔註305〕孫希旦：《禮記集解》，卷二十九〈玉藻〉：「愚謂衣布，以白布為衣，又降於天子之素服也。」頁 784。按：天子素服此乃素繒也，是中衣用絲也。而諸侯中衣用布，故稱之，深衣有采，為吉服；無采則稱麻衣，為凶服也。

〔註306〕《禮記》，卷五十八〈深衣〉，孔穎達正義：「深衣是諸侯之下，自深衣以後更無餘服，故知是庶人之吉服。」頁1564。按：此謂「深衣」之制乃自諸侯以下之夕服，有別於朝服，唯依等級不同其面料材質亦有不同，都為吉服，非凶服也。

〔註307〕《禮記》，卷七〈檀弓上〉，頁219。

〔註308〕《詩經》，卷七，〈曹風・蜉蝣〉，頁471。

〔註309〕《禮記》，卷五十七，〈閒傳〉：「斬衰三升。齊衰四升、五升、六升。大功七升、八升、九升。小功十升、十一升、十二升。緦麻十五升，去其半，有事其縷，無事其布曰緦。此哀之發於衣服者也。」頁1550。

〔註310〕《禮記》，卷五十八，〈深衣〉，頁1564。

2，飲食方面：「君不舉」、「君膳不祭肺」、「君食不兼味」。〔註311〕何謂「不舉」？有三種意見：一為「不殺牲」，如鄭玄主張：「殺牲盛饌曰舉」、南朝庾蔚之云：「舉者謂舉饌，《周禮・膳夫》：『王日一舉』，又『王齊日三舉』。」、〔註312〕孔穎達曰：「天子舉以大牢，祀以會；諸侯舉以特牛，祀以大牢。」、〔註313〕清儒孫希旦則言：「舉，謂舉肺脊以祭也。君每日殺牲以食，則舉肺脊以祭。不舉，謂不殺牲也。」〔註314〕按：王者日舉殺牲以食，用膳前祭祖以肺，以盡孝道。一為「不舉樂」（食無樂、祭事不懸），如鄭司農（鄭眾）主張：「夫司寇行戮，君為之不舉。不舉者，謂不舉樂也」。〔註315〕一為綜合二家之說，認為二者得兼，主張「不殺牲、不舉樂」，如孔穎達、賈公彥。〔註316〕我以為：「不舉」乃謂「不殺牲舉樂」，這是最契合經旨大義的。事實上，經文筆法述意有別，「不舉樂」，多以「去樂」、「徹縣（懸）」、「弛縣」、「不縣」等示之，唯〈曾子問〉：「孔子曰嫁女之家，三夜不息燭，思相離也。取婦之家，三日不舉樂，思嗣親也。」、〈雜記下〉：「父有服，宮中子不與於樂。母有服，聲聞焉，不舉樂。妻有服，不舉樂於其側。」、「君於卿大夫，比葬不食肉，比卒哭不舉樂；為士，比殯不舉樂。」〔註317〕等完全明白地以「不舉樂」三個字表述，毫無模稜兩可之處。但我仍從孔、賈二子之說，正如賈氏所言：不舉樂乃隱含於不殺牲中，此乃以大約小，由重見輕，這也是經文的

〔註311〕《周禮》，卷四，〈天官・膳夫〉：「王日一舉，鼎十有二，物皆有俎。以樂侑食，膳夫授祭，品嘗食，王乃食。卒食，以樂徹于造。王齊，日三舉。大喪則不舉，大荒則不舉，大札則不舉，天地有裁則不舉，邦有大故則不舉。」頁96～99。

〔註312〕《禮記》，卷八，〈檀弓上〉，孔穎達正義引，頁251。

〔註313〕《禮記》，卷二十九，〈玉藻〉，頁877。

〔註314〕孫希旦：《禮記集解》，卷二十九，〈玉藻〉，頁784。

〔註315〕《周禮》，卷四，〈天官・膳夫〉，賈公彥疏，頁99。或見《左傳》，卷三十七，襄公二十六年，孔穎達正義引鄭眾云：「莊公二十年傳曰：『司寇行戮，君為之不舉。』是禮法將刑，為之不舉也。舉則以樂勸食，不舉故徹去樂縣。」頁1044。

〔註316〕《禮記》，卷八，〈檀弓上〉，孔穎達正義引，頁251。《周禮》，卷四〈天官・膳夫〉，賈公彥疏曰：「春秋傳曰『司寇行戮』者，案莊公二十年，王子頹享五大夫，樂及徧舞。又云王子頹歌舞不倦，是樂禍也。夫司寇行戮，君為之不舉。不舉者，謂不舉樂：此經數事不舉，司農意亦謂不舉樂，故引以為證。但此膳夫云不舉，在食科之中，不舉即是不殺牲。引司農義在下者，不舉之中含有不舉樂。」頁99。

〔註317〕《禮記》，卷十八，〈曾子問〉，頁583、四十三，〈雜記下〉，頁1215、1218。

一種書寫方式，因此有必要借重傳文以明之，《左傳》襄公二十六年曰：「將刑為之不舉，不舉則徹樂。」〔註318〕這必然可以成為我支持孔、賈二子之一大佐證。要之，所謂「君不舉」，乃謂：不殺牲舉樂也；歲凶之年，君膳不食鮮肉，並撤去一切勸侑食慾的樂舞。

可知，歲凶君王損膳以食，故有「食不兼味」之要求，《白虎通・諫諍》曰：「宰所以徹膳何？陰陽不調，五穀不熟，故王者為不盡味而食之。禮曰：『一穀不升，不備鶉鷃。二穀不升，不備鳧鴈。三穀不升，不備雉兔。四穀不升，不備囿獸。五穀不升，不備三牲』」。〔註319〕意即從歲凶之大小，王者膳食，依次減省，先徹飛禽小畜再徹走獸大牲等鼎俎，因此，歲凶膳食之禮，不備全味，求飽食而已。

3，車馬方面：「君乘駑馬」、「馬不食穀」、「馳道不除」。首先就「駑馬」來說，《禮記・雜記下》孔穎達云：「駑馬，六種之最下者也。馬有六種，一曰種馬，天子玉路所乘。二曰戎馬，兵車所乘。三曰齊馬，金路所乘。四曰道馬，象路所乘。五曰田馬，木路所乘。六曰駑馬，負重載遠所乘。若年歲凶荒，則人君自貶，故乘駑馬也」。〔註320〕豐年之歲，君王出行的坐騎制度乃按天子五路的車乘配發五等馬，上述可見，駑馬主要用來運載貨物，是通商使役的常馬，雖然可以乘坐但非天子諸侯的官制坐騎。凶荒之年則需變禮改乘，君乃國主，當躬親為民，如駑馬負重而遠，因此歲凶「君乘駑馬」雖有貶損之義，但更有言外之第二義，藉此駑馬之乘期待君王能「任重道遠」，不負人民重託。這與天子乘素車的寓意是不同的，天子是天下人與萬國之共同領袖，誠非一實有的牧民者，而是一精神象徵與指標性的聖主，故以「素服」、「素車」此一「如喪」的方式表示對天下人或邦國的悲憫與哀悼。

其次，荒年民命乞活無糧，牲畜之貴而食糧者不外乎是「馬」，秦蕙田以「馬者，國之大用，故政官以司馬名之，重其事也。」〔註321〕馬的使用不僅作為交通工具，更是軍國大政，國防武力的配備與計算之一。周制除了設官

〔註318〕《左傳》，卷三十七，襄公二十六年，頁1044。

〔註319〕《白虎通》，卷五，〈諫諍〉，頁238。

〔註320〕《禮記》，卷四十三，〈雜記下〉，孔穎達正義：「駑馬，六種之最下者也。馬有六種，一曰種馬，天子玉路所乘。二曰戎馬，兵車所乘。三曰齊馬，金路所乘。四曰道馬，象路所乘。五曰田馬，木路所乘。六曰駑馬，負重載遠所乘。若年歲凶荒，則人君自貶，故乘駑馬也。」頁1222。

〔註321〕秦蕙田：《五禮通考》，卷二百四十四，〈軍禮・馬政〉，頁141（冊）-685。

掌管「馬政」的「校人」一職外，尚有「趣馬」、「巫馬」、「牧師」、「廋人」、「圉師」、「圉人」等官，更立四時之祭：「春祭馬祖」、「夏祭先牧」、「秋祭馬社」、「冬祭馬步」，〔註322〕馬之於國的重要性不言而喻。依周制王馬的數量共有三千四百五十六匹，而國馬亦不下一千二百九十六匹。〔註323〕馬除了依各路所需而進行不同的訓練，若是生病還有「巫馬」的醫官專責照顧，而馬糧亦有專責配料餵食的「趣馬」官員來調配營養。由於馬高而壯一日糧食所需誠屬不少，因此，歲凶「趣馬不秣」，駑馬乃一般常馬以草料為食，而種馬、戎馬都是高等的千里良馬，良馬體大，穀量亦大，因而在饑饉薦臻的荒年裡，「馬不食穀」、「趣馬不秣」這一規範實在不得已，救人為先，馬畜為後。

「馳道不除」，孔穎達解釋說：「馳道不除者，馳道，正道，如今御路也。是君馳走車馬之處，故曰馳道也。除，治也。不治謂不除於草萊也。所以不除者，凶年人各應採蔬食，今若使人治路，則廢取蔬食，故不除也。」〔註324〕意謂：君王出行依制則有軍士警蹕，為使道路平坦潔淨，則有先遣部隊先行開道，驅離道路上來往的行人，以護衛主上之安全，這與今日總統出行警車開道護衛的體制是如出一轍的。故於凶年，在人力物力短缺下，君王警備之儀恐怕難與太平豐年可擬，但主要目的是在此國難當前，君王若無絕對必要則避免出行，一概以不妨礙百姓生活取食為主，故曰「馳道不除」也。

4，宮殿營建方面：「土功不興」、「臺榭不涂」、「牆屋有補無作」。凶年大故，國家財政短絀，無論財力、物力、人力都須減省撙節。所謂「土功不興」、「臺榭不涂」、「牆屋有補無作」，意謂凶年所有宮苑樓閣等之修葺或建案都必須停工禁建，唯屋漏破損有妨居家安穩始得進行補蔽修繕，其他無外。揆諸《春秋》例見莊公二十八年：「冬，築微。大無禾麥。臧孫辰告糴於齊。二十有九年，春，新延廄。」莊公二十八年從深秋大水至冬無禾麥可收，但莊公

〔註322〕《周禮》，卷三十三，〈夏官・校人〉：「春祭馬祖，執駒。夏祭先牧，頒馬，攻特。秋祭馬社，臧僕。冬祭馬步，獻馬，講馭夫。」頁1012～1013。

〔註323〕《周禮》，卷三十三，〈夏官・校人〉，鄭玄曰：「校有左右，則良馬一種者，四百三十二匹，五種合二千一百六十匹。駑馬三之，則為千二百九十六匹。五良（種馬、戎馬、齊馬、道馬、田馬）一駑，凡三千四百五十六匹，然後王馬大備。」又鄭玄以「天子十二閑，分為左右，一種馬分為兩廄，故一種馬有四百三十二匹。諸侯及大夫直一廄，不分左右，則良馬三廄，三良居三廄，其數六百四十八匹。駑馬亦三，其一種其數亦六百四十八匹，并之千二百九十六匹。」頁1010、1012。

〔註324〕《禮記》，卷四〈曲禮下〉，頁119。

卻不顧生民之苦，大舉建造微邑，大夫臧孫辰至齊買穀救饑，二十九年春，莊公繼續修建馬廄，〔註325〕此事三《傳》各有說詞，但以《公》、《穀》二傳立場相同，站在百姓立場評論這件事，但《左氏》則以國防角度審視此事。〔註326〕限於本文主題今取二《傳》之說，

《公羊傳》曰：

> 冬，既見無麥禾矣，曷爲先言築微，而後言無麥禾？諱以凶年造邑也。告糴者何？請糴也。以爲臧孫辰之私行也。曷爲以臧孫辰之私行？君子之爲國，必有三年之委。一年不熟告糴，譏也。新延廄者何？修舊也。修舊不書，此何以書。譏。何譏爾？凶年不修。〔註327〕

《穀梁傳》曰：

> 山林藪澤之利，所以與民共也。虞之，非正也。大者，有顧之辭也。於無禾及無麥也。臧孫辰告糴於齊。國無三年之畜，曰國非其國也。一年不升，告糴諸侯。告，請也。糴，糴也。不正，故舉臧孫辰以爲私行也。國無九年之畜曰不足，無六年之畜曰急，無三年之畜曰國非其國也。諸侯無粟，諸侯相歸粟，正也。臧孫辰告糴於齊，告然後與之，言內之無外交也。古者稅什一，豐年補敗，不外求而上下皆足也。雖累凶年，民弗病也。一年不艾而百姓饑，君子非之。不言如，爲內諱也。延廄者，法廄也。其言新，有故也。有故則何爲書也？古之君人者，必時視民之所勤。民勤於力，則功築罕。民勤於財，財貢賦少。民勤於食，則百事廢矣。冬築微，春新延廄，以其用民力爲已悉矣。〔註328〕

歸納二《傳》莊公受譏的原因有：一，莊公於凶年造新邑、修馬廄，史稱「一年三築臺」，〔註329〕無志於民，任己肆情。二，執政者的無能，僅是一年欠收

〔註325〕《左傳》，卷十，莊公二十八年，經曰：「冬，築郿（微）。」傳曰：「築郿，非都也。凡邑，有宗廟先君之主曰都，無曰邑。邑曰築，都曰城。」頁288。
〔註326〕按：《左傳》卷十，莊公二十八年（頁288），則有不同看法，認爲春秋重土功，因爲在國家空虛人民饑饉之際，外國軍隊容易藉機侵略，因此築城防禦乃左傳認爲必要之事，只是有分時與過時，詳孔穎達正義，頁288。又卷十四，僖公二十一年大旱，臧文仲建議僖公「使修城郭，以待無道之國」，孔穎達正義引服虔云：「國家凶荒，則無道之國乘而加兵，故修城郭爲守備也。」（頁399），顯然《左氏》與《公》、《穀》不同調。
〔註327〕《公羊傳》，卷九，莊公二十八年，頁179～180。
〔註328〕《穀梁傳》，卷六，莊公二十八年，頁96～97。
〔註329〕《漢書》，卷二十七上〈五行志第七上〉：「嚴公二十八年『冬，大亡麥禾』。

卻落到得向鄰國買穀止饑的地步，毫無建倉儲蓄的預防措施，故引《禮記·王制》譏之。三，邦國有禍裁，諸侯應以弔禮哀之，〔註330〕齊國不能盡到國際急難救助的人道精神，卻要災難國自己開口花錢買米，有失國際邦交的情誼。四，前建後修，在糧荒饑饉之際，不僅耗盡國家財力、物力，更雪上加霜過度使喚民力，剝削百姓，政府失政亦失德。〔註331〕五，歲凶，政府不能廣開山林以救民饑，反而因興建之故而大砍山林樹木，無視人民生存苦難和權力，故刺以「民勤於力，則功筑罕」、「民勤於食，則百事廢矣」。要之，莊公始終沒能做到《周禮·大司徒》所謂的：「大荒、大札，則令邦國移民通財、舍禁、弛力、薄征、緩刑」〔註332〕的善政，而成為春秋訓誡後世的一大教本；如《後漢書·五行四》引：「五行傳曰：『治宮室，飾臺榭，內淫亂，犯親戚，侮父兄，則稼穡不成。』謂土失其性而為災也。」〔註333〕今於諸史已成一定律，尤以《公羊》家言災異必和人事作一符應，凡災必有咎徵，其咎乃出於人為之惡，故天遣誡之。在本例上，二《傳》微言釋義特別著重在無年發生之原因及荒年災情之擴大與莊公大興土木之關係，藉此譏刺莊公「一年三築臺」的無德無量，因而「大興土功」與「稼穡不成」二者形成了一因果關係，藉此警惕上位者崇德去惡，以民為上，故曰凶年不修、土功不興、臺榭不塗、牆屋有補無作也。

5，賓禮燕樂方面：「弛侯，廷道不除」。范甯注曰：「弛，廢也。侯，射

董仲舒以為夫人哀姜淫亂，逆陰氣，故大水也。劉向以為水旱當書，不書水旱而曰『大亡麥禾』者，土氣不養，稼穡不成者也。是時，夫人淫於二叔，內外亡別，又因凶飢，一年而三築臺，故應是而稼穡不成，飾臺榭內淫亂之罰云。遂不改寤，四年而死，既流二世，奢淫之患也。」頁1339。

〔註330〕《周禮》，卷十八〈春官·大宗伯〉：「以喪禮哀死亡，以荒禮哀凶札，以弔禮哀禍裁，以禬禮哀圍敗，以恤禮哀寇亂。」頁545。

〔註331〕《周禮》，卷十四〈地官·均人〉：「凡均力政，以歲上下。豐年則公旬用三日焉，中年則公旬用二日焉，無年則公旬用一日焉。凶札則無力政，無財賦。」頁409～410。

〔註332〕《周禮》，卷十〈地官·大司徒〉，賈公彥疏曰：「『則令邦國』者，謂令天下諸侯邦國也。『移民通財』者，此謂兩事，移民謂分口往就賤。財是米穀也，其有留守不得去者，則賤處通穀米與之。『舍禁』者，謂山澤之內舊遮禁不聽人入者，令皆舍而不禁，容民取蔬食也。『弛力』者，謂弛力役之事。『薄征』，若據大荒，則全無徵稅。今言薄征者，容有小荒仍有徵稅。按〈司稼〉注云『豐年從正，儉有所殺，若今十傷二三，實除減半』者也。『緩刑』者，謂有刑罰，寬而放之。」頁321～322。

〔註333〕《後漢書》，〈志第十六·五行四〉，頁3327。

侯也。廢侯不燕射，廷內道路不修除。」范氏的注解過於簡易，楊士勛則說得很清楚，氏曰：「凡大射爲祭擇士；賓射則接賓而射；燕〔射〕則因歡燕而爲射。既國大饑，君不宜燕樂，故注舉燕射言之，其實尚不祭鬼神，亦不應有大射、賓射之禮，故傳以弛侯總之。或以爲燕射一侯，禮最省，故舉之以明餘者亦不爲之耳。」〔註334〕楊氏的意思是：射禮有三：大射、賓射、燕射，《穀梁傳》所言的「弛侯」則以最下之燕射比喻，最下可知，其上之大射、賓射亦可知也。歲凶大侵，依禮「祭事不縣，禱而不祀」，又「大射」是「爲祭擇士」；「賓射」是爲「接賓而射」，如果連國家祭祀都廢而不舉，何得獨舉三射之禮，廢祭而射呢？因此，凶年廢侯，不行射禮。

其次，射禮備有「樂舞燕飲」，《禮記・射義》曰：「古者諸侯之射也，必先行燕禮。卿、大夫、士之射，必先行鄉飲酒之禮。…古者天子以射選諸侯、卿、大夫、士。射者，男子之事也，因而飾之以禮樂也。」〔註335〕事實上，「燕禮」與「鄉飲酒禮」是一樣的，只是在階級的意義上做一別稱而已。「比射」是男人晉身仕途的一大捷徑，因而成爲男人習藝之一，更是上位者禮賢下士的一種表現，君臣的互動與同僚競賽亦從中可見。顯然這是君子社交的最佳場所，故《詩經・魯頌・有駜》孔穎達云：「以禮與之飲酒，謂爲燕禮。燕禮以樂助勸，故以鼓節之咽咽然。醉始言舞，故知至於無算爵，則有舞盡歡。以君與臣燕，故知君臣於是皆喜樂也。」〔註336〕由此可見，「燕禮」追求賓主盡歡，在「無算爵」的限制下，杯籌交歡，歌舞昇平，這就是射義的主旨所在；但歲凶若喪，三射之禮乃吉禮之屬，設有樂舞之歡勸與燕飲之旅酬，如此歡樂暢快的社交場面怎麼說都不該在此非常時期舉行，因此《逸周書・糴匡解》：「年饑，樂無鍾鼓。大荒，國不稱樂」、〈大匡解〉：「國不鄉射，樂不牆合」。〔註337〕說的就是這個道理，希望君臣上下都能恤民以哀，因而去樂不舉，廢燕弛侯也。

6，朝廷器物方面：「摺本」。何謂「摺本」？鄭玄曰：「皆爲凶年變也。摺本，去珽荼，珮士笏也。士以竹爲笏，飾本以象。」、孔穎達曰：「本，謂士笏，以竹爲之，以象飾本。君遭凶年，摺插士笏，故云摺本。」、〔註338〕

〔註334〕《穀梁傳》，卷十六，襄公二十四年，頁266。
〔註335〕《禮記》，卷六十二〈射義〉，頁1640～1643。
〔註336〕《詩經》，卷二十〈魯頌・有駜〉，頁1394。《詩經・小雅・賓之初筵》：「毛（亨）以爲，古之行燕禮也，作樂以助歡心，使人秉籥而舞，與吹笙擊鼓音節相應。樂既和，奏之音聲甚得其所。」頁885～886。
〔註337〕《逸周書》，卷一〈糴匡解〉，頁80、卷二，〈大匡解〉，頁161。
〔註338〕《禮記》，卷二十九〈玉藻〉，頁882。

孫希旦云：「搢，謂所搢之笏也。君笏用象，今但用象為本，與大夫士同也。」。〔註339〕鄭玄解釋「搢本」是指「士笏」，天子諸侯因凶年變禮，故改珮士笏以自貶損也。孔、孫二氏的解釋亦有助於我們對這個詞彙的解讀，《禮記・玉藻》云：「笏，天子以球玉；諸侯以象；大夫以魚須文竹；士竹。本，象可也。」、〔註340〕同卷又曰：「天子搢珽，方正于天下也；諸侯荼，前詘後直，讓於天子也；大夫前詘後詘，無所不讓也。」〔註341〕二文，前文用以說明各階層笏版的材質與雕飾；後文則說明於笏形形制中所顯示的權力象徵。

綜上，周制，天子之笏，制用純玉故稱「珽」，飾以四寸之終葵首（椎頭）〔註342〕，上下方正，為一長形大圭。而諸侯以下，凡上朝都需執笏，諸侯用象牙，稱「荼」，上圓下方，詘尊於天子，故前詘後直。而大夫用竹，故稱「笏」，飾以魚須；士亦用竹，無飾，笏版上下都呈現彎曲的弧形，以示詘尊於天子諸侯之前，故制前詘後詘，以示謙讓自退也。〔註343〕要之，上述所謂「搢本」，「搢」作動詞，插也，插笏於紳帶之間也。〔註344〕「本」作名詞，乃指「士笏」也，士以竹為笏，故以「本」代之；誠然「本」在本句中主要用以指稱其笏版材質與官僚階層。此謂：不論天子、諸侯、大夫於凶年都需去其笏版之美，改用士笏，屈尊降貴，在於自貶。

注疏家對「搢本」的解釋已見上述，但我則另有想法。我以為：「搢本」的意義除了歲凶敦樸自貶的第一義之外，尚有第二義——下達各國恤荒之命令，「搢本」乃「珍圭恤荒」之謂也。何以言之？《周禮・典瑞》說道：「珍圭以徵守，以恤凶荒。」〔註345〕杜子春解釋說：「『珍』當為『鎮』，書亦或為

〔註339〕孫希旦：《禮記集解》，卷二十九〈玉藻〉，頁784。
〔註340〕《禮記》，卷二十九〈玉藻〉，頁902。
〔註341〕《禮記》，卷二十九〈玉藻〉，頁886。
〔註342〕《周禮》，卷二十〈典瑞〉，賈公彥疏曰：「『玉人職曰大圭長三尺，杼上，終葵首，天子服之』者，案彼注云：『杼，殺也。』終葵首，謂大圭之上近首殺去之，留首不去處為椎頭，齊人名椎為終葵，故名圭首為椎頭者，為終葵首也。」頁628。
〔註343〕孫希旦：《禮記集解》，卷二十九〈玉藻〉，頁789。
〔註344〕《漢書》，卷二十五上〈郊祀志第五上〉，注〔四〕引李奇曰：「縉，插也，插笏於紳。紳，大帶也。」師古曰：「李云縉插是也。字本作搢，插笏於大帶與革帶之間耳，非插於大帶也。或作薦紳者，亦謂薦笏於紳帶之間，其義同。」頁1195。
〔註345〕《周禮》，卷二十〈春官・典瑞〉，頁634。卷十五，〈地官・掌節〉：「掌守邦節而辨其用，以輔王命。」鄭玄注曰：「邦節者，珍圭、牙璋、穀圭、琬圭、琰

『鎭』。以徵守者，以徵召守國諸侯，若今時徵郡守以竹使符也。鎭者，國之鎭，諸侯亦一國之鎭，故以鎭圭徵之也。凶荒則民有遠志，不安其土，故以鎭圭鎭安之。」，鄭玄則說：「王使人徵諸侯，憂凶荒之國，則授之，執以往，致王命焉，如今時使者持節矣。恤者，闓府庫賑救之。」〔註346〕杜氏以珍圭，爲鎭圭，此乃天子之執圭也，〔註347〕因此當王畿發生凶荒時，天子則派遣使者執鎭圭前往各國徵召協力恤荒，而徵召所用的「鎭圭」如同漢朝所用的「竹使符」〔註348〕一樣，是用於徵召各郡守使者所持之符節。鄭氏則以諸侯國若發生凶荒時，天子則派遣使者執鎭圭以往，徵召各國協助救難，開府庫賙救之。要之，不論王畿或各國發生凶荒，都可以向國際發出恤荒之請求，如今日聯合國實施人道救援，或災害國自動請求國際救難或糧食醫療等各項資源的捐助，如上引莊公二十八年例、《逸周書·糴匡解》：「君親巡方，卿參告糴」是也。〔註349〕顯然，「摺本」是天子對國際下達人道救援與捐助的命令，「摺」，執也，是指天子所執之鎭圭而言，「本」是使者之符節，受御令持鎭圭至其國，如杜、鄭二氏所言之「竹符節」也。簡而言之：歲凶之年，國君爲百姓之存續有必要向天子請求國際援助，天子亦有義務與職責派遣使節至各國下達恤荒之命令與要求，因此，「歲凶，君衣布摺本」，就是在此哀痛與無奈下屈求國際援助，故以麻衣喪服爲此國難示哀。

（三）對「大夫」的要求

由上，凡天子諸侯於歲凶時所貶損而去禮者，下位者如卿大夫、士之官僚階層悉遵不違，因此生活之節目，如燕飲食肉、土功營建、車馬衣服上一律敦樸尙簡，祭樂燕樂等一概廢而不舉，以示哀之；然經文對大夫的要求尙有二：不得造車馬、不食粱。

1，車馬方面：歲凶「不得造車馬」，「不得造」，反過來說就是：大夫於豐年太平之歲，得自造車馬，唯歲凶年荒則禁止造作。本句意義看似清楚，但仍有模糊空間，筆者認爲可從三方面演繹：一，出行廢車馬儀仗；二，車

圭也。王有命，則別其節之用，以授使者。輔王命者，執以行爲信。」頁456。
〔註346〕《周禮》，卷二十〈春官·典瑞〉，杜子春、鄭玄注，俱見頁634。
〔註347〕同上注，〈春官·典瑞〉：「王晉（搢）大圭，執鎭圭，繅藉五采五就，以朝日。」頁627。
〔註348〕詳孫詒讓：《周禮正義》（第六冊），卷三十九〈春官·典瑞〉，頁1594～1595。
〔註349〕《逸周書》，卷一〈糴匡解〉，陳逢衡云：「君親巡方，恐窮黎無告，有司不以上達也。卿參告糴，如《春秋·莊二十八年》臧孫辰告糴於齊是也。」頁80。

馬不備，歲凶廢祭；三，喪事節葬，去車馬俑。

綜合來說，《周禮・春官・巾車》曰：「服車五乘：孤乘夏篆，卿乘夏縵，大夫乘墨車，士乘棧車，庶人乘役車。」〔註350〕此謂諸侯、卿、大夫、士、庶人階層悉有出行之車種制度，依等制車，大夫則乘「墨車」，乃墨漆無采之革車也，並以四馬駕之，威行道路。〔註351〕然天子大夫四命，若其出封則五命，儀如子男之車服，此由《詩經・王風・大車》中的描述「大車檻檻，毳衣如菼」可知「大車」（革路）亦爲「大夫之車」也，孔穎達云：「王朝大夫當乘墨車，以大夫出封，如子男之服，則車亦得乘諸侯之車，此大車，蓋革路也。」〔註352〕春秋「政出家門」，大夫階層絕不是可以被忽略的政治集團與門派。很清楚地，大夫乃有家者，封邑之民亦有遭受荒年侵襲之可能。因此，不論四命、五命或僭越挾天子諸侯令天下之大夫，於歲凶都應廢其車行，損其日用，去其燕樂，以應天變。

另外，從受命的制度來觀察，《禮記・曲禮上》云：「上士三命，則得賜車馬也，副車隨命。」〔註353〕正如《禮記・曲禮下》所云：「問大夫之富，曰：有宰食力，祭器衣服不假。」孔穎達正義曰：「祭器衣服不假者，謂四命大夫也。衣服，祭服也。若四命大夫，得自造祭器衣服，故云不假。」〔註354〕此謂四命大夫得以自造「祭器衣服」，此「祭器」自當包括「車馬」在內，《穀梁傳》，成公十四年如是說：「宮室不設，不可以祭；衣服不脩，不可以祭；車馬器械不備，不可以祭；有司一人不備其職，不可以祭。祭者，薦其時也，薦其敬也，薦其美也，非享味也。」〔註355〕顯然，祭祀之禮器亦包含了「車馬器械」等日常器用，藉由祭祀瘞埋給祖；依此推之，四命大夫便可以自造車馬以供宗廟祭祀，無須君王給賜而有。回歸歲凶的本題，「大夫不得造車馬」的解釋，何嘗不是意謂著：歲凶，大夫宗廟廢祭，因車馬不備，不可以祭也。

〔註350〕《周禮》，卷二十七〈春官・巾車〉，鄭玄注曰：「夏篆，五采畫轂約也。夏縵，亦五采畫，無瑑爾。墨車不畫也。棧車不革鞔而漆之。役車，方箱，可載任器以共役。」頁851。

〔註351〕《儀禮》，卷三十九〈既夕禮〉，賈公彥疏曰：「兩馬，士制也，謂士在家常乘之法。若出使及征伐，則乘駟馬，其大夫以上則常乘駟馬。……《詩》云『駟驖彭彭』，武王所乘；《魯頌》云『六轡耳耳』，僖公所乘；《小雅》云『駟牡騑騑』，大夫所乘；是大夫以上駕駟之文也。」頁743。

〔註352〕《詩經》，卷四〈王風・大車〉，頁268。

〔註353〕《禮記》，卷五〈曲禮下〉，頁153。

〔註354〕《禮記》，卷五〈曲禮下〉，頁153。

〔註355〕《穀梁傳》，卷十四，成公十七年，頁239。

再者，喪者之逝，依等制葬，凡生活日常之器用，諸此「明器」無待君王之給賜而作，當然，這也包含了車馬人俑等明器。《公羊傳》，隱公元年曰：「賵者何？喪事有賵。賵者，蓋以馬，以乘馬束帛。車馬曰賵，貨財曰賻，衣被曰襚。」〔註356〕中國人對死者身後事是竭盡全力予以更好的安頓與榮耀，因此舉凡車行代步的車馬、日常之食器、樂器、兵器、衣服、金銀財寶等陪葬物等說琳瑯滿目，就車馬的陪葬數，依制，天子遣車九乘，諸侯遣車七乘，大夫遣車五乘，各以駟馬入葬；〔註357〕折算之，大夫之陪葬車馬，共計五乘二十匹馬俑。顯然，這單一的陪葬品所耗之工時、財力、物力不可謂少，因此，在荒年大侵之時，《逸週書·糴匡解》云：「喪禮無度，祭以薄資」，朱右曾云：「荒禮殺哀」，〔註358〕因是用儉而貴速。要之，薄葬、速葬、節葬、儉用乃凶年下對有產的官僚階層所進行的一大規範和要求。

2，飲食方面：「不食粱」。《禮記·曲禮下》孔穎達正義：「大夫不食粱者，大夫食黍稷，以粱爲加，故凶年去之也。……（鄭玄）云『粱，加食也』者，以其〈公食大夫禮〉設正饌之後，乃設稻粱，以其是加也。」〔註359〕這是說：大夫平日以黍稷爲食，上等之粱米乃公食大夫之禮，國君設宴款待乃加食之，平日是不作爲主食的。從孔氏的解釋看來，他認爲：「加粱」是「公食大夫禮」於正饌之後所加，中國人於禮之周備可見，廣設佳餚就怕賓客食不足味不盡，故有所加；但「聘禮」非天天舉行，「歲凶去粱」說的應爲平日或指某種狀態的常事，孔說恐怕言不及義。看看賈公彥的說法，氏云：「禮記常法，庶人食稷，士兼食黍，大夫又加以粱。今雖庶人，至五十，或與士大夫同食黍粱。」〔註360〕可見大夫「加粱而食」是常態，而非僅於「公食大夫禮」的宴席上才享此美饌。後世諸多熟語，如：「膏粱文繡」、「食必粱肉，衣必文繡」〔註361〕

〔註356〕《公羊傳》，卷一，隱公元年，頁19～20。

〔註357〕《禮記》，卷九〈檀弓下〉：「國君七個，遣車七乘；大夫五個，遣車五乘。」頁280。《儀禮》，卷三十九，〈旣夕禮〉：「遣奠，天子大牢包九個，諸侯亦大牢包七個，大夫亦大牢包五個，士少牢包三個，大夫以上乃有遣車。」頁754。《周禮》，卷二十二〈春官·冢人〉，賈公彥疏曰：「遣車則明器，遣送死者之車也。」頁670。

〔註358〕《逸週書》，卷一〈糴匡解〉，頁82～83。

〔註359〕《禮記》，卷四〈曲禮下〉，頁119～120。

〔註360〕《周禮》，卷十〈地官·大司徒〉，頁309。

〔註361〕《列子》，卷六〈力命〉：「朕衣則褞褐，食則粢糲，居則蓬室，出則徒行。子衣則文錦，食則粱肉，居則連欐，出則結駟。」頁194。

等都是用此精美的飲食衣著來代稱豪門貴族。春秋後期「政出家門」、「祿去公室」已爲態勢，「加粱而食」之所以成爲常食，何嘗不是君王對卿家的尊寵與展現家族顯赫的象徵，因此，歲凶「大夫去粱」與「君不祭肺」是一樣的政治性語彙，因而自損同諸侯之禮。

（四）對「士」的要求

1，飲酒不樂。不樂，乃去琴瑟，廢樂也。〔註362〕由於士卑，所廢者多，因而上述所舉，凡生活之食衣住行等自貶減損之事，士族階層都在其內。〔註363〕歲凶不禁酒飲，是因爲古人認爲飲酒不僅可以強身健體，更可以排毒抑菌，降低疫病的傳播，這是醫藥貧瘠的村落縣城用以維護身體健康的良品。因而，歲凶帝王詔令天下「大酺」會飲三日或五日正是這個原因。〔註364〕然而群眾聚集飲酒，場面必然歡樂，但歲凶之年飲酒不在於聚眾言歡之樂，更不在於狂歌痛飲，其目的則在於強身抑菌，代藥排毒，故曰飲酒不樂也。《禮記‧曲禮下》曰：「君無故玉不去身，大夫無故不徹懸，士無故不徹琴瑟。」，鄭玄注曰：「憂樂不相干也。『故』謂災患喪病。」〔註365〕即此之謂也。歲凶，凡天子、諸侯、大夫、士各階層悉去樂撤縣，以喪示哀，作樂樂喪，乃失父母之德，「樂」與「喪」，陰陽相干，吉凶異道，故去之也。

綜上所述，有鑑於「周大饑」慘痛的歷史經驗，舉凡《逸周書》、《墨子》、《禮記》、《穀梁》、《韓詩外傳》、《毛傳》〔註366〕諸典都提出了具體的訴求和規範，相對於《周禮》制度性的政治理論，上述諸典在此「大侵之禮」（歲凶之禮）方面誠然給予很大的呼應和發揮，使之成爲言簡意賅的官箴和規範，更是檢視一個在位者和官僚彝倫斁敗的一把大尺。

「大侵之禮」是一種柔性的訴求，並非法典，但值此凶荒之年，禮家強烈地要求各政權階層與民共體時艱，並自發性地改正侈靡之風尚，開源節流，

〔註362〕《禮記》，卷四〈曲禮下〉，鄭玄注曰：「不樂，去琴瑟。」頁119。
〔註363〕《周禮》，卷十八〈春官‧大宗伯〉，賈公彥疏曰：「曲禮曰以下，案彼注不祭肺，則不殺也；馳道不除，爲妨民取蔬食也，皆自貶損。若然，君言不祭肺，馬不食穀，祭事不縣，則大夫士亦然。大夫言不食粱，粱加穀，士飲酒不樂，則人君曰食黍稷稻粱亦貶，於飲酒亦不樂，君臣互見爲義也。」頁544。
〔註364〕蔡宜靜：〈周至漢「酺」義的轉變〉，《中興史學》，第五卷（1999.01），頁1～6。
〔註365〕《禮記》，卷四，〈曲禮下〉，頁120。
〔註366〕《詩經》，卷十八〈雲漢〉毛傳曰：「歲凶，年穀不登，則趣馬不秣，師氏弛其兵，馳道不除，祭事不縣，膳夫徹膳，左右布而不修，大夫不食粱，士飲酒不樂。」頁1202。

敦樸從簡，以應天咎。這一訴求，不論上至天子、國君，或下至大夫、士都見規範，此乃凶年之變禮，故謂之「大侵之禮」也。此禮建立在「無服之喪」的大愛與大悲的人民手足之共同情感上，這是超越國界與血親藩籬之至大悲憫，誠乃孔聖之所重也。

　　當然，本節所述僅是從個體行為提出的柔性訴求，對於群體行為之國家祭事大典或喜慶燕樂等諸事，禮家則強烈地提出「廢樂」、「眚禮」或「廢祭」之要求，期許謹事節流，以救時窮（詳後大旱例），徹底地發揚了「無服之喪」之人道精神。

三、《春秋》、《禮記》旱例舉隅——「大旱若喪」思維的建立

　　「無服之喪」的人道思維經孔子的倡導和施教，在《禮記》文本裡已為禮制之最高原則。南郊祭天乃祭之大者，無服之喪乃喪之哀者，當「喪」、「祭」兩者產生衝突時，「因喪廢祭」（先進人事）或「因喪舉祭」（先進天事）的議題便成了政治論述和決定。當然，春秋列強是否因時窮而廢祭，各國諸公的應對態度為何？藉此重點的歸納我們大抵可見春秋諸公的人道關懷情況？而廢祭的中心論述是什麼？誠乃下文探究之重點。

　　雨，是農業國家最亟需的一大天然資源，若是長期不雨恐怕造成旱蝗肆虐，饑饉大侵的荒年，然而久旱過後必有大潦，在此水火的交互侵襲之下，百姓乞活不易。因此，一個國君的態度和政策便是史家評論此君的一大關鍵，以下我們從春秋諸公各例來看。

（一）僖公三年不雨例

　　《春秋》連續「八月不雨」的紀錄，始自「僖公」二年冬，本論將以此為端，並與文公例作一比較，藉以瞭解春秋史筆之書寫模式所展現對天下蒼生之情懷。

　　依《禮記‧玉藻》之規範：「至于八月不雨，君不舉」，僖公做到了嗎？經傳並沒有說清楚，由於《禮記》乃後出者，這是總結歷史經驗而來的一套有系統的規範；無論如何，我們仍可由春秋的史筆中探究幾許端倪。《穀梁》僖公三年曰：

> 二年，冬，十月，不雨。三年，春，王正月，不雨。不雨者，勤雨也。夏，四月，不雨。一時言不雨者，閔雨也。閔雨者，有志乎民

者也。六月，雨。雨云者，喜雨也。喜雨者有志乎民者也。〔註367〕

僖公二年十月不雨，旱象持續到三年五月，長達八個月的時間未曾下過雨，這意謂著：春耕無雨，農作困難；〔註368〕雖見旱象，但因僖公勤政愛民，與民同憂，懷抱慈悲，因此六月便得天雨之助，化解了民政之急。《春秋》對此所表現的筆法是以「冬，十月，不雨」、「春，正月，不雨」、「夏，四月，不雨」，以「一時季首」（記錄每一季之孟月不雨）的方式來褒揚僖公對人民的憐憫和己溺精神；因為一季不雨，二季不雨，三季不雨，有為者豈能坐視不管，必得想盡辦法來因應與挽救欠收無糧的荒年。僖公的美政贏得史書、緯書（詳本章第三節）對他的讚揚，因此，《穀梁》以「勤雨」、「閔雨」、「喜雨」來讚美僖公的仁心。范甯注曰：

> 《春秋》上下時雨不書，非常乃錄。今輒書『六月，雨』者，欲明僖公得雨則心喜故也。心喜，是於民情深，故特錄之。〔註369〕

《春秋》常事不書，這是慣例，但因僖公憂雨為民，亦不見前例，因此，范甯特以「於民情深，故特錄之」來解讀經傳大義。再看看《公羊》如何評價，何休曰：

> 太平一月不雨即書，《春秋》亂世一月不雨，未害物，未足為異，當滿一時乃書。一月書者，時僖公得立，欣喜不恤庶眾，比致三年，即能退辟正殿，飭過求己，循省百官，放佞臣郭都等，理冤獄四百餘人，精誠感天，不雩而得澍雨，故一月即書，善其應變改政。
> 〔註370〕

何休以太平和亂世對比，認為太平盛世若是一月不雨，史書便記載了，但春秋誠屬亂世，因此一月不雨亦未成災則不書，一時不雨乃書之。又僖公出奔而後復位，不免志得意滿，驕矜忘形，即位三年始能自省作為一國之君的責任和德行，終能做到有過勿憚改的典範，因而縱使長達八個月的時間不曾降雨，依然未成災害，這就是國君之德應天自省的結果。誠然，這是《公羊》家對災異一貫的解讀，何氏的解釋非常精闢，可以補足范甯言而未盡的事端，亦見何休對天人感應思維和國君內省功夫的發揚。

〔註367〕《穀梁》，卷七，僖公三年，頁110～111。
〔註368〕《左傳》，卷十二，僖公三年：「三年，春，不雨。夏四〔六〕月，雨。自十月不雨，至於五月，不曰旱，不為災也。」頁327。
〔註369〕《穀梁》，卷七，僖公三年，頁111。
〔註370〕《公羊》，卷十，僖公三年，頁209。

綜合兩家意見，都借重於僖公憂雨愛民的事例，強調國君內省讓過的謙德和「三無」（無聲、無體、無服）精神，這就是《春秋》的君王論和對君王德行的檢討。因此，兩漢之際的緯書——《春秋考異郵》便將僖公喜雨志民之抽象性的政治語彙，潤飾成具體性的「六過」，書中數曰：「僖公三時不雨，帥群臣禱山川，以過自讓」、「僖公三時不雨，禱于山川，以六過自讓」、「僖公之時，雨澤不澍，比於九月，人大驚懼，率群臣禱山川，以六過自讓，絀女謁，放下讒佞郭都之等十三人，誅領人之吏受貨賂趙祝等九人，曰：辜在寡人，方今天旱，野無生稼，寡人當死，百姓何謗，請以身塞無狀也」（詳本章第三節）。〔註371〕這一模式，儼然如商湯禱旱之情形一樣，塑造了僖公明君的政治形象，這是繼湯之後得天相感的一大明君，因而在《春秋考異郵》中，僖公顯然是春秋聖主，而「魯郊」之禮也是由「僖公」開始的（詳第三章第一節），「王魯學說」——代周而立之肇端於此，這是必須注意與思考的事。

（二）文公二年、十年、十三年不雨例

《春秋》記載文公二年：「自十有二月不雨，至於秋七月」，這表示已有長達八個月的時間未曾下過一滴雨，對百姓的生計與秋收已經造成嚴重的農業損失，因此，《穀梁》如是說：

歷時而言不雨，文不憂雨也。不憂雨者，無志乎民也。〔註372〕

范甯注曰：「僖公憂民，歷一時輒書不雨，今文公歷四時乃書，是不勤雨也。」這意思是說：僖公與文公兩父子都遇到了久旱不雨的天災，但僖公憂雨恤民之心感天而喜得天雨化解了災難，故《春秋》筆法以「一時不雨」、「冬十月不雨」、「春正月不雨」、「夏四月不雨」的方式來褒揚僖公對百姓的仁心；相對於文公面對久旱不雨的情況，《春秋》筆法便有了不同，改以「歷時不雨」：「自十有二月不雨，至於秋七月」的筆法，略過每一時月首不雨的紀錄，直接以歷時八月的記載諷刺文公對百姓嚴酷冷峻的態度，無關民生而自顧其樂。

事實上，文公在位八月不雨的情況尚有二次：文公十年「自正月不雨，至於秋七月」、文公十三年「自正月不雨，至於秋七月」。《穀梁》依舊重申：

〔註371〕日・安居香山、中村璋八輯：《緯書集成》（北京：河北人民，1994），頁782、783。《後漢書》，卷六十一，〈黃瓊傳〉：「昔魯僖遇旱，以六事自讓，躬節儉，閉女謁，於讒佞者十三人，誅稅民受貨者九人，退舍南郊，天立大雨。」頁2034。

〔註372〕《穀梁》，卷十，文公二年，頁159。

「歷時而言不雨，文不閔雨也。不閔雨者，無志乎民也」〔註373〕的觀點，由於文公不能恤民憂雨，因而上天屢以咎譴以正其德。然終究文公性劣傲慢失道不少，楊士勛云：「文實逆祀，而云躋僖；文從後多不視朔，直言四不視朔而已。文稱毀泉台，則似嫌其奢泰，是亦臣子為尊親諱之義也。然取二邑、大室屋壞、不與扈盟，亦是失道，注不言之者，云云之類，足以包之也。」〔註374〕《春秋》筆法「為尊者諱」，但文公之罪仍在筆墨間見其褒貶，楊氏所舉諸事顯現文公為政態度漫不經心無關緊要，對天子與宗廟之事更是傲慢不敬褻瀆神明，此等事例都足以反襯他對百姓的漠不關心與奢泰自娛的態度，故天不佑也，《春秋》譏之。

要之，《春秋》筆法以「一時不雨」、「歷時不雨」作一對比，呈現出上位者對百姓民情之兩種態度，一以僖公典範，一以文公為史訓，互為表裡，目的在於發揚無服之喪，展現民胞物與之大愛精神。

（三）僖公二十一年大旱例

《春秋》紀錄「大旱」最早的例子，也是出現在「僖公」時期，但這不是上引例（僖公二年），年月不雨至於八月所造成的大旱，而是發生在僖公二十一年（公元前 639 年），《左傳》載曰：

> 夏，大旱。公欲焚巫尫。臧文仲曰：「非旱備也。脩城郭、貶食、省用、務穡、勸分，此其務也。巫尫何為？天欲殺之，則如勿生；若能為旱，焚之滋甚。」公從之。是歲也，饑而不害。〔註375〕

旱之所以為「大」，必然「歷時不雨，至於八月」，長達八月以上的時間未曾下雨，已嚴重地損及今年秋收，僖公因而興起「焚巫尫」的念頭，用以祈雨止旱。魯大夫臧文仲聽聞後趕緊前來制止，他提出的建言：「脩城郭、貶食、省用、務穡、勸分」和儒教「大侵之禮」的內容頗有雷同，必然是後生晚輩孔子所汲取的思維之一，而這樣的呼籲確實展現了一個文明而理性的抗災與救災的積極作法，最終贏得僖公的信賴與回應，魯地大旱倖得解除。

然而，「焚巫尫」的祈雨方法恐怕不是僖公一時興起，而是其來有自。從甲骨文獻中不乏「焚巫尫」（暴巫尫）的字例，卜辭學家對此甚有一番激辯，但這種以「焚」（暴）的祈雨法，得先從「烄」字說起。

〔註373〕《穀梁》，卷十一，文公十年、十三年文見頁 173、177。
〔註374〕《穀梁》，卷十一，文公十六年，頁 183。
〔註375〕《左傳》，卷十四，僖公二十一年，頁 398～399。

「烄」：（𤆥𤆢）字，文字學家，如：葉玉森、李孝定、郭若沫、陳夢家、饒宗頤、張秉權、裘錫圭、單周堯等一致認為與「祈雨」有關，在卜辭裡透過簡易的動賓式：「烄□」即可輕易辨識之，今檢擇四例為證。

葉玉森《前釋》六卷二十四葉上：

> 按《尸子》曰『湯之救旱也，素車白馬布衣，身嬰白茅，以身為牲』，是殷初祈雨以人犧之證。後世變而加厲，乃投罪人于火，示驅魃意。本辭云『烄奴之从』，𤆢，象投交脛人于火上，'¦'象火焰。〔註376〕

李孝定《集釋》三一五八葉：

> 卜辭烄多與雨並見，當為祈雨之祭。葉謂以人為牲說當可以。辭云：『貞烄有从雨　貞勿烄亡其从雨』、『□奴烄有从雨』、『□申卜𣪊貞交亡从雨』、『乙卯卜今日烄从雨』是也。〔註377〕

陳夢家《綜述》六○二葉：

> 烄作㷮或炎，象人立于火上之形，㷮與雨顯然有直接的關係，所以卜辭之㷮所以祈雨，是沒有問題的，由於它是以人立于火上以求雨，與文獻所記暴巫、焚巫之事相同。〔註378〕

姚孝遂《甲骨文字詁林》一二三六葉按：

> 象以火焚人之形，乃祈雨之祭。文獻所記之「暴巫」猶之遺風。〔註379〕

卜辭中的「烄」與「祈雨」是劃上了等號，但此「用人火祭」，葉氏認為：殷初祈雨用人為牲是事實，但投人於火，乃「後世變而加厲」的結果。然而祈雨到底是「焚巫」？抑或「焚尪」？杜預注曰：「巫尪，女巫也。主祈禱請雨者。或以為尪非巫也，瘠病之人，其面向上，俗謂天哀其病，恐雨入其鼻，故為之旱，是以公欲焚之」，〔註380〕杜氏的疑問，正是今人的迷惑，因為「巫」、「尪」確實有別，裘錫圭企圖找出證據證明甲骨文中過去被認為作「交」的字，可能多數是「黃」字，因為「烄」字所从的「𡙑」，並非「交」字。〔註381〕氏言：

〔註376〕于省吾：《甲骨文字詁林》字第1228，頁1228。

〔註377〕同上注，頁1229。

〔註378〕同上注。

〔註379〕同上注，頁1236。

〔註380〕《左傳》，卷十四，僖公二十一年，頁398。

〔註381〕于省吾：《甲骨文字詁林》字第1228，頁1230。

　　唐蘭先生認爲「黃字古文，像人仰面向天，腹部澎大，是《禮記·
檀弓下》，吾欲暴尪而奚若的尪字的本字」這是很精確的見解。「黃」、
「尪」音近，《呂氏春秋·明理》高誘注：『尪，短仰者也。』同書
〈盡教〉注：「尪，突胸印（仰）向疾也。」尪人突胸凸肚，身子顯
得特別粗短，𡙇字表示的正是這種殘廢人的形象。〔註382〕
在甲骨文中，形近而訛並不在少數，此例「黃」是否爲「尪」，學者意見不同。
〔註383〕拋開文字上的紛爭，改由經學家的注解，我們可以認定「尪」是指「殘
疾之人」，上引文《呂氏春秋·明理》高誘注：『尪，短仰者也』，同書〈盡教〉
注：「尪，突胸印（仰）向疾也」可證外，《禮記·檀弓下》：

　　歲旱，穆公召縣子而問然。曰：「天久不雨，吾欲暴尪而奚若？」曰：
　　「天則不雨，而暴人之疾子，虐，毋乃不可與！」「然則吾欲暴巫而
　　奚若？」曰：「天則不雨，而望之愚婦人，于以求之，毋乃已疏乎！」
　　　〔註384〕

穆公欲「焚尪」，縣子認爲「暴人之疾子，虐」故止，改用「暴巫」，縣子認
爲將此國故委由「愚婦人」，甚疏遠於道理，頗刺穆公「闇昧」，此事得見「尪」
乃「殘疾者」；「巫」在春秋時期仍持有消災解厄的職權，當然原用於祈雨之
巫則爲女巫，更可用爲「人牲」，至《周官》女巫則成了專門執掌旱事祈雨的
司職人員。然而，「巫」、「尪」之辨，陳夢家先生則認爲「其分別在性，其爲
殘疾之人則一」，其引《荀子》〈王制〉、〈正論〉、〈王霸〉三文及注爲證，〔註
385〕恐怕並不完全符合實情。上引文縣子對暴尪、暴巫二事已解釋詳盡，沒有
理由認爲一個跛腳殘疾的女巫被曝曬在烈日下，卻被稱作是「愚婦人」，縣子
寧可稱「虐尪」不稱「虐巫」？寧可「憫尪」而不「憐巫」？於理未通。

　　何以「暴巫」、「暴尪」，用以爲牲呢？鄭玄：「尪者，面鄉天，覬天哀而
雨之」、「巫主接神，亦覬天哀而雨之」，〔註386〕在《國語·楚語》昭王問觀射
父「絕地天通」的事，〔註387〕經學家也多所引用，孔穎達曰：「觀射父對云：

〔註382〕同上注，頁1231。
〔註383〕同上注，單周堯提出：一，「黃」乃「尪」字說。二，祈雨所焚者乃尪也說。
　　　　上述二點仍有再研究的必要，且姚孝遂的按語，亦認爲與「黃」字無涉。詳
　　　　頁1232～1236。
〔註384〕《禮記》，卷十〈檀弓下〉，頁328～329。
〔註385〕詳陳夢家：《殷墟卜辭綜述》（北京：中華書局，1992），頁603。
〔註386〕《禮記》，卷十〈檀弓下〉，頁328、329。
〔註387〕《國語》，卷十八〈楚語下〉，頁274～276。

『民之精爽不攜貳者，明神降之在男曰覡，在女曰巫』然案《楚語》『精爽不攜貳者』始得爲巫，此經而云『愚婦人』者，據末世之巫，非復是精爽不攜貳之巫也。」〔註388〕此見孔氏並不否認「巫」對降神消災的法術能力，因爲他們正是能夠重新開啓「天地交通」的人物，是人與鬼神間的「介者」，透過引介與傳達，民間的悲情得感於上天，這乃巫風之遺漸，僅是「據末世之巫，非復是精爽不攜貳之巫也」成了行騙江湖的術士，不管用了。而縣子之所以稱「女巫」爲「愚婦人」，理由可於《山海經》找到，〈海外西經〉載：「女醜之尸，生十日炙殺之，在丈夫北，以右手障其面。十日居上，女醜居山之上。」袁珂認爲：所謂「炙殺」，疑乃「暴巫」之象，「女醜」疑即「女巫」也。古天旱求雨，有暴巫焚巫之舉，暴巫焚巫者，非暴巫焚巫也，乃以女巫飾爲旱魃而暴之焚之以禳災也，「暴巫」即「暴魃」也。〔註389〕這說法是最貼切的，因爲智者如縣子並不迷信女巫有溝通天人的本事，倘扮作女魃而暴之，愚而可笑。

又經學家的作解，清楚的表達天對人的「悲憫」之情，故找殘疾的尫，企圖引起哀感，故「覬天之哀而雨之」，這在民族學上是可以得到應證的，〔註390〕但我比較相信以下的說法，更爲貼近殷商用巫的事實：

> 在朝鮮雨水太多或太少致使作物歉收時，國王就要受到責怪。有人主張必須廢黜他，另一些人則認爲必須殺死他。〔註391〕

以此推之，中國焚巫尫恐怕是求雨不利，而成爲牲品，因爲人是最高的犧牲。

（四）齊景公大旱例

凶年祭與不祭？本例誠屬最早論及「祭事」與「歲凶」（無服之喪）的一個具體案例，不再僅止於上述理論的建構，而是一場政治論述與決策，此事亦足以充分說明孔子對「喪」、「祭」之看重與主張，及於兩者之間的取決態度。

這件事是發生在公元前五一六年（昭公二十六年），孔子（B.C.551～479年）正值三十六歲，〔註392〕在齊初試啼聲，齊大旱，景公問救旱之法；此事

〔註388〕《禮記》，卷十〈檀弓下〉，頁329。
〔註389〕袁珂：《山海經校注》（台北：里仁書局，2004），頁218。
〔註390〕弗雷澤：《金枝》，第五章〈巫術控制天氣〉，頁112。
〔註391〕弗雷澤：《金枝》，第六章〈巫師與國王〉，頁132。
〔註392〕清·狄子奇：《孔子編年》（《北京圖書館藏珍本年譜叢刊》第三冊，清光緒十

除了孔子的意見被紀錄下來外，尚有國相晏子的主張。先來談談年輕的孔子提出的建言，《孔子家語・曲禮子貢問》曰：

> 孔子在齊，齊大旱，春饑。景公問曰：「如之何？」孔子曰：「凶年，則乘駑馬，力役不興，馳道不修，祈以幣玉，祭事不懸，祀以下牲，此則賢君自貶，以救民之禮也」。〔註393〕

《論語・堯曰》孔子論政：「所重：民、食、喪、祭」〔註394〕這是儒教一貫的主張。「民、食、喪、祭」乃依序次之，「民與食」是高於所有一切，為國家之根本，根本失去賴以生存的養分，樹倒猢猻散，無民何能建國？因此百姓饑饉薦臻，有國者能以什麼方法阻止災害繼續擴大，賙救百姓生命，孔子對齊景公提出應對態度和政策是：一，「賢君自貶」：乘駑馬、力役不興、馳道不修（詳大侵之禮）；國家緊急政策是：「禱而無祀」：祈以幣玉、祭事不懸、祀以下牲。從國君自身的貶損做起，以示與民同在，共體時艱，顧及百姓的觀感避免群眾情緒的反彈。二，從祭祀的宗教行為去寬解和撫慰百姓內心的不安和無助，因而孔子主張「歲凶舉祭」以定民心，但以「薄祭簡祀」為主，因為祭祀在於「敬謹」不在於「鋪張」，在祭者之態度不在於牲品之繁多，諸此舉措莫不在於警惕「四海困窮，天祿永終」的歷史教訓和不變的定律。

　　本例更顯孔子對「喪」、「祭」的一貫態度，國難當前救民於乏饋，「重喪惠民」是第一要務；此外，對於百姓身陷苦難的悲傷與恐懼，則必須透過宗教儀式的心理治療給予撫慰，同時由國君親自主祀的祈禱大典亦不可假手他人或怠慢而使有司攝事，這目的不外乎是敦促國君展現責任政治的要求與敬天的態度。因此，面對齊國大饑的國難，孔子不主張「因喪廢祭」，而是改以「祈禱」的方式來呼求天地神明的垂憐，故曰：「祈以幣玉，祭事不懸，祀以下牲」，此謂何也？《禮記・禮器》曰：

> 君子曰：祭祀不祈，不麾蚤，不樂葆大，不善嘉事，牲不及肥大，薦不美多品。〔註395〕

　　　三年刻本，北京：北京圖書館，1999）頁280。與清・楊方晃：《至聖先師孔子年譜》（山東：山東友誼書社，1989），頁284皆編入此年。

〔註393〕《孔子家語》，卷十〈曲禮子貢問〉，頁104。又卷三，〈辯政〉：「齊君為國，奢乎臺榭，淫于苑囿，五官伎樂，不解於時，一旦而賜人以千乘之家者三，故曰政在節財。」頁32。

〔註394〕《論語》，卷二十〈堯曰〉，何晏注曰：「孔曰：重民，國之本也。重食，民之命也。重喪，所以盡哀。重祭，所以致敬。」頁266。

〔註395〕《禮記》，卷二十三〈禮器〉，孔穎達正義曰：「此一節論祭祀之事，依禮而行，

孔穎達正義引《鄭志》答趙商問曰：

> 祭祀常禮，以序孝敬之心，當專一其志而已。禱祈有為言之，主於
> 求福，豈禮之常也。又鄭《發墨守》云：孝子祭祀，唯致其誠信與
> 忠敬而已，不求其為。〔註396〕

誠然，先民將「祭祀」（常祀）與「祈禱」（非常祀）之祭義與作用區分得十分清楚，前者每年乃依官定時節而祀，依祭祀之大小或由君王親祀或使有司攝事；後者則於國家有故災變之時舉行，非有常時，由君王親自主祀為民祈福。從鄭玄的解釋中可見：常祀之禮，不在於禮容豐美的品項，而在於思親之孝誠，故別無所求；但祈祭則不同，舉行祈祭是在災難發生的時刻裡，對祖先有所乞求，因為有所乞求，因此祭祀之牲品禮容也絕對不是常祀之簡單樸質可擬，就證於《詩經‧雲漢》便是如此（詳本章第一節）。

本例中，孔子主張「祈以幣玉」的意思是：歲凶不祭，改以祈禱呼求神明垂憐原諒的方式，乃有所為而為，有所求而求，此為消災解厄而舉行之祭典謂之「祈」〔註397〕，其辭則謂之「禱」，這是在一個國家遭遇大故的非常時期裡，由主政者國君親自主祭，屬「非常祀」。從祭祀對象來說：祈祭除了官定的神祠之外，亦擴及非官定的所謂「淫祀」的對象，因此《詩經‧雲漢》說道：「不殄禋祀，自郊徂宮。上下奠瘞，靡神不宗。」〔註398〕意謂：上上下下內內外外所有神祠或鬼域全都祭祀了，就怕神靈鬼魅未受饗享而繼續為祟四方，絲毫不敢怠慢或輕忽。從祭祀的內容來看：「祈以幣玉」、「祀用下牲」，當然，這是孔子「歲凶眚禮」的理想主張，希望在國家困頓窘迫之際，盡量減少牲糧祭器等支出，但從《詩經‧雲漢》：「靡神不舉，靡愛斯牲，圭璧既卒，寧莫我聽」〔註399〕的實際描述看來卻不是這麼回事，宣王在饑饉薦臻，四海困窮，祖先不佑的狀況下，用盡所有「幣、牲」只為弭災救窮，但仍未

> 不樂華美。祭祀不祈者，祈，求也。凡祭祀之禮，本為感踐霜露思親，而宜
> 設祭以存親耳，非為就親祈福報也。」頁737～738。

〔註396〕《禮記》，卷二十三〈禮器〉，頁737～738。

〔註397〕《周禮》，卷二十五〈春官‧大祝〉：「掌六祈，以同鬼神神示，一曰類，二曰造，三曰禬，四曰禜，五曰攻，六曰說。作六辭，以通上下親疏遠近，一曰祠，二曰命，三曰誥，四曰會，五曰禱，六曰誄。」鄭玄注曰：「祈，謂為有災變，號呼告於神以求福。天神人鬼地祇不和，則六癘作見，故以祈禮同之。」頁775～777。

〔註398〕《詩經》，卷十八〈大雅‧雲漢〉，頁1194。

〔註399〕《詩經》，卷十八〈大雅‧雲漢〉，頁1196。

盡人事，災害遽增。從祭祀用樂方面來看：祈祭不用常祀之「祭樂」，故謂「祭事不懸」，廢去金石鐘鼓大樂，但有「巫樂」，如商湯大旱用〈桑林〉大樂，此乃「雩舞巫樂」也，[註400] 唯獻給諸路鬼神，而非官方特定之正神也。事實上，「祈祭」乃循中國古法以巫術驅鬼降魔，誠非祭祀之常法，妖術邪道甚有幾分。因此，災難困窮之時，除了和正神呼喊乞求，一方面也和鬼魅妖魔打交道，甚至黑色交易，這就是「巫術」，故災「用巫」不「用祝」也（詳上，魯僖公例）。

顯然，孔子也不能忽視這種「非常祀」的巫術法則；只是在這樣的方法之外（必須承認，這一方法確實有安定民心與撫慰民心的宗教作用，因此孔子並不反對，唯強烈反對鋪張過度或用人牲以祀，詳後魯穆公、魯哀公例），要求君王深自內省，自我就責，自行貶損，以身作則，以敬天愛民的態度回應天災巨變，這就是孔門政教的第一要務與為政態度。

但話說回來，孔子「祈祭止旱」的主張並沒有得到景公的重視，因為真正替齊國解決問題的還是老臣齊相晏子，《晏子春秋·諫上》如是說：

> 齊大旱逾時，景公召群臣問曰：「天不雨久矣，民且有饑色。吾使人卜，云，祟在高山廣水。寡人欲少賦斂以祠靈山，可乎？」群臣莫對。晏子進曰：「不可！祠此無益也。夫靈山固以石為身，以草木為髮，天久不雨，髮將焦，身將熱，彼獨不欲雨乎？祠之無益。」公曰：「不然，吾欲祠河伯，可乎？」晏子曰：「不可！河伯以水為國，以魚鱉為民，天久不雨，泉將下，百川竭，國將亡，民將滅矣，彼獨不欲雨乎？祠之何益！」景公曰：「今為之奈何？」晏子曰：「君誠避宮殿暴露，與靈山河伯共憂，其幸而雨乎！」于是景公出野居暴露，三日，天果大雨，民盡得種時。景公曰：「善哉！晏子之言，可無用乎！其維有德。」[註401]

齊國大旱，饑饉薦臻，國事蜩螗，景公召開國家緊急會議商討如何救旱，景公不改古法，使史占卜，卜示高山廣水的鬼魅作祟，因此必須增加百姓賦稅來舉行一場祭祀靈山的祈福大會，晏子對此說法與作法極力反對，他認為：天久不雨，不是只有人類承受不了，就連靈山上所有的一土一石一草一木都

[註400] 見拙論：〈夏社源流疏證〉。

[註401] 《晏子春秋》，見吳則虞：《晏子春秋集釋》（北京：中華書局，1962），卷一〈諫上〉，頁55。

會耐熱不住，因爲它們同樣需要雨水的灌漑滋養，否則就會枯萎而死，因此
「祠之無益」。話雖如此，景公並未打消祈祭的念頭，不祭靈山改祭河伯，晏
子依然堅持「祠之無益」的立場，巧將河伯、靈山與人類三者的命運關係連
結，彼我都依賴天雨而活，唇亡則齒寒，因而三者都是乾旱的受難者，去乞
求受難者給你大雨，這樣的邏輯是可笑的；顯然地，這是對孔子主張「祈祭
貶損」的駁正和批評。最後，晏子建議景公應該「以身請禱」，效法商湯，以
己爲牲，曝曬宮外，爲民乞求，天感則雨；這一作法得到景公的呼應，三日
後果眞見效，大旱解除。

　　孔子建議以「祈以幣玉、祀以下牲」消災解厄，晏子則要求景公「以身
請禱」，效法商湯。晏子並非主張「歲凶廢祭」，祭還是要祭，災害發生絕對
是要積極尋求解決之道，只是改以「君王作祭」（以王爲牲，暴君郊野），而
非以禮器牲口爲祭，或祭之遙遠與不相干等之山河百物。齊國用人牲以祈，
春秋可見一二案例（見僖公焚巫尪例、穆公暴巫尪例）。晏子的主張較之於孔
子，乍聽之下，是理性而不迷信，是責任承擔而非歸諸鬼神作祟，藉此要求
國君出外爲民祈福；但事實上，晏子的主張顯然是依循古法──「以人爲牲」，
是從「用牲」的角度而非從「受祭」的角度來思考止旱，歸根究柢，這是一
種原始的激烈而激情的巫術法則，災害之發生則由國王來承擔其所有罪責，
因爲國王的巫術本領就是「祈雨」（詳本章第一節）。〔註402〕

　　相同的例子，還有宋景公大旱三年的事例可證。《晏子集語》載曰：

〔註402〕弗雷澤：《金枝》，第六章〈巫師與國王〉：「在非洲，國王如果求雨失敗便常
　　　　被流放或被殺死。在西非地區，當祭物和供品獻給國王之後，仍不能獲得雨
　　　　水，他的臣民便把他綑綁起來，以暴力將他帶到他的祖墳前，在那裡，他可
　　　　能從其祖先之靈求得所需的雨水。」、「雨和蝗蟲是蘇丹政權的主要問題。他
　　　　也必須懂得如何求雨和驅趕蝗蟲。假如他和他的巫醫都未能完成這個任務，
　　　　當災難來臨之時他的整個生存都處於危險之中。當望眼欲穿的雨水遲遲不來
　　　　時，這位蘇丹便立即被趕走。事實上，人們認爲統治者必須對大自然及其現
　　　　象擁有控制力。」、「在尼羅河上游的拉圖卡人，每逢莊稼乾枯而酋長的一切
　　　　求雨努力都已被證明無效時，人們便在夜裡對他群起而攻之，搶走他的所有
　　　　財產，把他趕走，還常常殺死他。」頁131、「在南太平洋的紐埃島或野人島
　　　　等珊瑚島上，從前曾由一系列國王統治過。但由於國王也是大祭司，並被人
　　　　們認定可以使五穀豐收，因而在缺糧時，人們便憤怒地殺死他們。就這樣國
　　　　王們一個接著一個地被殺掉，直到最後再也沒有人當國王了，其君主政治也
　　　　隨之告終。古代的中國作家告訴我們，朝鮮在雨水太多或太少致使作物歉收
　　　　時，國王就要受到責怪。有人主張廢黜他，另有一些人則認爲必須殺死他。」
　　　　頁132。或詳拙論：《湯說演繹》，頁74～77。

> 昔者宋景公之時，大旱三年不雨，召太卜而卜之，曰：「當以人祀之。」
> 景公乃降堂北面稽首曰：「吾所以請雨者，乃爲吾民也，今必當以人
> 祀，寡人請自當之！」言未卒，天大雨，方千里。〔註403〕

宋景公因大旱比年至三，五穀不收，宋饑赤地，因而景公緊急找來史卜問祟，結果卜示「以人祀，乃雨」，也就是說：要終止這場三年的大旱，必須用人牲來祭諸路鬼神，才有可能止旱，否則旱魃將繼續發威危害宋邦。景公不忍百姓再爲此犧牲，毅然決然地告訴史官，如果非要用人獻祭的話，那就用我作牲，一切由我承擔。勇於承擔，苦民所苦，無畏旱魃，因而天感其悲，大雨千里，這是宋景公「仁者無敵」的寫照，永垂青史，成爲後世聖君的楷模。然而，祈雨不力而成爲眞正的犧牲者，這樣的巫尪被迫暴於郊野恐怕不少，對照於卜辭用巫用女的諸多字例看來，這是可信的。

　　顯見，歲凶用牲以祭，其方法是激烈而極端的，故而節節升高祭祀牲品的層級：畜牲→巫牲（如本例）→王牲（如商湯、齊景公、宋景公大旱例）。巫俗以「王牲」爲最高之獻祭，又通常最高之大巫乃爲「王巫」，因此祈雨止旱不力，最終極作法就是以王牲作禱，自負請罪，〔註404〕這一可怕而殘暴的巫俗古法，如湯旱翦髮斷爪自焚於積薪之上；齊景公、宋景公自暴於郊外的激情作法，透過先秦諸子與經解家的文獻解讀與寄言出意，則成了一理性內省的政治哲學，此以最高首領率先表態，責躬謙讓，以應天咎——朕躬有罪，無以萬方；萬方有罪，罪在朕躬。〔註405〕成爲一大書寫範本與政治展演（詳本章第三節），從此，天災時變，帝王無不是下詔罪己，省思責讓，儒家內省哲學亦藉由天災而發揚光大，冀以約束帝王至大無極的權力。

（五）哀公十二～十五年大旱例

　　哀公十五年，孔子高齡七十二歲（B.C.480年）適值魯邦大旱。這件事唯見於出土文獻《上博簡二‧魯邦大旱》一簡中，由馬承源先生整理發表，定

〔註403〕《晏子春秋》，附錄二《晏子集語》，頁564。
〔註404〕弗雷澤：《金枝》，第十七章〈王位的重負〉：「在早期社會的一定階段，人們以爲國王或祭司有天賦的超自然力量，或是神的化身。與這種信念相一致，他們還認爲超自然的過程或多或少在他的控制之下，如果氣候不好，莊稼歉收，以及其它類似的災難，他都要負責。……因此，如果旱災、饑餓、疫病和風暴發生，人民便歸咎於國王的失職或罪愆，從而相應地鞭笞、枷梏以懲治之，如果他執拗不悔，便廢除他的王位，甚至處死他。」頁261。
〔註405〕《論語》，卷二十〈堯曰〉，頁265。

年於哀公十五年夏秋之時，魯邦大旱。〔註406〕

大旱的發生，必然有跡可尋，《春秋經》哀公：「十二年，冬，十有二月，螽」，掌政的季孫氏因而問諸孔子（六十九歲，B.C.483年）：

> 仲尼曰：「丘聞之，火伏而後蟄者畢。今火猶西流，司歷過也。」。
>
> 〔註407〕

十二月出現螽跡，面對天變異象，孔子的回答是從「人事」的角度解讀災異的發生，因此歸咎於「司歷之過」，認爲歷官未察，未及置閏本年頒行天下，故見此異象。周十二月乃夏十月，所謂「七月流火，九月授衣，一之日觱發，二之日栗烈」〔註408〕夏十月火流盡沒，每年夏七月火星會出現在西南方的天空，消失在天空則是夏十月，氣候由涼轉寒，因此昆蟲已進入冬眠蟄伏的狀態；也就是說：夏十月（周十二月）已經看不見螽跡，今魯見螽跡，顯然是閏了一個月，並且是閏九月，因而看得見昆蟲未眠，顯然火流未盡。因此，孔子認爲是司歷之過，才會讓百姓惶恐不安，以爲時節有變。當然，從歷史角度看，果眞是司歷之過嗎？還是天變異象的警告？以下發生的狀況，恐怕是孔子失察了，未能及早防災。出於意料之外，「十三年，秋，九月，螽。冬，十有二月，螽」連續二年都陷入蝗害，十三年秋多更是比月大蝗，導致「十四年，冬，魯饑」〔註409〕的慘況，面對百姓飢寒交迫的哀嚎，哀公開口問有若的卻是：

> 哀公問於有若曰：「年饑，用不足，如之何？」有若對曰：「何徹乎？」
> 曰：「二，吾猶不足，如之何其徹也？」對曰：「百姓足，君孰與不
> 足？百姓不足，君孰與足？」〔註410〕

很諷刺地，哀公問有若：「年饑國用不足，該怎麼辦？」顯然哀公對百姓的困頓與苦楚視若無睹，聽而不聞，只在意國庫沒錢了，不夠開銷，有若卻反其

〔註406〕馬承源：《上海博物館藏戰國楚竹書（二）》（上海：上海古籍，2002），馬先生〈魯邦大旱〉之說明：「本篇長短簡共六枝，殘存二百零八字。內容記載魯哀公十五年發生大旱，哀公以此就教孔子禦旱之策，孔子提出需要加強刑德之治，而不必用瘞埋圭璧幣帛的慣例向山川神靈作求雨之祭。此後孔子遇見子贛，彼此對禦旱之策做了分析和討論。這是孔子如何應對天災的一個很重要的見解。」頁203。「哀公十五年孔子早已返魯，爲國老，十六年孔子死。簡辭所云的大旱發生在十五年夏秋時，內容可補《經》、《傳》之不足。」頁204。
〔註407〕《左傳》，卷五十九，哀公十二年，頁1667。
〔註408〕《詩經》，卷八〈豳風·七月〉，頁491。
〔註409〕《左傳》，卷五十九，哀公十三年，頁1669、哀公十四年，頁1676。
〔註410〕《論語》，卷十二〈顏淵〉，頁161。楊方晃：《至聖先師孔子年譜》將此事編入此年，頁582。

道要哀公減稅，哀公的回答實在令人咋舌：「現在每年徵收百分之二十的稅，我尚且不足花用，怎麼可以減稅至百分之十呢？」有若義正辭嚴地要哀公正視民生，百姓有錢了，國君就不怕沒錢可用，百姓沒錢度日，國君又那能高枕無憂呢？因此，唯有百姓日用充足，才會無怨無悔地供養其上位者。哀公恐怕沒料想到，國饑的情況愈益嚴重，已達到了臨界點，十五年終於出現全國性的「大旱」，魯邦赤地百里。

回顧魯邦大旱發生的始末，從哀公十二年冬天出現螽跡開始，至十三年秋冬蝗害肆虐，至十四年冬已經釀成魯饑的局面，飢荒繼續蔓延，迄至十五年夏秋，徹底導致「魯邦大旱」之嚴峻國況，百姓乞活無糧，這樣的苦日子引發國政危機，不得不請來國老孔子請益救災之法，楚簡〈魯邦大旱〉曰：

> 魯邦大旱，哀公謂孔子：「子不爲我圖之？」孔子答曰：「邦大旱，
> 母乃失諸型（刑）與惠（德）乎？……庶民知敓（說）之事，視也，
> 不知型（刑）與惠（德），女（如）母薆珪璧幣帛於山川。」。〔註411〕

句中「敓（說）」乃關鍵字（詳章第一節），是孔子提出的主張，在天災肆虐的時刻，順從民意，以安定民心爲主要前提，而後對哀公講刑德之政，則是其政治理想，希望哀公明白與實踐。很清楚地，孔子以順民爲先，順民就在於「攘災祭祀」，禱雩山川，故《左傳》曰：「哀公十五年秋，八月，大雩」，〔註412〕此乃依從孔子意見而行祈祭以定民心。

整理上述要點有四：一，「敓（說）」乃君王求雨「史辭請罪」之名。二，屬「祈禮」非歲時「常祭」，爲災變用之。三，舉祭目的在於「祈福消災」，舞雩山川，攘魃止旱。四，祭器「用幣不用牲」（不用畜牲，用王爲牲，詳第三節梁山崩史辭條例），簡于常祀。此點正好呼應昭公二十六年齊饑，孔子主以「祈以幣玉」、「女毋薆珪璧幣帛於山川」，另《左傳》，莊公二十五年曰：「凡天災，有幣，無牲」，〔註413〕「用幣」乃祈禱請命之禮；「用牲」乃享神之祀，故鄭注曰「以祈禮同之」。因此，「敓」乃「史辭」（責躬罪己，以己殉牲），

〔註411〕馬承源：〈魯邦大旱〉，頁204～206。

〔註412〕《左傳》，卷五十九，哀公十五年，頁1683。《公羊》，卷四，桓公五年曰：「大雩者何？旱祭也。則何以不言旱？言雩，則旱見；言旱，則雩不見。何以書？記災也」，何休注曰：「雩，旱請雨祭名。不解大者。祭言大雩，大旱可知也。」頁84～85。

〔註413〕《左傳》，卷十，莊公二十五年：「『秋，大水。鼓，用牲於社、於門』，亦非常也。凡天災，有幣，無牲。」頁283。

是國家遭遇天災大故時，所舉行的祈天禱雨之禮，國君並以事責己之過，以徇天咎。從《春秋經》、《傳》審之，歷屆君王皆不敢輕忽怠慢，從善如流。而《論語‧顏淵》樊遲遊於舞雩之下，問「崇德、修慝、辨惑」，劉寶楠認為「此當是雩禱之辭，以德慝惑為韻，如湯禱桑林以六事自責也。」〔註414〕（詳本章第三節）。此由天象災異衍生出來的儒家政論：「政者，正也。子帥以正，孰敢不正」、「君君臣臣父父子子」〔註415〕以身作則之政教觀，實為以人事對應災異的濫觴，非獨陰陽家有之。

值得注意的是：〈魯邦大旱〉中，提及「女毋愛珪璧幣帛於山川」，這引發台灣學者季師旭昇提出疑難駁正大陸學者馬承源先生之論，因為馬先生乃《上博簡》之主事者，更是第一位對外發表〈魯邦大旱〉的學者。然而，馬先生之說，並非不可提出詰難的，疑點在於：一，斷句的釐定。二，關鍵字義的審定。這二點在在關涉到孔子「主祭與否」的態度。馬氏認為：

> 不愛珪璧幣帛於山川，即不進行大旱之祭，但須保持刑德之治。這
> 是孔子向哀公提出禦大旱的基本對策。〔註416〕

季師認為：

> 孔子是敬畏上天的旨意的。因此在國家遇到災難的時候，一方面很
> 理性地強調要督正刑德，一方面也很保守地同意祭禱山川。〔註417〕

我以為師說是也。這話並非認為孔子乃「二可」意見模稜者，而是「去取」，就事情輕重而權衡其先後。《論語‧八佾》：「子貢欲去告朔之餼羊，子曰：賜也，爾愛其羊，我愛其禮。」〔註418〕便是孔子「主祭不廢」的例證，同時也呼應著孔師德成的論點。〔註419〕

〔註414〕劉寶楠：《論語正義》，卷十五〈顏淵〉，頁136。
〔註415〕上則為季康子問政於孔子之答語，下則為齊景公問政於孔子之答語。皆詳〈顏淵〉，頁54。
〔註416〕馬承源：〈魯邦大旱〉，頁206。
〔註417〕季師旭昇：〈上博二小議（三）：魯邦大旱、發命不夜〉，頁186。
〔註418〕《論語》，卷三〈八佾〉，頁39。
〔註419〕孔師德成說：「孔子很不迷信、不信鬼神：子不語怪力亂神；未知生，焉知死；祭如在，祭神如神在；但子之所慎：齊戰疾。孔子對『齊』（齋戒）卻是很看重的，對『祭祀』是非常重視的。左傳文公二年：『秋，八月，祀，國之大事也。而逆之，可謂禮乎？』另成公十三年：『國之大事，在祀與戎。祀有執膰（祭肉），戎有受脤。』把祭祀和戰爭二事並比，可見當時把『祭祀』看得很重要，這不就與『齊』有關係嗎？」按：此乃孔師德成於2004年6月11日《三禮研究》授課所言。

〈魯邦大旱〉最後一簡，孔子答子貢以：

公豈不飯梁食肉哉也，無如庶民何？〔註 420〕

孔子諷刺魯君，於時窮人饑的急迫中，無顧天下蒼生，仍然飽糧食肉，顯見《禮記・月令》季春：「是月也，天子布德行惠，命有司發倉廩，賜貧窮，振乏絕，開府庫，出幣帛，周天下。」；〔註 421〕漢朝崔寔《四民月令》曰：「三月，是月也，……乃順陽布德，振贍窮乏，務施九族，……可利溝瀆，葺治墙屋，修門戶，警設守備，以禦春饑，草竊之寇。」；〔註 422〕前引昭公二十六年，孔子在齊，齊大旱，春饑。面對景公之問，孔子則以「凶年，則乘駑馬，力役不興，馳道不修，祈以幣玉，祭事不懸，祀以下牲，此則賢君自貶，以救民之禮也」答之；哀公十二年冬十二月螽，季孫氏問之，孔子亦答以：「某聞之火伏而後蟄者畢，今火猶西流，司歷過也」（詳上）。依此四例，可斷：孔子面對國家大故，國君問以應對之方，首先勸以「正身責過」，躬敏於事，其次乃「主祭不廢」，以敬以謹的態度祭之，否則祭與不祭無別，此乃孔子對「祭」的態度，故〈魯邦大旱〉孔子非不主用祭，只是前題在於國君當躬自厚薄責於人，以惠愛為德。

要之，從〈魯邦大旱〉的殘簡中，足以證明：孔子主祭不廢，以安定民心，唯歲凶殺禮乃其原則，故用幣（圭璧幣帛）而不用牲。而弟子子贛（貢）則和晏子的說法相近（晏子最後主張以君作禱，暴於郊野；但子贛並無此言，或文獻闕矣），〔註 423〕認為去祈求山川興風降雨，祠之無益，因為祂們和人類一樣都需要雨水的滋養，因而馬先生的解釋是：「禦大旱寄希望於對山川埋掩圭璧幣帛，則毫無意義。」〔註 424〕這也就是說：大旱歲凶，祭與不祭，春秋時期便已存在二種主張，而這二種主張似乎與齊魯學派的壁壘有著密不可分的關係，並突顯出其區域性異文化的糾葛情結。

（六）魯穆公大旱例：徙市禁屠

此事詳於《禮記・檀弓下》：

歲旱，穆公召縣子而問然。曰：「天久不雨，吾欲暴尪而奚若？」曰：

〔註 420〕馬承源：〈魯邦大旱〉，頁 210。

〔註 421〕《禮記》，卷十五〈月令〉，頁 484。

〔註 422〕漢・崔寔：《四民月令》（《漢魏遺書鈔》，台北：藝文印書館，1970），頁 5b。

〔註 423〕馬承源：〈魯邦大旱〉，頁 207～208。

〔註 424〕馬承源：〈魯邦大旱〉，頁 209。

「天則不雨，而暴人之疾子，虐，毋乃不可與？」「然則吾欲暴巫而
奚若？」曰：「天則不雨，而望之愚婦人，於以求之，毋乃已疏乎？」
「徙市則奚若？」曰：「天子崩，巷市七日；諸侯薨，巷市三日，爲
之徙市，不亦可乎？」。〔註425〕

魯穆公（？～B.C.383年）時旱魃爲虐，滴雨未下，穆公急召縣子以問。縣子
何人也？文獻所見大抵可知縣子乃「知禮重喪」者，爲魯大夫。因此，穆公
面對旱災肆虐，依然尋求古法，欲以「暴尪止旱」遭到縣子的反對，穆公再
提「暴巫止旱」同樣遭到反對，最後穆公再提「徙市止旱」，這就得到了縣子
的肯定和贊成。

　　本段文獻足以整理出三種止旱之方：一，暴尪。二，暴巫。三，徙市。前
二者都是巫術時代傳統式的「以人爲牲」的祈雨法，而巫尪則是被認爲擁有與
神靈溝通並有祈雨能力的引介者；後者「徙市」（禁屠），乃首次見諸文獻，但
這恐怕也是一種古法。旱災的發生，除了引發飢荒路有餓殍，更往往爆發疫病
傳染，人與動物的交叉感染，病死的不論四足（人或走獸）或二足動物（飛禽），
如果是透過掩埋而非焚燒，必然污染地下水源，又加上水源斷流，飲用水不潔
而導致痢疾、霍亂、毒疽等嚴重的傳染。但古人認爲這些都是百物作祟所致，
尤其是曝尸荒野不得安葬的諸路野鬼或者爲人肆意丟棄的病死動物或宰殺的動
物諸靈都是作祟爲癘的主因之一。《管子·度地》則曰：「春不收枯骨朽脊，則
夏旱至。」、〔註426〕《舊唐書·刑法志》亦云：「冤人吁嗟，感傷和氣，和氣悖
亂，群生癘疫，水旱隨之。」〔註427〕因此，爲防止癘鬼作祟，帶來乾旱，政府
每年派遣秋官蜡氏「除骴」，賈公彥曰：「春是生氣，骨是死氣，爲死氣逆生氣，
故埋之。此官在秋者，是陰，故屬秋。」〔註428〕並且在荒政十二條例中，也列
入了「緩刑條例」，爲了是怕有冤案，受刑人含恨斷魂，暴市作癘，〔註429〕故
秋決暫止，以息生靈。弗雷澤《金枝·巫術控制天氣》亦寫到：

〔註425〕《禮記》，卷十〈檀弓下〉，頁328～329。
〔註426〕《管子》，見黎翔鳳：《管子校注》（北京：中華書局，2004）卷十八〈度地〉：
　　　　「春不收枯骨朽脊，伐枯木而去之，則夏旱至矣！」頁1063。
〔註427〕《舊唐書》，卷五十〈刑法志〉，頁2147。
〔註428〕《周禮》，卷三十六〈秋官·蜡氏〉，頁1138。或詳孫詒讓：《周禮正義》，卷
　　　　七十〈秋官·蜡氏〉，頁2899～2902。
〔註429〕《周禮》，卷三十六〈秋官·掌戮〉：「凡殺人者，踣諸市，市之三日。」鄭玄
　　　　注曰：「踣，僵尸也。肆猶申也，陳也。」頁1127。按：殺人罪，殺頭後不
　　　　得收葬，於市暴尸三日。

中國人相信人們的屍體沒有被埋葬時，他們的靈魂就將感受到雨淋
的難受，正如同那些活著的人們沒有棲身之所，就像在露天之下，
不蔽風雨所感受到的一樣。因此，這些可憐的靈魂就盡其力所能及
來防止下雨，並且常常是努力過火而發生了旱災。這在中國是一切
災禍之中最可怕的，因為歉收和飢餓致使死亡隨之而來。因而當旱
災來臨時，中國當權者的經常作法，是把那些未掩埋的，被風吹乾
了的屍骨加以埋葬，以終止者場旱災，祈天降雨。〔註430〕

文中描述的職官就是秋官蜡氏除骴的工作，但為何除骴，這是為了避免旱災的
發生，先民認為「屍骨」與「旱魃」是互為因果關係，緣此之故，穆公「徙市
禁屠」的作法顯然是更有效的阻止幽怨之氣，因而得到縣子的認同。誠然，縣
子反對「人牲獻祭」（暴巫、暴尪），也反對大肆鋪張的殺牲獻祭，事實上，「徙
市令」乃「禁屠令」，是向全國下達禁殺令的祈雨法，不論四足或二足都在其列。

　　此外，本例最重要的則是縣子最後一句的回答：「天子崩，巷市七日；諸
侯薨，巷市三日，為之徙市，不亦可乎？」鄭玄、孔穎達對「巷市」、「徙市」
的解釋是，鄭玄注曰：

徙市者，庶人之喪禮。今徙市，是憂戚於旱若喪。

孔穎達正義曰：

今徙市是憂戚於旱，若居天子諸侯之喪，必巷市者，以庶人憂戚，
無復求覓財利，要有急須之物不得不求，故於邑里之內而為巷市。

〔註431〕

透過縣子的談話，我們這才知道：春秋天子諸侯之喪，民為之巷市七日、三
日，因此「巷市」、「徙市」作為「服喪制度」亦首見於本例，但這顯然行之
多時。然而，縣子藉此所要彰顯的是什麼？歲凶饑饉，旱魃奪民，上位者應
該站在彼我同等的立場用一同理心以「大旱若喪」之憂戚態度與民同哀同苦，
以回報百姓為之巷市七或三的喪情。今大旱令以徙市三日（禁屠三日），萬民
同戚，而天子諸侯亦徹膳不舉同哀之。陳澔說得很好：

徙市，以居喪之禮自責也。縣子以其求諸己而不求諸人，故可其說。

〔註432〕

〔註430〕弗雷澤：《金枝》，第五章〈巫術控制天氣〉，頁107～108。
〔註431〕《禮記》，卷十〈檀弓下〉，頁329。
〔註432〕孫希旦：《禮記集解》，卷十一〈檀弓下〉，頁308引。

很清楚地，縣子不僅是一大儒士更是倡導「無服之喪」爲孔子的追隨者，而他的這席話，正是「無服之喪」精神指標之所在，並汲取發揚了孔子之精神所在——「大旱若喪」，這是一種宗教儀式性的解讀，縣子面對天災的降臨，用一理性的態度看待，不因恐慌性的民怨而退回古法，尋求「暴巫救旱」之方，無端地犧牲人命，因而巧妙地將「徙市」、「巷市」的喪葬禮制與「大旱歲凶」的政治難題連結起來，以一宗教悲憫的情懷——「大旱若喪」，召令全國「徙市三日」（禁屠三日）來沈澱撫慰受難者悲傷的情緒，讓受難地區的百姓感受到自己的苦難確實地得到國家政府的重視和援助。這就是縣子繼孔子之後發揚了「無服之喪」的儒教意義與作用，其發揮的效能在本例中看得是非常清楚的。而這個宗教性的宣慰方法也因此成了一項政治性的救難制度，原由服喪制度成了止旱的祈雨制度。〔註433〕

綜上春秋幾個大旱的例子，有二點重申：

一，歲凶，孔子主張用祭，唯殺禮示哀。用祭乃爲安定民心，人民歷經苦難的摧殘，精神與心靈都受盡煎熬，因此藉由宗教祭祀的力量，確實得以達到撫慰人心的積極作用，所以孔子對於民心之所願，並不予以抹殺，故主張用祭。雖主祭不廢，唯殺禮示哀，祭祀是一種對天地神明示誠的心意表述，不在於鋪張媚神或廣舉淫祀，時窮歲凶之際，百姓生活已然困頓偃蹇，凡祭禮從簡，尚樸用誠，乃其道理，故主祭不廢，殺禮示哀。

二，孔子「無服之喪」（大旱若喪）人道思維的崛起：殷商用巫用女祈雨的古法，到了春秋時代這樣的祈雨巫俗並未消失，仍然深植人心；但諸公欲循古祈雨的想法最後是遭到制止，代之而起的就是「無服之喪」（大旱若喪）的人道思維，其表現就在國君「史辭應咎」與「大侵之禮」的詔令自省與日行貶損的態度上。上述引例中，值得注意的是晏子進諫齊景公以「出次郊野，自暴爲民」，學習商湯之大我精神；事實上，這是一種「暴君」（暴王巫）的古法，將一切天災咎眚全然歸諸於國王祈雨不力的懲罰上，當然在巫術時代這就是一個國王所身負的神聖責任。但進入了禮樂文明時代，透過經傳的史筆與諸子之演繹則成爲一種「史辭」（說以上帝）範例（詳本章第三節），不

〔註433〕《隋書》，卷七〈禮儀二〉：「初請後二旬不雨者，即徙市禁屠。皇帝御素服，避正殿，減膳撤樂，或露坐聽政。百官斷傘扇。令人家造土龍。雨澍，則命有司報。州郡尉祈雨，則理眾獄，存鰥寡孤獨，掩骼埋胔，潔齋祈于社。七日，乃祈界內山川能興雨者，徙市斷屠如京師。祈而澍，亦各有報。」頁128。

再是一種畏天暴牲的巫俗，而是一種敬天內省的儒說。因此，不論是臧文仲、孔子，抑或縣子救旱的意見，最終得到僖公、哀公與穆公的呼應，從善如流，捨棄以往暴尪焚巫或淫祀的陋習，朝向一文明而理性的思維面對天災的降臨，進而思以正君內省的政教觀──四海困窮，天祿永終──促使中國政治哲學走向一天人符應與君權神授的天命史觀，進而大力闡發於兩漢政論與學術，成為中國政治哲學的一大特質，更為歷代帝王之史鑑官箴也。

第三節　《左傳》成公五年：「晉哭梁山崩」之史辭演繹

晉望「梁山崩」這件事發生在成公五年（B.C.586 年）。大山之崩，在古人的眼裡是件非同小可的大事，因此《春秋》經、傳對此都作了極其嚴肅而詳盡的表述。當然，此類大山崩落的事件，如幽王二年岐山崩、僖公十四年晉屬沙鹿崩，文獻都有翔實的記載。透過這些例子，大抵可見：「大山」乃國之土鎮故為「望祭」神主，各國之鎮山實乃牽繫著其國祚命數。因此，望祭乃國之大祭，這就是春秋魯公「廢郊猶望」（詳第四章第二節），必須舉祭不廢之理由。

本例有二大要點擬提出討論：一，「梁山崩」之三《傳》解讀，以《左》、《穀》為主（《公》以災異作解不贅），討論大山之於國的象徵意義，大山之崩，何以人心惶惶，君王必須出次行祭舉哀？此時「哭」的意義又是什麼？二，「史辭」（策於上帝）作為「說禮」之方式，其陳辭內容與意義是什麼？其源流發展值得探究。

一、「梁山崩」之三《傳》解讀

談梁山崩之前，先回顧西周岐山崩與晉屬沙鹿崩的事件。先說說岐山崩一事，《國語‧周語上》記云：

> 幽王二年，西周三川皆震。伯陽父曰：「周將亡矣！……昔伊、洛川竭而夏亡，河竭而商亡。今周德若二代之季矣，其川源又塞，塞必竭。夫國必依山川，山崩川竭，亡之徵也。川竭，山必崩。」是歲，三川竭，岐山崩。十一年，幽王乃滅，周乃東遷。〔註434〕

〔註434〕《國語》，卷一〈周語上〉，頁 13。

　　幽王二年，周王朝發生強烈地震，致使涇、渭、洛三水皆震，而震央就在離首都鎬京不遠的岐山，﹝註435﹞因此導致發源於岐山山脈的三川都發生劇烈的有感地震，造成大量土石崩落阻斷水流，形成壅塞下游川竭。

　　這一震讓大夫伯陽父不禁有感而發，慨嘆萬千，認爲天降凶兆有周將步夏商後塵覆滅而亡。從歷史經驗來看：伊、洛二水乾涸而夏亡，黃河斷流則商亡；而今三川絕源，正預示著周亡無日矣！爲此伯陽父憂心忡忡，幽王寵愛褒姒不惜烽火戲諸侯，這如同夏桀寵愛妹喜、商紂寵愛妲己的末代情景如出一轍，顯然，西周末日已現——「山崩川竭」就是天將亡之的證據。

　　再看僖公十四年（B.C.646 年，晉惠公時期）晉屬「沙鹿崩」事件。《左傳》載：「秋，八月辛卯，沙鹿崩。晉卜偃曰：『期年將有大咎，幾亡國。』」杜預注曰：「國主山川，山崩川竭，亡國之徵。」﹝註436﹞卜偃乃掌管卜筮之官，﹝註437﹞沙鹿崩惠公顯然要他進行卜問，藉由他和天地神明溝通的結果，得出的神論是：「期年將有大咎，幾亡國」，神論是一種命數，惠公命數已屆，這是上天的旨意和決定，因此讓象徵著君權命祚之大山崩毀以爲預兆。

　　另外二傳的看法是，《穀梁》曰：「林屬於山爲鹿。沙，山名也。無崩道而崩，故志之。其日，重其變也。」、﹝註438﹞《公羊》曰：「沙鹿者何？河上之邑也。此邑也，其言崩何？襲邑也。沙鹿崩，何以書？記異也。外異不書，此何以書？爲天下記異也。」﹝註439﹞「沙鹿」是晉國的領屬，《左》、《穀》都認爲沙鹿是一座大山，而《公》則認爲是一座建築於黃河沿岸上的城市，可能因爲地基被大水逐年沖刷淘空，導致城市陷落地中，故曰「襲邑」也。然而，不論是山或城，三《傳》都是從災異的角度作出解釋，呼應了晉惠公時

﹝註435﹞ 同上注。
﹝註436﹞ 《左傳》，卷十四，僖公十四年，頁 370。
﹝註437﹞ 《左傳》，卷十一，閔公元年，杜預注曰：「卜偃，晉掌卜大夫。」頁 305。卷十四，僖公十四年，孔穎達正義：「卜偃明達災異，以山崩爲亡國之徵，知其將有大咎，不言知之意，非末學者所得詳也。」頁 370。
﹝註438﹞ 《穀梁》，卷八，僖公十四年，頁 130。
﹝註439﹞ 《公羊》，卷十一，僖公十四年，何休注曰：「襲邑也，襲者，嘿陷入于地中。言崩者，以在河上也。河岸有高下，如山有地矣，故得言崩也。……土地者，民之主，霸者之象也。河者，陰之精，爲下所襲，此象天下異，齊桓將卒，霸道毀，夷狄動，宋襄承其業，爲楚所敗之應。而不系國者，起天下異。」頁 230。按：何休以《春秋》書梁山崩，不稱國名，是因爲土地乃象徵著君主霸權（地權），因此，齊桓霸權已屆，將有新主——宋襄公取而代之，這就是沙鹿崩的天啓暗示。

的政治亂象。歷史與事件之互爲因果，沙鹿崩正見此巧妙的連結，能說是湊巧，還是眞有天啓之暗示，在冥冥之中有其定數──新主將出──晉文公。

要之，山崩之毀與新主之出互爲因果，山崩象徵著晉惠公君權的結束，同時也是新主將出的預兆。因此，在災異的論述上最壞的時代也就是最好的時代，因爲陰陽消長，正如同「子卯日」乃桀紂亡國之日，同時也是湯武踐祚之日。〔註440〕大壞與大好實乃一體之兩面，新生與創造便是在此黑暗混沌中誕生。

晉屬大山在五十年後又見崩毀，但這回是晉屬地望名山──梁山，於公元前 586 年崩落，震驚天下。梁山乃晉國之命脈，其崩誠乃莫大之凶兆，因而詳諸《左傳》，成公五年傳載：

> 梁山崩，晉侯以傳召伯宗。伯宗辟重，曰：「辟傳！」重人曰：「待我，不如捷之速也。」問其所，曰：「絳人也。」問絳事焉，曰：「梁山崩，將召宗伯謀之。」問：「將若之何？」曰：「山有朽壤而崩，可若何？國主山川，故山崩川竭，君爲之**不舉，降服，乘縵，徹樂，出次，祝幣，史辭以禮焉**。其如此而已。雖伯宗若之何？」伯宗請見之，不可。遂以告，而從之。〔註441〕

成公五年，晉望梁山崩，晉侯（晉景公）〔註442〕緊急召見大夫伯宗（伯尊），伯宗駕車飛馳於路上，卻有路人駕牛車擋道致使伯宗的傳車翻覆，難以繼行。伯宗與擋道的重人（輦者）交相問對，並將重人對梁山崩的一席話牙慧於晉侯。伯宗如此重視重人的談話，顯然重人身份並非鄉巴野人，亦非一言可採喜相逢，實乃一隱士獻策，刻意擋道，迫使伯宗停車交相語也。〔註443〕

重人的話，無疑是本例最重要的一段文獻，《左傳》的記文是：「國主山川，故山崩川竭，君爲之不舉，降服，乘縵，徹樂，出次，祝幣，史辭以禮

〔註440〕《禮記》，卷九〈檀弓下〉：「子卯不樂。」鄭玄注曰：「紂以甲子死，桀以乙卯亡。王者謂之疾日，不以舉樂爲吉事，所以自戒懼。」頁 288。

〔註441〕《左傳》，卷二十六，成公五年，頁 720。

〔註442〕《左傳》，卷二十六，成公十年，經曰：「五月，丙午，（公元前 581 年）晉侯獳卒。」傳曰：「晉侯（景公）夢大厲，被髮及地，搏膺而踊曰：『殺余孫，不義。』……將食，張，如廁，陷而卒。」杜預注曰：「厲，鬼也。趙氏之先祖也。八年，晉侯殺趙同、趙括，故怒。」頁 741～742。按：景公濫殺趙氏家族，最終受厲鬼纏身，病入膏肓，身死於廁。

〔註443〕《穀梁》，卷十三，成公五年，楊士勛疏曰：「伯尊，晉之賢大夫。輦人，晉之隱士。」頁 218。

焉。」；而《國語》亦見記載：「夫國主山川，故川涸山崩，君爲之降服、出次，乘縵、不舉，策於上帝，國三日哭，以禮焉。」〔註444〕二《傳》互文見意，用辭稍異，作一比較，另附《穀梁》文：

《左傳》	國主山川	山崩川竭	不舉	降服	乘縵	徹樂		出次	祝幣	史辭
《國語》	國主山川	川涸山崩	不舉	降服	乘縵		國三日哭	出次		策於上帝
《穀梁》				素（服）縞（冠）			君牽眾臣哭		祠祭	

重人將景公的「君權」喻作「梁山」，而其治政結果則喻作「朽壤」，既然已是朽壤腐敗之態，自崩乃早晚之事。重人並非巫祝史卜的預言家，而是一政治觀察家，因此他希望晉侯面對梁山崩之天譴大凶能夠以「不舉」、「降服」、「乘縵」、「徹樂」（國三日哭）、「出次」、「祝幣」、「史辭」（策於上帝）來化解國運將頹的危勢。而「不舉」（不殺牲食肉）、「降服」（麻衣縞冠）、「乘縵」（車駕無飾）、「徹樂」（去樂示哀）等動作是要君王於日常細行上能有所貶損，敦樸爲尚（詳上，大侵之禮）。而「出次」、「祝幣」、「史辭」（策於上帝）實乃舉哀行祭，故君王出於郊野（出次）、祈以幣帛（祝幣）、說於上帝（史辭），以謝天咎，希望藉此諸行可以趨吉化凶。

又《穀梁》，成公五年傳曰：

梁山崩。不日，何也？高者有崩道也。有崩道，則何以書也？曰：梁山崩，壅遏河三日不流。晉君召伯尊而問焉。伯尊來，遇輦者，輦者不辟，使車右下而鞭之。輦者曰：「所以鞭我者，其取道遠矣。」伯尊下車而問焉，曰：「子有聞乎？」對曰：「梁山崩，壅遏河三日不流。」伯尊曰：「君爲此召我也，爲之奈何？」輦者曰：「天有山，天崩之。天有河，天壅之。雖召伯尊，如之何？」伯尊由忠問焉。輦者曰：「君親素縞，帥群臣而哭之，既而祠焉，斯流矣。」伯尊至，

〔註444〕《國語》，卷十一〈晉語五‧梁山崩〉：「梁山崩，以傳召伯宗，遇大車當道而覆，立而辟之，曰：『避傳。』對曰：『傳爲速也，若俟吾避，則加遲矣，不如捷而行。』伯宗喜，問其居，曰：『絳人也。』伯宗曰：『何聞？』曰：『梁山崩而以傳召伯宗。』伯宗問曰：『乃將若何？』對曰：『山有朽壤而崩，將若何？夫國主山川，故川涸山崩，君爲之降服、出次，乘縵、不舉，策於上帝，國三日哭，以禮焉。雖伯宗亦如是而已，其若之何？』問其名，不告；請以見，不許。伯宗及絳，以告，而從之。」頁198。

> 君問之曰：「梁山崩，壅遏河三日不流，爲之奈何？」伯尊曰：「君
> 親素縞，帥群臣而哭之，既而祠焉，斯流矣。」孔子聞之曰：「伯尊
> 其無績乎，攘善也。」。〔註445〕

《穀梁》記述的輂者（重人）談話，顯然是一宿命史觀，認爲一切事情都有
其定數，其定數多少揆諸天意，非人力所及，故曰：「天有山，天崩之。天有
河，天壅之。雖召伯尊，如之何？」話雖如此，人力所及者，輂者提出一「山
崩若喪」——「國三日哭」（《國語》）的內省之方，並行祭弭咎，藉以喚起天
主之感；這與前述魯大夫縣子提出「大旱若喪」——「徙市三日」的思維是
一致的，無不以哀喪之情面對災眚變咎，自此中國凡天災地變都以「如喪」
視之，故君爲之「不舉」、「降服」、「乘縵」、「徹樂」以示哀窮。

　　因此，范寧注曰：「梁山，晉之望也。不言晉者，名山大川不以封也。許
愼曰：『山者陽位，君之象也。』象君權壞。……素衣縞冠，凶服也。所以凶
服者，山川，國之鎮也，山崩川塞，示哀窮。」〔註446〕范氏作解迴避了宿命
論的說詞，與《左傳》異曲同工，都是從「人」的角度來思考災變的發生，
認爲「大山」乃象徵著至大的「君權」，君王窮極奢泰，無顧天下蒼生，政治
危亂紛乘，這是「人爲」的結果，上天則以山崩作爲警訊，收回其命。所以
君王對此災變的警示必須「素衣縞冠」，著此凶服，以示哀窮，這也就是《穀
梁》、《國語》儒家政論一以貫之「以哭作喪」——「大災若喪」（大旱若喪、
大崩若喪、廟災若喪等）的思維與作法來哀悼與面對凶荒栽眚。《白虎通·災
變》詳述了箇中原由：

> 何以言災有哭也？春秋曰：『新宮火，三日哭。』傳曰：『必三日哭
> 何？禮也。』〔註447〕災三日哭，所以然者，宗廟祖先所處，鬼神無
> 形體，曰今忽得天火，得無爲災所中乎？故哭也。〔註448〕

顯然，這裡的「哭」，不論是君素縞率眾臣出郊而哭，還是召令天下國哭三日、
國不會市，〔註449〕都展現了儒家「無服之喪」的思維，是一種理性的宗教儀

〔註445〕《穀梁》，卷十三，成公五年，頁218～219。
〔註446〕同上注，頁218。
〔註447〕《公羊》，卷十七，成公三年：「其言三日哭何？廟災三日哭，禮也。」何休
　　　　注曰：「善得禮，痛傷鬼神無所依歸，故君臣素縞哭之。」頁377。
〔註448〕《白虎通》，卷六，〈災變〉，頁268。
〔註449〕《左傳》，卷四十八，昭公十八年：「夏五月，火始昏見。……宋、衛、陳、
　　　　鄭皆火。……郊人助祝史除於國北，禳火於玄冥、回祿，祈於四鄘。書焚室
　　　　而寬其徵，與之材。三日哭，國不會市（杜注：示憂戚，不會市）。使行人告

式與程序，充滿著感同身受的關懷與憐憫，因而形成一項不朽的條例，凡國故大災便「出郊而哭」或「國哭三日」（廢朝三日）以示哀；較之於上一節提到的「大裁，歌哭而請」，這樣的「哭」則是一種瘋狂激情的薩滿狀態，帶有歇斯底里並認爲與神鬼合一的魔幻情感與靈體，這是一種交感巫術的哭號。然而此一巫風，漸爲儒學扭轉而爲帝王責躬自省的應咎之方。

再看看《公羊》，成公五年傳曰：

> 梁山者何？河上之山也。梁山崩，何以書？記異也？何異爾？大也。
> 何大爾？梁山崩，壅河三日不流。外異不書，此何以書？爲天下記
> 異也。〔註450〕

很清楚地，三傳解經的重點：《左》、《穀》著墨在事件原委的陳述，並且聚焦在「人君」對災變的應對態度與執行上；而《公羊》但言異不言事，顯得無關痛癢，無視民生。而其天人符應之關係，至何休作注，始說明白，氏注曰：「山者，陽精，德澤所由生，君之象。河者，四瀆，所以通道中國，與正（王）道同。記山崩壅河者，此象諸侯失勢，王道絕，大夫擅恣，爲海內害。自是之後，六十年之中，弒君十四，亡國三十二，故溴梁之盟，遍刺天下之大夫。」〔註451〕何休的話顯然是後話，也是歷史發生的結果，並不能說是先見之明；但這也顯示：山崩事件發生之機巧與各國大夫亂政有其對應之關係，若是作爲後世之教本，陰陽災異論絕對得以發揮其莫大之效用。

二、「史辭」源流

（一）「史辭」應咎之源——〈湯說〉殉己

「望祭」山川，乃諸侯國之大事，天子於南郊祭天之後而行望祭，望祭誠非小祭，小祭之說乃相對於「郊天」而言。存之於古，名山乃鎮國之神器，晉望梁山之崩，預示國運將頹，爲大凶之兆也。

因而從「晉哭梁山崩」的事例來看，《左》、《國》都記述並強調了重人（聾者）提出的「出次」、〈祝幣〉、「史辭」（策於上帝）〔註452〕應天弭咎之思維。

於諸侯。宋、衛皆如是。陳不救火，許不吊災，君子是以知陳、許之先亡也。」頁 13750～1376。
〔註450〕《公羊》，卷十七，成公五年，頁 380～381。
〔註451〕同上注，徐彥疏曰：「襄十六年春『公會晉侯、宋公』以下『於溴梁。戊寅，大夫盟』，傳云『諸侯皆在是，其言大夫盟何？信在大夫也。』」頁 380～381。
〔註452〕竹添光鴻：《左傳會箋》，第十二，成五，箋曰：「爲君作策，以自罪責而謝神。」

面對國土凶災國君必須親次郊野，以史辭說於上帝，代萬民躬承天咎，無可毀誓，而這就是君王責任之所在，前引商湯、魯僖公、齊景公、宋景公諸例便是。

　　討論「史辭」（責己、作牲）之發展源流，我認為乃起於──〈湯說〉，而「史辭」之作為「說禮」的內容與禱辭，回顧〈湯說〉一文便能明白，《墨子·兼愛下》曰：

> 且不唯禹誓為然，雖湯說即亦猶是也。湯曰：「惟予小子履，敢用玄牡，告於上天后（土），今天大旱，即當朕身履，未知得罪于上下，有善不敢蔽，有罪不敢赦，簡在帝心。萬方有罪，即當朕身；朕身有罪，無及萬方。」即此言湯貴為天子，富有天下，然且不憚以身為犧牲，以祠說于上帝鬼神。〔註453〕

從「湯曰」云云的內容來解讀：一，「即當朕身」，乃暴王作牲，由國王承擔所有大旱不雨的責任，故曰：「以身為犧牲，以祠說于上帝鬼神」，君王是因為與生俱來的巫術法力，因而被賦予其政治權力，久旱不雨則以身作禱，在巫俗領政的時代中有其必然性和神聖性（詳本章第一節）。二，「湯曰」云云與《論語·堯曰》：「（堯曰：「咨！爾舜！天之歷數在爾躬，允執其中。四海困窮，天祿永終。」舜亦以命禹。）曰：予小子履，敢用玄牡，敢昭告于皇皇后帝：有罪不敢赦，帝臣不蔽，簡在帝心。朕躬有罪，無以萬方；萬方有罪，罪在朕躬」〔註454〕內容極為相似，但〈堯曰〉顯然是二段殘文的合篇。括弧一段與湯曰一段各為一文，其間必有缺漏，但仍可以清楚地辨別，湯之所以有天下是因為：夏桀四海困窮，天祿永終，鼎移大商，承天受命；這和舜、禹的模式是一樣的，因此〈兼愛下〉以「禹誓」（闕文）、「湯說」（湯誓）並比，通過兩大天災（水、旱）的考驗促使禹、湯得天之權，以正天下。因而清儒孫詒讓、徐時棟、孫星衍等一致認為《墨子·兼愛下》「湯曰」云云，實乃〈湯說〉（夏社）之逸文，並且是湯禱旱告天遷社之辭也。〔註455〕本章第一節業已述及凡國有水旱之災，百姓耗盡家產遍祀神鬼百物，最終依舊無力回天，護國土神──社主，將被更替毀祀，從此落難。因此當國王被當作牲

　　　　頁45。

〔註453〕同上注，頁122～123。

〔註454〕《論語》，卷二十〈堯曰〉，頁265。

〔註455〕詳拙論：〈湯說演繹〉。

口獻祭了，神社也終將難逃毀主遷社的命運，至少從歷史文本與民俗紀錄中都得到了有力的應證。

顯然，不論夏禹之「誓辭」或商湯之「說辭」，都包含兩大元素：「說辭」（以辭責己）、「人牲」（即當朕身），鄭玄認爲「有幣無牲」乃是戰國以後的說禮；也就是說：六祈當中的「說禮」，在其實際的施作上乃「以王作犧」，而禱辭內容由王者一人「承天之咎」，一肩挑起並承擔了天下萬民之罪。因此以禹湯的例子來說，由於是以王身作禱，因而冠上「王者之名」以說上帝，藉此以說服上帝之心，故其說辭名爲：「禹誓」、「湯說」也（詳本章第一節）。

當然，進入禮教文明，諸子文獻與經傳之解讀，已將巫俗本色脫胎換骨，對於這些必須付出生命消災解厄的可憐王者，寫進政論讚稱其「仁者無敵」的聖心，也因爲如此勇敢地承擔天咎，無懼天威，其偉大情操最終是得天之感以致得天之權，一統天下，成爲天之大子，這就成了儒家大力鼓吹的「成聖之路」之經典範本；不再有王牲以說上帝之情事，而是徒留以辭責己的儀式和寫本。

（二）「史辭」內容之具體化——六事責過

「以辭責己」，從〈湯說〉〈湯誓〉以來，至於其他文獻尚有：《國語・周語上》、《論語・堯曰》、《呂氏春秋・順民》，其固定的寫本模式是：「萬方有罪，即當朕身；朕身有罪，無及萬方」、「余一人有罪，無以萬夫；萬夫有罪，在余一人」、「朕躬有罪，無以萬方；萬方有罪，罪在朕躬」、「余一人有罪，無及萬夫；萬夫有罪，在余一人」。〔註456〕但這顯然是早期的說辭，籠統地將所有罪過由王一肩承擔，但到了戰國時期出現以「六事自省」之具體事項，見諸《荀子・大略》：

> 湯旱而禱曰：政不節與？使民疾與？何以不雨，至斯極也；宮室榮
> 與？女謁盛與？何以不雨，至斯極也；苞苴行與？讒夫昌與？何以
> 不雨，至斯極也！〔註457〕

歲凶不雨，提出六項之具體政務逐一檢討：一，政不節與？二，使民疾與？三，宮室榮與？四，女謁盛與？五，苞苴行與？六，讒夫昌與？兩兩爲偶，六事爲

〔註456〕依其序各見《墨子》，卷四〈兼愛下〉，頁 122、《國語》，卷一〈周語上・襄
　　　　王使邵公過及內史過賜晉惠公命〉，頁 17、《論語》，卷二十〈堯曰〉，頁 265、
　　　　《呂氏春秋》，卷九，〈順民〉，頁 479。
〔註457〕《荀子》，卷十九，〈大略〉，頁 794。

三，故於三偶中皆各置入一句「何以不雨，至斯極也」的慨辭，其深長而無奈的口氣，就是禱辭的一大特色，藉以一唱三歎的偶句來襯托時窮之哀也。

上述六事，《宋史・儒林八・李心傳傳》解釋得極為明白：

> 朝令夕改，靡有常規，則政不節矣；行齎居送，略無罷日，則使民疾矣；陪都園廟，工作甚殷，則土木營矣；潛邸女冠，聲焰茲熾，則女謁盛矣；珍玩之獻，罕聞卻絕，則包苴行矣；鯁切之言，類多厭棄，則讒夫昌矣。此六事者一或有焉，猶足以致旱。願亟降罪己之詔，修六事以回天心。〔註458〕

所謂「政不節與？」乃檢視政令是否反復無常，使民無所遵從；而「使民疾與？」則檢視官員之送往迎來的陋習與弊案，使民不堪財物之耗費；「宮室榮與？」乃檢視皇家宮苑陵廟建築是否有違矩度，侈泰奢華，濫肆興建；「女謁盛與？」則檢視後宮女官之德，君王笙歌怠政，女禍由生，應黜或遣；「包苴行與？」乃檢視官員收賄情況，賄賂公行，敗壞官箴，致使野有遺賢；「讒夫昌與？」則檢視君王身邊奸佞之臣，君王不見忠告與民政，乃因君側讒夫所致，固當清掃。

此六過，主要由政治禍端，如女禍、朋黨，及刑政官箴上作反省，並對主事者自身的私慾、廉能、用人上提出檢討，因此，天災的產生被視為：「政失所致」，故君主應之以謙恭責讓。所以李心傳認為湯說六事，只要其中一項沈痾積習便足使天下發生大旱，因此帝王不可不慎於六事。

三代以來克躬六事的聖君，在秦漢儒士的筆下有二人：一為商湯，文獻稱述者有：《荀子・大略》、劉向《說苑・君道》；一為魯僖公，如《春秋考異郵》（詳前僖公不雨例），對僖公的德政稱譽有嘉，引為聖主。緯書之大興其道乃於西漢王莽至東漢光武帝之際，顯示這「六事」之說都是後起並經過精心潤飾的政論學說，事實上，經傳並無此一記述。

（三）「史辭」對象之轉嫁──卿相應咎

史辭發展至帝制時代，兩漢是一大觀察期和轉變期。殷商以往由王為民作犧，春秋則率領群臣次於郊外哭旱之喪，到了漢室卻是徒具儀文，這就是在兩漢大量出現的──罪己詔。〔註459〕「六事責過」之政務檢討，在文帝時

〔註458〕《宋史》，卷四百三十八〈儒林八・李心傳傳〉，頁12985。
〔註459〕陳業新：《災害與兩漢社會》（博士論文，華中師範大學歷史文獻研究所，李國祥教授指導，2001.05）：「兩漢君主在災害發生後所下的自譴詔計有30次，

代舊俗尚存，約見六事責過自省之古意，〔註460〕其後，不論是「六事範式」或「湯說範式」便成星散的言辭徒爲漢主「下詔罪己」公文中的一種陳述而已。

　　六事中，「苞苴行與？讒夫昌與？」是一項針對國家選官用人或朋黨勢力的檢討和整飭，但究其根柢，政治權力的鬥爭，已清楚地藉由天災，巧妙地將帝王本來應該承擔的政治責任，完全推諉於丞相或三公，轉嫁其罪以規避天懲；當然，帝制皇權無限上綱，諸臣豈能罪責帝王，要他代萬民而死呢？因此，代萬民受死，已非帝王而是卿相，而第一個推諉帝王己身責任的則是——「漢成帝」，將歲凶荒年之罪推諉於丞相「薛宣」，《漢書‧薛宣傳》載：

> 君爲丞相，出入六年，忠孝之行，率先百僚，朕無聞焉。朕既不明，
> 變異數見，歲比不登，倉廩空虛，百姓飢饉，流離道路，疾疫死者
> 以萬數，人至相食，盜賊並興，群職曠廢，是朕之不德而股肱不良
> 也。乃者廣漢群盜橫恣，殘賊吏民，朕惻然傷之，數以問君，君對
> 輒不如其實。西州鬲絕，幾不爲郡。三輔賦斂無度，酷吏並緣爲姦，
> 侵擾百姓，詔君案驗，復無欲得事實之意。九卿以下，咸承風指，
> 同時陷于謾欺之辜，咎繇君焉！有司法君領職解嫚，開謾欺之路，
> 傷薄風化，無以帥示四方。不忍致君于理，其上丞相高陽侯印綬，
> 罷歸。〔註461〕

詔文中可以看到成帝對薛宣作了極其嚴厲地指責和批判，將一切的罪過和災害都推諉給丞相一人承擔，成帝謂己用人不明而自讉，但所謂「股肱不良」、「咎繇君焉」則一股腦兒地將歷史罪名推向了丞相薛宣。成帝時代天變異象屢屢發生，其遷毀甘泉、汾陰天地之祀，改祠於長安南北二郊，並廢大駕之禮爲區區法駕，一改祖宗舊法，這些異象彰顯其大罪，致使成帝無嗣。正因如此，成帝不能無懼於天威，屢次興廢甘泉、汾陰之祀，又加上歲凶連年，

其中西漢 16 次（文帝 1 次、武帝 1 次、宣帝 2 次、元帝 7 次、成帝 2 次、哀帝 2 次、新莽 12 次），東漢 14 次（光武帝 2 次、章帝 1 次、和帝 3 次、安帝 3 次、順帝 4 次、桓帝 1 次）。」頁 93。

〔註460〕《漢書》，卷四〈文帝紀〉：「後元元年（公元前 163 年）春三月詔：『間者數歲不登，又有水旱疾疫之災，朕甚憂之。愚而不明，未達其咎。意者朕之政有所失而行有過與？乃天道有不順，地利或不得，人事多失和，鬼神廢不享與？將百官之奉養或費，無用之事或多與？⋯⋯爲酒醪以靡穀者多，六畜之食焉者眾與？』頁 128。

〔註461〕《漢書》，卷八十三〈薛宣傳〉，頁 3393。

饑饉薦臻，人至相食的慘況，最終釀成廣漢的暴動，政府無以制暴救災。成帝就此首開中國以來「責相嫁罪」的前例——薛宣（爲相六年）罷相於成帝永始元年（B.C.6 年）。

然而，嚴格說來，薛宣僅是罷相免職，並不算是爲王作犧的代罪者，眞正成爲代罪羔羊，則是繼薛宣之位的「翟方進」（爲相九年），《漢書·翟方進傳》載：

> （成帝綏和二年，公元前 7 年）皇帝問丞相：君有孔子之慮，孟賁之勇，朕嘉與君同心一意，庶幾有成。惟君登位，於今十年，災害並臻，民被飢餓，加以疾疫溺死，關門牡開，失國守備，盜賊黨輩·吏民殘賊，毆殺良民，斷獄歲歲多前。上書言事，交錯道路，懷姦朋黨，相爲隱蔽，皆亡忠慮，群下兇兇，更相嫉妒，其咎安在？觀君之治，無欲輔朕富民便安元元之念。間者郡國穀雖頗孰，百姓不足者尚眾，前去城郭，未能盡還，夙夜未嘗忘焉。朕惟往時之用，與今一也，百僚用度各有數。君不量多少，一聽群下言，用度不足，奏請一切增賦，稅城郭堧及園田，過更，算馬牛羊，增益鹽鐵，變更無常。朕既不明，隨奏許可，後議者以爲不便，制詔下君，君云賣酒醪。後請止，未盡月復奏議令賣酒醪。朕誠怪君，何持容容之計，無忠固意，將何以輔朕帥道群下？而欲久蒙顯尊之位，豈不難哉！傳曰：『高而不危，所以長守貴也。』欲退君位，尚未忍。君其孰念詳計，塞絕姦原，憂國如家，務便百姓以輔朕。朕既已改，**君其自思，強食慎職。**使尚書令賜君上尊酒十石，養牛一，君審處焉。
> **方進即日自殺。**〔註462〕

歲凶政府無能益見，政策反復導致政局動盪，以致盜賊四起，民生愈加困難，這一切罪責元兇，宰相雖難辭其咎，但成帝卻置身事外，一如對薛宣的指責是一樣的，概由行政最高首長來承擔（今日亦同）。翟方進爲相長達九年之久，國事蝟蟠，成帝謂此非「退君位」就能弭平連年歲凶的天懲，因而遣尚書賜「酒十石，養牛一」——領死謝罪。他是帝制史上第一個被嫁罪的丞相，君要臣死，臣不敢不死，翟氏受詔旋即自殺，一死徇天，就此開啓丞相或三公代王受咎，爲王作犧的歷史。趙翼《二十二史箚記·災異策免三公》引如淳《漢書注》謂：「天文大變，天下大禍，則使侍中以上尊養牛賜丞相，策告殃

〔註462〕《漢書》，卷八十四〈翟方進傳〉，頁 3422～3424。

咎，丞相即日自殺。」〔註463〕說的就是翟氏的案例，皇帝自此退居政治責任之外。

　　顯然，天災地變，帝王無罪，僅是下詔罪己，擁抱天下臣民對自己的訴狀，詔文中更利用「詔問丞相」的說辭規避己罪，已不復見君率眾臣素縞白冠次郊舉哀，或挺身而出自暴於郊野的政治道德感，全然是一套政治性的展演藝術，以此代替實質性的巫詛儀式；唯其依舊保留著轉嫁的巫詛古風——找替死者爲王受過，弗雷澤《金枝・以王子獻祭》曰：

> 國王爲了全國的利益常要給叫做拉菲斯蒂的宙斯的神作祭品，但他們設法把這致命的責任推給子孫，通常都是以長子獻祭。……把國王或王子獻祭一事與大飢荒聯繫起來的傳說，顯然表明了一種信仰，這種信仰在原始人當中是很普遍的，就是國王要對氣候或年成負責，他理所當然地要爲風雨失調和莊稼歉收而付出他的生命。〔註464〕

這個信仰與中國巫俗時代必須由君王一人承擔風雨失調和莊稼歉收之責任，以及日後轉嫁長子或假王〔註465〕受死獻祭的情況較之於成帝咎推丞相的模式都極爲相似，並比而觀，誠屬可採。

　　翟方進乃成帝一世之代罪羔羊，成爲巫牲殉天的丞相，但這僅是短暫性的案例，哀帝以來漸趨虛位的「三公」則是繼丞相之後，成爲常態性的代罪者，東漢更訂定其策免規則。哀帝建平元年（B.C.6 年），大司空師丹是史上第一個因天災不斷而遭到策免的三公，其後史書不絕。〔註466〕杜佑《通典》

〔註463〕清・趙翼：《二十二史箚記》（瀋陽：遼寧教育，2000），卷二〈災異策免三公〉，頁36。《漢書》，卷八十四〈翟方進傳〉，注〔一〕引如淳曰：「漢儀注有天地大變，天下大過，皇帝使侍中持節乘四白馬，賜上尊酒十斛，牛一頭，策告殃咎。使者去半道，丞相即上病。使者還，未白事，尚書以丞相不起病聞。」頁3424。

〔註464〕《金枝》，第二十六章〈以王子獻祭〉，頁433。弗雷澤又寫到：「亞洲西部的閃米特人，國王在國家危難的時候，有時讓自己的兒子爲全體人民獻祭而死去。」按：中國春秋時期，亦見戰敗國的王子被俘獻祭的案例，詳拙論：〈「夏社」源流疏證〉，頁462～463。

〔註465〕《金枝》，第二十五章，〈臨時國王〉：「有些地方把巴比倫流行過的改良式之殺王風俗進一步改得更溫和了。國王還是每年暫時離職，他的地位或多或少名義上的國王替代。後者在短期統治結束時不再被殺了，不過有時候還保存著假擬處死的作法，以作爲對往昔眞正處死國王那種作法的紀念。」頁421。

〔註466〕詳陳業新：《災害與兩漢社會》，表4-3 兩漢時期災害與策相情況一覽表，頁107～108。《漢書》，卷八十六〈師丹傳〉：「（哀帝）策免丹曰：『夫三公者，朕之腹野心，輔善相過，匡率百僚，和合天下者也。朕既不明，委政於公，

則曰：

> 後漢本制，日食、星流及大雨雹等災變者，惟免太尉。自徐防爲太
> 尉，凡滅地災變，三公皆免。〔註467〕

《後漢書・徐防傳》曰：「凡三公以災異策免，始自防也。」〔註468〕徐防於安
帝永初元年（A.D.107年）因災遂遭策免。後漢乃以太尉公主天、司徒公主人、
司空公主地，〔註469〕因此各依其災害類別而策免三公。若是災橫遍野，人多
疾疫，一時間三公俱免的情形則發生於順帝永建元年（A.D.126年），《後漢書・
順帝紀》載：「太傅馮石、太尉劉熹、司徒李郃免。」〔註470〕此後，終兩漢之
世，三公無不爲此天災地變丟了烏紗帽，也形成中國政治史上的一種特殊現
象，「皇權」與「責任」徹底分流——皇帝下詔自譴，三公負罪下台。《說文
解字・臣》曰：「臣，牽也，事君者，象屈服之形。」〔註471〕正也說明了：中
國巫詛儀式的轉嫁風尙一路吹向丞相又轉而吹向虛位的三公。然而在翟方進
之後，再也沒有一個丞相爲此災變人禍付出政治責任，轉而問罪三公，理由
很簡單，因爲自哀平以來，相國、丞相多非尋常人臣之職也，終於六朝亦是；
〔註472〕三公自此成了巫詛儀式中的巫牲，爲王作嫁，承天大咎。

綜上，本節以「岐山崩」、「沙鹿崩」作一引例，而後談到「梁山崩」，並
以三傳的解讀作一分析。很清楚地，三例都其雷同之處，前二例（岐山、沙
鹿），雖然都有一個「伯陽父」和「卜偃」的談話，但都僅僅是聚焦在災異符
應（人，政乖＝天，山崩）二者的對應關係上，說來不過是個陰陽卜算家的

間者陰陽不調，寒暑失常，變異婁臻，山崩地震，河決泉涌，流殺人民，百
姓流連，無所歸心，司空之職猶廢。…甚爲君恥之，非所以共承天地，永保
國家之意。以君嘗託傅位，未忍考於理，已詔有司赦君勿治。其上大司空高
樂侯印綬，罷歸。」頁3507～3508。

〔註467〕《通典》，卷二十〈職官二・三公總敍〉，頁263。

〔註468〕《後漢書》，卷四十四〈徐防傳〉：「安帝即位，以定策封龍鄉侯。食邑千一百
戶。其年以災異寇賊策免，就國。凡三公以災異策免，始自防也。」注〔一〕
引《東觀記》曰：「郡國被水災，比州湮沒，死者以千數。災異數降。西羌反
畔，殺略人吏。京師淫雨，蟲賊傷稼穡。防比上書自陳過咎，遂策免。」頁
1502。

〔註469〕《通典》，卷二十〈職官二・三公總敍〉，頁263。

〔註470〕《後漢書》，卷六〈順帝紀〉，頁252。

〔註471〕《說文解字》，臣字，頁119。

〔註472〕《通典》，卷二十一〈職官三・宰相〉：「自魏晉以來，相國、丞相多非尋常人
之職。晉趙王倫、梁王肜、成都王穎、南陽王保并爲之。」頁280、卷二十九
〈職官十一・大將軍〉「自漢東京，大將軍不常置，爲之者皆擅朝權。」頁415。

預言之說，不具深刻的史學意義。

在「梁山崩」事例中，重人（輦者）的談話：「國主山川，故山崩川竭，君爲之不舉，降服，乘縵，徹樂，出次，祝幣，史辭以禮焉。」確實充滿了儒家式的人道思維。當然，重人之年（成公時期）乃先於孔子，而他這席重要言論，孔子確實注意到，因而在《穀梁》的紀錄中，孔子便以「攘善」形容伯宗（伯尊）拾重人之牙慧，說無功卻有勞，因爲伯宗將野老之智納爲己思上稟於君，這才讓「梁山崩」一事有了歷史意義與儒學價值，並成爲「無服之喪」的一大案例，自此開啓了中國「史辭說禱」的責任政治學。

由於後出轉精，我們得以觀察到一種政治現象，也就是說，從春秋以來「以辭責過」（說辭的內容和其對象），儼然歷經了四個階段：

第一階段：在巫術時代中，王之所以爲王，是因爲他的身份就是被選定作爲祭神的犧牲者，故稱「王巫」，若旱魃肆虐則率群巫舞雩哭號，若求雨不力，終將自己獻身於祖靈，這就是他神聖的義務和使命，而他也爲此存在與奉獻，這是他生死意義之所在，易言之，王巫不僅「祭主」，更爲「牲主」也。

第二階段：湯禱旱之辭：「萬方有罪，即當朕身；朕身有罪，無及萬方」，這是抽象性的政治語言和神聖性的巫術犧牲——王代萬民，自暴作犧。當然，這是潤飾後的文化解讀，事實上，它依然保留著巫術時代以王巫作犧的思維，較貼近古族舊俗。

第三階段：魯僖公禱旱之辭：「六事責己」，這是具體性的內政總檢和儀式性的巫術語言——素服次郊，哭旱若喪。儒家人道思維的建立，因此巫術性的咒詛作法漸褪，取而代之的是人事作爲的檢討，從「殉天」→「責己」，徹底發揚了「大旱若喪」的思維，將宗教悲憫的情懷透過哭喪的儀式轉化成全民共體的哀喪，這就是「無服之喪」的大愛與無私的胸懷展現。

第四階段：帝制之世，「下詔罪己」，責任的推諉：帝王→丞相→三公，這是政治性的展演藝術和代罪性的巫俗犧牲——爲王作嫁，嫁罪三公。透過天人符應的法則，天之子統理群生之不當本應歸屬天子之政治責任，但在兩漢之世，皇權無限上綱，天人之咎全然嫁罪於丞相，哀平以來，丞相已非尋常人之職，因此最終整個歷史災難的重責大任便全由虛位高爵的三公來承擔，並依其災害類別劃清三公之責。而今，帝王自譴罪己不過是一只虛文，一只徒爲儒士「湯說六事」理想型的政治展演，不復可見王代萬民之巫詛犧牲。

　　要之，春秋諸公之情操儼然勝過兩漢之世的所有帝王，由於王權的集中，以致神聖的王身獲得法制上的保護並賦予責任豁免，較之於先秦諸公「政在家門」的情況，若不勤政愛民，為民作嫁，恐怕就像社稷神主一樣，在國故當前，唯有替主更新永終天祿已矣。

第八章 結 論

一、研究回顧

　　本文以六大子題：「祀權主張」、「祀權下衍」、「祀權伸張」、「祀權更張」、「祀權衝突」、「祀權困境」來討論本題「兩漢祀權思想研究——以《春秋》與《禮記》郊、廟二祭之經典詮釋爲例」。今研究已略見成果，若以片言而要之，蓋可說：從《春秋》與傳注的研讀中，甚可見孔子以史筆述其主張，其一主張誠乃藉由「喪之終始」以申其「祀權思想」。喪有始終，喪之始也，踰年行郊，郊權以正其位，董仲舒張之，今文家主之，《禮記・王制》條例是其證也，《春秋》是其驗也；喪之終也，三年吉禘，禘權以令天下，劉歆張之，古文家主之，《禮記・大傳》條例是其證也，《春秋》是其驗也。

　　本題以此散枝開葉，企圖以「祀權」——掌握溝通天地祖靈之祭主權——作一主軸貫穿全文，以見中國王權形成之意義（國家意識，天下，賓四，〈王制〉）與聖俗之轉化（聖人崇拜，中央，主一，〈明堂位〉），所謂「君權神授」，唯有取得祭主權，才是當今天下之號令者，天子之名號與大位是透過天帝之認證而來的思想，始自上古，堯舜禪讓實已證之。因此，「祀權」是「王權」張與不張之一大觀察指標；同時也是王權之「宗教密器」，故孔子以「器以藏禮」來諭示君權體制的建構正在於以禮建紀的「秩序觀」（倫理觀），而這一秩序觀就是政治體制建構之範本與綱本，起著維繫天下於井然的社會作用，誠如《詩經・豳風・伐柯》孔穎達所言：「觀其（周公）以禮治國，則籩豆禮器有踐然行列而次序矣。」如果這一秩序體制敗壞了，必然是禮樂制度的崩壞。春秋亂象，目無王法，乃起於禮樂之踰尊濫賜，僭越以祀，究其根柢，

成王賜魯，「郊」「禘」是也；孔子亟以「正名復禮」，《春秋》於焉而作也。

漢自惠帝以來，諸呂專政，王權下衍，諸侯王虎視眈眈，漢初廣設「郡國廟」之目的——「建威銷萌，一民之至權」，已隨著時空環境的改變而改變。昔日高祖冀以祀權維繫政權，故賜以宗主祀權——天子之宗廟祭主權下賜郡國諸侯王——的目的已然失去大宗收族與帝權宣威之意義。因此，高祖以來，迄至元帝更張改制，惠帝、景帝、宣帝俱下詔令設祠公廟。正因如此，反而給了諸侯王一個絕佳的理由與繼統的夢想，諸侯王世尊之勢，文、景、武三朝甚可見也。這正是董仲舒何以因遼東高廟大火，藉題發揮其「宗廟集權」，一祀於王的學說。但對於帝國主義與君主集權來說，宗廟集權是不夠的，宗廟唯代表一家之天下，僅以維繫血親宗族之秩序，但不足以號令於天下。董子闡揚《春秋》「郊天大義」，以此作爲天子正名之機制，以一祭主之合法身分，透過郊天之巫祖儀式，轉化俗身而優入聖域，使之正式成爲天之大子，承天父業，主政天下。這是董仲舒《公羊》教派的主義思想。自此，開啓了元、成二世之宗教改革，經翼奉、貢禹、韋玄成、匡衡等齊魯儒士的努力，將宗主祀權從諸侯國手中一統於天子，並將甘泉汾陰天地之祀，改兆遷郊於長安南北，以帝王之所居的王都爲一切聖教與政治之中心，重塑了以君爲主的神聖空間。然而這一改制更張周折三十餘年，哀平之際，王莽攝政，郊祀禮儀始得定案，王莽即眞則行告代郊天之禮，即位易鼎；此後則成爲各朝易世建鼎，承天受命而行「告代郊天」之即位大典。所以，元成之祀權更張與其說是宗教改革，不如說是：祀權的回歸與一統，一祀於王，並以天子爲宇宙之中心，眾星垂拱；當然，這一概念顯然是由周公朝諸侯於「明堂位」之權力圖像而產生。

迄至古文家劉歆持《左氏》、《國語》：「終王吉禘」——三年吉禘，五服俱至，萬邦朝覲，新主易世，即位稱王，故一世一舉——學說以張「大禘之義」，始確立「郊」、「禘」二權乃天子至尊之內外二大祭主權，藏諸名器，以令天下。

當然，三年吉禘而稱王，對於王權來說是危險的，這在高祖死後，惠、文即位後的政局中就已顯露，惠帝王權遭到諸呂架空，文帝新朝班底羽翼未豐，爲了解決這個問題，《禮記・王制》（或說文帝制詔）以禮建紀，特以越紼而祭天地社稷，藉此祀權端正天子名實，一正天下。透過神權以張帝權之威聖，這一巫術霸權並非無效，此乃深植民心之本然；文帝深知其利亦知其

效，因而遺詔短喪，以喪害權，故景帝以葬後二日（第九日）即位，謁廟告成。自此以後，一改周制天子七月而葬，春秋諸侯去五以三之短喪，今以柩前（靈前）即位，天子一從「士喪禮」，踰月而葬，或有未月而葬，以此穩定漢業根基。因此，西漢罕言禘祭，三年而稱王，在西漢的政局中確難實踐，所以柩前即位，謁廟告成而稱王統政也，這是漢制之歷史新章，影響後世既深且鉅也。迄至劉歆復禮從周，提出「終王吉禘」說，才正式彰顯了「大禘」之祀權意義與至尊性，所謂：「不王不禘」，這是禘祭在漢世第一次成為議題而浮出檯面，不純為迭毀禮議的宗教改革的論述而已，而是作為一政治性的論述躍上舞台。劉歆以《左傳》、《國語》為引據，以宗廟祭祀之周期作為木主迭毀之世別，而此一世別則是王化體制中的五等服別；透過這五等服別依制朝貢入祭──踐履「忠王孝臣」（祭以教孝）之義務，此乃天下之秩序也。正是如此，王莽建鼎即真前於明堂舉行禘祭，其政治目的正在此也。

「既葬卒哭除服」乃三代以來所施行的「公除制度」，又漢自文帝短喪急葬之施行，帝王逾月而葬，亦不過一月，下至士庶親喪又何以過之？歸納《禮記》文本，古來臣子丁艱，有其三難：既葬除服，公除致事，難伸其懷，此其一也；王事有祭，越紼助祭，吉凶相干，此其二也；親喪未葬，忽聞王喪，越紼而奔，義以斷恩，此其三也。但是這一情況在東漢明帝以元會上陵謁廟、八月飲酎上陵，以及以大駕凶事鹵簿送葬生母，一伸孝子哀權的主張下，並在章帝白虎通官定會議的決議文中，基層官僚與諸侯王之喪主權都已獲得伸張。更有甚者，安帝時期，聽令大臣（萬石～二千石）諸公卿大夫得行喪三年；這是中國有史以來，為人臣者之喪主權，第一次獲得伸張並一償宿願，這也是儒家喪教理想的徹底實踐。雖然，這一詔令僅維持五年的光景便告中斷，但唯限二千石以上之公卿不得准喪，其餘則不在此限。至桓帝又開中官常侍（秩比二千石）以下的內官得為父母三年。下逮晉武帝太康七年始得第二次徹底實踐，終讓二千石以上之公卿大夫得為父母三年，儒家之喪服禮學因是大放異彩，影響唐律與唐禮之制定，其義深遠也。

孔子以仁說儒，在五服親喪制度之外，尚有一至哀大喪，是跨越血親藩籬的大愛，因無關喪制，純為一油然而生之慈悲與關懷，此乃人道之救助與對受難同胞之哀悼，孔子謂之「無服之喪」。這一學說的起源與提倡是建立於儒家以「若喪」之思維解讀天災的屬性──「凶禮・喪」，儒家政論以此責君恤民，並為史法官箴以檢視一朝德政。又《穀梁》建立「大侵之禮」之道德

規範，這是繼無服之喪之人道關懷而提出的社會道德觀，在歲凶不濟的時局裡，此一規範主要落實在中國三大權力階層——天子、諸侯、大夫，國家體制雖有階級禮紀之別，但歲凶人類之生存乃一體之命，故範此生活細行以期發揮民胞物與之大我精神與飢溺共濟之仁，否則「四海困窮，天祿永終」，堯舜鑑之，正所謂「天聽自我民聽，天視自我民視」乃史之明鏡也。

二、研究歸納

（一）器以藏禮——禮以建紀，文帝之祀權主張

《左傳》成公二年，孔子以史爲訓，主張「器以藏禮」，禮以建紀，乃見尊卑，因此，與人臣可賜其他，但唯名與器，不可假人，此乃君之所司也，假人則是與人政也，政亡則國亡無日矣！此乃孔子之君權主張，藏乎名器。以此而見，祀權（祭主權）乃掌天人之大權，執之以令天下，故天子必須事守而寶之。

在漢朝第一個將「祀權」作爲王權之一大國家利器者乃「漢文帝」。今傳世文獻《禮記·王制》，盧植認爲這是「漢孝文皇帝令博士諸生作此《王制》之書」——《漢書·郊祀志》載於文帝十六年「文帝親拜霸渭之會，以郊見渭陽五帝。⋯⋯而使博士諸生刺六經作《王制》，謀議巡狩禪事」〔註1〕——文帝鑑於前朝威勢下流，外戚諸呂篡政，因而在政權穩固之時，企圖重振君威與整齊漢業。十五年因公孫臣之議改曆服色，同年下詔議定「郊祀禮」，十六年則詔令博士諸生作《王制》之書，並謀議巡狩封禪之事。在此，《王制》這關鍵的十七個字：「喪三年不祭，唯祭天地社稷，爲越紼而行事」就有了依據，也印證了這一想法：寓政於祀。巫術時代掌握神權就是掌握君權，君權乃由神權所產生進而賦予其政治之權力。因此，文帝回歸君權神授的權力起點，企圖重新掌握祀權，誠如顓頊大帝以「絕地天通」，一祀於王，樹立帝王之絕對的威權，唯其乃溝通天地之唯一祭主。因此《王制》以越喪而祭天地社稷，不因喪廢祭，目的在於行使其祭主之絕對權力，亦即行使其君主之至大權力也。

但無奈地是，在祖宗舊法——廣設郡國廟以「建威銷萌，一民之至權」（高、惠、景、宣，皆令設公廟，唯文帝、武帝未曾下令設郡國廟，可見其

〔註1〕《禮記》，卷十一〈王制〉，頁330。亦見《漢書》，卷二十五上〈郊祀志〉，頁1214。

對祀權的掌控與認知）──不得擅議的歷史包袱下，最好的政策唯以「酎金律」抑制郡國之野心；但這還不夠（文景二世並未眞正依此「酎金律」對郡國採取任何行動，迄至武帝元鼎五年（B.C.112 年），執政的第二十九年才依律行事，當時「列侯坐酎金失侯者百餘人」），文帝於臨終前遺詔短喪，七日便葬，自此各朝君喪一從「士葬期」──（踰）月而葬。景帝於葬後第二日即位（死後第九日），在如此短促的時間內，送舊迎新，新主釋服而即位稱王，此乃短喪護權之積極作法。

此外，我們亦不難發現，《王制》明定「冢宰」的職掌是「制國用」（冢宰制國用，必於歲之杪，五穀皆入，然後制國用。章帝白虎通決議文亦制此說），一改《周官‧冢宰》「貳王」（掌建邦六典，以佐王治邦國）之職，推翻孔子以來三年君喪對新主政權的箝制（三年不言），不再賦予冢宰攝政之權力。並且對於春秋以來三年而後稱王之經說常道，則變禮適權以靈前（柩前）即位稱王，不待三年。因此文帝短喪之政治意圖是極其明顯的，《王制》清楚地宣示了不因喪廢祭（天地社稷），其目的在於不因喪廢權（三年不言），這是對於儒家三年喪與三年稱王之歷史常道產生懷疑，因而文帝詔令撰寫經說以適帝權之所需；抑或可說：疑經改經，乃文帝企圖丟掉所謂聖人之言或經典之桎梏，而冀以回歸權力的起點，以祀權作爲號令天下與維護天下秩序之一大國家利器，尤以在君權與諸侯王勢力對抗的關鍵時刻中，重申祀權與主張祀權乃政治藝術之高妙，文帝「以祀制律」──「酎金律」乃厚黑之絕學也。

（二）今古文經與郊禘二權之主張

今古文經學術的分野與主張，可由兩派所標榜的天子祀權：「郊」、「禘」二權來解讀，同時也是兩派「君主思想」之一大觀察指標。

《春秋》言祭，重在「郊」、「禘」二祭；《禮記》言魯公受賜，內祭則大嘗禘，外祭則郊社，亦以郊、禘二祭爲重。《春秋》乃魯之實錄，不論郊禘是成王特賜，抑或魯公僭祀，都無礙於我們對兩漢祀權思想的觀察。郊、禘二祭乃周王以來天子的專屬祀權，《禮記》〈王制〉、〈大傳〉揭之甚明，誠乃透過祭祀禮儀以建尊卑秩序，實踐以尊統親之宗法體制。這一「寓政於祀」的思維，在漢朝時期則成爲伸張君權之兩大不可旁落之祀權，「郊天權」乃由今文家「董仲舒」掘其微言大義；「禘祖權」則由古文家「劉歆」張其宗廟之本。

由這個方向，再去觀察《春秋》「譏世卿」的問題，可以很清楚地知道今古文經學家的主張和立場。

今文經，《公羊》、《穀梁》二家反對世卿制度，以此爲譏，主張選賢與能，開放選舉權，世卿權重，妨塞賢路，家門亂政，《春秋》可鑒。在漢初政局的權力版圖中，諸侯王俱爲功業彪炳的開國元勳，雖然高祖企圖阻止諸侯王權力的坐大，而與諸侯大臣聯名共誓：「非劉氏不王，若有亡功非上所置而侯者，天下共誅之」，〔註2〕但已無法遏阻這些野心家作他帝王大夢。文帝以「酎金律」箝制諸侯王，景帝以晁錯之議集權中央反而引起七國之亂，武帝以「酎金律」奪國侯爵者百餘人；文帝「以祀制律」，武帝「以律制權」，這都是政治藝術高妙之處。《白虎通》官定會議則採取今文家說，以《公羊》教義爲王朝之憲政綱領，故在「大夫世位」的決議文中，《白虎通·諸侯繼世》是這麼說的：

> 何以言諸侯繼世？以立諸侯象賢也。大夫不世位何？股肱之臣任事者也。爲其專權擅勢，傾覆國家。又曰孫首也庸，不任輔政，防塞賢路，故不世位。故《春秋公羊傳》曰：「譏世卿。世卿非禮也。」諸侯世位，大夫不世，安法？以諸侯南面之君，體陽而行，陽道不絕。大夫，人臣北面，體陰而行，陰道有絕。以男生內嚮，有留家之義，女生外嚮，有從夫之義。此陽不絕，陰有絕之效也。〔註3〕

東漢章帝白虎通官定會議之後，大夫之位不可世襲，大夫對於國家來說是重要的股肱大臣，其職屬性質是「任事」，諸侯之位可以世襲，是因爲立以「象賢」。顯然，諸侯是有其高爵美名，但無春秋諸侯王之國權，其侯國勢力已被削奪，反而不如大夫任事之權，因此爲了遏阻家門勢大，唯一辦法是去其世位。當然，從東漢的行喪三年的詔令來看，公卿大夫乃其官僚體系與權力之中心，因此，必須重申大夫有如婦從夫之義（董子：「君爲臣綱」之謂也），乃天子之純臣也，故以臣禮進；諸侯非純臣也，故以賓客之禮待之。〔註4〕誠然廢絕世卿，以任事之屬，北面稱臣，與董仲舒伸張君權主義思想是有關的，董子以《春秋》爲本，不僅主張「廢絕世卿」制度，更主張「宗廟集權」，

〔註2〕《漢書》，卷十六〈外戚恩澤侯表第六〉，頁 678。

〔註3〕《白虎通》，卷四〈封公侯·諸侯繼世〉，頁 145～147。

〔註4〕案：許慎：《五經異義》曰：「《公羊》說，諸侯不純臣。《左氏》說，諸侯者，天子藩衛，純臣。謹案：禮，王者所不純臣者，謂彼人爲臣者，皆非已德所及，易曰：『立建侯侯者，王所親建純臣也。』」鄭玄駁曰：「玄之聞也，賓者，敵主人之稱，而禮，諸侯見天子稱之曰賓，不純臣，諸侯之明文矣。」頁 113。見陳壽祺：《五經異義疏證》，卷下，頁 124～125。

更是第一個將「郊天大義」闡揚於君權主義之中，企圖建立天帝與皇帝之父子血親關係，以子之名祭天盡孝，唯眞天子得主祭之，非聖無以受命即位。因此，主張天子踰年即位，越喪行郊，郊天易世，改元啓新，故董子稱「居元體正」，郊以正其名，以端其位，非天子不祭也，亦不可祭也。自此，郊天祀權成爲王權之象徵，亦爲王朝祭祀之大典，武帝則以大駕鹵簿行郊甘泉，以尊大天之德也。

　　古文經，《左氏》家則贊成世卿制度，以官有世功，則有官族，故食舊德（食父故祿），不絕卿世也。《論語·堯曰》以：「興滅國，繼絕世。」國，謂諸侯，世，謂卿大夫，認同世卿家族對國家基業之重要性，若世族遭罷廢，後有賢者出亦得繼之；又《尚書·盤庚上》曰：「遲任有言曰：『人惟求舊，器非求舊，惟新。』古我先王，暨乃祖乃父，胥及逸勤，予不敢動用非罰，世選爾勞，予不絕爾善。茲予大享於先王，爾祖其從與享之。作福作災，予亦不敢動用非德。」〔註5〕古賢遲任以「臣貴舊，器貴新」，盤庚引之以表示對舊臣之敬重與倚賴，在國家亟欲遷都啓新的關鍵時刻，尋求舊臣宗族的支持，以消弭民怨，並起安定與示範作用。許愼、鄭玄皆以此爲說，主張世卿官族之於天下乃有安邦之力，有賢大夫，可世不可絕也，鄭玄更引《詩經·裳裳者華》譏刺幽王絕功臣之世，〔註6〕終失天下，不可法也。所以，君臣關係是一信賴互助之關係，天下乃一共存共榮，分權共治之大業也。因此，古文家主張嗣君諒闇心喪，三年不言，冢宰攝政，在喪不貳事的禮則之下，嗣君一心服斬，三年吉禘而稱王。「三年不言」，是一種虛心觀摩政務於冢宰的學習態度，同時也是在新舊君王權力易世之間，人事布局與政黨異同上一個很好的戳和與斡旋時期，對於整個國家安全來說具有穩定之作用；換個角度來說，世卿官族的存在，必然可以發揮其維護國家秩序於井然的作用。這是一體兩面的事，權流家門，可以專政犯君，當然亦可彼此監督，君權分流，禁防邪暴，有利安邦也。

（三）郊禘二權與即位禮之關係

　　日本漢學家西嶋定生首先針對中國王權制度提出研究，西嶋氏認爲中國

〔註5〕　《論語》，卷二十〈堯曰〉，頁266。《尚書》，卷九〈商書·盤庚上〉，頁275。或詳陳壽祺：《五經異義疏證》，卷下，頁113。

〔註6〕　《詩經》，卷十四〈小雅·裳裳者華〉，毛亨傳曰：「〈裳裳者華〉，刺幽王也。古之仕者世祿。小人在位則讒諂並進，棄賢者之類，絕功臣之世焉。」頁859。

帝王權位具有二重性：「天子」、「皇帝」，此由中國皇帝「六璽」制度與應用的角度進行研究，發現天子三璽乃用於蠻夷與祭祀，皇帝三璽則用於國內政治，從而主張漢代的即位禮是由「天子即位」——「皇帝即位」兩階段所組成。〔註7〕這個主張，引起金子修一、尾形勇、小島毅等學者熱烈的回響，所謂前修未密，後出轉精，尤以金子氏更以專書專論，於 2002 年與 2006 年，四年間相繼出版大作：《古代中國と皇帝祭祀》、《中國古代皇帝祭祀の研究》深入討論漢唐以來之郊廟制度之沿革與郊廟明堂等祭祀禮儀之於王權之關係，成就斐然。然就即位禮儀來說，仍不出西嶋氏論述的主軸。

本文的研究，是從「祀權」的角度來思考，我亦發現，周王即位確實存在著二次即位大典。皇帝之名興於秦始皇，因此周王的即位禮與大漢王朝就有了分殊。周王受顧命於柩前，但非即位登基，這由《尚書・顧命》康王之祚於「賓階」可見。行柩前顧命大典之目的在於「正其嗣君」之身分，已非往日「嗣子」可謂，故史官以「王」稱之，誠以無逸無怠。又踰年郊天即位，這由魯公踰年越喪行郊的動作可證；但魯公亦有三年吉禘之祭，其細節《春秋》雖載之未明，但從《國語・周語上》：「歲貢、終王」云云與《今本竹書紀年》：「康王，三年，定樂歌。吉禘於先王。」〔註8〕等記載來看，周王確有兩次即位大典：以「郊」、「禘」即天子位，並以「喪之始終」爲即位稱王之準則，郊以踰年即位，以正天子名號；禘以三年，喪終服除，即位稱王。這有別於漢之「郊」、「廟」的兩次即位，這一改變誠與文帝短喪護權是有關的，因此不行終王吉禘之禮，避免王權旁落。簡而言之：周以「郊」、「廟」爲即位之聖地，漢亦如是；唯其不同的是：周以「郊」、「禘」（三年禘於太廟）即天子位；漢以「郊」、「廟」（柩前即位告於高廟，東漢不謁廟）即天子、皇帝位。

（四）董仲舒與劉歆祀權主張與演繹

從祀權制度的觀察中，董仲舒與劉歆莫不將祀權思想置入君權主義之中，並且各自發展出一套君權觀，同時也建構了一套君臣體系和情禮關係。

公羊學派，董仲舒提倡「君爲臣綱」，乃其君權主義思想之精髓，故君爲

〔註 7〕 日・渡邊信一郎：《中國古代的王權與天下秩序——從日中比較史的視角出發》，第五章〈古代中國的王權與祭祀〉，頁 128。

〔註 8〕 方詩銘、王修齡撰：《古本竹書紀年輯證》附錄王國維：《今本竹疏紀年疏證》，頁 248。

天爲父爲尊，臣爲地爲子爲卑，君臣之義無所逃乎天地之間，故溥天之下莫非王土，率土之濱莫非王臣。臣有死君之難，亦有復仇之義也。

由此而見，今文家主張「復讎論」，君父之仇不共戴天，雖百世亦讎之。《公羊》定公四年曰：

> 事君猶事父也，此其爲可以復讎奈何？曰：父不受誅，子復讎可也。
> 父受誅，子復讎，推刃之道也。〔註9〕

《公羊》主張「事君猶事父」，以君爲父，故「復讎論」於焉成立。以暴制暴，以怨報怨，殺人償命，罪及子孫，這就是「推刃之道」。孔子主張「以直報怨」，將仇恨交由本心去判定復讎與否；老子則主張「以德報怨」，這一宗教情懷大愛，是超越情感的慈悲，放下仇恨，選擇原諒，乃非人情之實也，唯王弼「聖人無情」可謂也。許慎《五經異義》說得很明白：

> 《公羊》說：復百世之讎。《古周禮》說：復讎之義，不過五世。謹案：魯桓公爲齊襄公所殺，其子莊公與齊桓公會，《春秋》不譏。又定公是魯桓公九世孫，孔子相定公與齊會於夾谷，是不復百世之讎也，從《周禮》說。〔註10〕

《公羊》言復讎者四事，莊四年二、莊九年一、定五年一。〔註11〕我認爲《公羊》教義之重點並不在於「復讎」這一行動的實踐，而是透過復讎主張，教育臣子以君爲父，在君君臣臣父父子子的社會體系與親子關係下，雖百世亦不可斷，這就是國家霸權主義思想，無所遁逃，這是爲人子之責任與義務，天經地義。許慎《五經異義》又舉了一家庭暴力事件，曰：「妻甲，夫乙，毆母。甲見乙毆母而殺乙。《公羊》說甲爲姑討夫，猶武王爲天誅紂。」〔註12〕一個家庭暴力事件被放大比喻成一個革命大事，妻爲姑討夫，子弒母之人倫悲劇，做媳婦的有其責任大義滅親，殺夫以償。這闡述了一大「孝媳」之行，事姑若母，推及事君若父，故事君以孝，不孝則妻可誅之。許慎又引「衛輒拒父」之例：

> 《公羊》以孝子不以父命辭王父之命，許拒其父。《左氏》以爲子而拒父，悖德逆倫，大惡也。〔註13〕

〔註9〕《公羊》，卷二十五，莊公四年，頁562。
〔註10〕陳壽祺：《五經異義疏證》，卷下，頁124～125。
〔註11〕同上注，頁125。
〔註12〕同上注，頁125。
〔註13〕同上注，頁125。

《公羊》以「衛輒拒父」例說「爲君絕父」之教義；但《左氏》主張「爲父絕君」，並且以拒父之行爲「悖德逆倫」之「大惡」也，這是極其強烈的譴責，亦見《左氏》以父爲重，故重祖舊，以「宗廟祭祀」爲大；這在王莽的奏議當中刻意改字添經，曰：「喪三年不祭，唯『宗廟社稷』爲越紼而行事。」亦可見也。又宗廟嘗禘，杜預以「既祔而祭」，宗廟四時如常，與鄭玄禮學以「俟吉而祭」的傳統說法迥然兩異。可以說：宗廟祭祀地位的提升與古文家的提倡確實有關。

　　《左氏》學派，劉歆主張世卿制度，一個王朝的興建，必然來自乃祖父之大功大德，乃有今日。因此，君臣之關係乃彼此信賴與扶持之關係；一旦關係變質了，君不君，則臣不臣，其上下之名位也必然產生變化，故《禮記‧中庸》以：「唯大德者必得其位」也。

　　由此而見，古文家主張「革命論」，革命易世，順天應人，逆取順守，更始啓新。然君無常位，故唯大德者必得其位，必得其祿，必得其名，必得其壽也。〔註14〕《左傳》成公十五年曰：

> 凡君不道於其民，諸侯討而執之，則曰「某人執某侯」，不然則否。
> 諸侯將見子臧於王而立。子臧辭曰：「前《志》有之曰：『聖達節，次守節，下失節』爲君非吾節也。雖不能聖，敢失守乎？」遂逃，奔宋。〔註15〕

《左氏》以凡天下諸侯都有討不道之君的責任和義務，因此，暴君人人得而誅之，唯讓國使賢人在位。因此，古文家主張禪讓，暴而無道則革命啓新，故杜預注曰：「聖人應天命，不拘常禮。」孔穎達更明白地說：「聖人達乎天命，識己知分，若以曆數在己，則當奉承天命，不復拘君臣之交，上下之禮。舜、禹受終，湯、武革命，是言達節者也。」，〔註16〕「不復拘君臣之交，上下之禮」，如此一來，人人都可成聖成王，君臣關係成了一種浮動之關係，這種話在《公羊》傳注中是沒有的，並且湯武革命說在漢初更是一馬肝禁忌，《左傳》昭公三十二年，趙簡子與史墨的對話更是清楚了：

> 趙簡子問於史墨曰：「季氏出其君，而民服焉，諸侯與之；君死於外

〔註14〕《禮記》，卷五十二〈中庸〉曰：「故大德者必得其位，必得其祿，必得其名，必得其壽。……《詩曰》：『嘉樂君子，憲憲令德。宜民宜人，受祿於天。保佑命之，自天申之。』故大德者必受命。」頁 1435。

〔註15〕《左傳》，卷二十七，成公十五年，頁 767～768。

〔註16〕同上注，頁 768。

而莫之或罪也。」對曰：「物生有兩、有三、有五、有陪貳。故天有
三辰，地有五行，體有左右，各有妃耦，王有公，諸侯有卿，皆有
貳也。天生季氏，以貳諸侯，爲日久矣。民之服焉，不亦宜乎！魯
君世從其失，季氏世修其勤，民忘君矣。雖死於外，其誰矜之？社
稷無常奉，君臣無常位，自古以然。故《詩》曰：『高岸爲谷，深谷
爲陵。』三後之姓於今爲庶，主所知也。」〔註17〕

史墨以「社稷無常奉，君臣無常位，自古以然」來說明季氏「貳」（佐）魯，
爲日已久，終專魯權，出奔其君，此害政逐君一事，魯臣或魯民何以不群起
攻而誅之的原因，魯公無德，季氏愛民，故臣民服焉，出君之死，臣民不讎，
以其有德者在位，故受天祿也。顯見，古文家以「家」爲政治與社會之中樞，
所謂齊家治國平天下，忠臣出於孝子之門，忠臣孝子由家而始，故尊祖舊，
不因君喪而廢宗廟之祭，亦不因君喪而絕父之哀也，這是《左傳》一貫之主
張也。

　　漢末何休卻一改《公羊》教義，而從《左氏》古文說。昭公十五年，《公
羊》傳曰：「君有事於廟，聞大夫之喪，去樂，卒事。大夫聞君之喪，攝主而
往。」何休注曰：「主，謂己主祭者。臣聞君之喪，義不可以不即行，故使兄
弟若宗人，攝行主事，而往，不廢祭者，古禮也。古有分土無分民，大夫不
世，己父未必爲今君臣也。《孝經》曰：「資於事父以事君，而敬同。」這席
話引起後儒諸多批評，如後魏清河王懌曰：「攝主者，攝斂神主而已，不暇待
徹祭也。何休云：宗人攝行主事而往，意謂不然，君聞臣喪，尚爲之不繹，
況臣聞君喪，豈得安然代主終祭也。」孔廣森曰：「大夫聞君之喪，不得終
祭。……禮曰：士不攝大夫，若兄弟宗人爲士者，即不可使攝，若同爲大夫，
同當奔喪，又孰相爲攝，益知解詁錯誤。」何休之所以有如此之轉變，與他
身處黨錮之禍的處境有絕對之關係，因而君薨，大夫臣以奔喪報其君臣之義，
而君臣關係的成立，亦僅由祿位之關係來界定，今無春秋大夫世位世祿之制，
因此己爲大夫，爲君之臣，父未必爲臣，既不爲臣，則無須遵守君臣之義，
因此大夫攝主而往，不廢宗廟之祭也。又東漢家族意識之崛起，也是何休以
一時代之禮情生意於經傳之中，所以主張大夫攝主而往，不因君喪而廢祭宗
廟，以家事爲重，不爲君絕父也。

〔註17〕　《左傳》，卷五十三，昭公三十二年，頁 1528～1529。

（五）劉歆與王莽對郊禘制度的貢獻與影響

劉歆主張宗廟禘祭，王莽頒定郊祀禮，二人都對中國禮學與制度貢獻卓絕，影響深遠。

自董仲舒以郊天大義說王權以來，郊天已成爲天子承天受命之正名機制；此後，「郊祀權」更被野心家視爲一條通往「成王之路」的大道，揚雄《法言・重黎》說得極是：「僭莫重於祭，祭莫重於地，地莫重於天。」〔註18〕始自成帝之世，宰相匡衡等儒士積極推動改兆遷郊，罷廢甘泉汾陰天地之祀，而以王者爲所居之都爲一切政教祭祀之中心，王者成爲連結天地之宇宙中軸，也就是說：王者乃溝通天地之唯一祭主，並受天地祖靈所庇佑承認的天子與宗子。事實上，「郊」、「禘」二權，乃代表著「天主」與「宗主」二權，這就是元成二世改制之主要內容，而「一統祀權」乃其主要目的。

但改制以來，眞正落實並確立郊天禮儀者，乃「王莽」這一盜漢移鼎的野心家。在不以人廢言的基底下，《後漢書・祭祀上》如是稱道：「自古以來王公所爲群祀，至於王莽，《漢書》〈郊祀志〉既著矣！故今但列自中興以來所修用者，以爲〈祭祀志〉。」〔註19〕范曄以班固《漢書》〈郊祀志〉，事實上是採用王莽頒定之郊祀禮儀，可謂前漢郊祀改制與集大成者，因此今日他作《後漢書》〈祭祀志〉也無由再興贅言。范曄雖言「但列自中興以來所修用者，以爲〈祭祀志〉。」然而事實上，就郊祀禮而言，光武帝亦採用「元始中郊祀故事」，諱言王莽，而言元始中故事以明其郊祀禮之所承也。此見，王莽對中國郊祀禮儀之貢獻，後世亦多循之，惟莽以天地合祀共牢，更以高祖呂后配祀，後多就分祀起議而已。此外，王莽即眞天子位，而於始建國元年行郊天易鼎之祀，這一舉動，成爲往後光武帝、曹丕、司馬炎……等，各朝受命建鼎時所必行之即位大典，因此，可以說，王莽開創了一以「行郊告代」之即位模式，影響後世至深且鉅也。

劉歆對中國禮學的貢獻，除了主張禘祭乃祭之重者外，同時更張大了宗廟地位與禘祭之義，《禮記・大傳》有言：「不王不禘」，因而就此確立了禘祭之祀權屬性，非王不得舉禘也，故天子終喪三年，吉禘而易世，五服俱至，南面而稱王也。這是劉歆的一大貢獻，而後才有三禮大家鄭玄以「禘大於郊」反駁董仲舒這已影響漢主近三百多年「郊大於禘」的《公羊》教義，因此，

〔註18〕《法言》，卷十四〈重黎〉，李軌注曰：「既盜土地，又盜祭天。」頁346。
〔註19〕《後漢書》，志第七〈祭祀上〉，頁3157。

鄭玄乃收其大成，終結了郊天獨尊之勢。

此外，劉歆對於宗廟迭毀禮制，更有一創史啓新，獨步古今之說——「宗變學說」，以「宗，變也。苟有功德則宗之，不可預爲設數。」〔註20〕就此終結五世親盡，毀廟藏主的迭毀制度，爲各朝帝王的身後事找到了一安主受祀的解決之道，並藉以勸進後王建功樹德以享永祀。此說一出，得到王莽之支持並賦予施行，因此中國帝王廟號與廟數形成「一祖數宗」之現象。迄至東漢建鼎，明帝追尊父親光武帝「世祖」之廟號，自此形成「二祖數宗」的空前現象，下逮兩晉更有「三祖數宗」的產生，不復周制天子七廟：一祖二宗四親廟，五世親盡，迭毀藏主之禮。究其因，此乃劉歆「宗變學說」的影響，再無一毀廟遷主，藏於石室也。

（六）《白虎通》決議文中喪主權之伸張與影響

白虎通官定會議，主要以《公羊》教義爲其憲政之綱領，但受王莽、劉歆以來古文家學說興盛的影響，宗廟祭祀地位的提升，已促使大臣對家門祖廟之重視。又光武帝建鼎，亦爲宗族舉家報效之功，東漢大業可說是諸臣乃祖乃父之勳也，建祠祭祖，不廢家事也；也就是說：爲人臣者，亦主張自己的祭主權與喪主權，這對其「助祭」、「助喪」於王事的責任來說，是產生衝突的，不得各自表述，因此，白虎通之決議文，則成了一大觀察指標。

一向被認爲是今文家的《穀梁》，在定公元年例中，以：「周人有喪，魯人有喪。周人吊，魯人不吊。……君，至尊也，去父之殯而往吊猶不敢，況未殯而臨諸臣乎！」〔註21〕爲言，與《公羊》「越紼助喪」的教義迥異，反而轉向了《左氏》學說，主張「爲父絕君」，先殯父後奔王喪，劉向《五經通義》更云：

> 凡奔喪者，近者先聞先還，遠者後聞後還。諸侯未葬，嗣子聞天子崩，不奔喪。王者制禮，緣人心而爲之節文，孝子之（思）〔恩〕，不忍去棺柩，故不使奔也。〔註22〕

《穀梁》以諸侯聞天子喪，「既殯而奔」，但劉向更以「未葬不奔」爲節，待

〔註20〕同上注，頁3127。
〔註21〕《穀梁》，卷十九，定公元年，頁316。
〔註22〕《通典》，卷八十〈禮四十·凶二·奔大喪〉，頁1116。或見陳壽祺：《五經異義疏證》，卷下，頁120。亦詳黃以周：《禮書通故》，第十〈喪禮通故五〉，頁531。

葬而後奔，這一奔喪日期的差距是越來越大的，諸侯五日殯，五月而葬，故依劉向之意，諸侯奔王喪是在五月既葬之後，然而許慎《五經異義》更記載了「洼丹」這席話：

> 大鴻臚洼生說：諸侯踰年即位乃奔天子喪。春秋之義，未踰年君死，不成以人君禮言，王者未加其禮，故諸侯亦不得供其禮於王者，相報也。〔註23〕

洼丹以諸侯「踰年即位乃奔」王喪，如果天子崩於年初，這比起劉向「既葬而奔」的時間更長了；由於洼丹以「君臣」關係乃一「相報」之關係，是一相對性之關係，因爲給祿加爵，領有一份君王給的酬庸，因此，諸侯未踰年即位，天子不受爵命，既未受爵命，嗣君則有從父之義，故以門內之恩掩義，不奔王喪（鄭玄也是如此主張）。〔註24〕《白虎通·崩薨》則曰：

> 諸侯薨，使臣歸瑞珪於天子者何？諸侯以瑞珪爲信，今死矣，嗣子諒闇，三年之後，當乃更爵命，故歸之，推讓之義也。故禮曰：「諸侯薨，使臣歸瑞珪於天子。」〔註25〕

《左傳》以「諸侯踰年即位，天子賜以命圭。」〔註26〕顯然，洼丹之說，來自《左傳》。又《白虎通》以諸侯三年而後受爵命，以爲父服斬三年之故，換句話說，《白虎通》的決議文中以諸侯大喪可伸其喪主權，爲父終喪三年，不必來朝。這是一大思想的躍進，並且以千石以下之官僚得伸三年，這在《白虎通·喪服·論私喪公事重輕》一文中已有明定：

> 諸侯朝，而有私喪得還何？凶服不入公門。君不呼之義也。凶服不敢入公門者，明尊朝廷，吉凶不相干。……臣下有大喪，不呼其門者，使得終其孝道，成其大禮。故《春秋傳》曰：「古者臣有大喪，君三年不呼其門。」有喪不朝，吉凶不相干，不奪孝子之恩也。〔註27〕

自此，開啓東漢慎終追遠，重喪守孝之風氣。下逮安帝，更是創史以來，第一次實踐了孔子以喪爲教的終極理想——天子一於士庶，爲父母通喪三年——元初三年（A.D.116 年）冬十一月，丙戌詔令：「初聽大臣、二千石、刺史行三年喪。」總算是圓了孔子的夢，也爲天下孝子一伸其哀喪之權，雖然這

〔註23〕陳壽祺：《五經異義疏證》，卷下，頁121。
〔註24〕陳壽祺：《五經異義疏證》，卷下，頁121～122。
〔註25〕《白虎通》，卷十一〈崩薨·諸侯歸瑞珪〉，頁542。
〔註26〕同上注。
〔註27〕《白虎通》，卷十一〈喪服·私喪公事重輕〉，頁526～530。

僅施行了五年而告終，但千石及以下官僚仍得行喪，不在此限。至桓帝永壽二年（A.D.156 年）春正月更詔聽中官常侍（秩比二千石）及以下之內官得行喪三年。從章帝《白虎通》官定會議以來，下至安帝、桓帝諸舉都已創歷史之先例，乃開兩晉喪服禮學之盛與重喪任情風氣之熾。要之，這一由上而下，一天子於士庶，為父母盡孝三年，所形成的社會教育意義乃中國敦良之文化底蘊，而這一文化底蘊是儒家喪禮教育的徹底實踐與產生的深遠影響。

（七）「一於士喪」──「緦不祭，廢祭三月」思想的形成

孔子僅以「士緦不祭」要求儒士行喪，並且在「喪不貳事」的禮則下，專心治喪，不助祭亦不助喪。東漢末蔡邕以「越喪行郊」來抗議天子「同宮緦，廢祭（宗廟）三月」這一風氣的形成，氏以：禮以郊天大祭，臣子有喪則越喪助祭；但今有同宮緦喪，縱使自家宗廟或皇家宗廟都不可與祭，《禮記・雜記下》：「父母之喪，將祭，而昆弟死，既殯而祭。如同宮，則雖臣妾，葬而後祭。」〔註 28〕在蔡邕看來天子豈可因同宮緦喪而廢祭宗廟，這與禮是不合的，宗廟祭祀相對於同宮緦服，孰輕孰重，是顯而易見的。況且凡有同宮緦則廢祭示哀，天子必永無吉日，永失宗廟祭祀之宗主權也。蔡邕是主張天子祀權的一大儒士，氏以郊天權與宗廟權同時是天子不可旁落之大權，今卻以「一於士喪」，以「同宮緦喪」作為「廢祭宗廟」之通則，這讓他極難接受，故有此慨言。

從「士緦不祭」轉變為天子一於士庶，「盡於緦麻」之一體適用的通則，這是儒家喪教思想實踐的結果，但非孔儒的原始教義，「因喪廢祭」誠乃東漢明帝以來漢儒禮教思想的實踐。但這一變化卻也給為人子者與為人臣者一大思考之空間，《禮記・王制》以越紼而郊地社稷；《春秋》以越喪而郊，三年而吉禘；董仲舒以越喪而郊，但宗廟止祭，三年俟吉而祭。這意味著：祭重於喪，又祭之大者，唯南郊祀天，不論天子抑或人臣都有主祭與助祭之責任，故不因三年大喪而廢祀郊天，但宗廟則待三年而祭。簡而言之，三年大喪，天子雖既葬卒哭成事而除服，但心喪以終，故不祭宗廟，使人攝事。又《春秋》天子諸侯以「絕期」為則，不服期親之服，漢末重喪嚴死風氣已成，天子不以同宮而絕緦服，故廢祭三月，凡宗廟祭事則使人攝事。這一作法（因未成制度）與周禮或春秋以祭主權為重的思考不同，以伸喪主哀權為大，自

〔註28〕《禮記》，卷四十二〈雜記下〉，頁 1198。

此，下開兩晉廢祭禮議之風，杜佑更爲晉宋以來〈總不祭議〉另闢一章，以見同宮之哀也。〔註29〕

（八）「無服之喪」——人道思想與救助體系的建立

中國以五服定親疏，亦以五服制喪，然而，在五服之外，在親疏之外，尚有一種服制叫做「無服之喪」。顧名思義，這一種喪制是無服可制，因無關服喪之義；唯因對災荒所造成生靈塗炭而油然生起的慈悲與憐憫，故哀以示之，《禮記·孔子閒居》曰：「民凡有喪，匍匐救之，無服之喪也。」此爲孔子所發揚之人道思想與四海一家之大愛。

始自周公制禮作樂以來，《周禮·地官·大司徒》荒政十二條例的制定，爲防患於未然，若天降凶荒，饑饉大侵，政府得以即時啓動救災程序以及給予百姓急難救助，共度國難之艱。因此，古代聖賢以「大旱若喪」，以災爲喪，視如國殤，天子率群臣郊次素服而哭，史辭說己，百姓則「徙市三日」（禁屠三日），雖無服卻哀以示之。此乃發揮民胞物與之精神，跨越血親、種族與國界的無私大愛，攜手共同面對天災的苦難與考驗，從苦難中人類患難見眞情，頷首謙卑並屈膝於天威之下，卻也激發人類的生存鬥志與存在之意識，這從《詩經·雲漢》一詩，周宣王爲民作禱，見星升行不休，從而展現了堅忍不拔的生命力和大自然對抗的強大韌性，此乃人性意志的展現和君權意志的覺醒歷程，更是一條成聖之路。

王朝之興衰，天威始終展現其靜默無聲的權勢，洞見觀瞻，垂訓示懲，《尚書·泰誓》曰：「天視自我民視，天聽自我民聽」〔註30〕正告誡古往今來之帝王，唯視民如傷，禱之以誠，爲民作犧，以說天怒，否則「四海困窮，天祿永終」，正所謂天無常道，君無常位，堯舜見之，允執厥中，以爲史鑑官箴，禹湯收其蒲蘆之效也。孔子說儒，以仁爲教，「無服之喪」乃人道大愛之關懷，《穀梁》、《逸周書》、《墨子》、《韓詩外傳》、《禮記》繼而倡言之。《穀梁》更訂立「大侵之禮」，冀以道德的柔性訴求，特此要求三大權力階層：天子、諸侯、大夫徹樂減膳，人飢己飢，共度荒年，舉凡生活細行、飲食、娛樂、器物等俱見規範。各朝帝王爲顧及百姓觀感與王朝基業，亦多不怠，擇取一二，力以行之，如「徹樂減膳」也。

〔註29〕《通典》，卷五十二〈禮十二·吉十一〉，頁748。
〔註30〕《尚書》，卷十一〈周書·泰誓中〉，頁329。

（九）「史辭說禱」──內省責過之政治思維的形成

儒家的政論觀，無非是要建立了一內省有爲的政府，從商湯禱於桑林，爲民作犧，說以〈夏社〉，成爲中國現存最早的一篇「史辭」以來，春秋諸公弭災更以「六辭」責己──政不節與？使民疾與？何以不雨，至斯極也；宮室榮與？女謁盛與？何以不雨，至斯極也；苞苴行與？讒夫昌與？何以不雨，至斯極也！〔註31〕──透過具體的六項政務檢討，以見己失，悛改自省。然下逮兩漢，凡諸帝王於時窮凶荒之際，下詔罪己，如史辭六辭之模式，依樣畫葫蘆，然於成帝時期，首開因災策免宰相（薛宣）之例，但繼薛宣之後，翟方進爲相，成帝變本加厲，「責相嫁罪」，代受己過，令死謝天；哀帝則開策免三公（大司空師丹）之例；東漢安帝更訂立策免條則：以太尉主天、司徒主人、司空主地，各依災害類別，分責策免，三公自此則成了替王受過之代罪羔羊，無及帝王。此見，漢世以來，唯詔罪己，流於形式，徒具文告之政治展演藝術而已，無復商湯爲民作犧之大勇與春秋諸公之內省精神。

（十）「凶事鹵簿」──備極「哀榮」之喪葬文化的形成

「鹵簿」乃秦始皇所制之出行駕儀，爲「皇帝」專屬駕儀，有二等：大駕、法駕。西漢循之，武帝唯以大駕鹵簿用於甘泉郊天，故又稱「甘泉鹵簿」。但至東漢明帝爲張大父親光武帝之功德，始以大駕上陵謁廟，一年二次：正月元會上陵、八月飲酎上陵；此外，明帝爲尊母親陰太后，乃以天子之專屬與最高駕儀「大駕鹵簿」爲母親送葬，始開「女主大行大駕」之儀，並首先將鹵簿駕儀用於凶事與喪葬之中。此後東漢鹵簿駕儀，依其使用性質分爲二類：一爲出行之道路駕儀，稱「吉事鹵簿」；一爲送葬之道路駕儀，稱「凶事鹵簿」。又依其隆重程度分爲三等：「大駕」，主要用於原陵謁廟與皇帝大行；「法駕」，用於南郊祭天；「小駕」，用於祀地、明堂與宗廟祭祀。

春秋大臣之喪，以「廢樂示哀」作爲對大臣家門的尊敬，但到了東漢明帝首開凶事鹵簿駕儀之後，送行乃以「備極哀榮」爲最高之禮敬，並且是一大身分的象徵，如其生時出行之炫赫當道。這一作法，自此改變中國人對「送終」的態度與觀念：「哀戚」→「哀榮」；這一思維的改變乃延續至死後世界，因而東漢墓葬中所發現的鹵簿出行圖壁畫，正是「備極哀榮」觀念的彰顯。至章帝時則下開喪贈凶事鹵簿鼓吹儀仗給大臣「耿秉」；靈帝更以盛大的「法

〔註31〕《荀子》，卷十九，〈大略〉，頁794。

駕鹵簿」喪贈老師「楊賜」，以威道路，特殊其榮。要之，東漢，凡「太皇太后、太后、皇后、諸侯王」都備有法駕鹵簿，「列侯」雖沒有鹵簿，但可以申請，以備威儀。而這一源自周朝攝盛之美意，使大臣「備極殊榮」、「備極哀榮」之生死威儀，此一自章帝以來的喪贈風氣在六朝時代達到了最高峰。因此，大唐開元禮，始制四品官以上之鹵簿駕儀。

此外，明帝以吉事大駕鹵簿上陵，原陵本是埋葬光武帝之冢塋，禮有所謂「吉凶不相干」之則，今凶事鹵簿與喪贈鼓吹文化的形成，誠乃一吉凶相干，樂以入喪，與禮俱違，都爲明帝之創舉，改變了中國自古以往之喪葬思維與祭祀禮制，如墓祭、謁陵、喪樂：鼓吹、輓歌等習俗，更有甚者，樂喪、哀榮之放達恣肆的個人送葬風格的形成。

喪葬與音樂，於傳統禮制中，喪主凶，於禮屬陰；而樂乃屬陽，陰陽異道，吉凶不相干。今以喪樂送葬，於禮於情，都是相互違背的，也是被官方禁止的，所謂「凶事無樂，遏密八音」，爲顯喪主失親之慟，故不得舉樂言歡。漢初民間樂喪之習已見於《漢書‧周勃傳》：「勃以之薄曲爲生，常以吹簫給喪事。」顏師古注曰：「吹簫以樂喪賓，若樂人也。」顯見喪樂娛賓乃存之於百姓之習，東漢則已入官方之禮，如凶事鼓吹之仗儀也。而「輓歌」的起源說法不一，然其成爲葬儀之喪樂，應於漢武帝時期，據《晉書‧禮中》記載：「漢魏故事，大喪及大臣之喪，執紼者輓歌，以輓歌出於漢武帝役人之勞歌，聲哀切，遂以爲送終之禮。」又後漢應劭《風俗通義》且載：「靈帝時，京師賓婚嘉會，皆作魁儡，酒酣之後，續以輓歌。魁儡，喪家之樂；輓歌，執紼相偶和之者。」此乃由俚俗之流行浸染所致，加上士人普遍的愛好與競逐，促使晉武帝泰始年間修訂國家禮制時，對此進行朝議與論辯，最後，則依摯虞之見，由官方正式詔令天下，並確立鼓吹樂與輓歌在葬儀中的角色和作用，且准允三品大臣悉可備此威儀（唐以四品可備），而皇帝也以此作爲賞賜臣子的殊禮，也就是說：喪贈鼓吹與輓歌，乃象徵國家之最高恩典。此制雖歷代稍有沿革，然其創制於東漢，定制於晉，成風於六朝，迄今送葬仍備以鼓吹樂隊，導從以威道路，且輓歌之哀音更以電子樂大作於庭，乃由此變革而來，影響深鉅也。

附錄：參考文獻

一、經部

1. 晉・杜預：《春秋釋例》，景印文淵閣四庫全書，春秋類，經部一四六，台北：台灣商務印書館，1983。

2. 唐・陸淳撰：《春秋集解纂例》，景印文淵閣四庫全書，春秋類，經部一四〇，台北：台灣商務印書館，1983。

3. 宋・家鉉翁：《春秋集傳詳說》，景印文淵閣四庫全書，春秋類，經部一五八，台北：台灣商務印書館，1983。

4. 宋・沈棐：《春秋比事》，景印文淵閣四庫全書，春秋類，經部一五三，台北：台灣商務印書館，1983。

5. 宋・朱熹：《四書章句集注》，北京：中華書局，2007。

6. 清・黃奭：《春秋考異郵》，台北：藝文印書館，1971。

7. 清・秦蕙田：《五禮通考》，景印文淵閣四庫全書，禮類，經部一二九~一三六，台北：台灣商務印書館，1983。

8. 清・皮錫瑞：《經學歷史》，台北：藝文印書館，1987。

9. 清・孫希旦：《禮記集解》，台北：文史哲，1990。

10. 清・陳壽祺：《五經異義疏證》，續修四庫全書，群經總義類，經部一七一，上海，上海古籍，1995。

11. 清・皮錫瑞：《駁五經異義疏證》，《續修四庫全書》，群經總義類，經部一七一冊，上海，上海古籍，1995。

12. 清・惠棟：《明堂大道錄》，續修四庫全書，禮類，經部一〇八，上海：上海古籍，1995。

13. 清・金鶚：《求古錄禮說》，續修四庫全書，禮類，經部一一〇，上海：

上海古籍，1995。

14. 清‧洪亮吉：《春秋左傳詁》，清人注疏十三經，北京：中華書局，1998。

15. 清‧陳立：《公羊義疏》，清人十三經注疏，北京：中華書局，1998。

16. 清‧鍾文烝：《穀梁補注》，清人注疏十三經，北京：中華書局，1998。

17. 清‧劉寶楠：《論語正義》，清人注疏十三經，北京：中華書局，1998。

18. 清‧孫詒讓：《周禮正義》，十三經清人注疏，北京：中華書局，2000。

19. 清‧王聘珍：《大戴禮記解詁》，十三經清人注疏，北京：中華書局，2004。

20. 清‧黃以周：《禮書通故》，十三經清人注疏，北京：中華書局，2007。

21. 清‧袁鈞：《鄭玄論語注》，無求備齋論語集成，第二十九函，年社未詳。

22. 許維遹：《韓詩外傳集釋》，北京：中華書局，1980。

23. 李學勤主編：《十三經注疏‧春秋左傳正義》，北京：北京大學，1999。

24. 李學勤主編：《十三經注疏‧春秋公羊傳注疏》，北京：北京大學，1999。

25. 李學勤主編：《十三經注疏‧春秋穀梁傳注疏》，北京：北京大學，1999。

26. 李學勤主編：《十三經注疏‧禮記正義》，北京：北京大學，1999。

27. 李學勤主編：《十三經注疏‧毛詩正義》，北京：北京大學，1999。

28. 李學勤主編：《十三經注疏‧論語注疏》，北京：北京大學，1999。

29. 李學勤主編：《十三經注疏‧孟子注疏》，北京：北京大學，1999。

30. 李學勤主編：《十三經注疏‧孝經注疏》，北京：北京大學，1999。

31. 李學勤主編：《十三經注疏‧周禮注疏》，台北：台灣古籍，2001。

32. 李學勤主編：《十三經注疏‧儀禮注疏》，台北：台灣古籍，2001。

33. 李學勤主編：《十三經注疏‧尚書正義》，台北：台灣古籍 2001。

34. 王闓運：《尚書大傳補注》，百部叢書集成七十九輯，台北：藝文印書館，1966。

35. 楊伯峻：《春秋左傳注》，台北：漢京文化，年未詳。

36. 程樹德：《論語集釋》，台北：藝文印書館，1998。

37. 日‧竹添光鴻：《左傳會箋》，台北：天工書局，2005。

二、史部

1. 漢‧班固：《漢書》，北京：中華書局，1997。

2. 晉‧陳壽：《三國志》，北京：中華書局，1997。

3. 晉‧袁宏：《後漢紀》，北京：中華書局，2005。

4. 南朝宋‧范曄：《後漢書》，北京：中華書局，1997。

5. 南朝梁‧蕭子顯：《南齊書》北京：中華書局，1997。

6. 南朝梁・沈約：《宋書》，北京：中華書局，1997。

7. 北朝齊・魏收：《魏書》，北京：中華書局，1997。

8. 唐・杜佑：《通典》，湖南：岳麓書社，1995。

9. 唐・房玄齡：《晉書》，北京：中華書局，1997。

10. 唐・李延壽：《南史》，北京：中華書局，1997。

11. 唐・中敕：《大唐開元禮》，北京：民族，2000。

12. 後晉・劉昫：《舊唐書》，北京：中華書局，1997。

13. 宋・歐陽修、宋祁：《新唐書》，北京：中華書局，1997。

14. 宋・江少虞：《宋朝事實類苑》，上海：上海古籍，1981。

15. 宋・徐天麟：《東漢會要》，北京：中華書局，1998。

16. 元・脫脫：《宋史》，北京：中華書局，1997。

17. 元・馬端臨：《文獻通考》，台北：新興書局，1965。

18. 清・趙翼：《二十二史箚記》，瀋陽：遼寧教育，2000

19. 清・顧祖禹：《讀史方輿紀要》，北京：中華書局，2005。

20. 周一良：《魏晉南北朝史札記》，北京：中華書局，1985。

21. 日・瀧川龜太郎：《史記會注考證》，台北：宏業書局，1990。

22. 劉俊文：《唐律疏議箋解》，北京：中華書局，1996。

23. 方詩銘、王修齡：《古本竹書紀年輯證》，上海：上海古籍，2005。

24. 鮑思陶點校：《國語》，山東：齊魯書社，2005。

25. 黃懷信：《逸周書彙校集注》，上海：上海古籍，2008。

三、子部

1. 漢・崔寔：《四民月令》，《漢魏遺書鈔》，台北：藝文印書館，1970。

2. 宋・李昉：《太平御覽》，石家莊：河北教育，1994。

3. 宋・朱熹：《朱子語類》，宋・黎靖德編、王星賢點校，北京：中華書局，2004。

4. 清・汪繼培：《潛夫論箋》，台北：漢京文化，1984。

5. 清・王先謙：《荀子集解》，台北：藝文印書館，1988。

6. 清・陳立：《白虎通疏證》，北京：中華書局，1997。

7. 清・孫詒讓：《墨子閒詁》，北京：中華書局，2001。

8. 清・蘇輿：《春秋繁露義證》，北京：中華書局，2002。

9. 吳則虞：《晏子春秋集釋》，北京：中華書局，1962。

10. 楊伯峻：《列子集釋》，北京：中華書局，1985。

11. 陳奇猷：《呂氏春秋校釋》，台北：華正書局，1988。

12. 王淮：《老子探義》，台北：臺灣商務印書館，1990。

13. 張濤、傅根清：《申鑑、中論選譯》，台北：錦繡，1992。

14. 趙善詒：《說苑疏證》，上海，華東師範大學，1995。

15. 汪榮寶：《法言義疏》，北京：中華書局，1997。

16. 何寧：《淮南子集釋》，北京：中華書局，1998。

17. 陳飛龍：《抱朴子內篇今註今譯》，台北：商務印書館，2001。

18. 黎翔鳳：《管子校注》，北京：中華書局，2004。

19. 黃暉：《論衡校釋》，北京：中華書局，2006。

四、集部

1. 隋‧杜台卿：《玉燭寶典》，百部叢書集成七五，古逸叢書第六函，台北：藝文印書館，1966。

2. 明‧黃淮、楊士奇：《歷代名臣奏議》，上海：上海古籍，1989。

3. 清‧顧炎武：《日知錄》，《原抄本日知錄》，台北：文史哲，1979。

4. 清‧董浩：《全唐文》，北京：中華書局，1985。

5. 清‧楊方晃：《至聖先師孔子年譜》，山東：山東友誼書社，1989。

6. 清‧段玉裁：《說文解字注》，台北：黎明文化事業，1991。

7. 清‧狄子奇：《孔子編年》，《北京圖書館藏珍本年譜叢刊》第三冊，清光緒十三年刻本，北京：北京圖書館出版，1999。

8. 清‧嚴可均：《全上古三代秦漢三國六朝文》，北京：中華書局，1999。

五、當代中文著作：以姓氏筆畫爲序

1. 周何：《春秋吉禮考辨》，台北：嘉新水泥，1970。

2. 王葆玹：《西漢經學源流》，台北：東大，1994。

3. 王葆玹：《今古文經學新論》，北京：中國社會科學，1997。

4. 王健文：《奉天承運——古代中國的「國家」概念及其正當性基礎》，台北：東大圖書，1995。

5. 王柏中：《神靈的世界：秩序的建構與儀式的象徵——兩漢國家祭祀制度研究》，北京：民族，2005。

6. 甘懷真：《皇權、禮儀與經典詮釋：中國古代政治史研究》，上海：華東師範大學出版社，2008。

7. 江紹原：《髮鬚爪——關於它們的風俗》，上海：上海文藝，1987。

8. 朱順龍、顧德融：《春秋史》，上海：上海人民出版社，2003。

9. 李宗侗：《中國古代社會史》，台北：華崗，1977。

10. 李文海、夏明方主編：《中國荒政全書》(第二輯)，北京：北京古籍，2004。

11. 余英時：《中國知識階層史論（古代篇）》，台北：聯經，1980。

12. 余英時：《士與中國文化》，上海：上海人民出版社，2008。

13. 余嘉錫：《世說新語箋疏》，台北：華正書局，1993。

14. 呂思勉、童書業：《古史辨──古史傳說統論》，台北：明倫，1970。

15. 吳榮光：《歷代名人年譜》，台北，台灣商務印書館，1978。

16. 吳雁南：《中國經學史》，福州：福建人民，2001。

17. 林素英：《古代祭禮中的政教觀──以《禮記》成書前爲論》，台北：文津，1997。

18. 林素英：《喪服制度的文化意義──以《儀禮・喪服》爲討論中心》，台北：文史哲，2000。

19. 林素英：《從《郭店簡》探究其倫常觀念──以服喪思想爲討論基點》，台北：萬卷樓，2003。

20. 胡新生：《中國古代巫術》，濟南：山東人民，1999。

21. 高國藩：《中國巫術史》，上海：三聯書店，1999。

22. 徐復觀：《兩漢思想史》，上海：華東師範大學，2001。

23. 馬承源：《上海博物館藏戰國楚竹書（二)》，上海：上海古籍，2002。

24. 袁珂：《山海經校注》，台北：里仁書局，2004。

25. 荊云波：《文化記憶與儀式敘事──《儀禮》的文化闡釋》，廣州，南方日報，2010。

26. 陳夢家：《殷墟卜辭綜述》，北京：中華書局，1992。

27. 陳戍國：《中國禮制史》(秦漢卷)，長沙：湖南教育，2002。

28. 康樂：《從西郊到南郊》，台北：稻鄉，1995。

29. 張光直：《美術・神話與祭祀》(中國青銅時代第二集)，郭淨、陳星譯，台北：稻鄉，1993。

30. 張光直：《中國青銅時代・第二集》，台北：聯經，1990。

31. 張光直：《考古學專題六講》，台北：稻鄉，1999。

32. 張一兵：《明堂制度源流考》，北京：人民，2007。

33. 張端穗：《西漢公羊學研究》，台北：文津，2005。

34. 章權才：《兩漢經學史》，台北：萬卷樓，1995。

35. 郭善兵：《中國古代帝王廟禮制研究》，北京：人民，2007。

36. 黃彰健：《周公孔子研究》，台北：中央研究院歷史語言研究所，1997。

37. 梁滿倉：《魏晉南北朝五禮制度考論》，北京：社會科學文獻，2009。

38. 葉國良：《漢族成年禮及其相關問題研究》，台北：大安，2004。

39. 萬國鼎編，萬斯年、陳夢家補訂：《中國歷史紀年表》，北京，中華書局，2007。

40. 劉俊文：《唐律疏議箋解》，北京：中華書局，1996。

41. 鄭振鐸：《鄭振鐸全集》，石家莊：花山文藝，1998。

42. 盧曉輝：《地母之歌：中國彩陶與岩畫的生死母題》，上海：上海文化，2001。

43. 魏建震：《先秦社祀研究》，北京：人民出版社，2008。

六、當代外文著作

1. 日·白川靜：《中國古代文化》，加地伸行、范月嬌合譯，台北：文津，1983。

2. 日·安居香山、中村璋八輯：《緯書集成》，北京：河北人民，1994。

3. 日·金子修一：《古代中國と皇帝祭祀》，東京：汲古書院，平成十四年（2002）。

4. 日·金子修一：《中國古代皇帝祭祀の研究》，東京：岩波書店，2006。

5. 日·渡邊信一郎：《中國古代的王權與天下秩序——從日中比較史的視角出發》，徐沖譯，北京：中華書局，2008。

6. 德·馬丁·海德格：《存在與時間》（Martin Heidegger, *Being & Time*），陳嘉映、、台北：唐山，1989。

7. 德·卡西爾：《國家的神話》（Ernst Cassirer, *The Myth of the State*，范進等譯，台北：桂冠圖書，1992。

8. 德·馬克斯·韋伯：《儒教與道教》（Max Weber,*Konfuzianismus und Taoismus*），，南京：江蘇人民，2008。

9. 法·列維－布留爾：《原始思維》，丁由譯，北京：商務印書館，1981。

10. 法·伊利亞德（耶律亞德）：《聖與俗——宗教的本質》（Mircea Eliade, *The Sacred & The Profane：The Nature of Religion*），楊素娥譯，台北：桂冠，2000。

11. 法·耶律亞德（伊利亞德）：《宇宙與歷史——永恆回歸的神話》（Mircea Eliade, *Le Mythe de l'éternel retour: archétypes et répétition*），楊師儒賓譯，台北：聯經，2000。

12. 英·愛德華·泰勒：《人類學——人及其文化研究》（Edward Burnett Tylor, *Anthropology; an introduction to the study of man and civilization*），連樹聲譯，上海：上海文藝，1993。

13. 英・弗雷澤：《金枝：巫術與宗教之研究》（J.G. Frazer, *The Golden Bough: A Study in Magic and Religion*），汪培基譯，台北：桂冠，1996。

14. 美・E. Washburn Hopkins, *Origin and Evolution of Religion*, YALE UNIVERSITY PRESS, 1923。

15. 美・巫鴻：《禮儀中的美術——巫鴻中國古代美術史文編》（Wu Hung , *ART IN ITS RITUAL CON TEXT——Essays on Ancient Chinese Art by Wu Hung*），鄭岩等譯，北京：三聯書店，2005。

16. 美・亨利・富蘭克弗特：《王權與神祇》（*KINGSHIP AND GODS*），郭子林等譯，上海：上海三聯書店，2007。

17. 美・馬麗加・金芭塔絲：《活著的女神》（Marija Gimbutas, T*he Living Goddesses： Religion in Pre-Patriarchal Europe*），葉舒憲等譯，桂林：廣西師範大學，2008。

七、期刊論文：以姓氏筆畫爲序

1. 甘懷眞：〈「舊君」的經典詮釋——漢唐間的喪服禮與政治秩序〉，《新史學》，十三卷二期（2002.06），頁 1～44。

2. 甘懷眞：〈秦漢的「天下」政體——以郊祀禮改制爲中心〉，《新史學》，十六卷四期（2005.12），頁 13～56。

3. 江乾益：〈漢儒論明堂制度〉，《興大中文學報》，六期（1993.01），頁 99～115。

4. 林聰舜：〈傳統士大夫與經學——經學權威是如何形成的〉，《中華文化復興月刊》，第二十卷第十二期（1987.12），頁 41～46。

5. 林聰舜：〈「禮」世界的建立——賈誼對禮法秩序的追求〉，《清華學報》，新二十三卷第二期（1993.06），頁 149～174。

6. 林聰舜：〈叔孫通「起朝儀」的意義——劉邦卡理斯瑪支配的轉變〉，《哲學與文化》，二十卷第十二期（1993.12），頁 1154～1162。

7. 林聰舜：〈帝國意識型態的建立——董仲舒的儒學〉，《大陸雜誌》，第九十一卷第二期（1995.08），頁 13～29。

8. 林聰舜：〈帝國意識型態的重建——扮演「國憲」基礎的《白虎通》思想〉，國科會八十二～八十五年度哲學學門專題計畫研究成果發表會編輯委員會主編：《哲學論文集》，1998.12，頁 187～227。

9. 林聰舜：〈西漢郡國廟之興廢——禮制興革與統治秩序維護之關係之一例〉，《先秦・秦漢史》雙月刊，第五期（北京：中國人民大學，2007），頁 75～95。

10. 季旭昇：〈《上博二・民之父母》四論〉，第四屆國際中國古文字學研討會，香港中文大學中國語言及文學系，2003.10，頁 1～15。

11. 季旭昇：〈《上博二・昔者君老》簡文探究及其與《尚書・顧命》的相關問題〉，《中國哲學研究集刊》，第二十四期（2004.03），頁 253～292。

12. 季旭昇：〈上博二小議（三）：魯邦大旱、發命不夜〉，《中國文字》新第二九期，頁 177～192。

13. 季旭昇：〈《柬大王泊旱》解題〉，《哲學與文化》，34：3=394（2007.03），頁 55～65。

14. 李乃禮：〈論中國傳統社會關係的擬宗法化——「宗統」與「君統」的分與合〉，《天津社會科學》，（2003.03）第二期，頁 72～78。

15. 林素英：〈論特殊祭祖之內蘊——禘郊祖宗〉，《中國學術年刊》，第十七期（1996.03）頁 69～96。

16. 周德良：〈論《白虎通》與東漢經學之關係〉，《經學研究》（2005），頁 102～115。

17. 周德良：〈論漢儒災異論（上）——以董仲舒、《白虎通》爲中心之察考〉，《鵝湖》（1999.11），頁 16～23。

18. 周德良：〈論漢儒災異論（下）——以董仲舒、《白虎通》爲中心之察考〉，《鵝湖》（1999.12），頁 45～54。

19. 胡紅波：〈東漢的郊廟樂舞〉，《成大中文學報》，第六期，頁 101～115。

20. 凌純聲：〈中國祖廟的起源〉，《中央研究院民族學研究所集刊》，第七（1959.03），頁 141～184。

21. 凌純聲：〈中國古代社之源流〉，《中央研究院民族學研究所集刊》，第十七（1964.03）頁 1～14。

22. 凌純聲：〈卜辭中社之研究〉，《國立台灣大學考古人類學刊》，第二十五卷二十六期（1965.11），頁 1～15。

23. 陳貴麟：〈管窺「西漢石渠閣會議」〉，《中國學術年刊》，十五期（1994.03），頁 23～59。

24. 陳惠玲：〈漢晉《論語・先進》注本——「孔子與點之志」疑問疏證〉（上），《孔孟月刊》第四十三卷第十一、二期（2005.08）頁 5～18。

25. 陳惠玲：〈漢晉《論語・先進》注本——「孔子與點之志」疑問疏證〉（下），《孔孟月刊》，第四十四卷第一、二期（2005.10）頁 7～15。

26. 陳惠玲：〈「夏社」源流疏證〉，呂培成、徐衛民編：《司馬遷與史記論集・第八輯》，西安：陝西人民，2007，頁 456～483。

27. 陳惠玲：〈兩晉荒禮禮情之觀察〉，《國立臺灣科技大學人文社會學報》（2007,03），頁 121～150。

28. 陳惠玲：〈湯說演繹〉，《慈濟大學人文社會科學學刊》，第六期（2007.06），頁 61～92。

29. 陳惠玲：〈湯大旱「翦髮斷爪」之巫覡解讀〉，安平秋、趙生群等編：《史記論叢・第四集》，蘭州：甘肅人民，2008，頁 191～199。

30. 曹春平：〈明堂發微〉，《建築學報》，第九期（1994.03），頁 65～84。

31. 黃銘崇：〈明堂與中國上古之宇宙觀〉，《城市與設計學報》第四期（1998，3）頁 133～195。

32. 黃彰健：〈釋《春秋》左氏經傳所記魯國禘禮並釋《公羊傳》「五年而再殷祭」〉，《中央研究院歷史語言研究所集刊》第七十五本，第四分（2004.12）699～743。

33. 黃忠天：〈從《中庸・達孝章》談宗廟祭祀與治國的關係〉，《經學研究集刊》，第一期（2005.10），頁 101～111。

34. 葉國良：〈二戴禮記與儀禮的關係〉，《錢穆先生紀念館館刊》，第六期（1998.12），頁 1～10。

35. 葉達雄：〈西周王權的成立及其相關之制度〉，《臺大歷史學報》21 期（86.12），頁 1～17。

36. 張端穗：〈西漢《春秋經》成為五經之首之原由〉，《東海大學文學院學報》，第 41 卷（2000.07），頁 1～58。

37. 張書豪：〈從奏議到經義──西漢晚期廟數之爭析論〉，《政大中文學報》，第十五期（2011.06），頁 169～196。

38. 駱文琦：〈吉禘于莊公解〉，《孔孟學報》，第五十五期（1988.04），頁 89～111。

39. 駱文琦：〈春秋魯郊考〉，《幼師學誌》，第二十卷第四期（1989.10），頁 1～28。

40. 鄭憲仁：〈銅器銘文禘祭研究〉，《大陸雜誌》，第一〇四卷第三期，頁 22～28。

41. 蔡宜靜：〈周至漢「醐」義的轉變〉，《中興史學》，第五卷（1999.01），頁 1～6。